레고
이야기

레고 이야기

작은 장난감은
어떻게 전 세계를
사로잡았나

옌스 아네르센
서종민 옮김

민음사

"우리의 목표는 삶에 가치가 있는 장난감을 만드는 것입니다. 그 장난감은 어린이의 상상력을 자극하고, 모든 인간의 원동력인 창의적 충동과 창작의 기쁨을 키워 줍니다."

레고가 지닌 철학을 가장 잘 보여 주는 이 문장은 저를 어린 시절로 데려갑니다. 어릴 적 레고를 가지고 놀던 기억은 단순한 놀이의 순간을 넘어, 상상력과 창의력이 자라는 소중한 순간이었습니다. 여덟 개의 스터드가 있는 이 작은 브릭 하나가 전 세계인의 사랑을 받는 브랜드로 자리 잡기까지의 여정을 이 책을 통해 생생히 만날 수 있습니다.

『레고 이야기』는 레고의 역사를 단순히 기록하는 것을 넘어, 작은 목공소에서 출발한 장난감 기업이 혁신과 창의성을 바탕으로 전 세계적인 문화 아이콘으로 성장하기까지의 과정을 90년간에 걸친 긴 이야기로 풀어냅니다. 브랜드가 지닌 철학과 그 철학을 지키기 위한 끊임없는 노력이 좋은 브랜드를 어떻게 위대한 브랜드로 발전하게 하는지를 이 책을 통해 자연스럽게 느낄 수 있습니다.

이 책은 레고를 사랑하는 사람들에게는 추억과 감동을, 그리고 브랜드가 명확한 가치를 기반으로 성장하는 과정에 관심이 있는 사람들에게는 깊은 인사이트를 제공합니다. 레고라는 브랜드를 아는 모든 이에게 이 책을 진심으로 추천합니다.

전우성(브랜딩 디렉터, 시싸이드 시티 대표)

날 몽상가라고 말할지도 몰라
하지만 꿈꾸는 건 나뿐만이 아냐
네가 언젠가는 우리와 함께하길 바라
그러면 세상은 하나가 될 거야

존 레논 John Lennon

차례

가계도

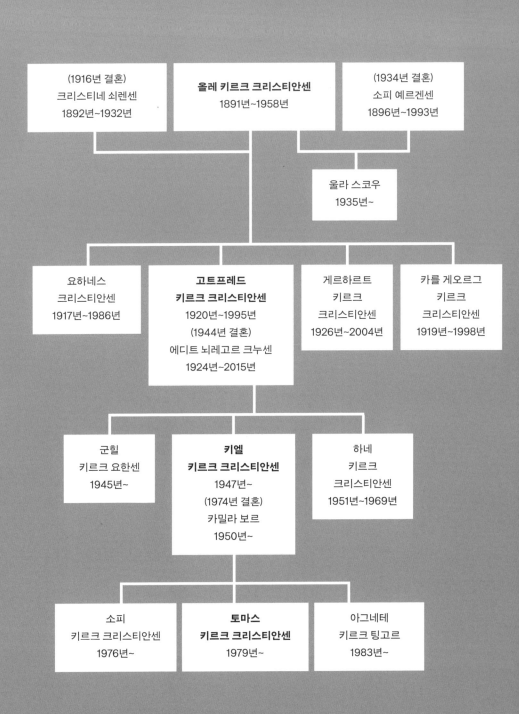

(1916년 결혼)
크리스티네 쇠렌센
1892년~1932년

올레 키르크 크리스티안센
1891년~1958년

(1934년 결혼)
소피 예르겐센
1896년~1993년

울라 스코우
1935년~

요하네스
크리스티안센
1917년~1986년

**고트프레드
키르크 크리스티안센**
1920년~1995년
(1944년 결혼)
에디트 뇌레고르 크누센
1924년~2015년

게르하르트
키르크
크리스티안센
1926년~2004년

카를 게오르그
키르크
크리스티안센
1919년~1998년

군힐
키르크 요한센
1945년~

**키엘
키르크 크리스티안센**
1947년~
(1974년 결혼)
카밀라 보르
1950년~

하네
키르크
크리스티안센
1951년~1969년

소피
키르크 크리스티안센
1976년~

**토마스
키르크 크리스티안센**
1979년~

아그네테
키르크 팅고르
1983년~

머리말

전 세계적으로 매년 8000만 명에서 9000만 명의 어린이가 레고 박스를 선물로 받고, 최대 1000만 명에 달하는 성인이 자신을 위한 레고 세트를 구매합니다. 그러나 레고는 그저 셀 수 없이 다양한 방식으로 조립할 수 있는 플라스틱 브릭brick 더미에 그치지 않습니다. 레고는 인류에게 놀이가 어떤 의미일 수 있는지를 보여 주기도 합니다.

이 책은 한 글로벌 기업의 이야기를, 그리고 덴마크의 어느 가족 이야기를 담고 있습니다. 이 가족은 지난 90년간 어린이의 놀 권리를 수호해 왔으며, 성인도 내면의 어린이를 키우는 데 시간을 들여야 한다고 믿습니다.

레고는 1930년대 초부터 지금까지 종종 사회적·문화적 경계선을 넘나들고 언제나 더 폭넓은 발전에 발맞추어 가며 다양한 연령의 어린이를 위한 장난감과 경험을 창조하고 있습니다. 그동안 여러 차례의 글로벌 위기가 있었고, 덴마크를 비롯한 북유럽 국가에서 복지국가가 확립되었습니다. 아버지가 모든 일의 중심에 확고하게 자리하는 가부장적 가족제도에서, 여성이 노동인구에 진입하고 독자적으로 가정을 이끄는 세계로 변화하기도 했습니다. 사회는 새로운 젠더 역할과 가족 구조의 출현을 지켜보았고, 이러한 변화와 함께 새로운 방식의 놀이도 등장했습니다. 놀이는 본래 신체 활동만을 가리켰으나, 이제는 디지털 놀이도 얼마든지 가능합니다. 그동안 레고는 한결같이 제자리를 지켰습니다.

제가 『레고 이야기Et liv med LEGO』에 관한 아이디어를 처음으로 떠올렸던 때는 2009년 가을이었습니다. 이 책은 전통적인 비즈니스 도서가 아닙니다. 전 세계에서 가장 거대한 장난감 제조업체이자 세계인이 가장 사랑하는 브랜드 중 하나로 손꼽히는 레고를 탄생시키고 3대에 걸쳐 오늘날의 기업으로 일구었으며 이제 네 번째 세대가 그 뒤를 이을 준비가 된 키르크 크리스티안센 가문의 전기적 연대기이자 문화사입니다.

이 책은 레고의 사업이 한창 펼쳐지던 1947년에 태어나 50년 가까이 레고의 진화를 이끄는 데 일조한 키엘 키르크 크리스티안센 Kjeld Kirk Kristiansen과 18개월에 걸쳐 매달 나눈 대화를 바탕으로, 그리고 빌룬 Billund 에 자리한 레고의 자체 기록 보관소를 바탕으로 썼습니다.

이제부터는 키엘 키르크 크리스티안센을 가리켜 간단하게 '키엘'로 칭하겠습니다. 그것이 그가 이 책에서 불리기를 바란 이름이며, 빌룬 주민들, 레고 직원 2만여 명, 레고를 사랑하고 하나의 라이프스타일로 여기며 애호가로 정식 등록한 10만 명 이상의 성인 고객이 부르는 이름이기 때문입니다.

이름에 관해 한 가지 더 이야기하면, 이 일가족의 성은 오랜 세월 혼선을 빚어 왔습니다. 중간 부분인 '키르크'는 아무런 논란도 없지만, 마지막 부분인 '크리스티안센'은 'Kristiansen'으로 쓰기도 하고 'Christiansen'으로 쓰기도 합니다.

옛 교회 기록과 세례 증명서에 따르면 K를 써 Kristiansen으로 쓰는 것이 맞지만, 레고의 설립자 올레 키르크 Ole Kirk는 1916년에 젊은 목수로서 빌룬에 자리를 잡을 때 알 수 없는 이유로 Ch를 써 자신의 성을 'Christiansen'으로 적었습니다. 몇몇 예외를 제외하면 그는 세상을 떠날 때까지 계속 그런 식으로 철자를 사용했으며, 빌룬 근교의 그레네 Grene 교구 공동묘지에 자리한 그의 묘비에도 이 철자가 새겨졌습니다.

올레 키르크의 아들 고트프레드 또한 K 대신 Ch로 성을 표기했으며, 1940년대에 젊고 야심 찬 공장 감독이 되면서부터는 GKC라는 이니셜을 사용하기 시작했습니다. 이 이니셜은 그때부터 평생 그를 따라다녔으며, 심지어 회사 직원들은 물론 사업 관계자와 마을 사람들, 친구들 사이에서도 GKC라는 별명으로 통했습니다. GKC의 아들이자 이 책의 주요 인물인 키엘은 젊은 시절부터 교회 기록을 따르는 편을 택했으며, 언제나 키엘 키르크 크리스디안센이라는 이름을 사용했습니다.

저는 가족 구성원 각자의 바람을 존중하기로 했습니다. 그러므로 이제부터 레고의 설립자는 '올레 키르크' 또는 '크리스티안센'으로, 그의 아들은 '고트프레드' 또는 'GKC'로, 3세대인 손자는 간단하게 '키엘'로 표기했습니다.

제가 레고LEGO를, 그리고 키르크비KIRKBI를 포함한 레고 그룹 내 여타 업체의 사명을 대문자로 표기하는 것에 놀라는 독자 여러분도 계실 겁니다. 저는 그 기업의 일반적인 표기 방식을 따르는 편이 더 자연스럽다고 생각합니다.

하지만 레고 소속 직원이거나 레고와 관련 있는 독자라면 한 가지 부분에서만큼은 회사의 내부 철자 지침에서 벗어나 표준 영어의 관례를 따르기로 선택했다는 점을 눈감아 주시길 바랍니다. 이 책에서는 레고 ®LEGO® 뒤에 붙는 상표 기호를 대체로 쓰지 않았습니다. 이것은 순전히 가독성을 위한 선택입니다.

스터드stud 여덟 개짜리 브릭 두 개만 있어도 두 브릭을 연결하는 방법이 최소 스물네 가지에 달하는 것처럼, 레고의 이야기를 전할 방법도 그만큼 다양합니다. 저는 참조나 주석을 사용하지 않고 대서사시를 폭넓게 훑어보는 방식을 택했습니다. 책의 마지막 부분에는 방대한 참고 문헌과 인명 색인을, 무엇보다도 이 책이 세상의 빛을 볼 수 있도록 도와준 모든 이에게 보내는 감사의 말을 실었습니다.

그러나 레고 아이디어 하우스LEGO Idea House의 책임자 예테 오르두나Jette Orduna와 기록 관리자 티네 프로베르 모르텐센Tine Froberg Mortensen, 키르크 크리스티안센 일가족 여러분, 레고 주식회사LEGO A/S의 닐스 B. 크리스티안센Niels B. Christiansen, 예르겐 비 크누스토르프Jørgen Vig Knudstorp, 울라 룬드후스Ulla Lundhus, 키르크비 주식회사KIRKBI A/S의 쇠렌 토루프 쇠렌센Søren Thorup Sørensen, 폴리티켄스 출판사Politikens Forlag의 킴 훈데바트Kim Hundevadt와 울라 메르빌Ulla Mervild이 성심성의껏 도와주지 않았더라면 이 프로젝트는 세상의 빛을 보지 못했으리라는 점을 우선 짚고 넘어가야만 하겠습니다. 영어 번역을 맡은 캐럴라인 웨이트Caroline Waight와 편집 및 교열을 담당한 엘리자베스 디노마Elizabeth DeNoma에게도 감사 인사를 드립니다.

마지막으로 덴마크의 역사에 담긴 동화 같은 이야기를 제게 들려준 키엘에게 진심 어린 감사를 표합니다. 레고라는 이름은 덴마크어로 "재미있게 놀다"라는 뜻의 "leg godt"를 어원으로 합니다. 그러므로 이 책도 같은 식으로 여러분께 소개해야 할 것 같습니다.

부디 재미있게 읽어 주세요!

옌스 아네르센

올레 키르크는 요요 열풍에
과감하게 투자했으며 1933년
엄청난 재고를 떠안았다.

오리, 1937년

1930년대 당시에 자동차는
교통수단으로 인기를 점차
얻고 있었으나, 아직 일반적
교통수단이라고는 할 수 없었다.
다만 레고의 품질 좋은
일체형 자동차라면 이야기가
달랐다. 초기의 장난감 자동차는
매우 단순하고 각진 형태였지만,
1930년대 말에 이르러
고트프레드가 하슬레우의
공업학교에서 새로운 모델을
디자인해 빌룬 공장의
아버지에게 보내면서
더 부드러운 유선형을
띠게 되었다.

평화의 권총과 그 총의
탄약으로 쓰인 빨간색
목각 발사체.
왼쪽은 나무로 만든
1945년 버전이고,
오른쪽은 올레 키르크가
대량생산과 수출을
꿈꾸었던 1946년의
플라스틱 버전이다.

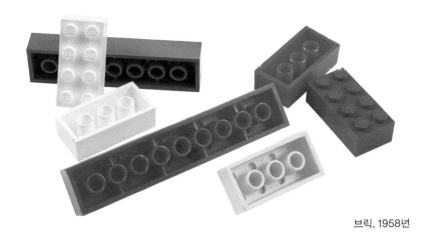

브릭, 1958년

키디크래프트가 1947년에 선보인 자체 결합 조립식 브릭의 초기 포장 박스에는 이 블록에
특허가 등록되어 있다는 점이 분명하게 적혀 있다. 블록은 속이 텅 비고 아랫면이 뚫려 있으며
양 옆에 문과 창문을 끼울 수 있도록 홈이 나 있다. 또한 스터드 윗면에 조금 더 볼록한 부분이 있다.
색은 빨간색, 노란색, 파란색, 초록색이다. (www.hilarypagetoys.com)

레고에서 최초로 생산한 플라스틱
브릭은 자동 결합 브릭이라는 이름으로
1949년부터 판매되었다. 브릭 옆면에는
문과 창문을 끼울 수 있는 홈이 있으며,
밑면은 뚫려 있다. 1950년대에 레고는
더 크고 긴 플라스틱 조립식 브릭을
출시했는데, 이 또한 키디크래프트의
제품에서 영감을 받았다. 모델로서
첫선을 보인 두 살배기 키엘의 사진이
박스에 실렸다. (개인 소장 자료)

두 살배기 하네가 타일 테이블에서 레고를 가지고
놀고 있다. 그러나 실제 레고 브릭 박스에는
대상 고객층에 해당하는 군힐과 키엘의 모습만 실렸다.

LEGO
MURSTEN

Bygget af t

Teater

BAGER   KØBMAND

BAGER

1955년에 출시된 최초의 레고 타운 플랜.
어린이들이 직접 나만의 도시를 만들고
집과 자동차, 표지판, 나무를
채울 수 있었다. 아이들과 부모들에게
영감을 주기 위해 완전하게 건설된
마을 모델을 장난감 가게와 백화점에
전시했다.

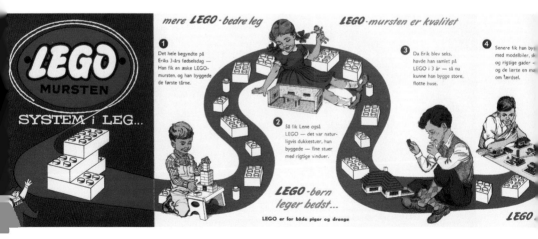

레고는 유럽을 대상으로 한
홍보 전략에서 무엇보다도
가족 단위를 레고 놀이의
주요 맥락이자 배경으로
사용했다. 1959년의
네덜란드 광고에서도
이를 볼 수 있다.

평생 쓸 수 있는 장난감, 레고 전단지 광고.

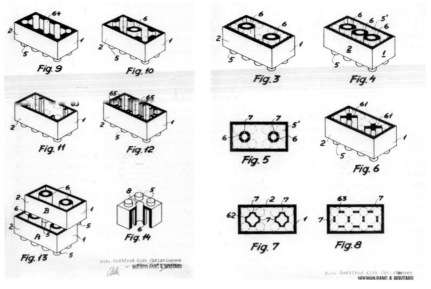

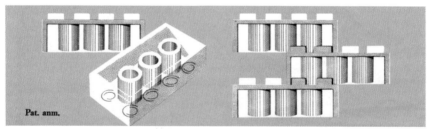

튜브와 스터드가 특징인 현대적 레고 브릭은 1958년에 특허를 받았다. 이제 레고 브릭끼리 서로 완벽하게 결합되었으며, 그 덕분에 레고 브릭으로 더 다양한 구조를 조립할 수 있게 되었다. 상단 그림에서는 브릭의 결합력을 개선하기 위해 개발된 몇몇 다른 해결 방안을 볼 수 있으며, 모든 대체 해결 방안이 전 세계 다수의 국가에서 동시에 특허를 받았다.

1951년, 설립자의 예순 번째 생일날. 올레 키르크와 그의 아들 고트프레드, 손자 키엘까지 레고의 가부장적 승계 서열이 사진에 고스란히 담겼다.

기차, 1966년

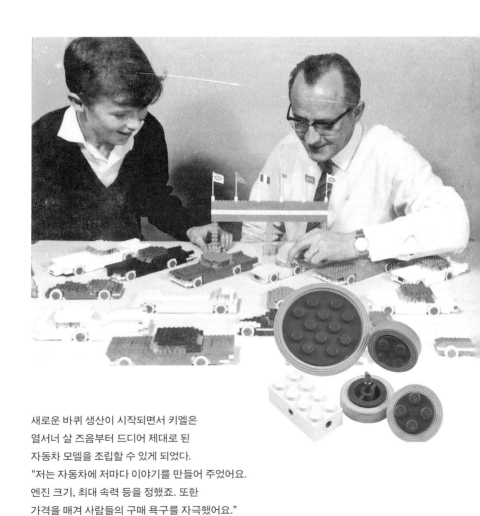

새로운 바퀴 생산이 시작되면서 키엘은
열서너 살 즈음부터 드디어 제대로 된
자동차 모델을 조립할 수 있게 되었다.
"저는 자동차에 저마다 이야기를 만들어 주었어요.
엔진 크기, 최대 속력 등을 정했죠. 또한
가격을 매겨 사람들의 구매 욕구를 자극했어요."

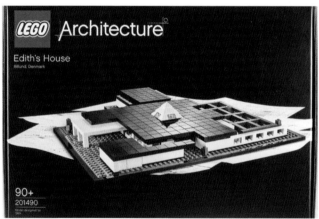

스케일 모델 라인은 레고 브릭을 어른들의 세계로 들여와 취미 애호가와
모형 제작자뿐만 아니라 건축가와 공학자들도 1959년의 고트프레드와 에디트처럼
레고 브릭을 현대적 주택 설계에 사용할 수 있게 하려는 야심 찬 시도였다.
에디트가 아흔 번째 생일을 맞이한 2014년에는 레고 아키텍처 시리즈에서
"에디트의 집"이라는 이름으로 특별 조립 세트를 제작해 가족들에게 선물했다.
포장 박스에는 권장 연령이 90세 이상으로 표시되었다.

10대 시절의 키엘이 레고를 이용해 만든 시스템은 점점 더 커지고 점점 더 복잡해졌다. 스케일엑스트릭 레이싱 트랙에 레고 피트 스톱과 스탠드를 더했으며, 순전히 공학의 힘으로 만든 거대한 레고 대교도 있었다. (개인 소장 자료)

1968년에 촬영한 레고랜드 정문.

1969년에 출시된 듀플로 브릭은
생후 18개월에서 다섯 살까지의 영유아를
위해 설계되었으며, 평범한 레고 브릭과
비교해 높이, 길이, 폭이 모두 두 배씩이었다.
장난감 시장에 이러한 종류의 브릭이
등장한 것은 이번이 처음이 아니었다.
1964년에는 샘소나이트가 미국 시장에
레고 점보 브릭(LEGO Jumbo Bricks)을
판매했다. 점보 브릭은 후대의
듀플로 브릭보다 조금 더 컸다.

미니피겨, 1978년

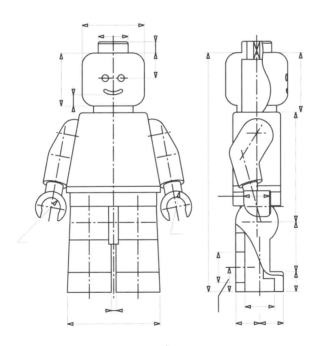

옌스 뉘고르 크누센은 혁신적 미니피겨를 만든 디자이너다. 50가지가 넘는 스케치와 프로토타입을 그려 낸 그는 마침내 모든 표준 레고 시스템에 들어맞는 피겨의 최종 형태를 찾아냈다. 2020년에 크누센이 세상을 떠났을 때 레고의 어느 오랜 팬은 트위터를 통해 이 디자이너가 "아내와 세 자녀, 두 손녀 외에도 어린이의 상상력이 만들어 낸 생명으로 가득 찬 80억 개의 미니피겨"를 남겼다며 애도했다.

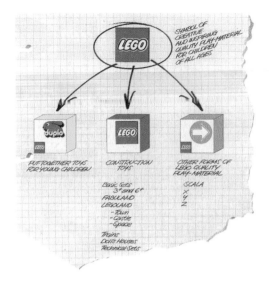

1978년 3월, 키엘은 레고의 새로운 발전 모델을 제시했다. 골자는 연령 집단별로 상품 라인을 세분화해 '시스템 속 시스템'을 만드는 방식이었다. 키엘이 시작한 가장 중요한 사업 중 하나는 크기가 더 큰 브릭을 별도의 상품 라인인 듀플로로 분리한 것이었다. 1세에서 5세까지의 아동을 대상으로 출시한 듀플로는 빨간색 토끼 로고로 알아볼 수 있었다.

1978년, 레고는 사내 잡지에서 "여자아이는 언제나 레고에 특별한 문제였습니다."라는 말과 함께 상품들을 공개했다. 이 문제를 해결하기 위해 다섯 가지 상품이 개발되었는데, 그중 하나였던 인형의 집에는 경첩이 있어 여닫을 수 있었고, 여러 가지 소품을 가득 넣어 여자아이들이 역할극을 하며 놀 수 있었다.

1980년대에 레고는 북미의 어린이 3500만 명이 더 많은 레고 장난감이 가지고 싶어 맥도날드를 찾을 것이라는 대담한 주장을 펼쳤다. 미국의 햄버거 체인과 진행한 세 차례의 성공적인 공동 프로모션 캠페인은 레고가 세계에서 가장 큰 장난감 시장에 진입하는 데 도움이 되었다.

레고 시스템이 더 풍성한 생동감과 즐거움을 품어 가고 있었다.
1981년의 카탈로그 전면에는 다양한 상품 라인의 작은 피겨들을
한데 모아 역할극의 끝없는 가능성을 강조했다.

1980년대에는 어린이가 레고의 역할 모델이 되었으며,
유년기의 창의력은 레고의 광고 캠페인 주제가 되었다.

What it is is beautiful.

Have you ever seen anything like it? Not just what she's made, but how proud it's made her. It's a look you'll see whenever children build something all by themselves. No matter what they've created.

Younger children build for fun. LEGO® Universal Building Sets for children ages 3 to 7 have colorful bricks, wheels, and friendly LEGO people for lots and lots of fun.

Older children build for realism. LEGO Universal Building Sets for children 7–12 have more detailed pieces, like gears, rotors, and treaded tires for more realistic building. One set even has a motor.

LEGO Universal Building Sets will help your children discover something very, very special: themselves.

Universal Building Sets

744
Ages 7-12

112

3-7 years old

7-12 years old

LEGO

해적, 1989년

레고 해적은 이 시점까지
레고 역사상 가장 큰 성공을
거둔 상품으로 자리매김했다.
이제 화난 표정까지 짓는
다채로운 미니피겨들은
무기와 관련된 놀이에 대한
레고의 태도 변화를
상징적으로 보여 주었다.

1986년의 레고 TC-1으로 로봇과 비슷한 물체를 조립하고 컴퓨터로 제어할 수 있었다. 기자이자 컴퓨터 전문가였던 올레 그뤼바움 (Ole Grünbaum)은 이를 열렬하게 반기면서도 당대의 한계를 지적했다. "컴퓨터가 있어야 가지고 놀 수 있는데, 거기에만 들어가는 돈이 수천 크로네부터 시작한다. 그러므로 로봇 아이디어는 빠르게 확산하지 못하고 있으며 거의 학교에서만 쓰이고 있다."

마인드스톰, 1998년

《선데이 텔레그래프》, 1989년 11월 12일 일요일 자 광고.

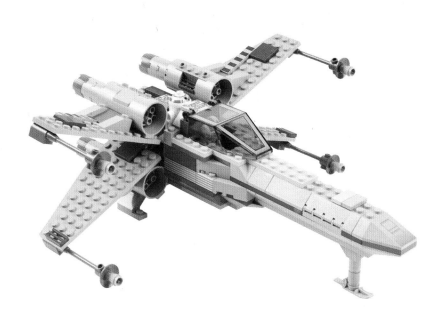

1999년에는 레고 스타워즈가 첫선을 보였다.
우선 출시된 여러 스타워즈 세트 중에서
가장 인기를 끌었던 상품은 루크 스카이워커의
전설적인 X-윙 스타파이터였다.

스타워즈 밀레니엄 팔콘, 2008년

2000년 가을,
모래 폭풍이라는 이름의
레고 전략이 발표되었다.
매해 더 적은 수의 상품을
더 큰 규모로 전 세계에
선보이자는 목표였다.
"이전에는 한 가지를
출시하는 데 4000만
크로네를 지출했다면 이제는
일반적으로 1억 2000만
크로네를 쓸 겁니다."라고
플로우그만이 말했다.
비즈니스 저널의 기자들은
고개를 저었다. 마인드스톰은
공중누각처럼 보였다. (사진:
Per Morten Abrahamsen)

레고는 바이오니클을 통해
21세기 첫 몇 년에 걸쳐
액션 피겨의 세계에 들어섰다.
바이오니클은 기술과 신화를
결합한 '생물학적 연대기'였다.
레고는 환상의 섬 마타 누이
(Mata Nui)를 배경으로
영웅과 악당이 가득한 세상을
만들었고, 이들의 이야기는
레고 브릭은 물론 만화와 책,
영화, 온라인 게임을 통해서도
접할 수 있었다. 이미지는
용암 서프보드로도 변신하는
마그마 검을 든 타후 누바
(Tahu Nuva)의 모습이다.

묘지의 결투(Graveyard Duel)는 2006년 가을에 전 세계에 출시되었다. 포장 상자 겉면에는 내용물이 3세 이하 어린이에게 적절하지 않다는 경고문이 붙어 있다. 소름 끼치는 내용이어서가 아니라 작은 부품이 다수 들어있었기 때문이다.

레고는 새로운 세기가 시작되고 처음 몇 년 동안 소비자와의 관계를 돈독히 했다. 2006년에 미국의 컴퓨터 관련 잡지 《와이어드(Wired)》는 레고를 위해서라면 물불 안 가리고 달려드는 '집착적 팬들'에 관한 기사를 쓰면서 최근 신상품 레고 마인드스톰 NXT를 개발하는 데 이들이 어떤 도움을 주었는지 설명했다.

프렌즈, 2012년

레고 프렌즈는 30년 동안 여자아이들을 겨냥해 출시된
상품 중 여섯 번째다. 레고 프렌즈 시리즈의 대상 고객은 5세와 8세 사이의
여자아이들이었다. 하트레이크 시티(Heartlake City) 출신의 다채로운
10대 여자아이 캐릭터 다섯은 소비자들 사이에서 폭풍을 일으켰다.
올리비아의 집(Olivia's House)은 2012년에 가장 많이 판매된 레고 상품에
등극하면서 레고 닌자고, 레고 스타워즈 X-윙 스타파이터,
레고 시티 경찰서를 뒷 순위로 밀어냈다.

2014년, 쐐기돌을 놓을 때 레고 일가가 레고의 핵심 가치 여섯 개 뒤에 섰다. 뒷줄 왼쪽부터 아그네테, 카밀라, 키엘, 소피, 토마스. 가장 앞에 선 90세의 에디트는 레고 하우스의 완공을 끝까지 지켜보지 못했다. 키엘의 어머니는 2015년의 크리스마스 직후에 세상을 떠났다. 그녀는 지난 70년 동안 가족의 삶은 물론 마을과 회사에서도 넘치는 활력으로 자기 역할을 다했다.

레고 하우스가 2017년에
공식적으로 개장했을 때는
덴마크의 왕세자와 왕세자비,
왕세손 네 명이 찾아와
멋진 하루를 보냈다.
꼭대기 층에 올라간 왕세자비
메리(Mary)가 전 세계
레고 팬들이 만든 추상적인
레고 모델 사이에서
키엘(왼쪽), 비아르케 잉엘스와
레고 하우스 관리자 예스페르
빌스트루프(Jesper Vilstrup)의
안내를 받으며 둘러보고 있다.
(사진: Jens Honoré/LEGO
House)

레고를 추상적이고 자유로운 형식으로 사용하는 방법은 언제나
브릭의 DNA를 구성하는 한 요소였으며, 오늘날에 이르러서는
예술의 한 가지 형태로 거듭났다. 1968년에 다그뉘 홀름이 수많은
동물과 집을, 그리고 레고랜드의 풍경을 만들며 길을 닦아 주었고,
이제는 전 세계 곳곳에서 수많은 '브릭 아티스트'가 활동하고 있다.
그중 한 명인 네이선 사와야(Nathan Sawaya)는 2004년에 뉴욕에서
변호사 커리어를 포기하고 레고를 재료로 사용하는 전업 예술가가
되었다. 그의 상징적인 작품 「노랑: 도약(Yellow: The Leap)」은
사와야가 예술가로서 지닌 정체성을 보여 준다.

빌룬에 들어선 새로운 본사 '레고 캠퍼스'는
2000명이 넘는 직원의 보금자리가 되었다.
건물과 관련해 키엘은 다음과 같이 말했다.
"C.F. 묄레르의 건축가들이 환상적일 만큼
흥미로운 설계안을 제시했고, 모두가
만족했습니다. 아주 사랑스러운 사옥이었지만,
너무 평범해서 연금기금이 사용한대도 손색이
없었죠. 레고의 감각에는 미치지 못했습니다.
그래서 저는 건축가들을 제 사무실로 불러
그들에게 어느 남자아이가 자신의 레고 작품을
자랑스럽게 내미는 사진을 보여 주었습니다.
이 사진을 본 건축가들은 레고에 어울리는
사옥을 지으려면 무엇이 필요한지 이해했죠."
(사진: Niels Aage Skovbo)

세 겹의 도료──1920년대

품질과 만족도가 전부다

아주 오래전 어느 머나먼 은하계에······A long time ago in a galaxy far, far away....

우주 공간에서 펼쳐지는 어느 유명한 모험담은 이렇게 시작한다. 이 모험담은 지금부터 여러분이 읽을 이 이야기에서도 중요한 역할을 한다. 이 이야기는 1915년 가을에 도심에서 한참 떨어진 곳, 서부 윌란(유틀란트)의 젊은 장인 한 명이 빌룬이라는 작은 시골 마을에 목공소 하나가 매물로 나왔다는 소식을 들었을 때부터 시작된다.

그의 약혼자와 마찬가지로 그 청년도 바람이 몰아치는 덴마크 시골 지방의 황야에서 자랐다. 그곳은 자금이 넉넉하지 않은 지역이었고, 주민 대다수가 일용직 노동자로 일했다. 어린 시절 그는 양과 소를 돌보았고, 이회암 구덩이와 북살무사를 조심하는 방법을 배웠다. 폭풍이 불어닥칠 때면 동네의 다른 그 누구보다도 더 뛰어난 솜씨로 굴을 팠다.

그는 도제 생활을 마치고 목수가 되었고, 평생 살 집을 꿈꾸며 결혼을 이야기하고 자기 사업을 운영했다. 형제 여럿이 힘을 보태 준 덕분에 은행에서 1만 크로네를 빌린 그는 1916년에 마침내 덴마크 윌란 지방의 작은 마을 빌룬의 교외에 자리한 1층짜리 작은 집과 목공소를 매입했다. 하나님(그리고 바르데 은행Varde Bank)이 도와준 덕에 모든 것이 순조롭게 진행되었다. 올레 키르크 크리스티안센은 스물다섯 번째 생일에 한시네 크리스티네 쇠렌센Hansine Kristine Sørensen과 결혼했고, 이듬해에 낳은 첫아이를 시작으로 네 명의 아들을 보았다.

키엘: 할아버지는 1891년에 빌룬에서 북쪽으로 20킬로미터가량 떨어진 블로호이Blåhøj에서 태어났습니다. 할아버지는 여섯 아들과 여섯 딸을 둔 가정에서 자라났고, 증조할아버지는 직접 지은 중간 이름을 아이들에게 물려주었습니다. 다만 딸들은 결혼하면 이름을 바꿔야 하기에 중간 이름을 받지 못했습니다. 아들 중 하나는 란베크Randbaek였고 둘째는 캄프Kamp, 셋째는 본데Bonde였습니다. 할아버지의 이름인 올레와 가운데 이름인 키르크는 서부 윌란의 명망 있는 농부이자 지방 자문 의회Staenderforsamlingen의 일원인 사람에게서 따왔습니다. 증조할아버지는 지방 자문 의회를 위해 일했고 그들을 선망했죠. 할아버지는 여섯 살 때 이미 동물을 돌볼 줄 알았고 여러 농장에서 일했지만, 결국에는 형 한 명과 함께 어느 목수의 도제로 들어갔습니다. 도제 생활을 끝낸 뒤에는 다른 이들과 마찬가지로 일거리를 찾아 떠났으나, 곧 고향으로 돌아왔으며 형을 도와 그린스테드Grindsted에 우체국을 지었습니다. 그러다 1916년에 이르러 빌룬에 온 겁니다.

제1차 세계대전이 끝날 무렵 인구가 채 100명도 되지 않았던 빌룬은 훨씬 더 큰 마을인 바일레Vejle와 그린스테드를 잇는 철길에 자리했다. 1916년 당시에 빌룬에는 우체국 역할을 겸하는 기차역 외에도 대형 농장 네다섯 곳, 더는 땅을 일구지 못할 만큼 노쇠한 사람들을 위해 마련된 집 몇 채, 학교 하나, 낙농 협동조합 하나, 식료품점 하나, 선교의 집Mission House이라는 이름의 복음주의 예배당 하나, 주점 하나가 있었다. 이 주점은 오래지 않아 주류 판매권을 잃고 술 없는 여관으로 다시 개업했다. 모두 합해 서른 채 남짓한 건물이 시골 자갈길을 따라 늘어서 있었고, 길 양옆에는 깊은 도랑이 파여 있었다. 길에서 벗어나려면 도랑 위에 놓인 널빤지 두어 장을 아슬아슬하게 건너야 했다.

뒤편에 목공소가 딸린, 올레 키르크와 크리스티네의 집은 빌룬에서 나가는 길의 끝자락에 자리했다. 이 집 너머에는 약간의 경작지가 있었고, 그 이후로는 눈 닿는 데까지 모두 황야뿐이었다. 누리끼리한 잡초가 서쪽을 향해 수 킬로미터 이어지는 모래색 시골길을 따라 뿌리를 내리고자 애쓰고 있었다.

콜링Kolding 출신의 어느 부유한 남성이 여행길에 그레네 교구를 지나다가 빌룬을 가리켜 "신이 버린 곳"으로 불렀다는 말이 있다. 실제로 1910년대의 빌룬은 시골길을 따라 시내를 통과하는 호선에 찍힌 작은 점 하나에 지나지 않았으나, 제1차 세계대전 이후 수년간 이곳에는 삶의 흔적이 부족하지 않았으며, 하나님과 성령에 관해서라면 더욱 그러했다.

이 젊은 부부가 빌룬에 정착한 때는 덴마크 역사에서 여러 종교운동이 전국으로 빠르게 퍼져 나가던 시기였다. 주요 도시에서 자라나던 노동조합운동을 제외하면 덴마크에서 가장 큰 대중 집단은 복음주의 부흥사 단체인 내적 선교회Inner Mission였다. 신을 두려워하며 검소한 생활을 이어 가는 덴마크 전역의 농부들 사이에 선교의 집 여러 곳이 설립되었으며, 1920년 즈음에 이르러서는 평범한 농민층과 노동자층이 주를 이루는 30만 명 이상이 모여 내적 선교회의 원칙을 바탕으로 지역별 소규모 공동체를 형성했다. 이는 교파가 아니라 여러 지부로 구성된 종교적 네트워크였으며, 각 지부가 덴마크 국교회의 전반적 체제 내에서 경건한 기독교 생활을 이어 나갔다. 다만 당시의 국교회에는 내적 선교회의 일원들이 하나님의 집에 들어갈 수 없다고 주장하는 사제도 많았다.

이미 1880년대부터 여러 부흥주의의 물결이 그레네 교구를 훑고 지나갔다. 가톨릭과 루터교의 사제, 경건주의자, 모라비아 형제회 회원에서 독실한 근대적 예배자, 니콜라이 프레데리크 세베린 그룬트비^{Nikolai Frederik Severin Grundtvig}와 그의 기독교, 문화, 교회, 조국에 관한 생각들을 신봉하는 '그룬트비주의자'까지 다양한 종교적 목소리가 수십 년에 걸쳐 울려 퍼졌다.

내적 선교회의 일원들은 기본적으로 인간이 죄를 타고난다고 믿었다. 신을 이해하고 신의 도움을 받아들여야만 인간은 구원을 받고 인정받을 만한 삶을 살 수 있었다. 빌룬의 새 목수와 그의 아내도 이와 같은 믿음을 고수했으나, 크리스티안센 가족들은 대개 이 지역의 다른 많은 이보다 더 명랑한 편이었다.

> 키엘: 그 당시에 빌룬 사람들은 두 파로 나뉘었습니다. 내적 선교회에 소속된 사람들은 종일 선교의 집에서 시간을 보내는 엄격한 신자들이었고, 그룬트비주의자들은 신과 조금 더 현실적인 관계를 맺는다고 알려져 있었습니다. 그룬트비주의자들은 마을 회관에서 모임을 열곤 했죠. 할아버지 부부를 비롯한 마을 사람 대다수가 내적 선교회 소속이긴 했지만, 두 집단 모두 "다른 편" 사람들과 반드시 어울리지 않아야 한다기보다는 그러지 않는 편이 더 낫다고 생각했습니다. 이러한 기조는 사실상 제 어린 시절인 1950년대까지 이어졌습니다. 두 누이와 저는 누가 선교회 소속이고 누가 그룬트비주의자인지 잘 알았습니다. 저희 할아버지와 할머니는 매우 독실한 사람들이었지만, 할아버지가 들려준 이야기로 미루어 보면 할아버지는 행복하

게 지냈고 가장 좋은 뜻으로 "단순한" 사람이었습니다. 할아버지는 신앙에 관해 매우 개방적이고 정직했고, 회사 일과 관련해 서한을 쓸 때 "신의 뜻이라면"과 같은 말을 즐겨 썼습니다. 할아버지가 하나님과 예수님에 관해 사람들에게 직접 설교한 적은 제 생각에는 없는 듯하지만, 할아버지의 신앙이 흔들린 순간은 단 한 번도 없었습니다. 할아버지는 돌아가시는 날까지 하나님의 도움이 없었더라면 자기가 장난감을 만들고 레고를 설립하는 일은 절대 없었으리라고 믿었습니다.

황야의 목공소

신참 장인은 송장 가장 윗부분에 빌룬 목공소라는 이름을 적었다. 대부분의 마을 사람이 올레 키르크의 전문적 솜씨와 선한 의도, 강한 신앙심을 칭찬할 뿐이었지만, 그의 사업은 순조롭게 시작한 데 비해 수년이 지나도 그와 크리스티네가 바랐던 것만큼의 이익을 내지 못했다. 빌룬을 비롯한 여러 지역의 농부들은 제1차 세계대전에서 덴마크가 중립을 선언한 덕택에 다른 전시 국가에 곡물과 육류를 판매하며 이득을 누렸고, 토탄을 생산해 여분의 현금을 만질 수 있었다.

다시 말하면 사람들은 그들의 사업을 손보고 재건하며 확장할 돈을 가지고 있었다는 뜻이다. 그러므로 1916년과 1918년 사이에는 젊고 성실한 신참이자 숙련된 목수였던 올레 키르크가 몰두할 만한 일거리가 많았다. 그러나 전쟁이 막을 내리자 국제적 금융 위기가 덴마크 또한 강타했으며, 지역 농부들은 더는 돈을 쉽사리 구할 수 없다는 사실을 일순간 깨달았다. 빌룬과 주변 지역의 농부들에게는 메마르고 황량한 땅과 싸워야 한다는 문제도 있었다.

그러나 솜씨 좋은 목수가 필요한 일은 언제나 있었고, 올레 키르크는 자신이 넘쳤다. 그는 숙련공 한 명과 도제 한 명을 고용했으며, 대규모 일거리가 있으면 지역 노동자들을 불렀다. 그는 친절하고 가까이하기 쉬운 사장으로 알려졌으며, 직원들에게 세심하고 양심적인 작업을 요구한다는 명성을 얻었다.

올레 키르크는 "뺀질거린"다는 말을 욕으로 가장 많이 사용했으며, 게으르게 구는 사람은 크리스티안센 밑에서 오래 일하지 못했다. 그러나 꾸준히 노력을 기울이며 몸을 아끼지 않고 일한다면 그의 사려 깊은 보살핌을 받을 수 있었다. 올레 키르크는 직원이 실수를 저질러도 호되게 질책하는 일이 거의 없었다. "그렇게 배우면 되는 거야." 그는 그렇게 말하곤 했다.

올레 키르크 일가와 오랜 세월 함께 일하며 가까워진 장인 중에는 "소목장이 비고"로 불린 비고 예르겐센Viggo Jørgensen이 있다. 그는 1917년에 빌룬 목공소의 도제가 된 후 그곳에서 8년간 머물렀다. 도제 생활은 그의 기술과 높은 윤리적 기준뿐만 아니라 다른 이들과 삶 전반에 대한 청년의 접근 방식에 지대한 영향을 미쳤다.

바일레 부근의 내적 선교회 고아원에서 자라난 비고는 올레 키르크의 네 아들과 마찬가지로 삶이란 선물이기도 하지만 의무이기도 하다고 배웠다. 인간은 주어진 모든 것을 최대한 활용할 의무가 있었다. 이 점을 잊지 않았던 비고는 훗날 크리스티안센 일가와 함께한 시절에 관해 수기로 쓴 회고록에서 이를 몇 번이고 강조했으며, 나중에는 이 회고록을 올레 키르크의 아들에게 보여 주었다.

1917년의 어느 봄날, 열네 살이 된 비고는 자기가 가진 거의 모든 물건을 작은 여행 가방에 담은 채 바일레에서 기차를 타고 빌룬으로 왔다. 그의 주머니에는 전 재산인 1크로네 82외레(약 25센트)가 있었다. 역으로 마중을 나간 올레 키르크는 자전거를 끌며 소년을 데리고 자신의 집이자 목공소까지 걸어 돌아왔다. 이들이 사는 곳 맞은편에는 협동조합이 있었는데, 그곳에서는 너무나 많은 사람이 관리자와 그의 아내에게서 외상으로 물건을 샀고 장부도 제대로 작성되지 않았다. 끌고 온 자전거를 집 뒤편의 작은 안뜰에 세워 둔 올레 키르크는 수줍어하는 소년에게 그가 앞으로 살 곳을 보여 주었다. 목공소 위에 자리한 멋진 다락방이었다.

"이게 네 방이란다, 비고. 물론 다락방에서 혼자 자기가 무섭겠지?"

"아뇨." 비고는 용감하게 대답했지만, 고아원 출신의 이 소년에게 침대와 책상, 의자가 있는 자기만의 방이 생긴다는 것은 새롭고도 압도적인 경험이었다. 아래층 거실에서 소년을 만난 사장의 아내는 소년을 찬찬히 뜯어보았다.

"조금 호리호리해 보이는데, 올레."

"그렇지. 그래도 그건 해결할 수 있으니까." 사장이 대답했다.

비고는 곧 이곳을 자신의 집으로 여기기 시작했다. 더는 브레드발레Bredballe 고아원의 부모 잃은 소년 오륙십 명 중 하나가 아니었다. 이제 그에게는 식사를 시작하고 마칠 때마다 기도를 올리고 하나님께 진심으로 감사드리는 가족과 함께할 자리가 있었다. 손님이 오면 이들은 찬송가를 불렀고, 비고는 식탁에 함께 앉아 공동체의 일원이 되었다. 평범한 날이면 그는 당시 예닐곱 명에 이르던 다른 직원들과 함께 정해진 자리대로 식탁에 둘러앉았고, 한쪽 끝에는 올레 키르크가 앉았다. 크리스티안센은 종종 모라비아 형제회의 묵상 달력을 읽고 찬송가 1절 또는 2절을 부르며 마무리했는데, 이는 비고가 특히 좋아하는 시간이었다.

비고는 도제 생활 4년 동안 숙식을 지원받았으나, 20세기 초 덴마크의 관행에 따라 임금은 받지 않았다. 그 대신에 올레 키르크는 목공소에서 나오는 작은 나뭇조각들을 모아 가져도 된다고 허락했고, 비고는 이를 한 주머니에 10외레씩 받고 불쏘시개로 팔았다. 종종 동네 사람들이 저녁 시간에 선교의 집에 가거나 다른 사람의 집에서 커피를 마시기 위해 아이를 맡겨야 할 때도 비고는 약간의 용돈을 벌 수 있었다. 비고가 도구를 다루는 데 익숙해지자 올레 키르크는 작업 시간이 끝난 뒤에도 목공소를 써도 좋다고 허락했고, 비고는 그곳에서 스툴, 모자걸이, 작은 책장, 인형의 집 가구, 기타 작은 장난감들을 만들며 솜씨를 연마하고 작업물을 마을에 내다 팔았다.

"어떤 재료를 썼는지만 잘 기록해 두렴, 비고!" 크리스티안센이 말했다. "그리고 물건을 팔 때는 꼭 돈을 받아야 해." 그러나 사실 마지막 말은 융통되는 현금이 많지 않고 물물교환이 일상이던 그레네 교구에서는 다소 쉽지 않은 일이었다. 창문을 수리하거나 오래된 문의 부품을 교체하는 등 소소한 작업을 맡길 때조차 농부들은 올레 키르크에게 현물로 삯을 치르거나 깎아 줄 수 없느냐고 물었다.

1919년에서 1921년까지 수년에 걸쳐 스키올비에르Skjoldbjerg 교회를 지을 때도 같은 일이 벌어졌다. 이제 빌룬에서 많은 이가 찾는 목공 장인이 된 올레 키르크는 거대한 오르간과 더 많은 예배석이 놓일, 그레네 교구 교회의 새 회랑을 건설해 달라는 의뢰를 받았다. 그러나 빌룬에서 남쪽으로 보르바세Vorbasse에 이르는 길 위에 자리한 스키올비에르 교회의 의뢰는 그때까지 올레 키르크가 맡은 일 중에서 가장 큰 일감이었다. 거대한 출입문과 연철 부속품, 신도석, 설교단과 제단 뒤편 벽 장식에 이르기까지 모든 주요 목공 작업을 그가 도맡았다. 마을 외부의 어느 목각공이 의뢰를 받아 12사도를 조각했고, 금박장이 예수의 제자들에게 금박을 입힐 때를 기다리며 쳐다보는 동안, 비고는 이 조각들을 제단 뒤 작은 벽감에 설치했다.

올레 키르크는 스키올비에르 교회가 완공된 후에도 그에게 지급되어야 할 잔액을 영영 받지 못했으나, 그런 사실을 알면서도 만족스러워했으며 훗날 이를 두고 "좋은 뜻으로 한 일"이라고 말했다. 그 덕분에 하나님의 마음에 들 수 있었다면 현명한 투자였을 것이다.

그러나 스키올비에르 당국이 새로운 교회를 지은 삯을 제대로 지급하지 않고 넘어갈 수 있었다는 사실은 올레 키르크가 회계 작업에서만큼은 목공 작업만큼 꼼꼼히 살피지 않는다는 점을 분명히 보여 주었다. 비고는 크리스티안센이 1920년대 전반에만 여러 차례 심각한 재정난에 처한 상황을 목격했다. 사업이 정말로 위태로워졌을 때, 그리고 올레 키르크의 기도에도 하나님이 손을 써 주지 않을 때면 이들은 비고를 자전거에 태워 그린스테드 은행으로 보냈다.

바깥의 거친 서풍에 맞서며 자갈길을 따라 30킬로미터를 왕복해야하는 여정이었다. 도제의 주머니 속에는 채권자들이 문간에 찾아오지 않도록 달랠 돈봉투가 들어 있었다.

"자전거 바퀴에 구멍이 나는 일은 없길 바란다, 비고. 왜냐하면 네가 3시까지 은행에 도착하지 못했다가는 그 사람들이 목공소와 집을 뺏어 가고 말 거란다." 크리스티안센은 진지한 투로 경고하다가도 곧 장난스러운 미소를 지었다.

비고가 훗날 회상한 것처럼 "그 정도 일로는 사장님의 기분을 가라앉힐 수 없었다."

올레 키르크라는 남자

올레 키르크는 내적 선교회의 설립자 빌헬름 베크Vilhelm Beck가 "신앙에 대한 더 밝은 견해와 더 자유로운 접근 방식"을 가졌다고 묘사한 유형의 신도였다. 올레 키르크라는 사람의 중심에는 인간은 하나님의 자녀이며 세례를 통해 죄를 용서받는다는 굳건한 믿음이 있었지만, 한편으로 그는 장난기 있는 사람이었으며 농담도 곧잘 했다. 때로는 관습을 벗어난 유머 감각을 선보이기도 했다. 이를테면 새해 전야에는 사람들의 다리 사이에 폭죽을 던지기를 좋아했으며, 나이가 든 후에는 손자들에게 개를 흉내 내게 하고 자동차 트렁크에 태운 적도 있었다.

키엘: 제 기억 속 할아버지는 행복하고, 잘 웃고, 매우 친절한 사람이었습니다. 마을이나 공장의 사람들에게 농담을 던지지 않고는 못 배겼죠. 한번은 할아버지가 저를 오펠 카피텐Opel Kaptajn의 트렁크에 태운 적도 있었습니다. 할아버지와 할머니는 운전할 때 개를 트렁크에 태우곤 했는데, 그게 어떤 느낌인지를 제가 느껴 봐야 한다는 이유였죠. 사실 썩 즐거운 경험은 아니었습니다. 갑자기 누군가가 할아버지에게 다가와 말을 건 탓에 깜빡하고 저를 꺼내 주지 않았기 때문입니다. 저는 누군가가 트렁크 문을 두드리는 소리를 듣고 꺼내 줄 때까지 그곳에 한참이나 갇혀 있었습니다.

유머와 장난은 절대적 신앙심과 더불어 올레 키르크라는 사람을 정의하는 요소 중 하나였다. 어쩌면 이처럼 깊은 신앙심과 합쳐진 가벼운 마음가짐이야말로 부채 앞에서, 기한을 넘긴 대출 앞에서, 심지어는 파산 신청 앞에서도 그가 태연할 수 있었던 이유였을 것이다. 종종 사업 전선에 가장 짙은 먹구름이 드리울 때도 올레 키르크는 수많은 채권자가 그에게 보낸 채권 추심인이나 변호사들과 결국 유쾌하게 어울리는 사이가 되었다. 토지관리인조차도 업무를 다 마무리하지 못한 채 가족에게 선물할 아름다운 목각 세공품을 한 아름 들고 빌룬을 떠났다.

1921년 11월, 비고의 도제 기간이 끝났다. 그러나 당시 윌란의 이쪽 지방에는 정규 일자리가 많지 않았다. "이제 어떻게 할 거니, 비고? 갈 데가 있는 거야?" 크리스티안센이 물었다. 비고는 별다른 계획이 없었다.

"좋아. 그렇다면 한 가지 제안할 게 있어. 받아들여도 좋고 그러지 않아도 괜찮단다. 어쨌든 우리는 좋은 친구로 남는 거야."

올레 키르크는 하나님의 뜻에 따라 곧 문가에 찾아올 대규모 작업을 도와준다면 비고에게 침실과 작업실을, 그리고 주급 10크로네를 주겠다고 제안했다. "내가 값싼 노동력이 탐나 이런다고 생각하지 말아 줬으면 한다. 나도 지네만큼이나 수중에 현금이 없으니 말이야. 그저 자네가 도제 생활을 잘 활용할 수 있길 바랄 뿐이야. 비고, 자네에겐 실력이 있어. 일감이 없을 뿐이야."

물론 비고는 이 제안을 수락했다. 그는 이때까지 빌룬에서 크리스티안센과 4년을 함께 일해 왔으며 숙련공으로서 산다는 것이 어떤지 잘 알았다. 대규모 작업이 없을 때면 목공소에 머무르며 소규모 작업을 해 나갔다. 한쪽 방에는 띠톱, 드릴, 대패와 라우터router를 비롯한 온갖 기계가 지붕 아래의 커다란 축에 걸린 긴 구동 벨트에 연결되어 있었다. 다른 방에는 부스러기와 톱밥이 넘쳐났고 의자 여러 개가 있었으며 풀을 데우는 데 쓰는 난로 하나가 있었다. 그렇기에 이들은 개별로 가공한 나뭇조각을 모아 문, 창틀, 주방 가구와 붙박이장, 관, 수레용 상자를 만들었고, 집안일을 담당하는 젊은 남성과 여성을 위한 옷장과 서랍장을 만들었다.

비고는 목공소에서 가구를 만드는 데 집중했지만, 몇 주 지나지 않아 근방의 농장에서 대규모 일거리가 들어왔다. 크리스티안센은 비고에게 숙련공의 정당한 몫인 시간당 1크로네 18외레를 전부 주겠다고 처음부터 못 박아 말했다.

키엘: 오랜 세월 목공 장인이자 제조업자로 살아온 할아버지는 완벽과 품질뿐만 아니라 품위를, 즉 직원들과의 좋은 관계를 원동력으로 삼았습니다. 일종의 사회적 책임감이었고, 그 덕분에 늘 일을 잘한다는 존경을 받았죠. 모든 면에서 최고의 품질을 추구했습니다.

지름길을 찾으려 들 수는 없었습니다. 아버지는 어린 시절 이걸로 많이 혼났다고 해요. 장난감을 만들기 시작한 이후인 1930년대 어느 날, 아버지가 목각 오리의 탁송을 평소보다

27

훨씬 빨리 내보낸 적이 있었습니다. 보통은 목각 오리에 도료를 세 겹 칠하는데, 두 겹만 칠해도 된다는 걸 발견한 덕분이었습니다. 아버지는 할아버지가 이 일을 알게 되면 칭찬해 줄 거라고 생각했죠. 회사로서는 시간과 비용을 아낀 셈이니까요. 그런데 할아버지는 아버지를 보더니 당장 역으로 가 탁송물을 되찾아 오라고, 목각 오리에 도료를 마저 제대로 칠하라고 했습니다. 할아버지에게는 상품의 품질과 소비자의 만족도가 전부였어요.

사자의 집

오래지 않아 올레 키르크와 크리스티네에게 더 많은 식구가 생겼다. 1917년에 요하네스Johannes가 태어난 후 1919년에 카를 게오르그Karl Georg가 뒤이어 탄생했고, 1920년에는 키엘의 아버지인 고트프레드Godtfred가 태어났으며, 마지막으로 1926년에는 게르하르트Gerhardt가 태어났다. 그러므로 올레 키르크는 1923년에 작업장 위에 한 층을 더 지어 지붕 밑 층에 방을 만들고 지층의 방 하나는 세를 주기로 했다. 어떤 형태로든 수입을 더 벌어들일 수 있다면 좋았다.

　1924년 4월 말의 어느 일요일, 모두가 낮잠을 자던 즈음 갑자기 바깥에서 누군가가 비명을 질렀다. "불이야!" 목공소가 화염에 휩싸여 있었다. 불길이 본채에 빠르게 옮겨붙었다. 몇 시간 만에 건물 전체가 불에 타 무너져 내렸다.

　훗날 밝혀진 사실은 다음과 같았다. 다섯 살 난 카를 게오르그와 훗날 레고의 열정 넘치는 대표이사가 될 네 살배기 고트프레드가 목공소에 몰래 들어가 이웃집 딸에게 줄 인형의 집 가구를 만들며 놀았다. 그러나 날씨가 너무 추웠던 탓에 두 형제는 작업대 위에 있던 성냥을 가져다 난로에 불을 붙이려고 했다. 이때 바깥으로 튄 불씨가 나무 부스러기에 옮겨붙었다. 소년들은 불을 끄려고 막대기로 쳐 보았으나 오히려 불길을 키우는 꼴이 되고 말았다. 곧 불길이 치솟았고, 위층에서 낮잠을 자던 도제 하나가 연기를 눈치챘다. 아래층으로 달려 내려온 도제는 소년들이 잠근 목공소 문을 부수어 열었다.

다친 사람은 아무도 없었다. 가구와 도구 몇 가지는 불이 붙기 전에 꺼낼 수 있었으나, 기계류는 꺼낼 수 없었다. 가진 것이 많지 않았던 비고가 특히 큰 피해를 보았다. 기민한 독서가이자 작가였던 그는 옷가지와 신발뿐만 아니라 그동안 모았던 책도 모두 잃고 말았다. 그중에는 크리스티안센의 도움을 받아 장정한 책도 여러 권 있었다.

평생을 바쳐 일군 모든 것이 한순간에 무너진 모습을 본 올레 키르크는 큰 충격을 받았으나, 곧 동네 주민들이 발 벗고 나섰다. 가족들은 불이 난 곳 바로 건너편의 협동조합 위 다락으로 급하게 거처를 옮김으로써 적어도 지붕 있는 곳에서 생활할 수 있었고, 올레 키르크도 일을 계속할 수 있었다. 그를 비롯한 여러 숙련공은 마을의 한가운데에, 오늘날 레고 하우스가 있는 자리에 빌룬의 새로운 낙농 협동조합을 짓느라 바빴다.

낙농장은 빌룬 마을뿐만 아니라 이 일대 모든 지역에 매우 중요한 건물이었고, 올레 키르크는 개인적 불행을 떨쳐 내려고, 이미 무너진 건물을 대신할 새로운 집을 구상하려고 애쓰며 작업을 계속해 나갔다. 낙농장을 짓는 동안 올레 키르크는 빌룬의 동쪽에 자리한 인근 마을인 프레데리시아Fredericia 출신의 건축가와 수많은 대화를 나누었다. 이 건축가는 1920년대의 다른 많은 동료와 마찬가지로 '더 나은 건축양식Bedre Byggeskik' 운동의 신봉자였는데, 이는 곧 단순한 자재에, 장인들의 건전하고 훌륭한 솜씨에 초점을 맞추고 때로는 그림처럼 아름다운 세부 장식을 더하는 건축양식을 추구한다는 뜻이었다.

올레 키르크는 예스페르 예스페르센Jesper Jespersen이라는 이름의 이 건축가를 믿고 그에게 새로운 집과 부속 목공소의 설계를 맡겼다. 그 결과 거대하고 아름다운 건물이 설계되었으나, 크리스티안센의 말을 직접 빌리면 이로 말미암아 "이후 수년 동안 나를 쫓아다닌" 엄청난 빚이 생기기도 했다. 수많은 교구민이 목공 장인의 새로운 보금자리를 미심쩍은 눈길로 바라보았다. 아무리 큰 농장이라도 처음에는 외양간으로 시작하고 점차 건물을 늘려 나가는 것이 일반적이었다. 그다음으로 곡물 창고를 더하고, 돈이 남는다면 마지막에 농장 부속 주택을 세우는 식이었다. 크리스티안센은 정반대의 길을 택했다. 그는 큰 그림을 그렸다. 미래를 지향하는, 선구적인 이 설계에 따르면 여러 개의 거실과 침실, 부엌, 작업실까지 사실상 모든 주거용 공간과 업무용 공간이 단일 건물에 기능적으로 합쳐졌다.

이 집은 1924년 여름 동안에 모양을 갖추어 나갔다. 그해 8월에 건축가에게 보낸 편지에서 올레 키르크는 본채와 목공소의 창문과 문에 관한 몇 가지 점을 정정하는 한편으로 "돈이 조금 부족하다."라고 하며, 자신이 낙농장에서 하고 있는 작업에 대해 아직 결제받지 못한 보수를 선급금으로 받을 수 있도록 예스페르센이 낙농장 관리인에게 요청할 수 있는지 물어보았다. 건축가는 낙농장 관리인에게 이를 전하며 부디 될 수 있는 한 빠르게 올레 키르크 크리스티안센에게 2000크로네를 보내 달라고 부탁하는 메모를 덧붙였다.

사시사철 파산 상태에 빠져 있던 빌룬의 목공 장인은 그렇게 그레네 교구에서 가장 우아하고 현대적인 주택과 목공소를 지을 수 있었고, 뒤편을 감싸안은 뒤뜰을 가질 수 있었다. 아들 중 하나는 훗날 이 집을 떠올리며 "그야말로 큰 저택이었고, 늘 그렇듯이 아버지가 감당할 수 있는 범위를 다소 넘어서는 일"이었다고 회고했다.

이 장엄한 벽돌 건물의 한쪽에는 길거리를 내다보는 거대한 창문과 함께 일종의 상점이 있었다. 올레 키르크는 존경받는 다른 장인들의 방식과 비슷하게 자기 상품을 진열해 두었다. 이들은 올레 키르크의 말대로 "그 자체로 새 고객을 유치해 줄" 이 집의 장인 정신을 강조하기 위해 빌룬에서 유일하게 집 앞 도로를 시멘트로 포장하고, 집을 지키는 화려한 시멘트 사자상을 현관 양옆에 한 마리씩 두었다. 마을 사람들은 그들이 자리를 잡고 건물을 사용하기 전부터 이곳을 '사자의 집'으로 부르기 시작했다.

> 키엘: 어떻게 보면 그 집은 할아버지가 직접 설계한 거나 다름없었습니다. 건축가는 그저 할아버지의 지시를 따랐을 뿐이니까요. 할아버지는 어떤 집이 필요한지 정확히 알았지만, 물론 결국에는 성인 두 명과 아이 네 명이 살기엔, 그리고 고정된 적 없는 수의 직공들이 살기에도 너무 큰 집이 완성되었습니다. 그렇지만 할아버지의 건축 작업은 평생 늘 그런 식이었습니다. 모든 게 커야만 했죠. 나중에는 할아버지와 아버지가 이러한 점을 두고 열띤 논쟁을 벌이기도 했습니다. 시작할 무렵에는 본채를 비롯한 건물 자체가 너무 컸으므로 1층은 세를 주었습니다. 아래층인 지층에는 사무실을 두었고, 길거리를 마주 보는 창문 앞에는 진열 구역을 두는 한편, 반대쪽에는 거실과 침실, 부엌을 두었습니다. 지금도 빌룬의 한가운데에, 레고 하우스와 대각선으로 마주 보는 곳에 우뚝 선 이 건물은 올레 키르크 크리스티안센이라는 사람과 그가 일군 모든 것뿐만 아니라 근대 덴마크 건축 관습을 대표합니다.

레고의 역사가 시작된 이래 첫 10여 년 동안은 사건과 사고가 끊이지 않았다. 가족이 사자의 집으로 이사한 지 갓 1년이 지났을 무렵인 8월의 어느 날, 새로 지은 목공소에 번개가 내리꽂히며 불길이 치솟았다. 기계류와 가구, 붙박이는 물론 반쯤 완성한 작업물까지 모두 새까맣게 타버렸다. 화재 피해가 약 4만 5000크로네로 추산되었고, 올레 키르크는 다시 한번 백지에서 사업을 재건해야 했다.

이듬해인 1927년 11월에는 또 한 번 불행이 닥쳤다. 보험사는 몰랐지만, 이번에는 자초한 사고였다는 점을 짚고 넘어가야 하겠다. 올레 키르크가 대규모 건축 작업이 진행 중이던 지역 농장에서 다양한 직공 및 장인들과 즐겁게 이야기를 나누다가 그답게 익살맞고 장난스러운 어투로 자기가 농장주의 새로운 휘발유 발전기를 신체의 특정 부위로 쉽게 멈추어 세울 수 있다는 농담을 던졌다. 그러자 당연하게도 그를 둘러싸고 있던 사람들이 눈으로 직접 보자고 부추기기 시작했다.

그다음으로 크리스티안센이 구동 벨트에 등을 댄 바로 그 순간에 기계 끝이 어떻게 되었는지는 그 누구도 확실히 알지 못했다. 어쨌든 크리스티안센은 최악의 결과를 맞이했고, 땅에 세게 처박히며 두개골에 금이 갔다. 며칠 후 신문에는 다음과 같은 기사가 실렸다. "의사 랑에Lange 선생이 차에 흰 깃발을 달고 사고 현장으로 부리나케 달려갔고, 그 뒤를 구급차가 뒤따랐다. 부상자는 곧 병원으로 이송되어 치료를 받았다. 상태가 심각해 우려되는 상황이다."

그러나 이 부상자는 비교적 빠르게 회복했고, 보험사에서 4500크로네를 보상받으면서 한층 더 기운을 차렸다. 뜻밖에 거금을 손에 넣은 올레 키르크는 기술광답게 크리스털 라디오 수신기를 구매했다. 그리고 재단사 프란센Frandsen의 오래된 4기통 FN 오토바이를 인수했는데, 스카겐Skagen으로 여행을 갔다가 집으로 돌아오는 길에 고장이 나, 뒷자리에 앉았던 소목장이 비고가 훗날 그때의 모든 고생을 이야기할 수 있었다. 올레 키르크는 곧 당시 빌룬에 한 대밖에 없던 '현대적 자동차'를 꿈꾸기 시작했다. 1928년 가을, 그는 다시 한번 채무를 생각하지 않고 큰 꿈을 펼쳐 보이며 중고 포드 모델 T에 투자했다.

> 키엘: 할아버지는 언제나 최신 기기를 손에 넣어야만 직성이
> 풀리는 사람이었습니다. 자랑하기 위해서가 아니라 신기술에
> 관해 믿을 수 없을 만큼 호기심이 많았기 때문이고, 그걸 가지
> 고 놀기 좋아했기 때문입니다. 1950년대에 빌룬에서 처음으로
> TV를 산 사람도 할아버지였습니다. 어린이든 성인이든 누구
> 에게나 마찬가지로 대사건이었죠. 할아버지와 할머니의 거실
> 에 몇 명인지도 모를 사람들이 찾아와 거대한 TV 박스 앞에 앉
> 곤 했습니다. 그건 할아버지의 아주 뚜렷한 특징이었습니다.
> 할아버지가 보기에 합리적인 생각을 바탕으로 한 것이라면, 혹
> 은 그렇다는 직감이 들기만 하면 그게 무엇이든 일단 두려워하
> 지 않고 시도해 봤죠.

그러나 빌룬의 일부 사람들은 올레 키르크가 하나님을 제대로 공경
하지 않는다고 생각하기 시작했다. 자기 분수에 맞지 않는 집을 지은 데
다가 라디오를, 심지어는 자동차까지 샀기 때문이다. 반면에 호사스러운
소비를 즐길 돈이 수중에 생긴 것은 올레 키르크만이 아니었다. 덴마크
의 격언대로 농부가 부자가 되면 모두가 부자가 되던 시대였고, 1928년
에서 1929년까지는 이례적인 풍작이었다. 이후 한동안 빌룬과 주변 지
역에서 석조, 목공, 회화의 붐이 일었다.

그러나 무엇보다도 올레 키르크가 가장 좋은 나무로 프뢰키에르 옌
센Frøkjær Jensen 목사에게 줄 썰매를 만드는 데 온종일 몰두하자 크리스티네
는 그의 열정이 다소 지나치다고 생각했다. "올레, 그걸로 뭔가 받기는 하
는 거야?" 크리스티네가 물었다.

보수를 바라지 않았던 올레는 이렇게 대답했다. "사제를 행복하게

만드는 일이니 당연히 어떤 식으로든 하나님께 공헌하는 셈이지."

게다가 그는 더 많은 가정용 작업과 헛간용 작업을 의뢰받으며 그 어느 때보다도 바쁘게 지냈다. 이 시점에서 그는 기어 대신 페달 세 개가 있는 포드 모델 T를 타고 고객을 만나러 다녔다. 그가 할부로 구매한 1400크로네짜리 자동차였다.

한동안은 밝은 미래가 탄탄하게 펼쳐진 듯했으나, 수십억 달러가 증발해 버린 1929년 10월 월스트리트 대폭락의 여파가 유럽 전역으로 빠르게 확산했다. 덴마크의 최대 무역 파트너 국가인 독일과 잉글랜드가 심한 타격을 입었고 곡물, 버터, 돼지고기의 가격이 폭락했다. 농사 업계의 폭넓은 위기가 건축 업계의 급격한 침체로 이어져 농부뿐만 아니라 숙련공들에게도 영향을 미쳤으며, 결과적으로 대규모 실업과 파업 및 폭동이 일어났고, 시골 지방의 부도 업체 수도 폭등했다. 수많은 농장주와 숙련된 장인들이 어쩔 수 없이 일손을 놀렸고, 오래지 않아 빌룬 목공소도 그 덫에 걸리게 되었다.

믿음──1930년대

미래는 장난감에 있다

1931년의 어느 가을날 아침, 한 남성이 무거운 마음으로 자신의 포드 모델 T를 몰고 마을을 나서고 있었다. 그날은 긴 하루가 될 예정이었다. 목공 장인 올레 키르크는 지역 곳곳을 돌며 사람들이 자신에게 빚진 금액을 받아야 했다. 적어도 채무자들에게서 약속어음을 받아 낼 생각이었다. 약속어음은 당시 시골 지방에서 현금이 귀할 때 사람들이 서로를 돕던 흔한 방식이었다.

올레 키르크는 채권 추심을 평생 제대로 해 본 적이 없었다. 어음을 개서해야 할 때가 되면 대개는 열 살배기 고트프레드를 보내곤 했는데, 아들은 아버지와는 다르게 빈손으로 집에 돌아오는 일이 거의 없었기 때문이다. 그러나 파산 직전에 몰려 있었던 올레 키르크는 이제 사자의 집과 목공소가 법의 심판에 넘어가지 않도록 직접 나서야만 했다.

그날 올레 키르크가 마지막으로 방문한 사람은 그린스테드 길에 농장 하나를 소유한 옌스 리스 옌센Jens Riis Jensen이었다. 그는 오래전에 올레 키르크에게 작업을 맡겨 건초 헛간을 지었는데, 아직 35크로네를 마저

내지 않은 상태였다. 길쭉한 포드 모델 T가 마당에 들어서자 리스가 집에서 나와 올레 키르크에게 인사했다. 올레 키르크는 차의 문을 열었으나 그대로 앉은 채 말했다.

"나한테 줄 35크로네를 가지고 있지 않지, 옌스 리스? 아직 잔금이 남은 곳을 오늘 열다섯 군데나 들렀는데 다들 수중에 한 푼도 없더군. 더는 감히 약속어음도 쓰기 어려운 모양이야." 농부는 자포자기하는 심정으로 고개를 내저었다.

"미안해, 크리스티안센. 지난번에 다 자란 돼지들을 도축장에 데리고 갔는데, 조그만 새끼 돼지일 때보다도 값을 덜 쳐주더군. 지금 내 명의로는 1크로네도 없지만, 집에 치즈는 조금 있는데 혹시 먹겠나?"

"그럴지도 모른다고 생각했어, 리스. 그렇지만 내가 내일을 버틸 수 있도록 약속어음에 서명해 줄 텐가?"

"글쎄, 솔직히 말하면 언제 헛간 건축 잔금을 치를 수 있을지 모르겠어."

"때가 되면 연락해 줘, 옌스 리스. 어쩌면 내가 돈을 좀 빌려줄 수도 있겠어." 농부는 미소를 짓더니 펜을 가져와 어음에 서명했다.

올레 키르크는 감사를 표했다. "오늘 종일 돌아다녀 얻은 건 자네의 서명 하나뿐이지만, 이제 적어도 하루를 더 살아 낼 수 있겠군."

옌스 리스는 물론 다른 덴마크 농부들도 자기가 파는 재화의 값을 제대로 받지 못하고 있었다. 1930년대 초에는 그 누구도 무언가를 수리할 돈이 없었고 문이나 창문을 바꿀 돈이 없었다. 그러던 어느 날, 올레 키르크는 더는 외상으로 목재를 살 수 없는 상황에 이르렀다. 근방의 농장에서 불이 나자 사람들은 헛간과 집의 재건을 올레 키르크에게 맡겼고, 그는 평소처럼 콜링의 요하네스 그뢴보르Johannes Grønborg가 운영하는 제목소에 나무를 주문했다. 그러나 너무나 많은 장인이 파산하던 시기였으므로 아무리 적은 양이라도 외상을 승인하기가 꺼림칙했던 그뢴보르는 은행에 조언을 구했다. 빌룬의 크리스티안센을 믿고 외상을 해 주어도 괜찮은가?

그러자 은행에서 곧바로 답을 보내왔다. "그렇게 하지 않는 것을 추천합니다. 보험이 보장하는 범위 내라도 마찬가지입니다. 귀하께서 말씀하신 목수는 매우 나쁜 형편에 처해 있으며 언제든 도산할 수 있습니다."

올레 키르크는 실제로 위험한 상황에 놓여 있었다. 하지만 1932년 새해가 밝을 무렵에도 올레 키르크는 여전히 낙관적이었다. 어쩌면 하나님이 삶의 모든 면에서 그를 도와주리라는 믿음 덕분이었던 듯하다. 꼬마 크누드Lille Knud라는 이름의 도제가 한때 비고가 그러했듯이 목공소 위층에 있는, 겨울이면 세면대가 얼어붙는 다락방에서 1928년부터 살면서 올레 키르크와 함께했으며, 1931년에는 또 다른 숙련공 하나와 함께 크리스티안센이 빌룬에서 맡은 마지막 주택 건축 작업을 진행했다. 다음으로 두 사람은 크리스티안센 일가가 크리스마스 시즌에 판매할 발판 사다리와 걸상, 착유용 걸상, 크리스마스트리 받침대와 사장이 네 아들에게 의견을 구해 만든 몇 가지 장난감 자동차까지 다양한 목각 세공품을 만드는 일을 도왔다.

소형 장난감을 제작하는 것은 올레 키르크에게 엄청난 즐거움을 가져다주었다. 꽤 쉬운 작업처럼 느껴졌을뿐더러 불티나게 팔리지는 않더라도 어린이용 제품을 만드는 데 성인용 제품만큼 공을 들이고 신경을 쓴다는 것 자체가 좋았다. 아들들이 어렸던 1920년대에 올레 키르크는 종종 바닥에 굴러다니는 나뭇조각을 주워다가 칼이나 톱으로 깎아 말, 소, 집을, 또는 자동차나 기차, 비행기처럼 속도를 사랑하는 근대의 기적 같은 산물을 만들곤 했다.

키엘: 할아버지는 아이들에게 세심하고 좋은 아버지였고, 육아
에 관한 확실한 생각과 원칙이 있는 사람이었습니다. 시간이

나면 아들들과 놀아 주곤 했는데, 그렇게 할 수 있는 시간은 사실상 일요일뿐이었습니다. 할아버지는 일요일이 주일이면서 동시에 가족과 함께 시간을 보낼 기회라고 생각했죠. 할아버지는 작은 장난감을 깎아 만들거나 조립해 아들들에게 주었습니다. 거기에 아이들이 도장을 직접 찍을 기회도 줬다고 해요. 1932년에 본격적으로 장난감을 생산하기 시작할 때는 가장 어린 아들 둘, 즉 제 아버지와 게르하르트 삼촌에게 테스트를 맡겼습니다. 가지고 놀기 좋은지, 원하는 대로 가지고 놀 수 있는지 따져 보게 했죠. 어떤 면에서 보면 제 아버지도 1950년대에 저에게 똑같은 테스트를 맡겼습니다. 아버지는 갑자기 지하 놀이방에 와서 제가 이번에는 무엇을 만들었는지, 그리고 레고가 주력 상품으로 내놓은 새로운 플라스틱 브릭으로 아이들이 무엇을 할 수 있는지 살펴보았습니다.

장난감에 대한 믿음

1932년 초봄의 어느 날, 누군가가 사자의 집 현관문을 두드렸다. 문밖에는 프레데리시아에서 온 목재상이자 '나무 올레센'으로도 알려진 옌스 V. 올레센Jens V. Olesen이 서 있었다. 동료 한 명과 함께 찾아온 그는 크리스티안센이 작업장에서 무엇을 하는지 볼 수 있겠느냐고 물었다. 당시에는 건설 업계가 매우 침체되어 있었고, 목수들은 연이어 사업을 접어야만 했다. 두 사람은 올레 키르크가 만든 사다리와 걸상, 착유용 걸상과 다리미판 등을 보고 품질이 두드러지게 수준 높다며 칭찬했다. 그들은 특히 화려하고 반짝이는 색으로 칠한 멋진 장난감 자동차에 열광했다. 올레센은 그 자리에서 8월 납품을 조건으로 올레 키르크의 상품을 대량으로 주문했다. 온 가족이 즐길 수 있고 크리스마스에 선물할 만한 상품의

38

재고가 필요한 지방 곳곳의 상점 주인과 협동조합 관리자들에게 손쉽게 팔 수 있을 터였다. 나무 올레센은 아무리 어려운 시기일지라도 어린이들이 그 대가를 감당해서는 안 된다는 의견을 밝혔다.

이들은 커피를 마시며 이야기를 나누기 시작했는데, 어느 시점에서인가 올레센이 '덴마크 노동 협회Dansk Arbejde'라는 단체에 관한 이야기를 시작했다. 이 단체는 덴마크인에게 국산품의 사용을 독려하고 숙련된 장인들이 새로운 유형의 생산을 시작할 수 있도록 돕는 곳이었다. 올레센은 앞으로 목각 세공품, 특히 장난감의 수요가 늘어나리라고 예측했다. 또한 그는 덴마크 노동 협회에서 신생 제조업체에 쾨베스테네트 Købestævnet의 무료 부스를 제공한다고 알려 주었다. 프레데리시아에서 매년 열리는 이 무역 박람회에는 사업가들이 참석해 상품을 전시할 수 있었다. 판매자나 도매상과 인맥을 쌓을 뿐만 아니라 많은 주문을 받을 수도 있었다.

올레 키르크는 이러한 박람회 이야기를 한 번도 들어 본 적이 없었지만, 훗날 회고했듯이 그와 크리스티네는 "귀가 얇았다." 목재상 두 사람이 돌아간 후 올레 키르크가 말했다. "어쩌면 좋은 방법일지도 몰라. 안 그래? 언제든 다리미판, 사다리, 목각 자동차와 몇 가지 장난감을 맛보기로 내놓을 수 있잖아."

바야흐로 올레 키르크 크리스티안센의 목수 생활이 전환기를 맞이하는 순간이었다. 그는 기존의 생산공정을 개선하고 실용적인 목각 세공품과 장난감을 만드는 데 전력을 기울이기 시작했으며, 목공소 보조를 구하고 가격표를 작성하기 위해 형제 몇 사람에게 돈을 빌렸다. 그가 앞으로 10년은 갚지 못할 돈이었다.

가족 모두가 그의 결정을 이해해 주지는 않았다. 오히려 이해와는 거리가 멀었다. 빌룬의 여러 주민도 올레 키르크의 잡동사니 같은 상품을 미덥지 않게 생각했다. 다 큰 어른이 장난감을 만지작거린다니 얼마나 우스꽝스러운 광경인가! 마을 사람들은 언제나 그의 노고와 기술을 높이 샀지만, 이제는 그들도 고개를 내저었다. 심지어 대놓고 지적하는 사람도 있었다. "그런 걸 하기에 자네는 너무 아까운 사람이야, 크리스티안센. 좀 더 쓸모 있는 일을 찾아보는 게 어떻겠나?"

> **키엘:** 초창기 몇 년 동안 할아버지는 자기가 목각 장난감을 만든다는 사실을 마을과 지역 교구의 사람들만이 아니라 손위 형제 몇몇까지도 낮잡아 본다고 생각했습니다. 그들은 장난감 사업이 말도 안 된다고 생각했고, 실제로 사업이 처음부터 잘 풀리지도 않았죠. 종종 할아버지는 훗날 인터뷰에서 자기가 가족들 속을 썩이는 말썽쟁이였다고 말했지만, 제 생각에는 할아버지가 목공소 사업을 계속 유지할 수 없어 여성이 집안에서 쓰거나 어린이가 가지고 노는 작은 물건을 만드는 데 의지할 수밖에 없었다는 맥락에서 바라보아야 할 것 같습니다. 당시 사람들은 그걸 생각하지 못한 겁니다.

한편 올레 키르크는 올레센의 주문을 처리하기 위해 열심히 일했다. 다양한 나무 장난감이 다른 수많은 물건과 함께 'O. 키르크 크리스티안센의 목공소 및 장난감 공장' 공간을 메워 갔다. 이곳의 모습은 1932년의 어느 여름날 목공소 뒤편의 가족 정원에서 찍은 사진 한 장에 고스란히 담겼다. 목각 자동차와 노면전차, 비행기를 비롯한 수많은 장난감이 다리미판과 사다리 위에 전시되어 있다. 그 뒤로 올레 키르크의 아들 요하네스와 하랄 분고르Harald Bundgaard, 꼬마 크누드, 벽돌공 닐스로도 불린 닐스 크리스텐센Niels Christensen, 장난감 칠 작업을 맡은 열세 살의 카렌 마리 예센Karen Marie Jessen을 비롯한 조수 군단이 나란히 서 있다. 사진을 찍은 사람은 올레 키르크 본인일 수도 있지만, 당시 다섯 번째 아이를 임신하고 있던 크리스티네가 찍었을 수도 있다.

이 역사적 사진에서 눈에 띄지 않는 물건이 있다면 당대에 가장 인기 있던 장난감이자 전 세계에서 가장 많이 팔린 장난감인 요요였다. 올레 키르크에게 요요는 하늘이 내려 준 계시였다. 훗날 그는 "하나님이 내게 장난감에 대한 믿음을 심어 주셨다. 그건 바로 요요다."라고 말했다.

요요 열풍이 어린이와 성인을 가리지 않고 전 세계를 휩쓸면서 심각하기 이를 데 없었던 위기 속에서 사람들에게 머리를 잠시 식힐 틈을 만들어 주었다. 1931년 말에 요요가 덴마크에 들어와 코펜하겐(쾨벤하운) 공과대학의 "덴마크 크리스마스 선물" 전시회에서 첫선을 보였다. 그해 겨울과 1932년 봄에 걸쳐 요요를 향한 관심이 전국으로 퍼져 나갔고, 올레 키르크를 비롯한 목공들은 대목을 잠시나마 즐길 수 있었다. 덴마크 언론은 고대 그리스에 기원을 두었다는 이 새로운 인기 현상에 한층 더 바람을 불어넣었다. "요요 열풍이 뜨겁다. 사람들이 노면전차 안이나 자전거 위에서, 일터에서, 관공서에서 요요를 가지고 논다. 우체국의 보조 직원이 고객을 모시지 못할 만큼 바쁘다면 그건 책상 아래에서 요요를 연습하고 있기 때문이다."

요요 수요가 너무나 갑자기 늘어났기에 올레 키르크는 1932년의 첫 가격표에 요요 품목을 올리지도 못했으나, 이 뜻밖의 기회를 재빠르게 잡아 요요를 대량으로 생산하기 시작했다. 목공소 직원들은 이 작은 장난감을 빠르고 손쉽게 만들 수 있었고, 나중에는 소수의 근면한 마을 여성과 가족들이 사자의 집에서 요요에 색을 칠하고 도료를 입혔다. 면실을 감은 요요를 나무 상자에 대량으로 포장해 빌룬역에서 전국의 도매상과 유통업자에게 배송했다.

1932년의 요요 열풍 덕분에 크리스티안센의 공장에는 벽돌공 닐스를 비롯한 몇몇 운 좋은 직원이 맡을 일이 넘쳐났다. 올레 키르크는 요요 한 개당 1외레를 지급했고, 일이 가장 잘 풀리는 날이면 닐스는 요요

41

1000개를 족히 만들 수 있었다. 여기에 더해 일당 10크로네도 있었는데, 이것만으로도 그가 벽돌공으로 일하며 받던 보수보다 더 많았다. 그러나 올레 키르크는 여전히 아내와 아들들의 도움을 최대한 구하고자 했다.

훗날 그는 이때를 이렇게 설명했다. "아내와 아이들 그리고 나까지 개처럼 일했고, 상황이 점차 회복되기 시작했다. 우리는 많은 날을 아침에서 자정까지 일했고, 소포를 역으로 밤늦게 실어 나를 때 이웃에게 피해를 주지 않기 위해 고무바퀴가 달린 수레를 샀다."

식어 버린 요요 열풍

1932년의 여름날에 찍은 이 오래된 사진 속에서 자랑스럽고 충성스러운 팀원들이 그들이 만든 다양하고 아름다운 목각 상품에 둘러싸인 모습은 그저 평화롭고 목가적으로만 보인다. 어쩐지 그 모습은 특히 올레 키르크가 가장 좋아하는 찬송가의 몇몇 구절을 연상하게 했다. "하나님의 아이들보다/ 고난 속에서 안전한 자가 없노라."

그러나 41세의 숙련된 장인이자 유망한 제조업자였던 그에게는 앞으로 다가올 불행이 아직 남아 있었다. 요요 생산이 절정에 달하면서 처음으로 목각 장난감을 만들어 정말 상당한 수입을 벌어들일 수 있을 것만 같았던 그해 8월, 만삭의 임신부였던 크리스티네가 심하게 병이 나 그린스테드 병원에 입원했다. 뱃속의 아이가 죽은 것이 분명해 보였다. 크리스티네는 유산을 딛고 회복하는 듯했으나 갑자기 정맥염이 생기며 상태가 나빠졌고, 결국 9월 6일에 고작 40세의 나이로 세상을 떠났다.

모든 일이 충격적일 만큼 너무나 빠르게 일어났고, 그 이후 올레 키르크는 한동안 깊은 슬픔에 빠진 채 생각과 감정을 다스리는 데 어려움을 겪었다. 특히 열두 살 난 고트프레드를 비롯한 아들들은 아버지가 비통해하는 모습을 평생 잊지 못했다.

"내가 오르간을 아무렇게나 치며 놀고 있을 때 아버지가 거실로 와 우리에게 무슨 일이 일어났는지 이야기했을 때가 기억난다. 아버지가 우는 모습은 그때 처음 보았다. 우리는 하나님께 기도하고, 밖에서 일하고 있었던 두 형을 데리러 갔다."

올레 키르크는 큰 충격을 받았고, 하나님을 향한 믿음까지도 흔들렸다. 그는 선교의 집 위원회에서 물러났으며, 이후 10년간 평신도로 지냈다. 1944년이 되어서야 올레 키르크 크리스티안센의 서명이 다시 위원회 모임 기록에 나타났다. 이로부터 한참 후, 올레 키르크는 살면서 가장 어렵고 불행했던 시기를 되돌아보며 이렇게 썼다. "나는 '주님의 뜻대로 되리니.'라 되새기고 진심으로 그렇게 살아가고자 애썼으나, 슬픔에서 헤어나지 못했다."

키엘: 할아버지는 상황이 가장 나쁘고 해결이 불가능해 보일 때도 절대 포기하는 법이 없었습니다. 대단한 추진력의 소유자였다고 해야겠습니다. 무슨 일이 있어도 할아버지는 모두 괜찮아질 거라며 마음을 다잡았습니다. 간단하게 포기해 버리는 건 할아버지의 성정에 맞지 않았습니다. 아버지도 같은 면이 있었습니다. 물론 제게도 있죠. 일종의 고집이 대대로 내려오는 겁니다. 이는 믿음과도 관계가 있습니다. 꼭 종교적 믿음만을 말하는 게 아닙니다. 그보다는 더 폭넓고 일반적인 믿음, 미래에 대한 믿음과 내가 책임지는 모든 것에 대한 믿음입니다. 그러다 보면 그 믿음에서 "이 정도는 견딜 수 있지!"라는 생각과 감정이 우러나오죠.

먼 훗날, 올레 키르크가 나이 지긋한 노인이자 레고의 책임자가 되었을 때, 1931년과 1933년 사이의 금융 위기와 개인적 문제를 어떻게 견딜 수 있었는지 설명해 달라는 질문을 받았다. 이때 그가 내놓은 대답을 요약하면 다음과 같았다. "기도를 열심히 해야 합니다. 기도하면 주문이 들어오고, 기도하면 좋은 일이 생기고, 기도하면 돈이 들어옵니다." 그는 위기 속에서 하나님이 자신과 가족, 사업을 이끌어 주신다는 개념과 계시에 관한 이야기를 소상하게 풀어놓았다.

어느 날 밤, 나는 자리에 앉아 내가 겪어 온 모든 실패를 곱씹고 있었다. 채권자들은 변호사를 보내 나를 닦달했고, 가족과 친구들은 내가 "쓸모 있는 일은 조금도 하지 않는다."라며 비난했다. 이제 어떻게 해야 할까? 도움의 손길이 너무나 멀리 있어 절대로 제때 내게 닿을 수 없을 것만 같았다. 그때 내가 절대 잊지 못할 놀라운 일이 벌어졌다. 마치 환영처럼 거대한 공장이 눈앞에 보인 것이다. 사람들이 바쁘게 공장을 오가며 원자재를 실어 나르는 한편, 완성된 상품을 발송하고 있었다. 그 장면이 어찌나 선명하게 보이던지, 그때부터 나는 언젠가 목표를 이루리라는 걸 단 한 번도 의심하지 않았다. 그것이 바로 오늘날 현실이 된 공장이다. 그토록 절망적인 상황 한가운데에서 믿음과 자신감을 얻을 수 있다니 참으로 재미있는 일이다. 나는 하나님이 그러한 환영을 우리에게 보여 주신다고 확신한다. 어린 시절부터 내가 믿어온 하나님이었다.

올레 키르크는 사업을 다시 일으킨 지 얼마 되지도 않아 갑작스럽게 모든 식구를 혼자 책임져야 했으며, 어머니를 잃은 깊은 슬픔에 잠긴 네 아들을 키워야 하는 처지에 놓였다. 여섯 살 난 게르하르트는 아버지를 돕기에는 아직 너무 어렸고, 열세 살이 된 카를 게오르그는 곧 목수 도제 생활을 시작할 예정이었다. 사자의 집은 열두 살이 된 고트프레드가

지켰다. 고트프레드는 어린 시절에 매우 병약했기에 올레 키르크와 크리스티네는 아이가 세상을 떠날까 봐 걱정하곤 했다. 그러나 이제 밝고 똑똑한 소년이 된 고트프레드는 학교에 있지 않을 때면 형 요하네스와 함께 목공소 일을 도왔다. 고트프레드는 손재주가 좋고 셈에 밝았으며, 언제나 미소를 잃지 않았던 요하네스는 어린 시절에 앓았던 뇌전증의 흔적이 평생 그를 따라다녔다.

비통과 슬픔으로도 모자랐는지, 올레센의 대량 주문도 엎친 데 덮친 격으로 또 다른 문제가 되었다. 올레센이 8월에 가져가기로 한 장난감이 아직도 선반 위에 쌓인 채 먼지만 쌓여 갔기 때문이다. 올레 키르크는 아무런 문제도 없으리라고 생각했지만, 곧 올레센이 도산했다는 사실이 밝혀졌다. 내세의 도움이 필요할 때면 늘 그러했듯이 무릎을 꿇은 올레 키르크는 길을 알려 주실 하나님 앞에 문제를 늘어놓았다. 다음 날 아침 일찍 일어난 그는 올레센이 가져가지 않은 주문 상품들을 오래된 포드 모델 T에 실은 다음 아들들에게 서로 돌보아 주라고 당부한 뒤 수많은 상점과 협동조합을 일일이 돌아다니며 상품을 팔려고 애썼다.

큰 성공을 거두지는 못했다. 상품 대부분을 손에서 털어 내는 데에는 성공했지만, 올레 키르크는 자신이 타고난 세일즈맨이 아니라는 사실을 인정할 수밖에 없었다. 사람들을 찾아가 자기가 만든 상품을 스스로 칭찬하는 일만으로도 그에게는 힘겨웠다. 마음속으로는 상품을 보면 품질을 알 수 있지 않냐고 생각했기 때문이다. 그러나 그는 에스비에르그Esbjerg 마을에 도착했을 때 마음을 다르게 먹게 되었다.

"가게 여주인은 내 상품을 완벽히 혹평했고, 나는 감히 제대로 반박하지도 못했다. 악의로 가득한 비평이 끝나자 여주인은 30퍼센트를 추가로 할인해 주면 내 상품을 사겠다고 했다. 나는 너무나 기쁜 마음으로 가게를 나섰다."

올레 키르크는 다른 곳에서도 흥정을 받아들여야 했으며 건포도와

45

타피오카를, 그리고 껍질을 까지 않은 아몬드 20킬로그램 따위를 들고 빌룬으로 돌아왔다. 이는 곧 그즈음에 가정부를 구한 사자의 집 식구들이 이 지역의 다른 집들보다 조금 더 나은 크리스마스를 보낼 수 있었다는 뜻이었다. 많은 사람이 고기나 디저트를 살 돈이 없어 감자와 양배추로, 그리고 교구회 구제 기금에서 나오는 얼마 안 되는 금전적 지원으로 만족해야만 했다.

요요 열풍은 일어난 지 얼마 되지도 않았는데, 곧바로 식기 시작했다. 1933년 가을에 이르자 매출이 조금 늘어났는데도 수지 타산을 맞추기가 점점 더 어려워졌다. 올레 키르크는 줄어들지도 않는 방대한 양의 요요 재고를 떠안았다. 11월 4일에는 《윌란스 포스텐Jyllands-Posten》에 다음과 같은 광고를 실었다. "장난감 바퀴 또는 도색한 요요를 주문받습니다. 즉시 배송 가능. 1000개 단위로 주문 시 최저가 적용. 빌룬 장난감 공장, O. 키르크 크리스티안센. 빌룬."

이와 같은 재정난은 지난 15년간 가정의 대들보이자 모든 집안일을 도맡으며 네 명의 아들을 키워 온 크리스티네가 더는 없다는 현실에 올레 키르크가 괴로워하는 동안 점점 더 깊어만 갔다. 한편 오래된 빚도 그를 쫓아다녔다. 특히 1920년대 말에 지역 건설 작업의 중단을 막기 위해 선의로 서명했던 보증계약이 그의 발목을 잡았다.

그건 우리 장인들이 별다른 위험을 무릅쓰지 않고도 하는 일이었고, 내 보증은 거의 형식상 절차일 뿐이었다. 그러나 다른 보증인들이 곤궁을 겪게 되자 모든 걸 내게 뒤집어씌우려 한 상황이었다. 내 재산에는 여러 골칫거리가 남아 있었지만, 나는 이를 제대로 알아차리지 못했다. 사람들이 나를 살얼음판 위로 꾀어내곤 아무런 위험도 없다며 가장 친절한 말로 나를 안심시키더니 이제는 내 증권을 몰수하기 시작했다. 그때서야 나는 모든 게 무너지고 있다고 생각했다.

올레 키르크가 모든 것을 포기하고 파산을 신청하기 직전에 이르렀을 즈음인 1933년 늦여름의 어느 날, 플레밍 프리스-예스페르센Flemming Friis-Jespersen이 현관으로 찾아왔다. 바일레 출신 변호사인 프리스-예스페르센은 이웃집에 볼일을 보러 왔다가, 예전부터 자신이 보내는 독촉장이나 영장에 답하지 않아 결국 법원에 불출석했다는 선고를 받은 이곳의 목수에게 잠시 들르기로 마음먹은 참이었다. 어쩌면 채권자와 채무자 모두가 만족할 해결책을 찾을 수 있을지도 모른다고 프리스-예스페르센은 생각했다. 이로부터 수년 후, 프리스-예스페르센은 고트프레드 키르크 크리스티안센에게 보내는 편지에서 깊은 불행과 환멸에 빠졌던 올레 키르크와의 첫 만남을 회고했다.

정말이지 커다란 집 뒤편의 사실상 텅 빈 목공소에서 그를 처음 만났을 때, 저는 그동안 있었던 모든 일을 고려하더라도 그가 좋은 사람이라는 걸 보자마자 느낄 수 있었습니다.
　"솔직히 말하면 저는 이미 포기했습니다." 그는 곧바로 말했습니다. "지난해에 저는 집을 두 채 지었습니다. 한 채는 고객이 주문한 집이었고 다른 한 채는 팔 생각이었는데, 고객은 삯을 치르지 못했고 집을 사겠다는 사람도 없었죠. 이제 저는 두 채 모두 경매에 넘겨 팔 수밖에 없고, 우리 집도 아마 오래지 않아 같은 운명을 맞이할 것 같습니다. 온갖 곳에 빚이 남았고, 아내는 세상을 떠났어요. 게다가 저만 바라보는 아이들도 네 명이나 됩니다. 제가 뭘 어떻게 해야 할까요? 어쩌면 저도 이제는 그만두어야 할 것 같습니다."

프리스-예스페르센은 손 놓고 있는 것이야말로 가장 멍청한 짓이라고 말해 주었다. 아무리 작은 빚이라도 복리가 붙으며 기하급수적으로 불어나기에 미처 알아채기도 전에 두 배로 늘어나기 때문이었다. 그는 파산 상태의 목수에게 지금 당장 채권자와 각 채권자의 요구를 목록으로 만들라고 조언했다. 프리스-예스페르센은 그다음으로 이 목록을 이용해 사자의 집 앞으로 채무상환이행각서를 썼다. 이로써 그는 채권자를 어느 정도 안심시킬 수 있었을 뿐만 아니라, 한동안 올레 키르크가 숨 쉴 틈을 만들어 주었다. 그 덕택에 올레 키르크는 그의 소규모 비즈니스를 보강하는 한편 새로운 가정부를 구할 수 있었다.

크리스티네가 세상을 떠난 후 유능하고 성실한 여성 니나Nina가 한동안 식구들을 돌보아 주었으나, 1933년 10월 1일에 갑작스럽게 일을 그만두었다. 이 독실하고 젊은 여성을 위한 추천서에서 올레 키르크는 그녀가 "하나님의 왕국에서 일하기를 고대한"다고 적었으며, 매일같이 열두 명 몫의 요리와 청소를 해냈을 뿐만 아니라 오르간을 연주하고 노래도 할 줄 안다고 썼다. 세상 그 어디에서 또 니나 같은 사람을 찾을 수 있을까?

레고의 초대 오너

레고의 초대 오너가 여성이라는 사실을 아는 사람은 많지 않다. 이 모든 상황은 1933년 10월의 어느 날, 소피 예르겐센Sofie Jørgensen이 남부 셸란의 마을 하슬레우Haslev에 있는 한 친구의 집을 방문했을 때 부엌 의자 위에 놓여 있던 신문 한 부에서 시작되었다. 더 큰 마을인 오르후스Aarhus에 살던 37세의 소피는 비누, 향수 등 개인 위생용품을 판매하는 체인점 '타톨Tatol'의 지점 매니저로 일할 생각으로 고향에 막 돌아온 참이었다.

지난 수년간 소피는 오르후스의 문제아들을 위한 시설에서 일하며 언젠가 직접 가게를 차리겠다는 꿈을 실현하기 위해 열심히 돈을 모았다. 아쉽게도 그날 하슬레우에서 원하던 일자리를 얻지 못한 소피는 낙담했지만, 그날의 일을 털어 버리기 위해 자전거를 타고 친구네 집으로 향했다. 커피를 끓이고 친구와 함께 테이블에 앉은 소피는 의자 위에 놓인《크리스텔리그트 다그블라드Kristeligt Dagblad》를 펼쳐 보았다. 구인 공고 페이지에 다다랐을 때 "가정부 구함"이라는 제목의 한 공고가 그녀의 시선을 사로잡았다.

> 진실로 독실하면서 검소하고 요리를 도맡을 수 있는 분, 가정에서 주부의 모든 역할을 다할 수 있는 분을 11월 1일부터 모십니다. 좋은 환경과 사람들이 있습니다. 각각 열두 살, 일곱 살이 된 남자아이들이 있으니 이들을 사랑으로 키워 주실 분, 아이들에게 아늑한 집을 만들어 주실 분이 좋겠습니다. 더 많은 정보는 빌룬 목공소의 O. 키르크 크리스티안센에게 문의해 주시기 바랍니다. 전 직장에서 써 준 추천서를 희망하는 급여와 함께 보내 주십시오.

올레 키르크는 낙농장 관리자 호우게센Hougesen의 도움을 받아 수많은 답신을 읽고 평가한 끝에 소피 예르겐센을 택했다. 훌륭한 추천서가 있었고 독실한 기독교인이었던 데다 내적 선교회의 덴마크 내 주요 거점이었던 하슬레우 출신이었기 때문이다. 고트프레드가 빌룬역까지 마중을 나가 새로운 가정부를 데리고 사자의 집으로 돌아왔다. 현관문을 열어 준 올레 키르크는 그녀를 보자마자 깜짝 놀라 소리를 질렀다. "머리가 이렇게 짧은 줄 알았으면 절대 안 뽑았을 텐데요, 소피 예르겐센!"

소피 또한 이토록 아름다운 포장도로와 장엄한 사자상이 서 있는 이 거대한 집 안이 그렇게 엉망인 줄 알았더라면 지원하지 않았을지도 모른다. 게다가 가족 중 형제도 광고에서 암시하는 바와는 다르게 두 명이 아니라 네 명이었다. 그러나 카를 게오르그와 요하네스는 각자 도제 생활을 하고 있었기에 이따금씩 본가를 방문하는 것이 전부였다. 열세 살이 된 고트프레드는 자기가 학교에 다니며 목공소에서 아버지의 일을 돕는다고 소피에게 말했고, 일곱 살이 된 게르하르트는 낯선 이 여성의 무릎에 앉아 조잘거렸다. "우리 엄마 알아요? 진짜 좋은 사람이었어요!"

짧은 머리의 새로운 가정부는 알고 보니 하나님이 주신 선물이었다. 50년이 지난 후, TV에 출연한 네 형제가 입을 모아 말했다. "소피는 저희에게 정말 훌륭한 어머니가 되어 주었습니다. 정말 유능하고 사랑이 넘치는 사람이었고, 집안의 질서를 바로잡아 주었습니다."

소피와 올레 키르크 사이에도 처음부터 강하고 진실된 유대 관계가 형성되었고, 두 사람은 그녀가 온 지 7개월 만에 하슬레우의 본가에서 결혼식을 올렸다. 윌란에 사는 전 아내 쪽 가족들에게 물어본다면 너무 빠른 것이 아니냐고 말했을지도 모른다. 1934년 5월 10일에 열린 결혼식에서 소피는 올레 키르크를 위한 노래를 작사해 베른하르 세베린 잉에만 B. S. Ingemann의 노래 「고요한 농부의 논밭에서Pä Tave Bondes Ager」의 멜로디에 맞추어 불렀다. 가사에서 그녀는 올레가 일군 빌룬의 논밭에 그토록 빠르게 꽃피운 사랑을 노래했다.

> 그녀가 꿈에서도 그려 보지 못한 삶이지만,
> 올레는 그녀에게 청혼했다네.
> 그가 뒤뜰에 선 모습을 보노라니
> 그 무엇도 이 찬란한 순간을 망칠 수는 없다네.
> 그날 두 사람이 무슨 말을 나누었는지
> 지금은 알 수 없다네.
> 이해를 향한 그곳의 길은

오직 두 사람만이 아는 비밀이라네.

훗날 올레 키르크는 소피가 1933년에 빌룬에 오지 않았더라면, 그녀가 저축한 돈을 그에게 쓰라고 주지 않았더라면 레고는 존재하지 못했으리라고 평생에 걸쳐 여러 차례 이야기했다.

그만큼 분명했다. 소피는 결혼하면서 남편에게 1000크로네(오늘날의 가치로 환산하면 3만 7000크로네)를 가져다주었고, 그 덕분에 올레 키르크는 1934년 3월에 또 한 번 파산을 피할 수 있었다. 소피가 가져온 '지참금'은 올레 키르크의 몇몇 형제자매에게 빌린 돈에 더해져 앞으로 탄생할 회사의 재정적 기반을 마련해 주었다. 그의 말을 그대로 옮기면 다음과 같다. "1934년, 나는 우리 집 가정부와 결혼했다. 그녀의 수중에는 1000크로네가 있었고, 나는 이 돈으로 가장 급한 빚을 갚았다. 가족들도 최선을 다해 나를 도와주었기에 나는 짐을 비교적 덜 수 있었다."

이듬해, O. 키르크 크리스티안센의 목공소 및 장난감 공장이 이름을 바꾸었다. 앞서 눈앞에 닥친 파산에서 올레 키르크를 구해 주었던 프리스-예스페르센이 이번에는 고객들의 기억에 남을 만한 장난감 공장 이름을 지어 보라고 제안했기 때문이다. 1935년 당시에 2년 연속으로 프레데리시아의 대규모 무역 박람회에 참석했던 올레 키르크는 박람회에 모인 모든 주요 회사에 독창적 이름이 있다는 사실을 깨달았다. 그리하여 그는 직원 여덟 명을 불러 모은 뒤, 가장 좋은 회사명을 떠올리는 사람에게 상으로 사과주 두 병을 주겠다고 선언했다.

어쩌면 사장님이 집에서 양조한 시큼한 사과주가 직원들의 의욕을 꺾어서였는지는 몰라도, 가장 좋은 후보 두 가지인 레기오LEGIO와 레고LEGO는 모두 올레 키르크 본인이 낸 아이디어였다. 고트프레드가 훗날 설명한 바에 따르면 첫 번째 제안은 '장난감 군단legioner af legetøj'과 관련된 말이었다. "아버지는 이 장난감 제조 사업이 조금이라도 잘된다면 그것은 분명 대량생산 덕분이라고 생각했습니다." 또 다른 제안인 '레고'는 "재미있게 놀다"라는 뜻의 덴마크어 "leg godt"를 축약한 말이었다. 게다가 이 이름은 올레 키르크가 생각했던 것보다도 훨씬 더 시대정신을 잘 담고 있었다. 후자의 제안이 선택받았는데, 어감이 더 좋은 데다 어른은 물론 어린이가 발음하기 쉽기 때문이었다. 빌룬에서 시작된 이 장난감 회사는 먼 훗날 전 세계에 플라스틱 브릭을 수출하기 시작할 때가 되어서야 '레고'라는 이름이 라틴어로 "나는 조립한다"라는 뜻을 지녔다는 사실을 알게 되었다.

키엘: 회사명에 얽힌 또 다른 이야기가 하나 있습니다. 할아버지가 꼭 곤궁과 가난에 못 이겨 등 떠밀리듯 장난감을 만들게 된 건 아니라는 데 관한 이야기죠. 건설 업계에 일거리가 없어지자 할아버지는 본래 실용적인 생활용품을 만들기 시작했으나, 곧 목각 장난감으로 생산 품목을 바꿨습니다. 그건 무엇보다도 할아버지가 놀이를 좋아하는 사람이었기 때문이고, 어린이들과 함께 시간을 보내길 좋아했기 때문입니다. 할아버지는 늘 이렇게 생각했습니다. "어린이들은 놀아야 해, 그리고 나는 좋은 장난감으로 어린이들에게 행복을 안겨 줄 수 있지." 제 생각에는 이 아이디어가 할아버지에게 큰 역할을 했던 것 같습니다. 특히 쉽지 않았던 초창기 시절에는 더욱 그러했죠. 할아버지가 '레고'라는 이름을 쉽게 떠올린 이유도 여기에 있습니다. 그렇지만 할아버지는 이렇게 말하길 좋아했습니다. "지금 내가 하는 일은 적어도 평범한 소목장이와 목수가 하는 일만큼 중요하단다."

요요를 자동차 바퀴로

이들이 새로 마련한 우아한 편지지 윗머리에 적었듯이, 1930년대에서 1940년대 초에 이르기까지 올레 키르크와 소피의 결혼 생활과 가족 간의 끈끈한 유대 관계가 '레고 컴퍼니'의 초석을 이루었다. 1935년 봄, 올레와 소피는 하나뿐인 딸 울라Ulla를 얻었다. 울라는 모두가 서로를 알고 서로를 돕는 이 작은 마을에서, 나무 냄새와 도료 냄새가 나고 먼지와 소음이 가득한 사자의 집 뒤편 목공소를 통해 그 어느 때보다도 많은 지역 주민이 생계를 꾸려 나가는 마을에서 자라났다. 연말에 이르러서는 회사 매출이 1만 7200크로네를 기록하며 지난해보다 두 배 가까이로 늘어났다. 1936년에는 매출이 다시 한번 두 배로 뛰었고, 목공소의 풍경은 언젠가 하나님이 올레 키르크에게 보여 주신 환영 속 대규모 시설과 점차 닮아 갔다.

그러나 이 작은 회사는 설립자의 해묵은 빚 때문에, 끝없이 새로운 기술에 투자하는 그의 성미 때문에 여전히 유동성 문제에 빠져 있었다. 1937년에는 올레 키르크가 독일에서 열린 무역 박람회에 참석했다가 엘체 & 헤스ELZE & Hess가 내놓은 최신식 라우터에 시선을 빼앗겼다. 나무를 정교하게 도려내는 이 장치가 있다면 레고의 인기 많은 상품인 바퀴 달린 목각 동물 장난감에 딱 어울리는 부드럽고 둥근 모서리를 더할 수 있을 터였다. 그러나 안타깝게도 이 기계는 엄청난 가격을 자랑했다. 무려 4000크로네였다. 두 달 후 올레 키르크는 코펜하겐의 공급업자를 통해 이 기계 하나를 주문했다. 당시의 전 재산을 투자한 것이나 다름없었다.

그는 수년 후에도 또 한 번 같은 방식으로 대담한 투자를 감행했다. 그날 레고의 회계사 요한센Johansen은 레고 사무실에서 급료 지급 수표를 쓰고 있었다. 일을 거의 마무리할 즈음 전화벨이 울렸다. 바일레 은행에서 걸려 온 전화였다.

"요한센, 더는 안 됩니다. 회사가 감당하지도 못할 수표는 그만 좀 쓰세요!"

그러나 이러한 말을 듣는 것이 처음이 아니었던 회계사는 은행에는 돈이 많으나 레고에는 돈이 거의 없다는 식으로 논쟁을 펼치며 거절했다. 전화선 반대편의 쌀쌀맞은 목소리가 이러한 결정이 상부에서 내려온 것이라고 답하자, 요한센은 올레 키르크에게 이 소식을 알려야겠다고 생각했다.

요한센이 정원에서 사장을 발견하고 다가가 이야기하자, 무릎을 꿇고 꽃을 심던 올레 키르크는 그저 요한센에게 필요한 만큼 수표를 계속 쓰라고 대답했다. "그보다 더한 문제도 이미 겪어 봤다네!"

올레 키르크가 재정 면에서 무모했던 데다 해묵은 빚을 아직도 떠안고 있었기에 레고는 1935년에서 1944년까지 소피 키르크 크리스티안센의 명의로 되어 있었다. 이렇게 하면 올레 키르크가 개인 파산을 신청한다고 하더라도 당국이 소피의 재산을 몰수할 수는 없었다. 이는 곧 법적으로 말하면 레고가 유한회사가 되는 1944년 이전까지는 모든 수입과 자산이 소피의 소유였다는 뜻이기도 하다.

빌룬의 작은 장난감 공장은 소소하지만 확실하게 발전을 이어 나갔다. 회사가 새로운 이름과 로고를 처음으로 세상에 선보인 곳은 1936년 여름에 프레데리시아에서 열린 무역 박람회였다. 성벽에 둘러싸인 장엄한 박람회장에는 덴마크 국왕 크리스티안 10세Christian X를 비롯한 8만 2000명이 방문해 박람회는 그 어느 때보다도 성황을 이루었다.

올레 키르크의 부스는 본관 건물 3층에 자리해 있었다. 명망 있는 대기업과 전국에서 온 소규모 도급업자, 사업가들이 피아노, 코르셋, 과실주에서 가루 세제, 육수 농축액, 시가 건조 상자까지 다양한 상품을 선보였다. 박람회를 찾은 사람들은 이미 지난 수년간 올레 키르크가 선보인 장난감의 탁월한 품질을 눈여겨보았으며, 다양한 자동차의 디테일을 보고 감탄해 왔다. 빌룬의 자동차로 불린 이 장난감 자동차들의 바퀴는 기존의 요요로 만든 것이었다. 1933년에 올레 키르크가 팔지 못했던 요요를 반으로 잘라 자동차 바퀴로 재활용한 셈이었다. 바퀴는 기이할 만큼 사실적으로 마감 처리되었는데, 이 작업은 열세 살인 카렌 마리 예센이 담당했다. 그녀는 이를 이렇게 회고했다.

> 모든 바퀴가 세 차례 내 손을 거쳤다. 먼저 밑칠을 한 뒤 건조한다. 그다음으로 회색을 칠하고 다시 건조한다. 다 마르면 마침내 중앙에 예쁜 빨간색을 칠하고, 뒤이어 가장자리를 매우 정교하게 칠한다. 바퀴 세 개당 1외레를 받았고 한 주에 900개를 칠할 수 있었으니 주당 3크로네를 벌었다. 그 돈을 토요일 저녁마다 어머니에게 가져다줄 때 어머니가 얼마나 기뻐했는지가 아직도 기억난다.

1930년대에 레고에는 도제 생활을 하지 않아 특별한 기술을 배우지 않은 젊은 남성이 직원의 대다수였으며, 올레 키르크가 사정을 잘 아는 빌룬과 주변 지역의 여자아이, 주부, 과부들도 있었다. 그중 대다수는 농사 업계 위기 당시 심하게 타격을 받은 집안 출신이었으며, 가계 살림살이를 도와야 했기에 언제나 레고의 대목이었던 크리스마스 시즌에 집에서 할 수 있는 일거리를 받아 갔다.

1930년대 후반에 덴마크 기업들이 마주한 주된 문제는 바로 임금과 원자재의 값을 지급하고 기계류에 투자할 유동자본이었다. 목재 업계에서는 1930년대 말까지도 유동성 문제가 심각했으며, 공급업체들은 외상을 주기를 꺼렸다. 그렇지만 레고의 명성은 윌란 너머 지역에까지 널리 알려졌으며, 연간 매출액은 4만 크로네에 다다랐다. 1939년, 올레 키르크는 푸넨Funen의 다비네Davinde 제재소에 대량 주문을 넣으려다가 회사의 신용도 평가를 받아오라는 요청을 받았다. 이때 바일레 은행은 제재소에 다음과 같은 평가문을 보냈다.

레고의 오너는 키르크 크리스티안센 부인이며, 실질적으로는 그 남편이 회사를 이끌고 있습니다. 당사의 평가에 따르면 이들은 검소하게 생활하는 점잖고 활기찬 사람들이며 수익성 있는 사업을 구축할 수 있다고 보입니다. 1938년에 남편 크리스티안센 씨가 당사에 제출한 대차대조표를 보면 소액의 영업이익이 발생하고 있으므로, 이 회사에 합리적 수량을 신용 기반으로 공급할 때 과도한 위험이 뒤따를 가능성은 적습니다.

돛을 활짝 펼치고 전속력으로 나아가던 레고 공장은 부리를 쪼듯이 움직일 수 있는 반半기계식 오리를 필두로 한층 더 큰 인기를 끌었던 바퀴 달린 동물 시리즈와 빨간색 고속 열차, 인형 유모차 덕택에, 그리고 해변에서 가지고 놀 수 있는 놀이 도구와 다채로운 자동차를 비롯해 소년과 소녀를 위해 디자인한 다양한 종류의 장난감 덕택에 1939년에는 매출액 5만 크로네를 달성했다.

올레 키르크는 해외 출장을 다니기 시작했다. 그는 영감과 아이디어를 찾아 여러 차례 라이프치히 박람회에 참석했으며, 집으로 돌아와 그 아이디어를 모방해 생산에 반영했다. 장난감 업계에서는 모방이 흔한 일이었고, 특허법은 생소한 개념이었다. 그는 또한 상품 수출을 고려하기 시작했다. 1938년 1월에는 외무부에 "스칸디나비아 국가들과 영국에 목각 장난감을 판매할 가능성"을 묻는 편지를 썼다. 외무부에서 보낸 답신에는 여러 수입업자의 주소와 각국의 세금과 관세에 관한 정보가 담겨 있었으며, 여기에 더해 레고의 오너에게 회사와 상품을 더 자세히 설명해 달라고 요청하는 질문서도 함께 들어 있었다.

지난 수십 년 동안 유럽의 장난감 시장은 덴마크의 가장 큰 이웃 나라인 독일이 장악하고 있었다. 독일은 목각 및 기계식 장난감을 생산했는데, 품질을 중시하던 올레 키르크는 이를 두고 "뉘른베르크의 주석 쓰레기"로 부르곤 했다. 그는 독일의 장난감 업계가 대단하지 않다고 생각했으며, 장인 정신 면에서 레고가 승부를 겨루어 볼 만하다고 믿었다.

업계의 다른 많은 동료와는 다르게, 올레 키르크는 '푸른 얼룩'이 있는 나무 따위의 저렴한 원재료를 사용하지 않았다. 푸른 얼룩이란 곰팡이가 슬어 색이 변한 나무를 말했는데, 페인트로 완전히 덮어 숨길 수도 있었다. 레고의 목각 장난감은 언제나 매듭을 전혀 사용하지 않고 만들었으며, 직원들은 모든 생산 단계에서 철저하고 숙련된 솜씨로 작업하며 추가 마무리 공정과 품질 관리 검수로 각 부품을 가다듬었다.

원재료인 너도밤나무 목재는 가장 좋은 품질의 나무만 골라 사용했다. 목재를 자르지 않은 채 빌룬으로 들여온 다음, 이곳에서 나무를 숙성시키고 자연적으로 건조한 뒤 증기를 쏘고 열풍으로 말렸다. 가장 초창기인 1932년부터 레고의 주력 상품은 품질 좋고 견고하며 오래도록 사용할 수 있는 목각 장난감이었다. 올레 키르크는 품질이 좋으면 판매가 뒤따른다고 믿었다. 그가 박람회에서 보았던 독일 곰 인형 회사의 슬로건이 말해 주듯이 "어린이에게는 가장 좋은 것만이 충분히 좋은 것이다."

어린이의 가장 좋은 놀이 친구

1920년대와 1930년대에는 어린이와 놀이에 관해 한층 진보적인 여러 개념이 유럽 전역을 휩쓸었다. 이런 개념들은 이보다 훨씬 오래된 프리드리히 프뢰벨Friedrich Fröbel의 이론을 많은 면에서 계승했다. 독일의 교육자였던 프뢰벨은 1840년에 최초의 유치원을 세우고 어린이들을 위한 장난감을 디자인하는 한편, "자, 우리 어린이들을 위해 살아 보자!"라는 모토로 수기를 출판했다.

1900년에 출판되어 열일곱 개 언어로 번역된 스웨덴 작가 엘렌 셰위Ellen Key의 『어린이의 세기』 또한 비슷한 주제를 다루었다. 이상적 양육을 논하며 기존의 육아 관련 문헌에서 볼 수 없었던 시각을 제시한 엘렌 셰위는 부모와 자녀 간에 사랑이 필요하며 언제든 인류의 가장 중요한 원재료는 우리가 세상에 낳은 어린이들일 것이라고 호소했다.

정신분석학자 지그문트 프로이트Sigmund Freud도 말년에 놀이의 기능을 다룬 논문 「쾌락 원리의 저편」에서 어린 시절을 주제로 논의를 펼치면서 어린이들이 놀이를 하는 주된 이유가 게임과 쾌락이 관련 있어서라고 주장했다. 또한 1920년대에는 스위스의 심리학자 장 피아제Jean Piaget가 다양한 과학 문헌에서 어린이가 놀이를 통해 세계를 탐구하는 방식을 묘사하면서 놀이가 원인과 결과를 이해하는 데 도움이 된다고 주장했다.

전간기에는 마리아 몬테소리Maria Montessori, 마거릿 미드Margaret Mead, 알렉산더 서덜랜드 닐A. S. Neill, 버트런드 러셀Bertrand Russell, 요한 하위징아Johan Huizinga를 포함한 수많은 심리학자, 교육자, 저술가, 철학자들이 어린 시절을, 그리고 놀이의 보편적 중요성을 연구했다. 특히 하위징아는 1936년에 '놀이하는 인간'이라는 뜻의 제목을 단 저서 『호모 루덴스Homo ludens』를 펴내며 모든 인간 문화가 놀이를 통해 발생하고 발달했다는 이론을 세웠다.

스칸디나비아에서는 1930년대부터 수십 년간 어린 시절과 어린이에 관한 독특한 시각이 발달했으며, 특히 장난감과 문학에서 그 변화가 두드러지게 나타났다. 올레 키르크가 목공 사업을 장난감 사업으로 개조한 바로 그해인 1932년, 예술가이자 장인인 카이 보예센Kay Bojesen이 코펜하겐의 대형 박람회에서 매력적인 디자인의 목각 장난감을 선보이며 전 세계적으로 주목을 받았다. 그해 전에는 스웨덴 오스뷔Osby의 이바르손Ivarsson 형제가 소유한 장난감 회사가 회사의 이름 브리오BRIO를 다채로운 목각 장난감에 멋지게 새겨 넣기 시작했다. 이들은 놀이가 얼마나 중요한지를 염두에 두고 어린이들에게 될 수 있는 한 최고의 경험을 선사하겠다는 바람을 품은 채 지난 20년간 장난감 생산에 주력해 왔다.

1940년대와 1950년대 초에 스칸디나비아에서는 기념비적인 어린이용 도서들이 등장했다. 세계문학에서 사상 최초로 성인 작가가 어린이용 책에 어린이와 어린아이 같은 캐릭터를 1인칭 화자로 내세우면서 어린이가 듣기에 자연스러운 목소리로 이야기를 들려주기 시작했다. 스웨덴의 작가 아스트리드 린드그렌Astrid Lindgren, 덴마크의 에곤 마티센Egon Mathiesen, 노르웨이의 토르비에른 에이네르Thorbjørn Egner, 핀란드의 토베 얀손Tove Jansson 등의 작품을 보면 이 대대적 변화를 뚜렷하게 느낄 수 있다. 이바르손 형제, 카이 보예센, 올레 키르크 같은 이들이 만든 장난감과 마찬가지로, 어른이 어린이를 위해 만든 예술 작품들은 부모가 어린이의 세계와 놀이의 본질을 한층 폭넓게 이해하는 데 도움을 주었다.

스칸디나비아 청소년 문화가 붐을 일으키고 어린이, 놀이, 장난감이 주목을 받는 동안 레고는 계속해 생산을 확대해 나갔다. 한편 올레 키르크도 장난감 제조업자로 거듭났다. 그는 자기가 만드는 장난감이 이 거대한 변화의 주요 요소 중 하나였는데도 이를 거의 알아차리지 못했다. '기능주의'와 '진보주의 교육' 따위의 말과 개념을 낯설게 여겼던 그였지만, 1930년대 후반에 여러 차례 해외 전시회와 무역 박람회에 방문하며 새로운 지식과 통찰을 얻었다. 이 즈음 그가 특히 과학자들 사이에서 어린이를 위한 놀이와 장난감이 점점 더 주목을 받고 있다는 소식을 담은, 어느 덴마크 신문의 기나긴 기사를 스크랩해 둔 것도 우연이 아닐 것이다.

교육자는 [놀이와 장난감이] 양육에 어떤 가치를 지니는지 분석하고, 의사는 어린이의 건강에 미칠 해롭거나 이로운 영향을 파악하고, 화학자는 색소의 구성 성분이 완전한 무독성인지 연구하고, 발명가는 새로운 모델을 개발하고, 공학자는 아이디어를 현실로 바꾸고, 사업가는 가장 유리한 판매 전략을 찾는다. 옛날에는 어린이에게 말 모형이나 예쁘게 자른 색종이 몇 가지, 헝겊 인형 따위를 주고 가지고 놀라고 하면 그만이었으나, 이제는 어린이들의 요구 수준이 점차 높아지고 있으며 장난감은 너무나 중요한 요소로 거듭나 이제는 덴마크의 무역수지에 영향을 미칠 정도가 되었다.

키엘: 품질 좋은 장난감이 좋은 놀이의 바탕이라는 걸 할아버지가 본능적으로 알았다는 데에는 의심할 여지가 없지만, 오늘날 레고에서 매우 중요하게 여기는 교육적 측면을, 또는 놀이와 학습의 연관성 등을 두고 고심하지는 않았다고 생각합니다. 제 아버지도 마찬가지였죠. 아버지는 "어린이의 창의적 충동" 등의 표현을 사용하긴 했지만, 그보다는 상품의 시스템을 더 중요하게 여겼습니다. 레고 놀이를 통한 학습은 1980년대에 제가 이 회사에 들여온 개념입니다.

훗날 올레 키르크의 네 아들은 어머니가 돌아가신 후 아버지가 "좋은 친구"가 되어 주었다고 회고했다. 네 사람은 1980년대에 진행된 장시간의 TV 인터뷰에서 입을 모아 그렇게 말했다. 고트프레드는 다음과 같이도 덧붙였다. "아버지는 유머를 절대 잃지 않으셨습니다. 저는 아버지의 부탁에 따라 집에 남아 아버지를 도왔지만, 한동안은 해 보고 싶은 다른 일도 이것저것 많았습니다."

고트프레드는 다른 세 형제보다 더 타고난 목수였다. 게다가 그는 셈에도 능했고 대인 관계도 좋았다. 어린이일 때부터 목공소에서 보조로 일한 그는 아버지의 회계 작업을 도왔으며, 돈을 받아야 할 어음과 서명을 받아야 할 약속어음을 품에 넣은 채 자전거를 타고 마을을 돌아다녔다. 고트프레드가 청소년기에 접어들자 올레 키르크는 상으로 그에게 포드 모델 T를 몰고 다녀도 좋다고 허락했는데, 사촌 다그뉘 홀름Dagny Holm은 이를 두고 종종 다른 사람의 목숨과 팔다리를 위협하는 일이었다고 말했다. 다그뉘 홀름 또한 1960년대에 레고랜드LEGOLAND의 다양한 마을과 동화 속 캐릭터들을 만든 모델 조립자이자 예술가로 널리 이름을 떨쳤다.

1930년대 초에 다그뉘는 아버지가 자전거포를 운영하는 스키에른 Skjern에 살고 있었다. 빌룬의 친척들이 스키에른에 방문하는 일요일이면 종종 고트프레드가 운전대를 잡았다.

"어느 날은 고트프레드가 스키에른 한가운데에 있는 전신주를 들이받았어요. 전기회사에서는 저희한테 전화로 이렇게 말했죠. '다음 번에 그 빌룬 깡패들이 또 온다고 하면 저희한테 전화를 미리 주세요. 그래야 사람들이 제때 집에 가겠네요.' 그 사고 때문에 마을 전체가 어둠 속에 파묻혀 버렸거든요."라고 다그뉘는 설명했다.

다그뉘는 누군가에게 장난을 치고 놀리는 일에 관해서라면 네 형제가 아버지를 꼭 빼닮았다고도 기억했다. 열여덟 살 무렵, 다그뉘는 문제 아들을 위한 시설에서 일하기 위해 셸란으로 떠나기 전까지 한동안 빌룬에서 살았다. 형제들은 잊지 못할 마지막 인사를 해 주겠다고 결심하고는 어느 날 늦은 밤에 살아 있는 돼지 한 마리를 사촌의 방 안에 들여보내려고 했다. 다그뉘가 반쯤 열려 있던 창문을 늦지 않게 닫아 장난이 실패로 돌아갔지만, 사촌들은 포기하지 않고 다음 날 밤에 다시 돌아와 장난을 기어이 성공시켰다. 다음 날 아침에 잠에서 깬 다그뉘는 커튼을 걷었다가 소스라치게 놀랐다. 창문 밖에 남성의 형상이 매달려 있었기 때문이다. 다행히도 그것은 목에 올가미가 감긴 허수아비였다

다그뉘의 뒤를 이어 고트프레드의 형제들도 일자리를 구하거나 기술을 배우기 위해 한 명씩 빌룬을 떠났다. 고트프레드의 학교 친구들도 마찬가지였다. 열다섯 살이 된 고트프레드는 곧 쇠렌센Sørensen의 자동차 정비소에서 도제 생활을 시작할 꿈에 부풀었다. 그렇지만 그 꿈은 현실이 되지 못했다. 어느 날 밤, 아들의 침대 발치에 걸터앉은 올레 키르크는 고트프레드의 두뇌와 기술적 창의력이 목공소에 꼭 필요하다고 설명했다.

> 키엘: 장난감 공장은 제 아버지의 운명이 되었습니다. 아버지
> 는 이곳 빌룬에서 7학년까지 이틀에 한 번 학교를 나간 것 말고
> 는 제대로 된 교육을 받은 적이 없었습니다. 학교가 끝나면 아
> 버지는 할아버지와 함께 목공소에서 일하면서 장난감의 개발
> 과 생산을 돕고 장부를 살피며 은행을 오갔습니다. 할아버지는
> 돈에 절대 강한 사람이 아니었고, 일찍부터 그 책임을 아버지
> 에게 맡겼습니다. 아버지는 여기서 많은 것을 배웠다고 해요.

학년이 올라갈수록 고트프레드는 그린스테드 공업학교 야간 수업을 일주일에 며칠 듣는 것으로 만족해야 했다. 낮에는 목공소 일을 도와야 했다. 이때쯤 목공소는 서로 다른 50여 가지 종류의 장난감을 생산했다. 다양한 장난감 자동차에 더해 바퀴 달린 동물과 유모차, 다리미판과 다리미, 비행기, 사다리 달린 소방차, 그리고 일명 '키르크의 모래 놀이' 세트도 있었다. 이 세트의 구성품인 긴 나무판 여러 개를 조립하면 모래 놀이터나 해변에서 모래 더미 위로 길을 만들 수 있었다.

1930년대는 주말마다 가족과 함께 숲이나 해변을 찾는 등 덴마크인

사이에서 야외 활동의 인기가 높아진 시기였다. 빌룬의 레고는 이 유행을 겨냥해 모래 놀이 세트를 개발하는 등의 노력을 기울였다. 모래 놀이 세트의 포장 박스에는 타깃층을 제대로 공략하는 문구가 적혀 있었다. "햇살과 바닷가, 숲속까지 어디에서든 키르크의 모래 놀이는 어린이의 가장 좋은 친구입니다." 박스 안에는 목각 장난감 외에도 '키르크의 볼 트랙' 이라고 적힌 덴마크 국기색 깃발 하나가 들어 있었고, 아이들은 모래 더미를 쌓은 뒤 꼭대기에 이 깃발을 꽂을 수 있었다. 부모에게 의미 있을 법한 추가 정보도 적혀 있었다. "어린이들의 적성 발달에 매우 좋습니다."

올레 키르크와 고트프레드의 관계는 1936년에서 1940년까지 여러 해에 걸쳐 창의적이고 진취적인 사업 동반자 관계로 거듭났으며, 이를 바탕으로 1940년대 레고의 판매 증가와 성공을 실현할 수 있었다. 부자는 협업하면서 사실상 아무런 마찰을 일으키지 않았다. 올레 키르크는 상품의 품질과 직원의 안녕에 집중하는 사람이었고, 고트프레드는 창의적인 디자이너로서 현실을 직시하는 동시에 직관을 따를 줄 알았으며 전략적 사고에도 능했다.

이미 올레 키르크는 기력이 언젠가 쇠해 회사를 더는 직접 운영하지 못하는 때가 온다면 네 아들 중에서도 고트프레드에게 회사를 물려주겠다고 마음먹었다. 그는 고트프레드가 내적 선교회에서 운영하는 하슬레우의 명망 있는 직업학교에서 시간을 보내면 본인에게도 좋은 자극이 될 터이고, 결과적으로 회사에도 유익하리라고 생각했다. 그러나 이 모험은 성공을 거두지 못했다. 고트프레드가 잘 적응하지 못했기 때문이다. 그는 고향을 그리워했으며 셀 수 없이 많은 레고 목각 자동차 모델을 구상하고 가다듬은 뒤 그 그림을 곧바로 빌룬의 아버지에게 보냈다.

여러분, 아버지! 모두 잘 지내시죠?

그림 몇 장을 함께 보냅니다. 쓸모가 있는지 살펴봐 주세요. 원하시면 더 많은 자동차를 그려 보낼게요. 저는 흙받기가 있는 편이 마음에 들어요. 선반으로 가공하는 것보다 더 저렴하기도 하고요. 그렇지만 한 가지 치수로 여러 종류의 자동차를 만들 수 있다면 제일 좋을 거예요.

고트프레드는 직업학교 동급생 사이에서 자기가 미움을 샀으며 따돌림당한다는 것을 느꼈다. 다른 이들처럼 '진짜' 숙련공이 될 것이 아니라 그저 애들 장난감이나 만지작거리는 사람이 될 터이기 때문이었다. 훗날 고트프레드는 다음과 같이 말했다. "그건 진정한 일로 인정받지 못했어요. 아버지가 장난감을 처음 생산하기 시작했을 때 받았던 멸시를 저도 조금은 경험했던 것 같습니다."

고트프레드는 직업학교에서 시간을 보내기 위해 그만의 자동차 디자인을 가다듬는 데 열중했다. 칠판 앞에 선 선생님에게 집중하며 기술도면 그리기를 연습하는 미래의 소목장이, 벽돌공, 목수, 대장장이들을 앞에 두고 교실 뒤편에 앉은 고트프레드는 포드와 쉐보레에서 영감을 얻은 부드러운 유선형을 기존의 투박하고 어색한 목각 자동차에 덧입혔다.

그동안 올레 키르크는 고트프레드의 교육을 위해 더 크고 좋은 계획을 세우고 있었다. 그는 아들이 하슬레우 학교를 졸업하자마자 독일의 목재 회사에서 1년간 실습 생활을 할 수 있도록 자리를 마련하는 데 여념이 없었다. 그러나 1940년 4월 9일에 독일이 덴마크를 점령하면서 올레 키르크의 계획이 갑작스럽게 중단되었다. 고트프레드는 빌룬의 집에 머무르며 공장 감독이라는 새로운 직책을 달고 공장 일을 도울 수밖에 없었다.

1940년대로 접어들기 직전의 세계는 길고 처참한 전쟁의 문턱에 서 있었고, 그 전쟁은 역설적으로 레고와 같은 회사에 예상 밖의 새로운 기회를 안겨 주었다.

나무에서 플라스틱으로——1940년대

관습을 벗어나 생각하라

서부 윌란 출신의 젊고 숙련된 목수인 베른하르 본데 크리스티안센Bern-hard Bonde Christiansen이 1941년 12월에 레고로 첫 출근을 했다. 그가 맡은 일은 올레 키르크가 구매한 값비싼 라우터를 관리하는 일이었다. 당대의 수많은 어린이가 이 라우터의 바퀴로 깎아 내는 다양한 동물 장난감을 끌고 다니기를 좋아했다. 베른하르는 숙식에 더해 주급 35크로네를 받으며 일을 시작했다. 그는 사자의 집에서 밥을 먹었고, 목공 상점 위층의 방에서 다른 직원 세 명과 함께 각자 침대와 수납공간을 두고 생활했다.

일을 막 시작했을 때 그는 레고에서 일하는 나이 많은 소년과 노부인 등 가지각색의 다양한 조합을 보고 깜짝 놀랐다. 직원은 총 열여덟 명이었는데, 베른하르 본데가 아는 한 이곳 직원 중 도제 생활을 마친 사람은 자기가 유일했다. 그러나 이곳에는 화기애애한 분위기가 있었고 직원들 사이에 연대 의식도 강했다. 크리스티안센은 매일 카키색 멜빵바지를 입고 돌아다니며 "녀석들"로 부르던 젊은 남성들과 이야기를 나누거나 장난감의 도색과 포장을 맡은 소녀들과 농담을 주고받았다.

주당 근무시간은 49시간이었지만, 세계대전이 한창이었으며 덴마크가 점령당한 상태여서 전력 배급을 시행하고 있었으므로 특정 기간에는 전기를 아끼기 위해 직원들이 더 일찍 퇴근했다가 다음 날 동이 틀 때 출근하기도 했다. 일반적으로 레고 직원의 주중 일과는 아침 7시에 시작되었다. 베른하르는 오전에 30분간 휴식을 취했고, 1시간 동안 사자의 집에 가서 따뜻한 점심을 먹었으며, 오후에도 30분간 휴식 시간을 두고 커피를 마셨다. 직원들은 5시 30분까지 일했고, 하루의 마무리를 준비하는 데 채 5분도 걸리지 않았다. 이는 곧 모든 직원이 마감 시간 이후에 자기 자리를 직접 청소해야 했다는 뜻이다.

베른하르 본데가 일과 중에서 가장 좋아했던 시간은 사자의 집에서 따뜻한 점심을 먹는 시간이었고, 마찬가지로 사자의 집에서 커피를 마시는 오후 휴식 시간이었다. 그는 잠시 대가족의 일원이 된 듯한 기분을 느꼈다. 소피와 집안일을 돕는 소녀가 음식을 만들어 가득 쌓아 둔 식탁 끝에 크리스티안센이 낡은 작업복을 입고 앉았다. 식전 기도는 그의 몫이었다. "하늘에 계신 아버지, 저희에게 일용할 양식을 주셔서 감사합니다. 아멘!" 크리스티안센 부부 외에도 딸 울라와 아들 고트프레드, 요하네스가 있었고, 이따금 본가에 온 게르하르트나 카를 게오르그도 있었으며, 베른하르 본데처럼 숙식을 제공받는 다른 공장 직원들 또한 식탁에 둘러앉았다.

때때로 크리스티안센은 통화를 하거나 사랑하는 정원에서 몽상에 잠겨 있느라 사람들을 기다리게 했다. 이로 말미암아 식사 시작이 늦어질수록 식탁에 둘러앉은 배고픈 군중이 조금씩 소리를 높여 가며 노래를 부르는 관습이 생겼는데, 그 노래의 가사는 크리스티안센의 활기 넘치는 아들들이 썼다.

사장님을 기다리고 있어요

사장님을 기다리고 있답니다……

이러다 배고파 죽겠어요!

매섭게 추웠던 1942년 3월의 어느 날 밤, 베른하르 본데는 한방에서 생활하던 다른 직원이 흔들어 깨우는 손길에 눈을 떴다. 그 직원은 아래층에서 이상한 소리가 들린다고 했다. 몸을 일으켜 앉자마자 타는 냄새가 베른하르의 코끝을 스쳤다. 그는 아래층으로 후다닥 내려가 목공소 문을 열어젖혔다. 불길이 마른 나무를 휘감으며 타오르고 있었다. 베른하르는 눈이 두껍게 쌓인 뒷마당을 가로질러 사자의 집으로 달려가 뒷문과 창문을 두드리며 소리쳤다. "목공소에 불났어요! 목공소에 불이!"

곧 안쪽에서 여러 말소리와 고성이 들렸다. 그러나 전기가 끊긴 상태여서 무슨 일이 일어나는지 볼 수는 없었다.

훗날 올레 키르크는 그 순간부터 모든 것이 본능적으로 진행된 것 같다고 설명했다. 전날 몰아닥친 눈보라로 말미암아 빌룬의 거의 모든 전화선과 전력선이 끊겨 있었다. 단 하나의 회선만이 온전하게 남아 있었고, 카를 게오르그의 여자 친구이자 나중에 아내가 되는 시네^{Sine}가 전화 교환소에서 그린스테드의 소방서에 사고를 알리는 데 성공했다. 소식을 들은 동네의 어른과 청년들이 불을 끄는 데 도움이 될 만한 양동이와 여러 도구를 들고 빠르게 사자의 집 바깥에 모였다. 올레 키르크는 소화기 한 대를 들고 목공소 안으로 뚫고 들어가 보고자 했으나, 기계도 녹을 만큼 거센 열기가 뿜어져 나오는 탓에 어쩔 수 없이 물러났다. 소피는 울라를 담요로 감싸안은 채 낙농장으로 향했고, 낙농장 관리인의 딸과 창문에 앉아 밤하늘에 나부끼는 불씨와 연기를 바라보았다. 평생 잊지 못할 광경이었다.

바람의 방향과 소방대원들의 노고 덕택에 사자의 집과 빌룬의 다른 집 혹은 농장은 큰 피해를 보지는 않았다. 하지만 목공소 건물은 완전히 불타 폭삭 무너졌다. 올레 키르크와 세 아들은 소방대원과 마을 및 목공소에서 자원한 사람들의 도움을 받아 살릴 만한 물건을 모두 건져 냈다. 베른하르 본데의 말에 따르면 매번 크랭크를 돌릴 때마다 휘리릭, 휘리릭, 휘리릭 소리가 났다는 고트프레드의 발전기도 살릴 수 있었다.

카를 게오르그는 당시에 삼촌을 도와 주택을 짓느라 필스코우Filskov에 가 있었으나, 그의 여자 친구 시네가 전화 교환소에서 그에게 소식을 즉시 알렸다. 운전을 할 수도 없고 차편을 구할 수도 없는 상황이었기에 카를 게오르그는 눈길을 헤치며 10킬로미터를 걷기로 했다. 그는 미끄러운 땅을 디디고 나아가기 위해 두꺼운 양말 한 켤레를 빌려 신발 바깥에 덧신었다. 그러고는 반쯤 걷고 반쯤 뛰며 황야와 습지를 가로질러 빌룬으로 향했다. 혹독하고 얼음장 같은 날씨였고, 발을 디딜 단단한 땅을 찾기가 어려웠다.

카를 게오르그가 도착했을 때 남은 것은 연기가 모락모락 피어오르는 잿더미와 그을리고 망가진 벽, 시커멓게 탄 작업대 밑동, 녹아내린 기계와 도구의 잔해뿐이었다. 피해액만 7만 크로네 또는 8만 크로네에 달했으며, 이와는 별도로 곧 작업에 착수하거나 배송할 예정이었던 주문 가액도 그만큼 막대했다. 보험을 들어놓은 금액은 6만 크로네에 지나지 않았다. 다음 날 올레 키르크는 크리스티네가 세상을 떠났을 때 이후로 겪어 본 적 없는 두려움과 낙담에 사로잡혔다. 올레는 소피가 그의 삶에 들어온 이래 처음으로 하나님이 자기 앞에 펼쳐 둔 계획을 의심했다.

모두가 알다시피 역경은 극복하라고 있는 것이다. 우리 인간은 역경을 통해 다듬어진다. 우리 회사가 불타 잿더미가 되는 모습을 지켜보는 건 이번이 세 번째였다. 그리고 이번에는 정말 큰 충격이었다. 나는 절망에 빠진 채 침실로 가 기도를 올릴 수밖에 없었다. 그때 놀라운 일이 일어났다. 기도가 감사가 되고 나를 위한 축복이 된 것이다. 나는 보이지 않는 도움을 받았다. 누군가가 내 고난을 다 가져간 것 같았다.

레고의 설립자는 이미 여러 차례 해 보았던 그대로 하나님 아버지의 도움을 구하고 심기일전할 수 있게 해 달라고 빌었고, 화재가 일어난 지 며칠 만에 다시 자신의 삶과 직업을 긍정적으로 바라보게 되었다. 올레 키르크는 갈림길에 서 있었다. 빌룬을 떠나 덴마크의 다른 지역에 뿌리를 내릴 때가 된 것일까?

화재가 일어난 지 이틀 후, 침착하고 결연하게 마음을 다잡은 올레 키르크는 몇 가지 중요한 편지를 보냈다. 그중 하나는 코펜하겐에서 레고의 외판을 담당한 악셀 바르포드Axel Barfod에게 안타까운 소식을 알리고 한동안 새로운 주문을 받을 수 없다고 전하는 편지였다. 이 편지는 다음과 같이 마무리되었다.

앞으로의 계획이 확실히 정해지지는 않았습니다만, 적절한 곳을 찾을 수 있다면 다른 공장을 인수하려고 합니다. 지금은 사용하지 않는 공장이면 좋겠고, 소도시와 가까운 중심지에 자리했지만 소도시 안은 아니면 좋겠습니다. 저희에게 어울릴 만한 곳을 아신다면 언제든지 연락을 부탁드리겠습니다.

일간지 《윌란스 포스텐》과 《베를링스케 티데네Berlingske Tidende》에도 더 간결하고 형식을 갖춘 편지가 발송되었다. 이 편지에 들어 있던 광고는 화재가 일어나고 나서 7일 후인 1942년 3월 28일에 양쪽 신문에 실렸다.

공장 매물 구함. 목공기계를 갖춘 곳 선호. 면적 약 700제곱미터와 사무실 및 숙박 시설 필요. 국영 철도역 부근, 중심에 위치해야 함. 즉시 매매하거나 임대할 수 있어야 함. 현장 공동주택 여섯 채와 방 다수 필수. 레고 공장, 빌룬.

월란을 중심으로 여러 도시에서 공장과 토지를 소유한 이들이 30통이 넘는 회신을 보내왔다. 올레 키르크와 소피, 고트프레드는 다양한 선택지를 살펴보았다. 코펜하겐과 오르후스에서 온 두어 가지 제안은 곧바로 기각되었는데, 올레 키르크는 산업이 주요 도시 내 혹은 그 주변에 집중되어서는 안 된다고, 덴마크 전역에 걸쳐 골고루 발전해야 한다고 굳게 믿었으며, 이 지론을 아들과 손자에게도 물려주었기 때문이다. 이들은 월란뿐만 아니라 다른 흥미로운 입지도 살펴보았다. 또한 당시에 새로 건설된 릴레벨트 다리를 지나 푸넨에 다녀오기도 했다. 릴레벨트 다리에서 차와 나란히 달리는 덴마크 국영 철도의 빨간색 고속 열차 리트라 MS^Litra MS는 1940년대 레고의 상품 중에서도 가장 큰 인기를 끈 장난감이었다.

서부 덴마크 전역을 폭넓게 돌아다니며 살펴본 올레 키르크는 자기가 무엇을 원하는지, 또 무엇이 옳은 일인지 확신하게 되었다. "더 많은 곳을 살펴볼수록 빌룬이 더 좋아지는구나."

키엘: 생산 공장과 가족들의 집을 다른 곳으로 옮기자는 할아버지의 제안에는 아버지의 뜻도 분명 담겨 있었을 겁니다. 아버지도 나중에는 이사를 고려했죠. 어느 시점에는 헤덴스테드 Hedensted를 레고 그룹의 새로운 보금자리로 삼을 생각도 했는데, 중심에 더 가까운 위치인 데다 주요 도로와 더 가까웠기 때문입니다. 그러나 1942년에 할아버지가 그러했듯이 아버지도 결국은 빌룬이 우리의 뿌리이며 이곳에 머물러야 한다는 결론에

다다랐습니다. 빌룬은 우리가 레고를 위해 화재도 홍수도 견뎌 줄 직원들을 얻은 곳이고, 우리 가족의 모든 인연이 있는 곳입니다. 저는 당시에 할아버지 일동이 빌룬에 남아 밑바닥부터 공장을 다시 짓기로 했다는 점이 레고에 헤아릴 수 없을 만큼 중요하게 작용했다고 생각합니다. 저도 늘 빌룬과 주변 지역에 대해 선대와 똑같은 강한 존경심을 품고 살아갑니다. 그렇기에 지금도 우리의 본거지는 빌룬입니다.

새로운 대출을 받은 올레 키르크는 당대의 기준과 그의 상황으로 미루어 볼 때 매우 거대하고 현대적인 공장을 설계했다. 건설은 1942년 여름에 시작되어 새해가 시작되기 전에 끝났다. 건설의 키를 잡은 사람은 1920년대부터 올레 키르크와 함께 일해 왔으며 선교의 집에서 모임과 활동을 함께한, 지역의 석공 장인 쇠렌 크리스텐센Søren Christensen이었다. 신축 레고 공장은 길이가 긴 2층짜리 붉은 벽돌 건물이었고, 여기에 다락과 지하실이 붙어 있었다. 설계 면에서 사자의 집을 연상시키는 이 건물은 올레 키르크의 정원을 감싸안은 모양새였다. 정원은 가족들은 물론 공장 직원들도 휴게 시간에 쓸 수 있었다.

화재가 일어난 이후 새 공장을 건설하는 동안에는 몇 해 전에 올레 키르크가 설립에 도움을 주었던 빌룬 수공예 학교에 임시 생산 라인을 마련했다. 고트프레드는 목공 장인 타게 옌센Tage Jensen의 작업실을 밤중에 사용해도 좋다는 허락을 받고, 신축 공장이 완공되고 가동되는 즉시 대량생산에 돌입할 수 있도록 그곳에서 모델을 만들었다.

여기에 들어간 막대한 비용 중 일부는 올레 키르크가 화재 직후 연 '창고 대개방 세일'로 마련한 돈이었다. 운명의 그날 저녁, 사자의 집에 옮겨 두었던 덕택에 피해를 보지 않은 재고가 여기에서 판매되었다. 이때의 세일로 엄청난 돈을 벌어들인 올레 키르크는 그가 몇년간 꿈꾸어

온 일을 드디어 실현할 수 있었다. 지난 1930년대에 올레 키르크가 최악의 위기를 헤치고 나올 수 있도록 도와주었던, 그리고 기계에 투자하기 위해 예금 잔액 이상으로 수표를 발행할 때 보증을 서 주었던 형제들과 내적 선교회의 친한 친구들에게 빚졌던 돈을 드디어 갚을 수 있었기 때문이다.

부채 총액은 이자를 포함해 9000크로네에 달했는데, 오늘날의 가치로 환산하자면 20만 크로네 또는 3만 5000달러에 이르는 금액이었다. 빚을 청산할 수 있게 되자 올레 키르크의 마음속에서 그가 쌓아 올리려고 애썼던 것에 대한 믿음이 다시 한번 되살아났다. 재정 면에서 혼돈 같았고 파산이나 사업 이전을 고려하기도 했던 때로부터 몇 달도 지나지 않은 1942년 여름의 어느 날, 올레 키르크는 타자기 앞에 앉았다. 장난감에 대한 믿음을 그에게 심어 준 하나님 앞에 자신의 상황을 설명할 필요가 있었다.

지금 우리는 새로운 창고와 작업실 건물의 초석을 쌓아 올리고 있으며, 우리만의 힘으로는 절대 해낼 수 없으리라는 걸 너무나 잘 알고 있다. 그러나 우리는 하나님께서 "너희 중의 누가 망대를 세우고자 할진대 자기의 가진 것이 준공하기까지에 족할는지 먼저 앉아 그 비용을 계산하지 아니하겠느냐."(누가복음 14:28)라고 말씀하셨다는 것도 안다. 우리는 이에 따라 지금까지 계획을 곰곰이 살펴보고 비용을 헤아려 보았으나, 결국 하나님 없이는 아무것도 할 수 없다는 결론에 이르렀다고 믿는다. 우리는 전쟁의 공포 속에 살고 있다. 탐욕스러운 자들이 덴마크를 점령했다. 식량 공급도 점점 부족해지고 있다. 생필품 찾기가 하늘의 별 따기다. 우리의 매출이 이토록 늘어난 게 전쟁 때문일지는 몰라도, 전쟁이 계속되기를 바란다는 뜻은 절대 아니다. 우리는 전 세계의 평화를 바라며, "주님께서 굽어살펴 주옵소서!"라고 기도한다. 우리의 목표는 사람들이 늘 레고라면 품질 좋은 상품을 만든다고 인정할 만큼 진정으로 훌륭하고 튼튼하며 멋진 작품을 만드는 것이다. 레고를 위해 하나님께 기도를 드리자면, 나는 생활에서든 거래에서든 모든 면에서 우리가 정직하게 사업을 운영할 수 있도록, 그리하여 우리가 주님의 영광과 축복 속에서 행동하고 살아갈 수 있도록 도와주시기를 바라노라고 기도한다. 하나님께서 국왕과 조국을 지켜 주시기를. 1942년 6월 19일, 빌룬에서.

저항군 대장 올레 키르크

이제는 빌룬에서도 전쟁을 선연하게 느낄 수 있었다. 1943년 여름에는 다가올 겨울에 재건축한 사자의 집은 물론 신축 공장 건물에도 난방을 때기 위해 레고의 전 직원이 크리스티안센과 그 아들들의 지휘에 따라 황야로 나가 습지에서 토탄을 채취했다. 창문을 검게 칠하고 보급품을 매일 배급하는 것이 이 작은 마을의 일상 중 하나로 자리 잡았고, 길 건너편 협동조합에서 판매하는 물건의 종류도 점점 줄어들었다.

자동차는 이제 빌룬에서도 전보다 더 중요한 존재가 되었으나, 개인 용도로는 사용이 금지되었고, 도로에 주차해 두어서도 안 되었다. 다만 의사들과 몇몇 운송업자에게는 "차량에서 나오는 나무 쓰레기를 먹이는 게 분명한 화로"로 알려진 가스 발전기 장착이 허용되었다. 전기도 배급 대상이었으며, 가정마다 일일 전력 사용량이 정해져 있었다. 커피는 구하기 어려운 이국적 음료가 되었으며, 올레 키르크가 궐련 형태로 즐기던 담배도 마찬가지였다. 그는 정성껏 보살피던 비옥한 정원에서 담배를 기르고 있었다. 담뱃잎을 수확해 다락에서 말린 후 잘게 썰고 궐련

형으로 말은 다음, 자두 추출물 몇 방울을 흩뿌리고 마지막으로 달걀흰
자를 이용해 밀봉했다.

이때만큼은 모두의 수중에 넉넉한 현금이 있는 듯 보였지만, 더는
온 나라의 상점에 살 물건이 거의 남아 있지 않았다. 목각 장난감은 위기
나 물자 부족 사태가 발발할 때면 언제나 그랬듯이 이번에도 수요가 높
았다. 덴마크의 수많은 부모가 아이들만큼은 고생을 모르기를 바랐고,
5년간의 점령기 동안 레고는 100만 크로네 이상의 매출을 올렸다. 화재
가 있었던 1942년에도 연간 매출은 오직 가파른 우상향이라는 한 방향
만을 그리면서 1940년에는 7만 4000크로네였던 것이 1945년에는 35만
7000크로네로 증가했다.

그러나 생산이 아무런 문제 없이 진행되지는 못했다. 품질 좋은 목
재와 제대로 된 페인트, 접착제, 도료를 구하기가 어려웠던 이유도 있
지만, 무엇보다 마을에 점점 더 많은 독일군 병사가 찾아왔기 때문이기
도 했다. 반델Vandel에 건설될 예정이었던 군용 비행장인 '바일레 비행장
Fliegerhorst Vejle'과 관련해 배치된 병사들이 이제 빌룬으로 찾아와, 규모가
큰 건물 일부에 숙식을 요구하거나 징발을 하고 있었다.

1943년의 어느 날, 독일군 장교 한 명이 레고 사무실에 와 독일 국
방군이 이곳을 막사 겸 보급소로 쓰고자 한다고 설명했다. 고트프레드
는 덴마크어밖에 할 줄 몰랐으나, 무슨 일이 일어나는지 빠르게 눈치챘
다. 그러나 훗날 그가 어느 인터뷰에서 설명한 대로, 그는 아무것도 이해
하지 못하는 척했다.

독일군은 장비를 둘 공간이 필요했고, 당연하게도 마음 내키는
대로 할 전권을 쥐고 있었습니다. 제가 독일어를 할 줄 모른다
는 게 장점으로 작용한 경우는 아마 이때가 유일했던 것 같네
요. 장교는 몇 마디 고함을 쳤고, 우리는 차갑게 서로를 물끄러

미 바라보았습니다. 그러다 갑자기 그가 돌아서더니 사무실 밖으로 나갔죠. 그는 다시는 나타나지 않았습니다.

1943년과 1944년에는 더 많은 독일군 병사가 이 지역에 주둔하면서 마을 회관과 스카우트 오두막에, 그리고 빌룬 학교의 새로운 체육관에 일반 사병들이 바글바글해졌다. 병사들이 신고 다니는 징 박힌 군화가 체육관의 매끈한 바닥을 엉망으로 만들면서 온 마을의 분노를 살 정도였다. 계급이 더 높은 병사들은 개인 막사를 사용했고, 사자의 집에서도 소피의 노쇠한 어머니가 독일군 장교 두 사람과 함께 1층을 사용해야 했다. 하슬레우를 떠나 딸과 사위가 사는 빌룬으로 올 수밖에 없었던 소피의 어머니는 독일어를 한마디도 할 줄 몰랐지만, 두 외국인과 함께 체스를 둘 줄은 알았다.

올레 키르크는 초대한 적 없는 손님들과 대화를 최소화했으며, 겉으로는 늘 예의를 차리고 적절한 태도로 그들을 대했다. 그럴 만한 이유가 있었지만, 올레 키르크의 아들들은 물론 가족과 친구 중 그 누구도 그 이유를 전혀 알지 못했다. 그는 불법 저항운동에 가담하고 있었으며, 1944년에서 1945년까지 이들 사이에서 돌던 기밀문서에는 '제조업자 크리스티안센'이 전국 각지의 남녀 5만여 명으로 구성된 덴마크 지하 군사 조직의 마을 및 집단 지도자로 적혀 있었다. 또한 그는 1944년 9월에 독일 점령군이 덴마크 경찰을 해산한 후로 지역의 법과 질서를 수호하는 빌룬 마을 경비대의 대장으로 등록되어 있었다. 중책을 맡은 올레 키르크는 BSA 라이플 몇 자루에 접근할 수 있었고, 1945년 5월의 해방운동 당시 다수의 독일 난민을 보호하기 위해 그를 비롯한 빌룬 경비대가 실제로 총기를 사용했다. 동유럽에서 온 민간인인 독일 난민 30만 명 이상이 소련의 붉은 군대가 들이닥치기에 앞서 북적이는 배를 타고 발트해를 건너왔다. 전쟁 막바지의 몇 달 동안에는 수천 명의 여성과 아이, 노인이 특별열차를 타고 코펜하겐에서 서부 윌란으로 건너왔다.

철로 파괴는 그린스테드와 브라네Brande의 매우 적극적인 주지에 자주 벌이는 저항 활동 중 하나였지만, 레고의 설립자는 단 한 번도 여기에 직접 가담하지 않았다. 그러나 그는 영국 항공기가 컨테이너에 담아 떨어뜨려 주는 무기와 탄약, 폭발물 등을 운송하고 보관하는 매우 중요한 임무를 자주 도왔다. 또한 올레 키르크는 기밀문서에 남은 여러 활동에서 철도 노동자, 농장 노동자, 정비공, 정원사, 재단사, 가구 제작자, 장부 관리자, 마을 의회 의장, 장난감 제작자 등 한 명씩 총 열일곱 명의 빌룬 남성으로 구성된 '그린스테드 구역 대응 집단'의 대장으로도 언급되었다.

이들이 맡은 임무는 이 지역에 공중투하된 무기를 확보하고 독일군이 오기 전에 낙하산과 컨테이너를 제거하는 일이었다. 그러나 실제로 빌룬이 투하 지점이 된 적은 전쟁이 끝날 때까지 한 번도 없었기에, 올레 키르크는 그 대신에 무기 및 탄약 수송의 중개 역할이라는 중책을 맡았다. 이를 위해 그는 목각 장난감이 가득 들었을 것이 분명해 보이는, '레고'라고 적힌 박스를 말이 끄는 수레에 가득 실은 뒤, 서부 윌란의 유통업자에게 보내는 것처럼 꾸몄다. 고트프레드는 올레 키르크가 세상을 떠난 지 한참 뒤에 이 이야기를 들려주었다.

저도 전쟁이 끝난 후에나 알았습니다. 아버지는 평소라면 목각 장난감을 담았을 빈 나무 상자에 수류탄을 비롯한 여러 물품을 담아 수송했습니다. 당시 그 지역의 다른 많은 집과 마찬가지로 우리 집에도 독일군 장교들이 기거했지만, 아버지는 전혀 개의치 않았습니다. 어쨌든 그런 데 영향을 받지는 않았죠. 그 상자들은 너도밤나무 목재와 함께 우리 창고에 보관했고, 그렇게 저항군은 물자를 수송했습니다.

또한 크리스티안센은 1945년 5월의 해방 이후 한동안 이어진 광란의 혼돈 중에도 무장한 채 길거리를 순찰했다. 덴마크 경찰이 제대로 된 기능을 아직 회복하기 전이었고, 피에 굶주린 군중이 반역자를 찾기 위해 전국을 들쑤시고 있었다. 5월 4일부터 올레 키르크는 레고의 장부 관리자 악셀 스바레Axel Svarre 및 마을 의회 의장 크리스티안 호르스테드 Christian Horsted와 함께 소총 한 자루씩을 어깨에 메고 저녁마다 마을을 순찰했다. 이들은 빌룬의 그 누구도 재판 없이 처벌받지 않으리라는 메시지를 보내는 한편, 마을 회관에서 머물며 농장에서 가져온 짚 더미에 누워 잠을 청하던 독일 난민들을 보호했다.

두 개의 유한회사

1942년 한 해 동안 레고는 화재가 발생한 데다 원자재와 재료가 부족했는데도 전쟁 중에 엄청난 수익을 거두었다. 장난감 매출이 해마다 30퍼센트에서 40퍼센트가량 증가했으며, 직원 수는 1939년에서 1946년까지 네 배로 늘어났다. 이제 레고는 제1차 세계대전 때부터 교도소 체계를 통해 목각 장난감을 생산한 단스크 레게토이스파브리크Dansk Legetøjsfabrik(덴마크 장난감 공장)와 어깨를 나란히 할 정도로 덴마크에서 가장 규모가 크고 좋은 평가를 받는 장난감 제조업체로 자리매김했다.

제2차 세계대전 직후 덴마크 어린이들에게 어떤 장난감을 가장 가지고 놀고 싶냐고 물어보았다면 여자아이는 레고의 다리미와 다리미판이라고, 남자아이는 레고의 자동차나 기차라고 대답했을 것이다. 어린이를 둔 수많은 부모가 매끄러운 나무 블록에 원색으로 문자와 숫자를 그리고 도료를 칠한 교육용 '레고 블록'을 담은 빨간색 박스를 구매했다. 수작업으로 만드는 이 작은 장난감은 올레 키르크가 품질에 관한 고집을 꺾을 생각이 없다는 사실을, 그리고 장난감 업계에서의 성공을 어떻게 정의하는지를 잘 보여 주었다. "올바른 장난감이란 아이들 생일이나 크리스마스뿐만 아니라 다른 날에도 부모가 기쁜 마음으로 구매하고 싶어 하는, 아이들이 가지고 놀고 싶어 하는 장난감입니다."

빌룬 공장이 전쟁 중에 이룩한 엄청난 발전은 덴마크 장난감 제조업체들이 수입 금지 조치 혜택을 누렸던 1940년대가 끝날 때까지 계속되었다. 레고가 성장할 수 있었던 또 다른 이유는 올레 키르크가 레고를 유한회사로 만들기로 한 덕택이었다. 1944년, 이들은 주식자본 5만 크로네를 둔 '레고 장난감 공장, 빌룬 주식회사'를 등록했다. 언젠가 새로운 기계를 구매하거나 공장을 확장하고 싶을 때마다 대출을 받지 않고도 자체적으로 자본을 마련할 수 있도록 준비하려는 목적이었다.

이 결정으로 소피 키르크 크리스티안센이 회사를 소유한 10년가량의 기간이 끝났다. 해묵은 빚을 모두 상환한 올레 키르크는 이제 자신과 소피에 더해 네 아들까지 포함한 가족 운영 이사회와 주주 집단의 의장이자 대표이사이면서 적법한 오너로 나설 수 있게 되었다. 레고가 계속 성장곡선을 그리면서 1946년에는 회사를 분할해 자회사를 세우기로 결정했다. 이로써 설립된 자회사 '주식회사 O. 키르크 크리스티안센'은 오직 생산에만 책임을 졌고, 판매와 마케팅에 관련된 모든 것은 그대로 모회사가 담당했다. 회사 이름의 크리스티안센은 올레 키르크의 출생증명서에 공식적으로 기록된 바에 따라 'K'를 써서 'Kristiansen'으로 표기했다.

회사의 구조 개편은 올레 키르크가 떠올린 아이디어가 아니라 조세 입법에 관해 잘 알고 가족 회사를 지키는 방법을 잘 아는 어느 진취적인 회계사가 제안한 생각이었다. 훗날 올레 키르크는 인터뷰를 통해 이를 모두 설명했다. 또한 같은 인터뷰에서 그는 가부장제를 따르는 승계가 레고를 뒷받침한다고 힘주어 말했다. 소피 또한 이사회의 일원이었고 딸 울라도 늦지 않게 자기 몫의 레고 지분을 할당받았지만, 가족 내 남자들이 회사를 운영한다는 데에는 의문을 제기할 여지가 없었다.

"저와 제 아들들이 잘 준비해 두 개의 유한회사를 등록했습니다. 하나는 레고라고 부르며 상품 판매에 매진하고, 다른 하나는 O. 키르크 크리스티안센이라고 부르며 제조를 담당합니다."

전쟁 마지막 해에는 고트프레드가 빌룬 식료품점 집안의 딸인 스무 살의 에디트 뇌레고르 크누센Edith Nørregaard Knudsen에게 청혼하면서 크리스티안센 일가에 또 다른 중대한 변화가 찾아왔다. 에디트는 활기 넘치고 야심 찬 고트프레드와 미래를 함께할 각오가 분명히 되어 있었으며, 앞으로 자녀를 낳는다면 "아버지의 작업실에서 일하는 우리 집 꼬마 장인"이 되리라고 상상했다. 이후 수십 년 동안 이들의 상황은 가족끼리 소규모 회사를 운영하면서 남편이 반쯤은 집에서 일하리라는 에디트의 아늑한 상상과는 사뭇 다르게 흘러갔지만, 1945년 당시라면 이는 완전히 틀린 생각은 아니었다. 아직 레고는 올레 키르크의 며느리가 사무실 청소를 돕고 바쁜 시즌에는 목각 장난감 포장을 거들 만큼 작은 회사였다.

키엘: 결혼할 당시 아버지와 어머니에게는 자동차가 필요했습니다. 자동차를 마련하는 것도 가정을 꾸리는 일의 일부라고 생각한 겁니다. 그러나 혼자 힘만으로는 차 가격을 감당할 수 없었던 아버지는 낙농장 관리자 호우게센 씨와 함께 1931년식 쉐보레를 샀습니다. 호우게센 씨가 한 주를 사용하면 그다음 주는 아버지가 차를 사용했죠. 수년 후, 아버지는 중고차 매장에서 바로 그 자동차를 발견했습니다. 겉보기에도 상태가 매우 좋지 않았지만, 아버지는 그 차를 구매해 모두 깔끔하게 수리하고 원래 색인 검은색으로 도색한 뒤 예전과 똑같은 차 번호인 Z8300을 달았습니다. 그 차는 지금도 제가 수집한 자동차들 사이에서 윤기를 뽐내고 있습니다.

고트프레드와 에디트는 1944년 10월에 결혼했다. 결혼식에서는 식료품상 크누센의 비밀 창고에서 꺼내 온 진짜 커피콩과 닉능 협동소합 위원회에서 받아온 추가 버터 배급분으로 두 사람의 결혼을 축하했다. 덴마크인들의 생활이 녹록하지 않았던 시기였고, 부부가 받은 결혼 선물 중에는 밀가루 포대와 설탕 포대를 기워 만든 침구와 티 타월도 있었다. 신랑은 어떻게든 그와 에디트가 가정을 꾸려 나갈 집을 지었다. 이 집은 뒷마당과 공장을 스치고 쭉 뻗어 나가는 중심가 호베드가덴Hovedgaden 옆에 있었다. 호베드가덴 거리는 훗날 쉬스템바이Systemvej로 이름이 바뀌었으며, 1950년대와 1960년대 초에 이르러서는 레고의 공장과 사무실 건물을 포함해 빌룬 내에서도 언제나 성장하는 구역의 중심가가 되었다. 빨간 벽돌로 지은 집에서 고트프레드와 에디트는 창밖으로 공장과 올레 키르크의 정원을 볼 수 있었다. 그 뒤로는 남부 빌룬의 평평한 광야가 아직은 끝없이 펼쳐져 있었다. 그리 머지않은 미래에 주요 공항과 가족 공원, 호텔이 건설될 부지였다. 1943년에서 1944년까지 집을 건설하는 동안 고트프레드는 쇠네르 오메Sønder Omme의 벽돌 구조물에서 나온 자재를 빌룬으로 가져올 방법을 창의적으로 구상해야만 했다. 훗날 그는 이를 다음과 같이 설명했다.

제가 빌린 트럭의 주인이었던 운송업자는 낮이면 반델 군용 비행장에서 독일군을 위해 일했습니다. 그러므로 저는 밤에만 트럭을 빌려 벽돌을 가져올 수 있었죠. 우리가 짓는 집은 바닥면적이 56제곱미터였고, 지하층 하나와 2층의 침실들도 있었으며 세면대를 갖춘 화장실을 위층과 아래층에 하나씩 두었습니다. 많은 빌룬 사람이 실내 화장실이 두 개나 있는 집이라면 매우 거대한 건물이 되겠다고 생각했던 게 기억나네요!

만능 재료 플라스틱

1945년 5월에 덴마크가 해방되고 제2차 세계대전이 끝난 직후, 고트프레드는 지난 수년간 생각만 해 왔던 상품을 실제로 제작해 선보였다. 바로 나무로 만든 반자동 장난감 권총이었다. 디자인 면에서 이 장난감은 나무로 만든 칼이나 활, 카우보이 총처럼 그 당시의 남자아이들이 가지고 놀던 전통적인 무기 장난감과는 거리가 멀었다. 1945년 당시에 덴마크에서는 장난감 권총이나 모조 권총을 파는 것이 금지되어 있었지만, 레고의 공장 감독은 발명가답게 아랑곳하지 않고 특허를 출원했다. 이 작은 나무 권총은 천재적 기술의 집약체였다. 나무와 철을 결합하고 다양한 스프링 메커니즘을 한데 모은 이 장난감 총은 손잡이 윗부분의 약실에 목각 총알을 자동으로 장전할 수 있었다. 발사할 때는 그렇게 큰 소음이 발생하지는 않았으나, 남자아이들이 가지고 놀 때 좋아할 만한 멋진 빵 소리가 났다.

폭력을 부추길 생각은 조금도 없었던 고트프레드는 '평화의 권총'이라는 이름을 이 발명품에 붙여 주고, 포장 박스 뒷면에 장난감의 새로운 주인이 될 사람에게 당부하는 말을 적었다. "건강한 남자아이라면 누구나 평화의 권총이 가지고 싶을 것입니다. 권총의 소유자로서 반드시 총의 법칙을 기억하고 장난으로든 진심으로든 놀이 친구에게 총을 절대 겨누지 마세요!"

1945년 가을에 장난감 권총 또는 모조 권총의 판매 금지 조치가 해제되자 평화의 권총은 엄청난 성공을 거두었다. 레고가 밀려드는 주문을 도저히 감당할 수 없을 정도였다. 코펜하겐의 외판원 악셀 바르포드는 초조한 나머지 새해가 시작되자마자 "권총 1000자루와 탄약 1000상자가 추가로" 필요하다고 닦달했다. 그러나 빌룬에서 나무를 구하기가 상당히 어렵다는 사실은 그도 잘 알고 있었다. 검은색 총에 진짜 같은 광택을 내는 도료 혼합물도 바닥을 보였다.

나무가 부족해지자 올레 키르크는 다른 재료를 찾아 나섰다. 오래 전부터 장난감 업계에 잘 알려져 있던 재료인 베이클라이트가 당연하게도 다음 평화의 권총을 생산할 후보 재료 중 하나로 손꼽혔다. 아직 덴마크 장난감 업계에서는 아무도 사용한 적이 없지만, 수많은 사람이 미래의 만능 재료로 믿었던 플라스틱도 마찬가지로 후보가 되었다.

지난 수십 년간 전 세계 각지의 실험실에서 셀룰로이드, 베이클라이트, PVC, 폴리스타이렌, 멜라민 등의 합성 재료를 두고 실험을 했으며, 제2차 세계대전 중에 플라스틱 개발이 크게 주목받으면서 1945년 이후에는 다양한 업계에 새로운 산업적 기회를 열어 주었다. 안타깝게도 당시 유럽에서는 전쟁을 거치며 너무나 많은 기계가 파괴되거나 수명을 다한 상태여서 생산을 가동하기가 매우 어려웠다. 게다가 덴마크에서 플라스틱 제조업자가 되려면 새로운 장비나 원재료를 구매할 때마다 규칙과 규제가 얽히고설킨 관료제의 정글을 뚫고 지나가야만 했다.

그런데도 플라스틱으로 만든 우비와 신발, 나일론 스타킹 등이 전후 시기인 1946년과 1947년에 덴마크 상점에 하나둘 등장하기 시작했다. 장난감 업계에는 플라스틱이 지난 10년간 정체된 시장에 새로운 활력을 불어넣어 주리라는 믿음이 널리 퍼져 있었다. 부모와 아이들은 전쟁 중 크리스마스 때마다 선반에 널린 목각 장난감에 질려 있었고, 전문가들은 플라스틱의 시대가 코앞에 다가왔음을 조금도 의심하지 않았다. 어느 덴마크 신문이 1947년에 기사에서 언급한 것처럼 "미래의 장난감은 색색의 플라스틱으로 만들어질 것이다. 플라스틱은 장난감을 만드는 데 적합한 재료다. 촉감이 매우 좋고 위생적이며 무해하고 망가뜨리기가 사실상 불가능하다. 플라스틱 장난감은 모델을 주형으로 찍어 내므로 단점을 보완하기도 쉽다."

55세의 올레 키르크는 바로 이 시점에서 진정한 사업가적 수완을 발휘했다. 그는 관습을 벗어나 독창적으로 생각했으며, 자기 생각을 실현하기 위해 엄청난 위험 부담을 떠안을 가오도 되어 있었다. 올레 키르크는 아들과는 다르게 플라스틱을 비롯한 새로운 재료에 대한 확신이 있었다. 평화의 권총을 수출용으로 대량생산을 한다면 플라스틱이 이상적 재료일 터였다.

올레 키르크는 정비공이자 대장장이였던 처남 마르틴 예르겐센Martin Jørgensen과 함께 1946년 1월에 특별히 나무가 아닌 다른 재료로 장난감을 만들어 보기로 했다. 코펜하겐의 비외른손스바이Bjørnsonsvej에 자리한 마르틴의 지하실에서 베이클라이트나 플라스틱을 이용해 평화의 권총 1만 1500개를 주형으로 찍어 내겠다는 것이 이들의 계획이었다. 장난감 총은 본래 국내시장을 목표로 내놓은 상품이었지만, 이 계획이 성공한다면 곧 더 넓은 시장을 겨냥할 수도 있었다. 올레 키르크는 예르겐센에게 보내는 편지에서 "이번 분량은 국내에서 쉽게 팔 수 있을 테고, 아직 수출을 시작하기에는 부족하다."라고 썼다.

두 사람에게는 주형 기계와 주형이 있고 조정과 연마를 위한 소형 기계들과 다양한 도구가 있으며 베이클라이트 또는 플라스틱 분말을 5톤 들일 수 있는 텅 빈 지하실밖에 없었다. 1946년에는 이 물건을 모두 확보하기도 상당히 어려웠다. 두 사람은 곧 플라스틱 제조가 더 매력적인 선택지라는 데 의견을 모았다. 플라스틱 주형 기계는 1시간에 권총 반쪽 160개를 사출할 수 있는 것에 반해, 베이클라이트 기계는 열다섯 개밖에 만들지 못했고 경화 공정도 추가로 거쳐야 했기 때문이다. 반대로 가격은 플라스틱 주형 기계가 베이클라이트 주형 기계의 여섯 배나 되었다. 그렇다면 정말 값어치를 다할 투자일까? 마르틴 예르겐센은 올레 키르크에게 보내는 편지에서 또 다른 장난감 회사인 테크노가 플라스틱 자동차 주형을 만드는 기계를 잉글랜드에 주문했다는 소문이 돈다고 전해 주었다. 이 기술 관문을 가장 먼저 통과하는 것이 레고가 되게끔 노력이라도 해 보아야 하지 않을까?

두 사람은 이에 전적으로 동의했다. 그러므로 마르틴이 플라스틱 분말을 주문하고 주형 기계와 주형의 견적을 받으며 평화의 권총 손잡이에 인쇄할 로고를 만드는 데 집중하는 동안, 올레 키르크는 새로운 기계와 도구를 마련하기 위해 레고의 이익 중 상당한 금액을 따로 떼어 놓기로 했다. 그는 코펜하겐의 '사업 파트너'에게 보내는 편지에 "이렇게 하면 주식에 포함할 필요가 없는 도구로 상당한 재산을 보유하게 되는 걸세. 어려운 시기가 찾아온다면 이 점이 상당한 변화를 만들어 줄 거야."라고 적었다.

올레 키르크는 우선 공장 감독과 상의하지 않고 주형 기계를 구매하겠다고 결정했다. 회사가 사용할 수 있는 자금을 한계까지 밀어붙이겠다는 이 생각을 고트프레드가 가만두지 않을 것이 분명했기 때문이다. 위험 부담에 관해서라면 아버지와 아들은 하늘과 땅만큼 달랐다.

키엘: 당시에 아버지는 재무 관련 사안들을 무척 중요하게 여겼습니다. 아버지는 언제나 모든 걸 다스리는 게 자기가 맡은 역할이라고 생각했습니다. 그래서 회계장부의 숫자가 올바른지뿐만 아니라 힘들게 번 돈이 허투루 새어 나가지 않도록 늘 사무실에 남아 확인했습니다. 할아버지가 갑자기 값비싼 플라스틱 주형 기계를 샀을 때, 아버지는 분명 그게 달갑지 않았을 겁니다. 심지어 할아버지가 두 대나 사려고 했을 때도 있었습니다. 사실 당시의 레고는 1942년의 화재가 발생하고 유한회사를 설립한 이후로 애를 먹다가 그제야 재정적으로 안정된 상태에 돌입해 있었습니다.

마르틴 예르겐센이 1946년 5월에 올레 키르크에게 보내는 편지에서 호프만 앤드 컴퍼니Hoffmann & Co.라는 회사가 원저 SH$^{Windsor SH}$ 3중 사출성형기를 출시했으며 코펜하겐 항구로 와 시연한다는 소식을 전하자, 올레 키르크는 그날만을 손꼽아 기다렸다. 올레 키르크는 현장에서 계약을 바로 체결했고, 7월 말에 마르틴이 이를 다시 한번 확인해 주었다. "이제 사출성형기 구매가 끝났고 주형 주문도 들어갔습니다."

잉글랜드제 성형기의 가격은 레고가 최근 낸 영업이익 중 절반 이상에 해당하는 3만 크로네였고, 여기에 주형과 분말, 연마기, 스프링, 나사 등에 들어갈 다른 비용까지 더한다면 총 5만 크로네를 투자해야 플라스틱 평화의 권총 생산을 시작할 수 있었다. 오늘날의 가치로 환산하자면 100만 크로네 또는 16만 달러에 해당하는 금액이었다. 모든 것이 불확실하고 불안정한 전후 시기였으므로 이 정도의 재정지출이라면 곧 파산으로 이어지기도 쉬웠다. 그러나 올레 키르크는 굴하지 않았다. 이미 다 겪어 보고 해 본 일이었다. 게다가 올레 키르크는 극심한 곤궁을 겪었던 1930년대 초의 시기를 두고도 다음과 같이 말하는 사람이었다. "그렇습니다. 저희는 때때로 한 번씩 파산하곤 했죠. 말이 파산이지 사실 파산할 것도 없었어요."

여름휴가 시즌 이후로 문제가 쌓이기 시작했다. 호프만 앤드 컴퍼니에서 11월이나 되어야 성형기를 배송할 수 있겠다는 소식을 알려 왔다. 주형도 도착이 늦어지고 있었다. 마르틴은 플라스틱 분말 사냥을 계속했으나, 상품 공급 위원회가 발행한 규제가 그의 발목을 잡았다. 마르틴이 남긴 글에 따르면 이들은 운 좋게 어느 덴마크 수입업자에게서 반 톤가량을 들여올 뻔했으나, 플라스틱 분말 수입 허가증과 사용 가능한 재고를 이미 가진 업체만 이를 살 수 있었다. 또 다른 방법으로 '수입 승인'을 받아 보는 방법도 있었지만, 이를 위해서는 덴마크 중앙은행에 외화 매입 신청서를 승인해 달라고 부탁해야 했다.

형식적인 절차가 셀 수도 없이 튀어나왔고, 크리스마스까지 평화의 권총 1만 1500개를 준비하겠다는 두 사람의 원대한 계획을 실현할 시간은 빠르게 줄어들었다. 그러나 두 사람은 포기하지 않았고, 평화의 긴총을 수출하겠다는 더 장기적인 꿈이 무너지지 않도록 미제 사출성형기를 알아보기 시작했다. 미제 성형기는 잉글랜드제 성형기보다도 더 비쌌다. 그러나 미제 기계가 훨씬 더 빠르고 효율적이었으며, 더 복잡한 주형 공정에도 사용할 수 있었다.

1946년 8월, 올레 키르크와 마르틴 예르겐센은 스톡홀름으로 가서 미제 성형기의 시연에 참석했다. 과연 광고대로 인상적인 기계였다. 레고의 오너는 현기증 나게 비싼 5만 3000크로네에 두 번째 주형 기계를 주문했다. 뒤이어 이들은 1만 1000달러에 달하는 외화 거래를 승인받기 위해 신청서를 냈다. 마르틴은 즉시 레고를 대표해 신청서를 쓰면서 "이 주형 기계는 수출용으로 사용될 것이며 우리가 특허를 보유한 상품을 저렴한 비용으로 대량생산을 할 것으로 간주된다."라고 적었다.

전쟁 직후 관료제의 몇 안 되는 장점 중 하나는 무언가 상품을 주문할 때 곧바로 대금을 치러야 하는 경우가 거의 없었다는 점이었다. 이는 곧 1946년에서 1947년으로 넘어가는 겨울 동안 올레 키르크가 아직 본 적도 없고 값도 한 푼 치르지 않은 플라스틱 주형 기계 두 대의 소유자가 될 예정이었다는 뜻이다. 그러나 바로 대금을 치르고 마련해야 하는 물품도 많았다. 연마기, 편심 프레스, 포장 박스, 여러 도구, 나사와 못, 그리고 도표 작성기가 달린 타자기까지 온갖 물건이 코펜하겐의 비외른손스바이에 자리한 마르틴 예르겐센의 지하실에 쌓여 갔다.

산더미 같은 짐에 먼지가 켜켜이 쌓여 가는 모습을 바라보며 두 대의 기계를 기다리느라 진이 다 빠질 지경이었던 올레 키르크는 처남의 지하실에 차린 임시 생산 라인을 조금 더 현실적으로 바라보게 되었다. 정말 이걸 해낼 수 있을까? 게다가 과연 덴마크 근로 환경 당국이 이 용도의 건물 사용을 승인해 줄까? 올레 키르크는 얼마간 더 고민한 끝에 생산 라인을 코펜하겐에서 빌룬으로 옮기는 것만이 합리적 방법이라고 판단했다. 그는 사업 파트너와 상황을 논의하기 전에 반델의 어느 농부에게서 독일군이 썼던 막사 하나를 매입했는데, 이 막사는 철거되고 나중에 빌룬 공장 가까이에 재건되었다.

두 사람이 자리에 앉아 중대한 결정을 하기에 좋은 때였다. 1946년 11월, 올레 키르크는 마르틴에게 편지를 썼다. "로마는 하루아침에 이루어지지 않았다는 걸 나도 잘 알지. 어쩌면 시간이 좀 걸린다는 점이 좋은 일일지도 몰라. 왜냐하면 한편으로는 모든 게 제자리를 찾아갈 시간이 생겼지 않나?" 여기서 "제자리를 찾아간"다는 올레 키르크의 말은 플라스틱 상품의 생산뿐만 아니라 마르틴과 그 가족들도 빌룬으로 옮겨 오는 것이 좋겠다는 뜻이었을 것이다. 다만 처남이 독립적으로 살고 싶어한다는 것은 올레 키르크도 잘 알고 있었다. 1946년 11월 19일, 마르틴은 아름답고 긴 편지를 통해 자기 뜻을 전했다. 그는 매형의 제안을 거절하면서 마치 예언처럼 "덴마크의 뉘른베르크가 될 빌룬에 장난감 마을을 세우겠다는 매형의 원대한 계획을 실현"하기를 바란다며 행운을 빌어 주었다.

자동 결합 브릭이 탄생하다

1947년 봄이 되어서도 올레 키르크는 여전히 잉글랜드산 윈저 SH를 기다리고 있었다. 이제는 고트프레드도 빌룬에서 플라스틱 상품을 생산하겠다는 아버지의 계획에 동참했다. 다행히도 그의 아버지는 미국산 주형 기계의 주문을 취소했다. 사실 고트프레드는 마음속으로는 아버지가 윈저 기계와 플라스틱으로 장난감을 만들겠다는 생각 자체까지 포기하기를 바랐다. 이 젊은 공장 감독은 그 아이디어를 매우 회의적으로 바라보았다. 그는 코펜하겐의 마르틴 예르겐센에게 비밀리에 편지를 부쳤다.

플라스틱의 역사는 지금껏 실망과 지출 말고는 다른 그 어떤 결과도 만들어 내지 못하고 있습니다. 그렇다고 해서 미래가 특별히 창창하지도 않습니다. 이제는 장식품, 잡동사니, 사무용 물건 또는 가정용 물건 등을 플라스틱으로 만드는 게 금지되었기 때문입니다. 게다가 너무 많은 국가가 문을 걸어 잠근 탓에 수출도 어렵습니다.

그런데 1947년 초여름, 레고의 역사에서 매우 중대한 사건이 일어났다. 호프만 앤드 컴퍼니의 대표이사이자 올레 키르크에게 윈저 기계를 판매한 프린츠Printz가 빌룬에 찾아온 것이다. 잉글랜드에서 막 돌아온 그는 런던의 영국 산업박람회에서 본, 벽돌처럼 생긴 색색의 작은 플라스틱 블록을 한 상자 가득 들고 찾아왔다. 그러고는 윈저 주형 기계가 덴마크에 도착해 빌룬에 설치되고 나면 레고에서 이와 비슷한 물건을 만드는 것이 어떻겠냐고 제안했다.

올레 키르크는 속이 텅 비고 윗면의 스터드가 돋보이는 잉글랜드제 브릭에 마음을 빼앗겼다. 이러한 블록 한 줌만 있으면 그 어떤 어린이라도 진짜 장인을 흉내 내고 석공이 될 수 있었다. 나아가 올레 키르크는 플라스틱이라는 재료가 얼마나 탁월한지 한눈에 알아보았다. 플라스틱은 나무보다 위생 면에서 더 나은 것은 물론이거니와 내구성도 더 좋았으며, 더 빠르고 쉽게 생산할 수도 있었다. 플라스틱은 나무와는 다르게 길들이고 찌고 열풍에 말리고 갈아 내고 연마하고 도료를 칠한 다음 마지막으로 나사와 못과 라벨로 조립할 필요가 없었다. 게다가 나뭇조각 하나를 장난감으로 만들려면 여러 사람의 손과 수많은 공정을 거쳐야 했지만, 플라스틱은 단 한 사람이 기계를 가동하는 단순한 고속 대량생산을 위해 만들어진 재료처럼 보였다.

공장에서는 여느 날과 다름없이 작업실을 둘러보는 사장의 코트 주머니에서 무언가 달그락거린다는 사실을 몇몇 직원이 눈치챘다. 회계를 담당하던 오를라 예르겐센Orla Jørgensen과 목공품 상점을 담당하던 베른하르 본데는 크리스티안센이 잠시 가던 길을 멈추고 그들에게 색색의 플라스틱 브릭을 보여 주었던 때를 회고했다. 정말 덴마크 아이들이 이걸 좋아할까?

이로부터 8년 후에 고트프레드는 기록적 시간 내에 유럽 시장을 장악한 레고 브릭의 시스템을 책임지는 수석 전략 담당자가 되기는 하지만, 이 시점에 그에게 이와 같은 질문을 던졌다면 그는 아니라고 대답했을 것이다. 고트프레드는 1951년까지도 플라스틱 장난감을 회의적으로 바라보았으며, 어느 덴마크 신문에 "플라스틱은 질 좋고 견고한 목각 장난감을 절대 뛰어넘지 못할 것"이라고 말했다.

장부 관리자 예르겐센과 감사 로렌첸Lorentzen 또한 값비싼 플라스틱 실험을 우려하며 고트프레드의 회의론에 힘을 실어 주었다. 1940년대 말의 어느 하루를 임의로 골라 그 날짜의 회사 장부를 펼쳐 보면 이들이 우려하는 이유를 한눈에 알 수 있다. 레고는 금고에 100크로네, 지로 계좌에 2400크로네, 바일레 은행 계좌에 3364크로네를 보유하고 있었으며, 같은 은행에서 15만 크로네를 대출받은 상태였다. 훗날 고트프레드는 레고의 재정 관리를 두고 아버지와 설전을 자주 벌였던 때를 회고했다.

아버지는 종종 제게 말했습니다. "너는 우리가 상품을 팔고 돈을 벌 수 있게끔 신경 써 주기만 하면 된다. 건축이나 기계 매입 같은 건 내가 해결하마." 아버지와 저는 재정 문제를 두고 여러 차례 열띤 대화를 나누었습니다. 저는 자금이 바닥을 보일 때가 그렇게 싫었습니다. 그때마다 저는 바일레 은행의 대표이사 구나르 홀름Gunnar Holm을 찾아가 돈을 더 빌리거나 대출 상환을 한두 달 추가로 미뤄 달라고 또다시 부탁해야 했습니다.

로렌첸의 말에 따르면 올레 키르크가 독창적으로 일을 벌일 때면 두 사람의 의견이 더욱 자주 부딪혔다. "[올레 키르크는] 고트프레드의 가용 자금을 몇 번이나 바닥냈어요. 당시 상당했던 규모의 신용 부채를 반드시 청산해야 할 때를 대비해 비축해 둔 돈이었죠."

1980년대에 촬영한 어느 영상에서 고트프레드의 세 형제는 고트프레드가 "우리를 파멸로 몰고 갈 위험을 무릅쓴 아버지의 플라스틱 헛수고를 멈추기 위해" 아버지의 사무실에 다 같이 찾아가자고 자기들을 설득했던 때를 회고했다. 또한 카를 게오르그는 윈저 기계가 도착한 직후 여러 가지 방법을 실험해 볼 때 고트프레드가 아버지에게 "이 망할 플라스틱 기계를 샀으면 안 됐다니까요. 이것 때문에 파산하게 생겼어요!"라며 큰소리로 말했던 장면도 회고했다.

올레 키르크는 1947년 11월에 윈저 기계가 빌룬에 도착하기 전부터 목조 막사에 플라스틱 부서를 차릴 수 있도록 준비해 두었다. 다양한 플라스틱 장난감을 찍어 낼 주형도 도착할 예정이었다. 이들은 이 기계를 조립하고 익숙해질 때까지 사용해 보며 크리스마스와 새해 첫 수 개월을 보냈다. 이 모든 일이 고트프레드와 에디트의 지하실에서 벌어질 때 에디트는 또 다른 아이를 임신하고 있었다. 1947년 12월 27일, 에디트는 남자아이를 출산했고 키엘이라는 이름을 지어 주었다.

키엘: 저는 가정 분만으로 태어났습니다. 누나 군힐Gunhild과 여동생 하네Hanne도 마찬가지였죠. 아버지와 어머니는 매번 옐링Jelling에 사람을 보내 산파를 불러왔어요. 아버지의 사촌과 결혼한 사람이었습니다. 제가 태어났을 때 새로운 주형 기계가 우리 집 지하실에 있었다고 들었어요. 종일 때를 가리지 않고

몇 번이나 온 집안에 소음이 메아리쳤다고 해요. 물론 어머니는 제가 태어나고 몇 주 동안 꼼짝없이 저와 집에 종일 있어야 했으니 그 소리를 정말 싫어했을 겁니다. 그렇지만 어쩔 도리가 없었어요. 주형 기계가 우선이었고, 처음에는 저희 지하실에 있었으니까요. 이 지하실은 나중에 제 놀이방이 되었고, 저는 거대한 탁자 두 개에 레고 브릭을 늘어놓고 집과 다리와 배를 건설했습니다.

재료를 바꾸는 데에는 대개 어느 정도 시간이 걸리기 마련이지만, 올레 키르크는 빌룬에서 주형 기계를 철저하게 시범적으로 가동해 보기도 전에 "제작자명 없는" 작은 플라스틱 물건 여럿을 생산했다. 그중에는 교통을 테마로 한 레고의 어린이용 게임 모뉘폴리Monypoli에 들어갈 부품들도 있었다. 1948년 여름, 레고가 처음으로 생산한 플라스틱 장난감이 판매되기 시작했다. 영유아를 위해 디자인한 색색의 작은 공이 그 주인공으로, 83외레에 판매되었다. 이듬해에는 물고기와 선원, 미니어처 동물 수 종류, 딸랑이, 그리고 더는 평화의 권총으로 부르지 않았던 플라스틱 권총까지 몇 가지 플라스틱 장난감이 레고의 가격표에 등장했다. 1949년 가을부터는 색색의 작은 플라스틱 브릭을 덴마크 장난감 가게에서 살 수 있었다.

이들은 이 브릭 장난감의 이름을 두고 마지막까지 고민했다. 올레 키르크는 여느 때처럼 서슴없이 다른 이들의 조언을 구했으며, 1949년 봄에는 코펜하겐의 외판원 악셀 바르포드에게 친구와 지인들을 수소문해 좋은 아이디어가 없을지 알아봐 달라고 부탁했다.

바르포드는 답장을 보냈다. "몇몇 이가 올바른 이름을 찾고자 고심하고 있습니다. 며칠 내로 좋은 결과를 들려 드릴 수 있기를 바랍니다." 그러나 결국 결과를 들어볼 필요도 없었다. 이 플라스틱 블록을 자동 결합 브릭Automatic Binding Bricks으로 부르기로 했기 때문이다.

원조 논쟁: 레고 대 키디크래프트

레고가 처음으로 만든 플라스틱 브릭이 어디에 뿌리를 두는지는 논쟁을 벌일 대상이 아니다. 고트프레드는 힐러리 피셔 페이지Hilary Fisher Page가 1930년대에 설립한 잉글랜드 회사 키디크래프트Kiddicraft로부터 영감을 받았다고 여러 차례 설명했다. 페이지는 소아를 위한 교육용 플라스틱 장난감 세계를 선도한 인물이었고, 그의 장난감은 잉글랜드에서 '합리적 장난감'이라는 이름으로 판매되었다. 그러나 페이지가 제2차 세계대전과 이혼을 겪은 데다 오랜 기간 미국에 체류하면서 이 혁신적 장난감의 생산은 일시적으로 중단되었다.

1942년에 고국 잉글랜드로 돌아온 페이지는 다시 다양한 연령대를 위한 플라스틱 장난감 개발에 매진하기 시작했으며, 청소년용 플라스틱 조립식 브릭 시스템인 자체 결합 조립식 브릭에 곧바로 특허를 출원했다. 이 특허는 1947년에 잉글랜드뿐만 아니라 프랑스와 스위스에서도 승인되었으며, 프린츠가 올레 키르크에게 가져다준 상자 앞면에도 '영국 및 외국 특허'라는 문구가 명시되어 있었다.

고트프레드는 평화의 권총을 비롯해 자기가 발명한 몇몇 상품을 통해 덴마크 특허법을 어느 정도 알고 있었으며, 이 문구를 놓치지 않았다. 그러므로 고트프레드는 레고가 브릭을 생산하기에 앞서 1949년 1월에 북유럽 특허 기구에 특허를 출원했다. 그는 키디크래프트가 덴마크에서도 자사의 플라스틱 브릭에 대한 특허권을 가지는지 알아보고자 했는데, 알고 보니 그렇지 않았다.

올레 키르크는 아들과는 달리 표절이나 저작권법을 잘 알지 못했다. 그 누구의 가르침도 없이 장난감 제작자가 된 그는 사람들이 독창적 아이디어를 보호하는 데 그렇게 심혈을 기울이지는 않았던 1930년대에 사실상 맨땅에 헤딩하듯 장난감 업계에 들어왔다. 전쟁이 끝난 후에도 여러 장난감 제조업체가 계속 타사의 상품을 모방하고 흉내 내었다. 올레 키르크는 변호사 플레밍 프리스-예스페르센에게 "장난감 업계에서는 원래 그렇게 한다."라고 말했다. 변호사는 수년이 지난 후 고트프레드에게 보내는 편지에서 당시를 회고하면서, 1940년대 말의 어느 날 올레 키르크가 자신에게 잉글랜드에서 온, 작고 속이 텅 빈 플라스틱 브릭을 보여 주며 조언을 구했던 일을 설명했다. 프리스-예스페르센은 정말 좋은 아이디어 같지만 아마도 잉글랜드 측에서 특허를 보유하고 있으리라고 대답했다. 특허로 보호되고 있지 않을까요? 그렇게 묻자 올레 키르크는 다음과 같이 대답했다.

> 우리 업계에서는 그런 건 그다지 중요하게 생각하지 않아요. 여기에 미래가 있다는 데 동의한다면 그냥 밀고 가겠습니다. 어쨌든 덴마크는 작은 나라이고, 잉글랜드 측에서 우리가 무슨 일을 하려고 하는지 알아내려면 수년이 걸리거나 아예 알아내지 못할 수도 있습니다. 장난감은 대개 수명이 비교적 짧으니까요.

그러나 레고 상품의 생산과 판매에 더 많은 책임을 맡았던 고트프레드는 장난감 업계가 변화를 겪고 있음을, 저작권과 특허법에 대해 만연했던 기존의 태도도 바뀌고 있음을 알아차렸다. 아버지와 다르게 고트프레드는 앞으로 특허가 있는 장난감에서 영감을 얻거나 그러한 장난감을 모방하는 정도에 관해 분명한 한계가 생기리라고 확신했다.

수십 년 후, 미국의 장난감 회사 타이코Tyco가 타이코 버전의 레고 브릭을 만들어 미국 시장에서 레고의 특허권에 도전한 사건으로 말미암아

1986년에 홍콩에서 벌어진 기나긴 소송에서 고트프레드가 증인석에 올랐다. 법정에서 타이코 측은 레고의 브릭이 본래 잉글랜드계 발명품을 모방한 것이라고 주장했다. 66세의 고트프레드는 1949년에 최초의 레고 브릭이 어떻게 탄생했는지 설명해 달라고 요청받았다.

"우리는 키디크래프트의 제품과 매우 유사한 일부 부품을 생산하기로 결정했으나, 생산을 시작하기에 앞서 덴마크 내에서 이를 불가능한 일로 만드는 보호 조치가 있는지 확인하고자 했습니다."

법원 기록에 따르면 고트프레드는 또한 코펜하겐의 도구 회사 보드니아Bodnia에 스터드 네 개짜리와 스터드 여덟 개짜리 작은 플라스틱 브릭을 만들 주형을 주문했다고 설명했다.

…… [이 블록은] 키디크래프트의 견본과 비슷하게 보였으나 세 가지 차이점이 있었습니다. 우리는 모서리가 뾰족하고, 스터드가 납작하며 8밀리미터 높이인 모듈을 원했습니다. 잘 아시다시피 잉글랜드를 제외한 유럽 국가에서는 미터법을 쓰는 데 비해 잉글랜드에서는 제국 단위계를 사용하는 게 차이점입니다.

키엘: 당시에는 수많은 사람이 각기 다른 종류의 플라스틱 브릭을 만들고 있었습니다. 키디크래프트가 브릭을 만들기 전인 1930년대에도 전 세계 곳곳에서 윗면에 돌기가 있는 브릭을 가지고 실험하며 나무, 고무, 점토, 플라스틱 등으로 제작했습니다. 그러므로 우리는 우리가 브릭을 발명했다고 말할 수 없고, 그렇게 말한 적도 없습니다. 할아버지는 잉글랜드제 브릭이 어떤 가능성을 품었는지 한눈에 알아보았고, 아버지는 1950년대에 그걸 규모가 더 큰 조립 시스템으로 발전시킨 다음 1958년

에는 내부 튜브를 발명했습니다. 이는 곧 전과는 다르게 브릭끼리 연동시킬 수 있었다는 뜻입니다. 1940년대에는 상품의 형태와 외관, 디자인에 관한 법적 보호 장치가 사실상 없었습니다. 요샛말로 '오픈 소스'라고 하듯 자유롭게 이용할 수 있었다는 겁니다. 세월이 지난 후 아버지는 아이디어가 본래 어디에서 나왔는지 설명해야 하는 상황을 단 한 번도 마음 편하게 여기지 않았습니다. 아마 오늘날 다른 이들이 우리에게 하는 짓을 한때 우리 또한 저질렀다는 생각을 지울 수가 없었던 것 같습니다.

키디크래프트 브릭은 1940년대 말의 잉글랜드에서 특별히 잘 팔리지 않았다. 한편 덴마크 땅에서도 레고의 자동 결합 브릭이 별다른 관심을 끌어모으지 못했다. 어쩌면 이름 때문일지도 몰랐다. 어쩌면 두 어린이가 놀고 있는 색색의 그림이 그려진 예스러운 포장 박스 때문에 구식 나무 블록처럼 보였기 때문일 수도 있었다. 장난감 판매업자들은 이 작은 플라스틱 브릭에 확신이 없었으며, 팔리지 않은 재고를 모두 반품할 수 있다는 조건으로만 진열대에 올려 두겠다고 했다.

판매가 극도의 부진을 면치 못하자 고트프레드는 불안에 시달렸으며, 더욱더 플라스틱 장난감을 싫어하게 되었다. 이번에도 그는 형제들에게 찾아가 레고에 유명세를 안겨 준 상품이자 레고가 잘 판매할 수 있는, 나무로 만든 장난감에 다시 집중하자며 아버지를 설득하자고 했다.

올레 키르크는 사무실 안, 호베드가덴이 내려다보이는 창문가에 둔 어두운 빛의 거대한 책상에 앉아 고트프레드의 말을 들었다.

고트프레드가 마침내 말을 끝내자 그의 아버지는 네 아들의 눈을 쳐다보며 천천히 말했다. "너희는 믿음도 없느냐, 아들들아? 나는 신께 기도해 왔고 브릭을 믿는단다!"

수년 후, 게르하르트와 카를 게오르그는 이때가 레고의 역사에서 결정적 순간이었다고 입을 모아 말했다. 앞으로도 플라스틱 브릭을 계속 생산하고 이 상품에 다시 한번 기회를 주기로 했기 때문이다. "우리는 그저 주님의 손에 맡기기만 하면 돼. 그러면 주님께서 모든 걸 해결해 주실 게다! 아버지는 그렇게 말씀하셨죠. 우리는 그저 조용히 사무실을 나섰습니다. 그 이후로 이에 관해 또 이야기를 나눈 적은 없었어요."

레고는 시스템이다——1950년대

생태계를 구축하라

마치 색색의 자갈이나 조약돌처럼 보이고, 매우 다양한 색상으로 나옵니다. 사용하기에 앞서 특정 수준의 습도에 도달할 때까지 건조한 다음, 기계 꼭대기의 통에 넣으면 기계 안에서 조금씩 똑똑 굴러떨어지며 200도로 가열되어 액체 상태가 됩니다. 그다음으로 주형에 주입하고 100기압가량의 압력을 가하면 잠시 후 성형이 끝난 말간 파스텔 색상의 조각이 기계에서 나옵니다. 이러한 조각을 한 시간에 100개씩 생산할 수 있으며……

레고의 상무이사가 기자와 사진기자에게 빌룬의 공장을 소개하고 있었다. 그해는 1951년이었고, 한때 큰 인기를 끌었으며 이제는 투명 플라스틱으로도 제작되는 평화의 권총이 이때는 평화 그리고 마셜플랜의 원조를 상징하는 더 작고 사실적인 퍼거슨Ferguson 트랙터에 자리를 내준 상태였다. "이 상품들은 키트로도 구매할 수 있으며, 레고는 한 시간에

서른 개 이상을 생산할 수 있습니다." 고트프레드는 이렇게 말한 뒤 모든 폐자재를 재사용할 수 있다고 덧붙였다.

기자는 재미있는 이름의 작고 속이 텅 빈 이 플라스틱 브릭에 관해 더 자세하게 듣고 싶어 했는데, 고트프레드가 색색의 브릭이라는 아이디어를 어디에서 얻었는지 설명할 때 실수로 기자 수첩에 '잉글랜드' 대신에 '미국'이라고 적고 말았다. 이 기사에는 젊은 대표이사가 장난감 업계에서 플라스틱의 미래를 놀랍게도 부정적 시선으로 바라본다는 이야기도 언급되었다. 이번에는 기자가 잘못 들은 이야기도 아니었다. "플라스틱 장난감이 언젠가 목각 장난감을 대체할까요?" 기자가 묻자 고트프레드는 다음과 같이 대답했다.

그럴 일은 절대로 없을 겁니다! 누군가가 수고를 들여 플라스틱 시장을 조사해 보면 아마도 대개는 아이들이 가지고 논 지 하루 만에 망가진다는 사실이 밝혀질 겁니다. 사실 플라스틱의 문제라기보다는 구조의 문제죠. 그렇기에 플라스틱이 그 매력을 잃어버리는 겁니다. 미국만 하더라도 플라스틱 유행이 빠르게 지나가고 있습니다. 지금까지는 그저 플라스틱 사용이 걷잡을 수 없이 불어났을 뿐입니다. 플라스틱으로 유용하고 편리한 도구를 만들 수는 있겠지만, 아무래도 나무가 더 견고합니다.

아버지가 아니라 고트프레드가 기자를 만난 데에는 몇 가지 이유가 있었다. 고트프레드는 플라스틱을 두고 벌어진 권력 다툼에서 지기는 했으나, 1950년 여름에 서른 번째 생일을 맞이해 주식회사 레고와 주식회사 키르크 크리스티안센의 상무이사에 임명되었다.

그는 올레 키르크와 소피, 요하네스, 카를 게오르그, 게르하르트의 서명이 적힌 쾌활한 생일 축하 전보를 통해 승진 소식을 전달받았는데,

이 전보에는 민수기民數記에서 인용한 유명한 구절도 적혀 있었다. "여호와는 네게 복을 주시고 너를 지키시기를 원하며/ 여호와는 그의 얼굴을 네게 비추사 은혜 베푸시기를 원하시며/ 여호와는 그 얼굴을 네게로 향하여 드사 네게 평강 주시기를 원하노라!" 훗날 고트프레드는 이 특별했던 일생일대의 순간을 회고하며 다음과 같이 말했다.

> 아버지한테 왜 축전에 그 성경 구절을 인용했느냐고 물어본 적은 없는 것 같습니다. 아버지만의 방식으로 제게 축복을 내려주고 싶었다는 것만큼은 확실합니다. 그러나 그와 동시에 아버지는 앞으로 어떤 책임을 짊어지게 될지 제게 역설하는 게 중요하다고 생각했을 겁니다.

1951년, 올레 키르크에게 뇌졸중이 찾아왔다. 목숨을 위협할 정도는 아니었으나, 전보다 쇠약해진 올레 키르크는 뒤이은 수년 동안 여러 차례 오랜 기간 해외의 요양지에 머물렀다. 1950년대 전반에 걸쳐 점점 더 많은 일상적 업무가 고트프레드의 몫으로 돌아갔다. 나머지 세 형제도 이제는 회사 업무에 참여하며 고트프레드를 도왔다. 카를 게오르그와 게르하르트는 각각 플라스틱 부서와 목각 장난감 부서의 부서장 역할을 했고, 요하네스는 과장이라는 직급을 달고 운전과 잡다한 일을 도맡았다. 그러나 올레 키르크는 기력이 허락하는 한 계속해 목재 구매를 책임졌다. 예르겐센은 훗날 다음과 같이 설명했다.

> [올레 키르크는] 정말 나무에 관한 모든 걸 알고 있었어요. 그이는 가족 차였던 멋진 파란색 오펠 수퍼 6 Opel Super Six를 타고 호르센스Horsens 부근의 볼레르Boller 숲으로 가서 너도밤나무를 통나무째로 차에 가득 실을 만큼 사곤 했죠. 그걸 가져와서 빌

룬의 제재소에서 썰어 사용했어요. 대금을 치러야 할 때가 되면 숲 관리자가 전화를 걸어 기한이 다가왔음을 알리고 지급을 요구했는데, 늘 약간 신랄한 투로 사장님과 직접 이야기하겠다고 했습니다. 저는 몇 번이나 정원에 나가 그이를 불러와야 했죠.

아버지와 아들은 플라스틱으로 장난감을 생산하는 문제를 두고 벌어진 의견 차이를 해소한 뒤에도 자금을 관리하고 투자하는 방식에 관해 의견이 자주 엇갈렸으며, 때로는 큰소리로 설전을 벌였다. 두 사람은 1951년 봄에 올레 키르크의 예순 번째 생일을 축하한 지 얼마 지나지 않아 큰 논쟁을 벌였다. 레고의 출장 외판원인 바르포드와 브레클링Breckling이 여름휴가 전에 단골 고객들을 찾아다니면서 만나는 것은 가치가 없다고 선언했을 때의 일이었다. 어쨌든 소매업자들은 대개 8월이나 되어야 크리스마스를 위한 최종 주문을 넣었다.

그렇기에 대표이사였던 올레 키르크는 7월에 몇 주 정도 레고 생산을 중단하고 공장을 폐쇄하기로 했는데, 이에 고트프레드가 정면으로 반대하고 나섰다. 고트프레드는 바퀴를 계속 굴려 주어야 한다고 생각했다. 또한 주문의 흐름이 마르도록 두어서는 안 되며, 예언자 무함마드의 말처럼 산이 내게 오지 않는다면 내가 산으로 가야 한다고 주장했다.

빌룬과 주변 지역에서는 이미 고트프레드가 단호하고 역동적이며 고집 세고 때로는 다소 잘난 척한다는 평판이 자자했다. 그는 여전히 낙농장 관리인 호우게센과 공동으로 사용하는 검은색 쉐보레에 레고 상품의 견본을 가득 실었다. 또한 에디트에게 곧 차를 타고 출장을 나갈 예정이니 짐을 싸고 점심 도시락을 넉넉히 준비해 달라고 했다. 매년 공장이 산타클로스의 작업실로 탈바꿈하고 정신없이 돌아가는 중요한 가을 시즌에 돌입하기에 앞서, 레고가 어떤 위치에 있는지 관리자들이 파악할 수 있도록 윌란의 고객들을 될 수 있는 한 많이 만나 어느 정도 주문을 받아 놓겠다는 계획이었다.

에디트는 뜨개질감을 들고 나섰으나, 대개는 글을 적느라 바빴다. 주문이 밀려들기 시작했고, 들어온 주문은 바로 빌룬으로 보냈다. 부부가 함께한 이 출장을 통해 고트프레드는 무려 6만 크로네를, 달러로는 약 1만 달러를 벌어들였다. 오늘날의 가치로 환산하면 거의 16만 달러에 달하는 금액이었다. 이로써 생산 라인을 계속 가동하면서 100명 가까이 되는 직원의 일자리를 지킬 수 있었다.

그 먼 거리를 운전하며 온갖 고객을 직접 만난다는 경험은 상무이사로서 그에게도 배움의 기회가 되었으며, 유통업자들과 직접 연락하는 것이 얼마나 중요한지에 관해 눈뜰 수 있었다. 아버지와는 다르게 그는 눈 하나 깜짝하지 않고 레고의 상품을 입에 침이 마르게 칭찬할 수 있었다. 고트프레드는, 혹은 공장에서 사용하는 이름으로 GKC는 타고난 세일즈맨이었다.

무리한 투자? 대립하는 아버지와 아들

빌룬의 주민 500여 명에게는 너무나 익숙한 사자의 집 뒤편 목공소에서 나오는 나무 내음과 부스러기, 톱밥 사이로 이제는 플라스틱을 가열할 때 나는 어딘가 달콤한 냄새가 섞여 들었다. 목공 도구와 기계에서 나는 끽끽거리고 윙윙거리는 평소의 익숙한 소음에, 올레 키르크의 정원 끝자락에서 나는, 즉 플라스틱 장난감을 성형하는 막사에서 나는 덜커덕거리고 쿵쿵거리는 단조로운 소리가 합세했다. 새로운 재료로 만든 상품이 매출의 절반을 담당했고, 레고의 연간 가격표에는 250개 이상의 상품이 이름을 올렸다.

키엘: 어릴 적 저는 나무 냄새를 정말 좋아했어요. 열 살인가 열두 살인가쯤 되었을 때는 작업장Craftyard으로 부르던 곳에 자주 몰래 들어갔습니다. 그곳에는 대장장이, 도색 담당자, 조립 담당자, 전기 기술자들이 일하는 작은 작업실이 여럿 있었는데, 정말이지 돌아다니며 뛰어놀기 좋은 세계였습니다. 저는 다양한 도구에 관해 조금씩 배울 수 있었습니다. 어디에 쓰는 물건인지, 어떻게 잡는 물건인지 등이었죠. 또한 직원들은 제가 이것저것 만들어 볼 수 있게 해 주었습니다.

1951년 여름에 개최된 남부 윌란 전시회에서 레고는 딸랑이, 비치볼, 흔들 목마, 끌고 다니는 동물 장난감, 클래식한 목각 자동차를 시작으로, 작은 플라스틱 조립식 브릭과 '퍼거슨 모델 트랙터와 오리지널 플라스틱 도구', 그리고 남자아이들이 타는 페달식 자전거의 뒷바퀴에 장착하면 자전거가 마치 모페드처럼 느껴지는 목각 모터 '디셀라Diesella' 등 빌룬 공장에서 선보인 최신 베스트셀러까지 온갖 종류의 장난감을 선보였다. 전시회를 취재한 무역 잡지 《레게토이스-티데네Legetøjs-Tidende》가 디셀라를 열정적으로 다룬 기사를 냈다.

레고의 자전거 모터는 우리에게 익숙한 엔진 소리를 생생하게 재현하는 데 성공했을 뿐만 아니라 '휘발유'를 실컷 채울 수도 있다. 게다가 행복한 '모페드 운전자'를 위한 운전면허증도 동봉되어 있으니, 이 독창적 장난감을 원하는 사람이 곧 매우 많아지리라고 자신 있게 말할 수 있다.

레고의 진열대에는 남자아이와 여자아이가 까무러치게 좋아할 만한 상품이 가득했으며, 때로는 너무 많아 보일 지경이었다. 상품의 범위가 매우 넓었고, 종류도 극도로 다양했다. 회사는 심지어 슬라이드용 플라스틱 액자를 생산하기 시작했으며, 증기기관을 잉글랜드에서 수입해 판매하는 방안도 고려했다. 물론 이는 모두 매출을 늘리기 위해서였다. 매출은 1951년에 처음으로 100만 마르크를 넘어섰다.

고트프레드는 레고가 제품군의 수명을 연장하고 요요나 평화의 권총, 퍼거슨 트랙터처럼 수명이 짧은 히트 상품에 덜 의존하려면 더 날카롭게 초점을 맞추고 우선순위를 가다듬어야 한다는 사실을 깨달았다. 1952년부터는 전문 분야를 기르겠다는 뜻의 '집중'이라는 단어가 고트프레드의 키워드이자 전 회사의 상품 및 마케팅 철학이 되었다. 오랜 세월이 지난 후, 키엘이 어느 마케팅 콘퍼런스에서 프레젠테이션을 통해 이 접근 방식을 설명했다.

단 한 개의 히트 상품만 내놓고 소리 소문 없이 사라지는 회사들로 가득한 장난감 업계에서 우리가 지금까지 추구해 왔으며 앞으로도 발전시킬 '집중의 철학'은 매우 독특한 접근법이었습니다. 앞으로도 우리가 회사의 근간이나 다름없는 이 기저 아이디어를 가꾸고 키워 나갈 수 있기를 바랍니다. 이 기저 아이디어는 앞으로도 우리에게 풍성한 성장의 기회를 가져다줄 것입니다.

1952년에는 올레 키르크가 새로운 아이디어를 내놓으면서 이 문제에 관한 고트프레드의 감정이 한층 더 상하고 말았다. 아버지의 병세 때문에 더욱 화가 났는지는 고트프레드도 알 수 없었지만, 어쨌든 고트프레드는 아버지가 원하는 대로 35만 크로네를 들여 그만큼 공장을 확장해야 할 필요가 없다는 것과 돈도 없다는 것만큼은 잘 알았다. 고트프레드는 여전히 투자가 회사의 건전한 재정 발달을 위협해서는 안 된다고 굳게 믿었다.

증축을 계속하겠다는 올레 키르크의 계획을 두고 불화가 계속된 끝에 1952년 여름의 어느 날 불같은 다툼이 벌어졌고, 결국 고트프레드가 일을 관두겠다고 했다. 성난 걸음으로 건너편 집으로 돌아간 그는 에디트에게 스웨덴으로 차를 타고 여행을 가지 않겠느냐고 물었다. 빌룬을 떠나기에 앞서 고트프레드는 올레 키르크에게 타협안을 제시하려고 애썼다.

"세 번째 계획을 마련해 다시 시작해 보자고요, 아버지!"

올레 키르크는 또 다른 계획 따위는 세울 생각이 없었다. "여기에 무얼 지을지는 내가 결정하마. 네가 할 일은 돈을 마련하는 거야!"

고트프레드는 아버지의 눈에 눈물이 맺힌 것을 보았지만, 의견을 굽히고 싶지는 않았다. 그래서 그는 발길을 돌려 실망과 분노로 가득 찬 채 스웨덴으로 떠났다.

일주일간 생각을 정리한 고트프레드와 에디트는 빌룬의 집으로 돌아왔다. 그는 아직도 아버지의 의견에 동의하지는 않았으나, 그래도 이렇게 말했다. "이제 제가 아니라 아버지의 믿음에 기댈게요."

이 결정은 뒤이은 수년간 레고의 발전에 지대한 영향을 미쳤다고 고트프레드는 훗날 회고했다. "1952년의 공장 증축은 레고 역사에서 기념비적 순간이었습니다. 저는 어쩔 수 없이 덴마크 국경 너머를 생각하게 되었습니다. 처음으로 그런 생각이 든 건 1953년에 노르웨이에서였죠. 노르웨이에서 대규모 계약을 체결하고 돌아왔을 때 막 새 건물을 짓고 있던 게 기억나네요."

이듬해 고트프레드는 독일과 잉글랜드로 출장을 가서 각 장난감 업계의 동향을 살피고 유통업자 및 동료들과 계약을 맺었다. 1953년에 뉘른베르크에서 열린 무역 박람회의 어느 날 저녁에는 덴마크의 업계 전문가들이 모였는데, 여기서 몇몇 바이어가 덴마크의 수입 금지 조치가 곧 해제될 터이고 그렇게 되면 덴마크의 장난감 공장들도 짐을 쌀 수밖에 없을 것이라고 말했다. 이를 들은 고트프레드는 불안감에 휩싸였다. 다른 제조업자들과 마찬가지로 지난 10년 이상 고트프레드와 그의 아버지는 될 수 있는 한 최고의 장난감을 개발하기 위해 돈과 노력을 투자했고, 이를 두고 많은 이가 최고 품질의 독일제 브랜드와 어깨를 견줄 만하다고 여겼다.

바이어들이 말도 안 되는 평가를 한다고 생각하면서도 여기에 자극받은 고트프레드는 화가 난 채로 미친 아이디어를 떠올렸다. 만약 레고 같은 회사가 딱 알맞은 장난감을, 그러니까 독특하고 어디에서든 잘 팔리면서 오래도록 저력을 발휘할 무언가를 찾아낸다면 이제 방어 태세에서 공격 태세로 전환하고 유럽의 다른 국가와 시장으로 들어가는 주요 관문인 독일 시장을 정복할 수 있지 않을까? 수년 후 레고가 노르웨이와 스웨덴으로 수출을 시작한 이후의 어느 날, 고트프레드는 레고 경영진에게 다음과 같이 설명했다.

우리가 이곳 북유럽 국가들의 인구 1500만 명에다가 독일 인구 4500만 명을 더할 수 있다면, 그리고 만약 그러한 시장을 점유할 능력을 갖춘다면 비로소 우리는 독일 회사들과 전면적으로 경쟁할 수 있을 겁니다. 게다가 우리가 판매 기회를 효과적으로 구축할 수 있다고 가정한다면 우리는 거기서 한 발짝 더 나아갈 수 있을 테고, 독일 회사들과 똑같이 수출 기회를 만날 수 있을 겁니다.

이러한 용감무쌍한 확장 지향적 아이디어는 1954년 2월에 33세의 고트프레드가 북해를 건너 영국 브라이턴에서 열리는 영국 장난감 및 취미 박람회에 참석할 때도 그의 마음속에 안착해 있었다. 고트프레드는 영어를 어느 정도 이해하기는 했으나, 말할 줄은 몰랐기에 그의 개인 비서이자 에디트의 형제인 벤트 뇌레고르 크누센Bent N. Knudsen이 출장에 동행해 영어 통역을 도와주었다.

바닷가 마을 브라이턴에서 숨 가쁘고 고무적인 한 주를 보낸 고트프레드는 힐러리 피셔 페이지의 자체 결합 조립식 브릭이 아직도 존재하나 영국이나 다른 국가에서 상업적 성공을 거두지는 못한 것이 분명하다는 점을 발견했고, 한 주를 마무리한 후에는 하리치에서 출항한 DFDS 페리에 승선해 위스키와 시가를 즐기며 휴식을 취했다.

이 배에는 같은 박람회에 다녀오는 다른 덴마크 장난감 업계 사람들도 타 있었는데, 고트프레드는 그중에서 마가신 두 노르Magasin du Nord 장난감 부서의 젊은 수석 바이어 트로엘스 페테르센Troels Petersen과 이야기를 나누었다. 페테르센은 장난감 업계의 현재 상태가 전혀 인상적이지 않다면서 아무런 시스템도 갖추지 못했다는 것에 화가 난다고 말했다. 고트프레드는 귀를 쫑긋 세웠다. 자기가 지난 몇 년간 곱씹어 온 문제를 페테르센이 정확하게 지적하고 있었다. 레고가 얼마나 다양한 상품을 내놓는지도 중요하지만, 이에 더해 한층 더 목적의식을 가지고 구조적으로 생산과 판매에 접근하는 것도 중요했다.

"나랑 같이 레고할래?"

페리에서 나눈 이 대화는 고트프레드가 눈을 뜨는 계기가 되었다. 한순간 그가 맡은 임무가 선연하게 드러났다. 레고는 단 하나의 아이디어에만 집중해야 했다. 가지고 놀기 쉽고 생산하기도 쉽고 판매하기도 쉬운데다 다양한 종류의 장난감으로 발전시킬 수 있는, 독특하면서 오래가는 단 하나의 상품을 중심으로 힘을 모아야 했다.

그렇다면 어떤 상품에 집중해야 할까? 고트프레드는 다시 한번 레고의 상품을 돋보기로 들여다보았고, 이번에는 나무와 플라스틱으로 만든 265가지 종류의 상품 중에서 단 한 가지만이 모든 조건을 충족한다는 것이 분명하게 보였다. 올레 키르크를 매혹했고, 여전히 빌룬에서 생산하고 있으며, 1952년과 1953년에 '레고 브릭LEGO Bricks'이라는 이름으로 재출시된 색색의 플라스틱 브릭이 바로 그것이었다.

아버지와는 다르게 고트프레드는 이 작고 속이 빈 브릭에 별다른 확신이 없었으며, 처음 수년간의 매출액은 그가 옳았다고 말해 주는 듯했다. 1953년과 1954년에는 약간 더 좋은 결과를 냈으나, 아직 특별히 압도적이라고 할 만한 매출액은 아니었다. 여기서 중요한 문제는 레고 브릭이라는 상품이 더 큰 상품군으로 확대될 수 있을지, 더 오래 영향력을 발휘할 수 있을지였다.

물론 올레 키르크는 이를 믿어 의심치 않았다. 브릭을 가지고 놀던 그의 손자들도 마찬가지였다. 특히 여섯 살 난 키엘은 레고 브릭으로 온갖 종류의 건물을 만드는 데 천부적 재능이 있었다.

키엘: 어릴 적 저는 제 주위를 빙 둘러 탑을 쌓곤 했습니다. 스터드 두 개만 끼워 브릭의 방향을 돌리고 둥근 벽을 만들 수 있었죠. 때로는 거대한 탑을 지어 그 안에서 걸어 다니거나 숨을 수도 있었습니다. 나중에는 한때 최초의 주형 기계를 두었던 우리 집 지하실에 마련한 놀이방에서 레고 브릭을 가지고 도시 하나를 통째로 건설했습니다. 저는 절대로 조립 설명서를 따르지 않고 그저 상상력을 이용했습니다. 저와 제 누이들이 레고를 가지고 노는 모습에서 아버지가 영감을 얻고 시스템을 만들 잠재력을 포착했다는 데에는 의심할 여지가 없지 않을까 해요. 아버지는 우리가 뭘 만드는지 자주 궁금해했지만, 절대로 자리에 앉아 레고를 직접 가지고 놀아 주지는 않았어요. 우리가 조

107

금 더 나이가 든 다음에도 마찬가지였죠. 아버지가 자리에 앉아 레고 브릭으로 얼기설기 무언가 만드는 데 재미를 느끼지 못했다는 사실은 늘 놀랍게만 느껴집니다. 그렇지만 아버지는 지하실에 내려와 제가 이번에는 무엇을 만드는지 살펴보는 걸 무척 좋아했고, 때로는 우리 집을 방문한 비즈니스 관계자에게 그걸 보여 주기도 했습니다.

고트프레드는 브릭 대여섯 개를 조립해 무언가를 만드는 것에서 그치는 것이 아니라, 아이들이 크리스마스와 생일 때마다 레고 선물 세트와 또 다른 레고 박스를 사 달라고 부탁해 레고 브릭을 수집하고 레고가 제시한 가능성을 한층 더 확장해 나간다는 개념의 '레고 시스템LEGO system'을 가시화하기 시작했다. 곧 고트프레드의 사업 아이디어에 깔린 공식이 명백해졌다. 아이들은 더 많은 브릭을 가질수록 브릭을 더 많이 가지고 논다. 더 많이 가지고 놀수록 더 많은 세트와 박스를 사 달라고 한다. 더 많은 세트와 박스가 팔릴수록 매출액이 높아진다.

에디트와 고트프레드의 자녀들이 고트프레드가 '레고 시스템 인 플레이LEGO System in Play'를 발명하는 데 어느 정도로 영향을 미쳤는지 가늠하기는 어려운데, 다른 무엇보다도 고트프레드가 이를 한 번도 논한 적이 없기 때문이다. 그러나 한 가지 확실한 점이 있다면 고트프레드가 군힐과 키엘, 하네, 그리고 이들이 하는 놀이를 매우 자랑스러워했다는 것이다. 그는 1953년 크리스마스 시즌을 대비해 새로운 시리즈의 레고 브릭 세트를 출시하면서 광고에 자녀들 사진을 넣기로 했다.

그린스테드의 한스 룬Hans Lund이 촬영한 원본 사진에서는 여섯 살배기 군힐과 다섯 살인 키엘, 두 살 난 아기 하네가 거실에서 타일 테이블 위에 브릭으로 건물을 만들고 있다. 1953년에서 1954년까지 판매된 레고 박스의 전면에 인쇄된 최종 사진에는 하네가 빠졌는데, 고트프레드가 군힐과 키엘 또래의 소년과 소녀들을 주요 대상 고객층으로 지정했기 때문이다.

고트프레드가 구상한 '놀이 시스템'이라는 아이디어는 어린이의 양육과 교육이 덴마크를 비롯한 각지에서 주목받던 전후 시대의 어느 시점에 탄생했다. 무엇이 '건강한 놀이'인지를 두고 많은 논의가 이루어졌으며, 좋은 장난감에 대한 수요도 높아졌다. 또한 이 분야의 전문가들은 부모가 자녀를 돌보는 일을 의무라기보다는 즐거운 일로 생각해야 한다고 주장했다.

레고의 성실한 상무이사는 덴마크의 주요 일간지와 라디오를 뒤덮은 여러 교육학적 논의를 최대한 챙겨 보았다. 고트프레드는 옌스 시그스고르Jens Sigsgaard, 테아 반크 옌센Thea Bank Jensen, 스텐 헤겔레르Sten Hegeler를 비롯한 덴마크 최고의 유아심리학자와 교육 전문가들의 기고문과 인터뷰를 잘라 내, 빌룬의 작은 장난감 공장과 이곳이 품은 거대한 아이디어를 최초로 언급한 글들과 함께 레고의 거대한 스크랩북에 보관했다..

전후 덴마크에서는 여전히 아이가 어느 정도 나이가 들면 놀이에서 졸업해야 한다고 생각하는 어른이 많았다. 그러나 키르크 크리스티안센 가족에게는 절대 그렇지 않았다. 고트프레드와 형제들이 아직 어릴 적에는 올레 키르크와 크리스티네, 그리고 나중에는 소피 또한 놀이를 시간 낭비로 절대 생각하지 않았다. 고트프레드와 형제들은 언제나 아버지의 목공소에 널려 있던 다양한 색과 모양, 크기의 나뭇조각에 큰 관심을 가졌다. 이 나무 블록들은 때때로 조각칼을 거쳐 동물이나 자동차가 되기도 했고, 그저 다른 블록 위에 켜켜이 쌓이기도 했다. 울라가 자라나던 1930년대에 올레 키르크는 울라와 친구들을 위해 뒷마당 정원의 나무 한 그루에 놀이용 집을 지어 주었다.

1930년대에 올레 키르크가 바구니에 담아 배달해 주는 바퀴와 오리를 칠하며 부업으로 돈을 벌었던 빌룬의 어느 여성은 올레 키르크가 종종 일요일 오후에도 현관문을 두드리고는 "집 안에 앉아 있지 말고 밖에 나와 아이들이랑 같이 놉시다!"라고 말했다고 전했다. 마을 전체가 놀이터가 되었다.

심지어는 올레 키르크 본인도 1890년대의 짤막했던 어린 시절 블로호이의 집에서 수많은 남매와 함께 노래를 부르고 놀았다. 훗날 어느 인터뷰에서 밝혔듯이 어린 농장 일꾼이었던 올레 키르크가 가장 좋아했던 장난감은 '속이 텅 빈 소'라는 뜻의 '볼코브hwolkow'였는데, 돌멩이에 구멍을 뚫고 그 구멍에 실을 꿰어 넣은 것으로, 아이들이 질질 끌고 다니다가 마치 진짜 소처럼 기둥에 묶어 둘 수 있었다. 그러나 올레 키르크의 말대로 이제는 시대가 변했다. "우리가 어린이의 시대에 살고 있다는 걸 부정할 수는 없습니다. 덴마크의 세심한 부모들이 아이들에게 장난감을 사주는 데 매년 약 5000만 크로네에서 1억 크로네가량을 들이는 것으로 추산됩니다. 제 또래의 남자들이 어릴 적에 녹슨 못과 구멍 뚫린 돌멩이 말고는 가지고 놀 게 없었던 걸 생각하노라면 절로 한숨이 나고 너무 일찍 태어났다는 생각이 들기 쉽습니다."

고트프레드 또한 아버지는 물론 당대 유년기 전문가들과도 마찬가지로 좋은 놀이에 좋은 장난감이 필요하다고 생각했다. 장난감 제작자로서 그는 "어린이의 수준에 알맞게 조정할 수 있어야 하며 하나의 장난감이 여러 가지 선택지를 충분히 제시"하는 것이 중요하다고 믿었다. 다른 비슷한 발언에서도 고트프레드가 당대의 교육학적 논의를 얼마나 잘 알고 있었는지가 여실히 드러났다. 한편으로 그는 마침내 시스템 인 플레이가 출시되었을 때 '레고'라는 말을 활용할 영감을 찾으려고 했다. 레고 브릭의 1954년 광고를 보면 고트프레드가 얼마나 자기 목표에 가까이 다가갔는지를 분명히 볼 수 있다. 광고에는 "나랑 같이 레고할래?"라는 표어가 있고, 그 아래에는 다음과 같은 홍보 문구가 적혀 있다.

"잘 노는" 어린이가 진취적이고 적극적인 성인으로 자라납니다. 그러므로 당연하게도 아이들에게 상상력과 창의력을 자극하는 발달 장난 감을 주는 게 중요합니다. 여기에 딱 알맞은 장난감인 레고 브릭은 남녀 노소를 가리지 않고 많은 이의 사랑을 받고 있습니다. 셀 수 없이 많은 탁 아소와 놀이방, 유치원에서 이 장난감을 추천합니다.

"레고 타운을 만들어요!"

건강이 쇠약해져 오랜 기간 다양한 요양지와 온천에 머무르던 올레 키르 크는 플라스틱 장난감 생산을 레고 브릭 중심으로 통합하겠다는 고트프 레드의 원대한 계획에 부분적으로만 참여했다. 1955년 초봄부터는 경영 사무실과 빌룬 공장에서 늘 '시스템'이라는 단어를 들을 수 있었다. 다만 '레고 시스템 인 플레이'라는 표현은 고트프레드가 아무에게도 알려 주 지 않고 마지막 순간까지 혼자 간직했다.

그해 처음으로 열린 경영진 회의에는 올레 키르크와 아들 카를 게 오르그, 게르하르트, 외판원 세 명, 장부 관리자 오를라 예르겐센이 참 석했다. 이들 모두의 환영을 받으며 격식 있게 자리에서 일어난 고트프 레드는 근엄한 연설을 통해 새해뿐만 아니라 레고의 새로운 시작을 환 영했다.

우리 대표이사님께서는 하나님의 축복과 함께 일해 오셨습니 다. 저는 우리가 이 회사의 직원으로 있다는 걸 축하하고 싶습 니다. 회사는 우리에게 첫째로 건전한 마음을 가진 사람이라면 누구나 해야 한다고 느낄 일을 할 기회를, 예컨대 무언가를 책 임감 있게 만드는 데 일조할 기회를 주었고, 둘째로 우리가 선 한 삶을 살 기회를 주었습니다. 이번 새해에도 삶에 대한 이 근 본적 시각을 가지고 계속 일할 수 있게 하면서 앞으로 나아갈 수 있도록 하나님의 축복을 기도합시다. 모든 것이 여기에 달렸습니다.

한 달 후, 고트프레드는 회사가 새로 투자한 주요 상품의 세부 사항을 공개했다. 바로 탁자나 바닥에 펼칠 수 있는 플라스틱 매트에 인쇄된 타운 플랜Town Plan이었다. 슬로건은 "레고 브릭으로 레고 타운을 만들어요!"였다. 아이들은 타운 플랜에 표시된 각 구역에 레고 브릭으로 집을 짓고 나무와 관목을 심는 한편, 세밀한 디테일의 작은 레고 자동차를 몰고 흰색 선과 횡단보도가 그려진 회색빛 도로를 달릴 수 있었다.

고트프레드는 이 새로운 레고 시스템이 자유로운 형태의 개인 놀이를 지향한다고 설명했다. 덴마크에서 교통 체증이 점차 심해지고 있다는 점을 고려할 때 교통법규와 안전에 관해 아이들이 알아야 할 사안들을 이 시스템을 통해 배울 수 있다는 아이디어였다. 고트프레드는 도로교통안전확보위원회에 이 시스템의 승인을 받는 한편, 실제 경찰관을 광고에 기용해 어린이들에게 조언하고, 부모들에게는 놀이와 학습을 결합한 이 새로운 장난감을 구매하라고 추천했다. 잠시 짚고 넘어가면 이때는 훗날 고트프레드의 아들이 '놀이를 통한 학습'이라는 개념을 도입하고 레고 그룹의 핵심 원칙으로 삼기까지 아직 25년에서 30년가량 남은 시점이었다.

6월에 열린 회의에서 고트프레드(회의록에서 지칭한 이름으로는 GKC)는 가을 대목에 판매를 촉진할 아이디어를 제시했다. 바로 작은 전단지로 레고 뉴스를 만들어 유통업자와 상점 직원들에게 배포한 다음, 레고 외판원 세 명 중 한 명이 직접 방문하는 계획이었다. 외판원들은 새로운 장난감 시스템의 바탕이 된 철학을 소개하면서 프로모션 기획을 설명하는 임무를, 그리고 무엇보다도 레고 시스템 인 플레이에 관해 상상할 수 있는 최대한의 주문을 받아오는 임무를 맡았다.

이들의 과제 중 마지막 항목이 단연 가장 중요했다. 레고는 올레 키르크가 고집했던 대규모 증축으로 말미암아 자금난에 시달렸다. 고트프레드는 외판원 세 명과 회의를 하면서 여러 차례 당부했다. "될 수 있는 한 빠르게 돈을 받아오는 게 매우 중요합니다. 정말로 우리의 생존이 달렸어요. 올해는 건축 작업 때문에 유동자금이 거의 없어 더 높은 매출을 달성해야만 합니다."

그러므로 덴마크의 장난감 소매업자들은 바로 이 가을에 레고 뉴스를 통해 레고의 새로운 조립 시스템을 처음으로 접했다. 이 전단지에는 무엇이 좋은 장난감을 만드는지에 관한 회사 철학을 정제한 여섯 가지 항목이 담겼다. 여섯 가지 항목 중 몇몇은 고트프레드가 읽고 보관해 둔 신문 기사에서 덴마크의 유아심리학자와 교육 전문가들이 한 말과 매우 비슷했다. 그러나 그중에서도 가장 야심 찬 항목은 고트프레드가 직접 고안한 것으로 보이는, 레고 시스템 인 플레이가 추구하는 영원성에 관한 이야기였다. "갱신이 필요하지 않은 클래식 장난감이어야 한다."

머지않아 레고 브릭이라는 이름으로 유명해질 이 새로운 장난감 시스템은 실로 인상적인 프레젠테이션을 통해 소개되었다. 회사가 소매업자와 직원들을 일종의 레고 시스템 인 플레이 홍보 대사로 끌어들이려고 진심으로 노력했기 때문이다.

당사는 장난감 업계의 전문가인 여러분께서 이 장난감이 그저 평범한 장난감이 아니라는 데 동의하시리라고, 지금껏 본 적 없는 잠재력을 느끼실 수 있으리라고 믿습니다. 당사는 완전히 색다르고 비범한 무언가를 만들어 내기 위해 수고와 비용을 아끼지 않았으며, 이제 거대한 성공이 펼쳐질 무대를 눈앞에 두었습니다. 여러분께서도 이 대열에 합류해 주시겠습니까? 그렇다면 틀림없이 성공할 것입니다!

이 발표는 새로운 장난감 시스템을 소개하는 데 그치지 않고 어린이와 놀이에 관한 메시지까지 전달했는데, 훗날 밝혀졌듯이 여기에는 엄청난 실현 가능성과 선견지명이 담겨 있었다. 실제로 레고 그룹은 오늘날에도 이 원칙을 고수하고 있다. 전단지 전면에 실린 그림에서는 소매업자와 직원들에게 이 메시지를 말 그대로 옥상에서 소리쳐 전했다. 작업복을 입고 벽돌공 모자를 쓴 작고 통통한 레고맨이 입가에 확성기를 대고 레고 시스템의 인본주의적 아이디어를 온 세상에 널리 알렸다.

"우리의 목표는 삶에 가치가 있는 장난감을 만드는 것입니다. 그 장난감은 어린이의 상상력을 자극하고, 모든 인간의 원동력인 창의적 충동과 창작의 기쁨을 키워 줍니다."

키엘: 레고 시스템 인 플레이가 가장 새로웠던 점은 갑자기 레고로 훨씬 더 다양한 것을 만들 수 있게 되었다는 것이었습니다. 그게 바로 아버지가 생각한 기본 개념이었습니다. 모든 게 언제나 서로 들어맞는 요소들로 구성된 일관성 있는 시스템이어야 한다고 생각했죠. 각기 다른 세트에 들어 있던 다양한 브릭도 언제나 서로 결합할 수 있어야 한다는 말이었습니다. 아버지가 노년에 접어들고 제가 레고를 운영할 때 아버지는 우리가 너무 많은 요소를 도입한다며 크게 비판했어요. 아버지는 레고가 너무 빠르게 변한다고, 당신이 만든 옛 발명품의 종류가 너무 폭넓고 다양해졌다고 생각했습니다. 우리가 레고의 핵심인 브릭에만 집중하길 바랐죠. 아버지는 모든 게 시작된 1955년 당시부터 바로 이러한 견해를, 어린이가 장난감으로 건물을 지으며 창의력을 길러야 한다는 기본적인 교육학 신념과 더불어 언제나 고수했습니다.

장난감은 시스템이 될 수 있는가?

레고는 1950년대 유럽의 다른 많은 회사와 똑같이 여러 문제에 당면한 처지에 놓였다. 레고는 제2차 세계대전 도중과 그 이후에 해외 기업과의 경쟁을 제한해 준 수입 금지 조치의 혜택을 보았다. 이제 회사는 이 성공을 수출 사업으로 확장하려고 했으나, 올레 키르크와 고트프레드는 전후 시대의 국제무역이 어렵다는 간명한 사실에 번번이 부딪혔다. 단순히 물류 문제나 해외에서 기계를 수송해 오는 문제, 혹은 외화로 결제하는 데 관한 문제뿐만 아니라 어느 국가가 덴마크 상품의 판매를 허가해 줄지 판단해야 한다는 문제도 있었다.

다른 많은 덴마크 기업과 마찬가지로 레고 또한 현금 투입이 필요했다. 공장을 확장하던 1952년과 1953년 즈음, 고트프레드는 전후 유럽의 자립을 지원하기 위해 마련된 미국의 폭넓은 원조 계획인 마셜플랜에서 지원하는 대출을 신청했다. 이 대출을 지원할 자금으로 3300만 달러가 덴마크에 배정되었고, 레고의 상무이사는 수 주에 걸쳐 철두철미하고 논리가 정연한 신청서를 작성했으나, 거절당하고 말았다. 장난감 공장이었으니 레고의 상품이 '필수 소비재' 목록의 위쪽에 자리하지 않는다고 해도 아주 놀라운 일은 아니었다.

아무런 금전적 원조를 받지는 못했어도, 레고와 그곳의 역동적인 상무이사가 새로운 업계 지식과 전문성의 보고寶庫를 제시하는 기술 지원 프로그램에서 영감을 얻었다는 사실을 보여 주는 증거는 많다. 이 기술 지원 프로그램은 유럽 기업들이 자동화, 합리화, 판매, 광고, 마케팅, 경영에 관한 최신 이론을 포함해 미국식 패턴을 따라 하고 미국식 사업을 본보기로 삼을 수 있도록 돕는 일종의 지침이었다.

간단하게 말하면 마셜플랜은 세 가지 'S' 단어인 전문화specialization, 표준화stand-ardization, 단순화simplification에 초점을 맞춘 미국의 사업 방식을 모범으로 제시했다. 가장 좋은 형태의 놀이뿐만 아니라 가장 효율적인 비즈니스 모델 또한 바탕으로 삼아 여러 갈래의 장난감 시스템을 개발하겠다는 야심을 품은 덴마크 사업가에게 이 프로그램은 강력한 자원이었다.

당대의 많은 덴마크 기업과 마찬가지로 레고 또한 미국의 노선을 따라 현대화를 꾀했으며, 코펜하겐의 권력 중심지에서 멀리 떨어진 장난감 공장에서도 가능할 만큼 이를 최대한 실현하고자 했다. 지금까지 현대식 비즈니스 발전과 판매, 경영에 관한 그 모든 최신 정보를 다른 그 누구의 도움도 없이 스스로 파악해야 했던 고트프레드에게 이는 전혀 새로운 상황이 아니었다. 덴마크의 여러 관리자와 사장들과는 다르게 고트프레드는 마셜플랜의 자금으로 진행되는 미국 견학을 한 번도 다녀오지 않았으며, 덴마크 경영인에게 미국식 비즈니스 모델과 리더십 스타일에 관한 통찰을 제공하는 집중 교육과정도 듣지 않았다.

고트프레드는 독학으로 그 자리에 오른 인물이었고, 다른 전문가는 물론 특히 자사 직원들과 대화를 나누며 아이디어를 얻고 영감을 끌어내는 것이 그의 특기 중 하나였다. 지금까지는 레고에서 들을 수 없었던 '구조 개편' 등의 단어가 갑자기 GKC의 내부 회의 발언에서 등장하기 시작했으며 '생산성', '자동화', '상품 개발', '시장분석' 등의 단어가 빠르게 그 뒤를 이었다.

키엘: 아버지가 비즈니스 도서에 몰두한 모습을 본 적은 없는 것 같습니다. 경영에 관한 잡지나 신문 기사가 집에 놓였던 적도 없습니다. 제 생각에 아버지는 다른 사람들과 대화하면서 대부분의 지식을 얻었을 겁니다. 아버지는 언제나 다른 사람들의 말에 귀 기울였습니다. 자기와 다르게 생각하거나 무언가 새로운 것을 가르쳐 줄 수 있는 사람의 말이라면 더더욱 귀를

기울였죠. 또한 레고의 경영을 맡은 사람들에게서 영감을 찾는 걸 좋아했습니다. 사실 경영진이 충격적일 만큼 새로운 무언가나 자신의 의견에 도전할 만한 무언가를 테이블에 들고 오기를 바랐죠. 그러한 영감은 '외부'에서, 그러니까 국제 비즈니스 사회가 제시하는, 새롭고 낯선 수많은 지식 및 경험과 함께 찾아왔습니다. 1950년대 전반에 걸쳐 아버지에게 무언가 중대한 일이 일어났다는 것만큼은 분명합니다. 개인적으로든 대표이사로서든 성장했고, 리더십 스타일을 바꾸었거든요.

홍보라는 개념은 전후 시기 이전까지 덴마크에서 별다른 주목을 받지 못했고, 1955년이 되어서야 빌룬의 임원 회의록에 처음으로 등장했다. 이 시점까지 홍보비와 광고비는 레고의 대차대조표에서 크게 눈에 띄는 항목이 아니었지만, GKC가 경영을 점차 도맡아 가며 레고 시스템 인 플레이를 중심으로 사업을 꾸려 나가기 시작하자 광고 예산이 크게 부풀었다. 여기에서도 아버지와 아들의 의견이 부딪혔다. 고트프레드가 보기에 마케팅에 돈을 들인다는 것은 꼭 필요한 투자였지만, 올레 키르크는 여전히 장인 정신만을 굳게 믿었다. "상품의 품질이 괜찮기만 하다면 고객이 스스로 우리를 찾아올 게다."

레고 시스템 인 플레이가 출시되어 처음으로 소매업자와 고객의 평가를 받게 된, 중차대한 1955년 가을에 고트프레드는 '홍보 및 재료 전시'를 위해 6만 크로네를 따로 마련해 두었다. 수년 전의 고트프레드라면 절대로 동의하지 않았을 만큼 엄청난 액수의 투자였지만, 이제 그는 크리스마스 시즌에 레고가 장난감 가게와 백화점에서 눈에 띄는 자리에 놓일 수 있기를 바랐다. 물론 목표는 레고 시스템 인 플레이의 바탕에 깔린 기본 아이디어를 널리 알리고 사람들의 마음속에 심어 주는 것이었다. GKC가 영업 회의에서 몇 번이고 강조한 말이 옳았다. "우리가 아는 것만으로는 부족합니다. 전 세계가 알아야 해요!"

　레고가 사용한 광고 전략 중 하나를 예시로 살펴보자. 많은 신혼 부부가 여가를 즐기며 내 집 마련의 꿈을 꾸던 때, 레고가 부모를 겨냥한 색색의 전단지 하나를 상점에 배포했다. 처음에는 덴마크 국내에만 유통되었으나, 곧 독일로도 확대되면서 이 전단지에 담긴 메시지가 전 세계 사람들의 마음에 와닿는다는 점을 빠르게 증명해 보였다. 바로 새로운 레고 시스템 인 플레이가 가족에게 건전하고 창의적인 취미를 안겨 줄 뿐만 아니라 내 집 마련의 꿈을 직접 계획하고 만들어 볼 수 있게 해준다는 메시지였다.

　전단지에는 어느 가족이 레고 브릭을 구매한 이후로 수 세대에 걸쳐 벌어진 생생한 무용담이 간결하게 담겼다. 모든 것은 에리크Erik의 세 번째 생일날 시작되었다. "에리크는 레고 브릭 한 박스를 선물로 받았고 최초의 탑을 지었어요." 또한 가족들의 생활이 담긴 여러 장면이 뒤를 이었다. 이제는 그의 여동생 레네Lene도 레고를 가지고 놀고 싶어 했다. "물론 레네는 인형의 집을 지었어요." 여섯 살이 된 에리크는 거대하고 장엄한 집을 여러 채 조립하고 길거리와 모델 자동차, 표지판과 나무까지 두어 마을을 만들었다. 레네도 건설에 동참했다. "에리크와 레네는 교통에 관해 많은 것을 배웠어요." 열두 살이 된 에리크는 브릭을 자유자재로 다룰 줄 알게 되었으며 '24층 짜리 거대한 고층 빌딩'을 조립할 줄도 알았다. 열여섯 살이 되었을 때도 그가 가장 좋아하는 취미는 레고였다. 이로부터 몇 년이 더 지났다. 에리크는 약혼자와 함께 "에리크가 세 살 때 받은 바로 그 브릭을 이용해" 레고로 꿈의 집을 만들기 시작했다. 몇 년이 더 지난 뒤, 젊은 에리크 부부는 "한때 몇 번이고 레고로 지었던 것과 똑같이 생긴" 현대적인 집으로 이사했다. 이 광고의 멋진 이야기는 에리크 부부가 부모가 되면서 원형을 그리듯 이어졌다. "소년은 아직 세 살 밖에 되지 않았는데 꼭 아버지같이 벌써 레고를 가지고 놀았어요. 레고는 몇 번이고 다시 쓸 수 있고 몇 세대가 지나도, 먼 미래에도 사용할 수 있으니까요."

이 이야기에서는 예전에는 비교적 평범한 상품이었던 플라스틱 브릭을 더 큰 무언가의 일환으로 마케팅하려는 고트프레드의 원대한 계획이 잘 드러났다. 레고 시스템은 단순한 장난감에 그치지 않으며 나아가 성장하고 가정생활의 일부가 되며 다음 세대에 물려줄 수 있는 우주 그 자체였다. 고트프레드는 신문 인터뷰에서 다음과 같이 설명했다. "사업적 관점에서 평생 쓸 수 있는 장난감을 만든다는 게 비논리적인 일이라고 생각할 수 있습니다. 그러나 우리는 우리의 생각이 옳다고 믿고, 우리가 만드는 장난감이 덧없는 유희로 끝나는 게 아니라 어린이의 발달에 의미 있게 기여할 수 있다고 믿습니다."

1955년 크리스마스를 준비하는 동안 레고는 거의 혼돈이라고 할 만큼 전력을 다해 공장을 가동했다. 이듬해 1월, 외판원들은 소매업자들이 레고 시스템 인 플레이의 개념 전반을 이해하지 못해 짜증을 내고 혼란스러워했다고 보고했다. 크리스마스 시즌에 상점 직원들은 레고 타운 플랜이 가지고 놀기 좋은 장난감이라는 것인지, 아니면 도로 안전에 관한 합리적 교육 자료라는 것인지 헷갈려 했다. 게다가 어느 소매업자는 장난감을 '시스템'으로 부르는 것이 모순 아니냐고 물었다. 놀이를 체계화할 수 있을까? 그럴 수 없었다. GKC가 귀를 기울이던 아동심리학자와 교육학자들의 말에 따르면 그것은 불가능했다. 아마 그들은 무언가가 놀이가 되려면 규율이나 체계에서 벗어나 자유로워야 한다고 입을 모아 대답했을 것이다.

레고의 신임 광고 책임자 헤닝 굴Henning Guld은 레고가 내놓은 홍보 자료가 다소 장황했을 수 있다는 점을 눈여겨보았다. 그러나 GKC는 굴하지 않았다. 그는 외판원들에게 즉시 현장으로 다시 가 판매 직원들에게 레고 시스템의 바탕이 된 아이디어를 명확하게 설명하고 동기를 심어 주라고 했다. "우리의 가장 중대한 임무는 소매업자들에게 레고 비타민을 제대로 한 방 놔 주는 겁니다!"

그래서 레고는 더는 혼선이 생기지 않도록 막고자 새로운 레고 시스템을 다채로운 깃발과 자전거 탄 사람 몇 명에 더해 모터바이크, 스쿠터, 모페드 하나씩으로 제한했다. 이는 타운 플랜에 생동감과 움직임을 더했다. 또한 접을 수 있는 단단한 판을 사용해 타운 플랜을 한층 더 개선했다. 판 뒷면의 절반에는 총 서른여덟 개의 브릭 부품 외에 자동차, 깃발, 나무 등 레고 시스템 상품 전체의 이미지를 인쇄했다. 나머지 절반에는 포스터 크기의 컬러 사진을 실었는데, 사진 속에는 금발 여자아이와 함께 곱슬머리에 체크무늬 셔츠를 입고 얼굴에는 주근깨가 콕콕 박힌 여덟 살 난 키엘이 보였다. 훗날 아버지와 할아버지의 발자취를 따라 회사를 경영하게 될 키엘은 이때부터 1960년까지 모든 크기의 레고 시스템 인 플레이 박스에 얼굴을 드러내며 전국적으로 사람들의 눈에 익은 어린이가 되었다.

키엘: 저는 아주 어렸을 적부터 사진 모델로 기용되곤 했습니다. 원래는 동네 사진사가 찍은 사진을 썼는데, 1950년대 후반에는 아버지가 더 전문적인 사진을 사용해야겠다고 해서 오르후스까지 가서 사진을 찍어야 했습니다. 우리는 광고 책임자 헤닝 굴의 미끈한 카르만 기아Karmann Ghia 스포츠카를 타고 오르후스에 다녀왔습니다. 당시에 굴은 아버지가 중요하게 여긴 직원이었습니다. 굴은 덴마크와 해외에서 진행되는 레고의 모든 광고 캠페인을 도맡았죠. 이 시기에 우리의 광고 예산은 점점 더 커졌습니다. 아버지가 대규모 공개 발표에서 레고 시스템 인 플레이를 소개해야 할 때 쓸 유려한 연설문을 여러 차례 써 준 사람도 굴이었습니다. 물론 저는 스포츠카를 타고 오르

후스로 여행을 다녀오는 게 무척 멋진 일이라고 생각했습니다. 게다가 제 나이 또래의 여자아이와 함께 사진을 찍는다니 더더욱 멋진 일이었죠. 제가 평생 처음으로 코카콜라를 마셔 봤던 것도 이러한 여행에서였습니다.

장난감의 나라 독일을 점령하라

출시 이후 상품 범위를 갱신하고 조정하는 한편, 고트프레드는 장난감 나라의 중심지인 독일에 덴마크 장난감을 판매한다는 아버지와 자신의 꿈을 실현하기 위해 지금까지 본 적이 없을 만큼 과감하게 위험 부담을 감수하기 시작했다. GKC가 전문 컨설턴트에게, 해외무역에 식견이 있는 여러 사람에게 자문을 구했을 때 이 계획은 다소 통렬하게 비판받았다. 독일에 장난감을 판다는 것은 사하라 사막에 모래를 파는 일이나 다름없었다.

키르크 크리스티안센 가문에 특징이 있다면 그것은 마치 스텐 스텐센 블리셰르Steensen Blicher, 예페 오키에르Jeppe Aakjær, 요한 스키올보르Johan Skjoldborg, 요하네스 빌헬름 옌센Johannes V. Jensen 등 윌란의 작가들이 잡초 및 메마른 땅과 싸워 가며 윌란 능선을 따라 사는 사람들을 그린 옛 문학작품 속 등장인물을 연상시키는 고집과 불굴의 의지, 근면이었다.

어쩌면 올레 키르크의 타고난 대범함이 유전적으로 그 존재감을 뽐내서인지는 몰라도, 그의 아들은 독일 장난감 시장을 점령하겠다는 과감한 계획을 포기하지 않았다. 고트프레드는 재무분석이나 리스크 파악에 공을 들이지는 않은 것 같았다. 레고는 1955년에 흑자로 돌아서기는 했으나, 매출액은 여전히 210만 크로네에 지나지 않았으며, 그중 30퍼센트 이상이 목각 장난감에서 나오는 매출이었다. 고트프레드의 직관을 제외하면, 그리고 산도 옮길 수 있다는 일종의 자신감을 제외하면 레고의 플라스틱 브릭이 국제적 혁신을 향해 가고 있다는 전조는 사실상 없었다.

1956년 1월에 '레고 장난감 유한회사LEGO Spielwaren GmbH'가 설립되었는데, 그 바탕에는 전설적 일화가 있었다. 두 달 전 어느 날, 고트프레드는 독일 함부르크의 덴마크 총영사관을 방문했다가 차를 몰고 집으로 돌아오고 있었다. 레고가 독일 시장에서 자리를 잡을 가능성을 조금 더 알아보려고 애쓰던 그는, 독일에 레고의 자회사를 단순히 설립하는 대신에 아예 독립적인 독일계 회사를 세우면 더 낮은 관세와 세제상 특별 우대 조치, 더 나은 대출 조건 등의 혜택을 누릴 수 있다는 흥미로운 정보를 막 입수한 참이었다.

함부르크에서 집으로 돌아오는 길에 고트프레드는 독일을 제대로 공략하기 위해 슐레스비히홀슈타인에 레고 사무실을 임대할 만한 적절한 자리가 있는지 둘러보았다. 또한 그는 스웨덴에서 에디트와 함께 만나 친해진 악셀 톰센Axel Thomsen과 그레테 톰센Grethe Thomsen이 집에 있는지 보기 위해 호헨베스테트Hohenwestedt에 들렀다. 호헨베스테트에 정착해 살던 톰센 부부는 앞서 스웨덴 예테보리 교외의 룬드뷔 장난감 공장에서 제조하던 상품인 인형의 집 가구들을 이곳에서도 생산하고 있었다.

톰센 부부는 집에 있었다. 커피를 마시며 고트프레드는 자기가 함부르크에서 볼일을 보고 왔다며 수출 사업을 벌일 계획이라고 설명했다. 그리고는 자동차에서 레고 시스템 타운 플랜 몇 상자를 꺼내 가져왔다. 그러자 악셀 톰센이 열렬하게 흥미를 드러냈다. 그는 레고 시스템이라는 아이디어가 성공할 가능성이 있다고 생각했다.

"정말 환상적인 장난감이군요. 독일에서 팔 수 있도록 제가 도와 드릴까요?"

고트프레드는 잠시 망설이다가 답했다. "독일에서 레고에 필요한 사람은 이미 다른 장난감을 생산하고 판매하는 분이 아니라, 이 일에 100퍼센트 매진할 수 있는 분입니다." 고트프레드는 악셀 톰센에게 생각할 거리를 안겨 주고 다시 빌룬으로 돌아갔다.

며칠 후 톰센이 고트프레드에게 전화를 걸어 말했다. "저와 그레테가 인형의 집 공장은 아들에게 물려주고 오직 당신의 회사와 레고 시스템을 위해서만 일한다고 하면 어떻겠습니까. 저를 써 주시겠습니까?"

고트프레드는 큰소리로 좋다고 대답했다. 호헨베스테트에서 집으로 돌아오던 길에 고트프레드는 악셀 톰센이야말로 레고의 독일 캠페인을 이끌 사람으로 안성맞춤이라고 생각했다. 톰센에게는 에너지와 열정이 있었고, 독일 시장에 관해 꼭 필요한 통찰과 철두철미한 지식도 가지고 있었다.

오래지 않아 레고는 톰센 부부가 소유한 옛 기찻길 호텔인 반호프스트라세^{Bahnhofstrasse} 19번지의 2층 전체를 임대했다. 인형의 집 가구들을 한편으로 치우고 그 자리에 플라스틱 브릭을 들여놓았다. GKC는 훗날 이렇게 말했다. "톰센은 110퍼센트 우리 사람이 되었습니다. 그는 환상적일 만큼 유능했고 불도저 같았어요. 우리가 독일 시장에 첫발을 내딛는 순간부터 훗날 독일이 우리에게 최고의 해외시장이 될 때까지 그 기틀을 만들어 준 장본인이었습니다."

한편 레고는 첫 화물차를 구매했다. 운전실과 연결된 하얀색 차체에 빨간색 레고 로고가 거대하게 그려진 베드퍼드^{Bedford} 트럭이었다. 이 화물차를 통해 일부만 완성된 레고 박스를 호헨베스테트로 운송했고, 이곳에서 마지막 마무리 작업을 하고 판매용으로 포장했다. 이러한 공정을 통해 국경에서 미리 포장된 장난감에 매기는 수입 관세 30퍼센트를 피할 수 있었다. 운전대는 올레 키르크의 장남인 요하네스가 잡았다. 그는 다른 형제들과 달리 기술적 재능이나 친화력을 타고나지는 않았으나 운전을 잘했고, 이제는 수입 운전기사로 승진해 그만을 위한 유니폼을 입고 챙 위에 레고 로고가 박힌 모자를 썼다.

키엘: 상품을 호헨베스테트로 옮겨야 할 때면 요하네스 삼촌은 화물차를 몰고 독일로 갔습니다. 삼촌은 ㄱ 익과 자기가 만은 책임을 정말 좋아했고, 국경에서 자신에게 커피 한 잔을 권하는 세관 공무원들과 이야기를 늘 나누곤 했습니다. 호헨베스테트에 도착해서는 화물차에서 상품을 내리는 동안 직원들과 멋진 시간을 보냈고, 임무를 완수하면 빌룬으로 돌아왔습니다. 요하네스 삼촌은 수년간 이 일을 담당했습니다.

처음에는 요하네스가 일주일에 한 차례 탁송품을 운송했고, 나중에는 두 차례로 늘어났다. 빌룬에서 홀슈타인으로 가는 첫 운송에는 악셀 톰센이 동행했는데, 반쯤은 세관과 여러 사안을 조정하기 위해서였고, 반쯤은 모든 일이 제대로 진행되는지 확인하기 위해서였다. 호헨베스테트에서는 악셀 톰센의 아내 그레테가 일상적인 운영 업무를 도와주었다. 톰센 부부는 옛 철도 호텔을 기지로 삼아 모든 판매와 행정을 책임졌다.

처음에는 더딘 속도로 진행되었다. 매년 뉘른베르크 무역 박람회에서 마주쳤던 독일의 백화점 및 상점의 바이어들은 수년 전에 고트프레드가 '레고 바우스타이네(레고 브릭)LEGO Bausteine'를 홍보하는 것을 무시했었다. 1956년 봄에도 그때와 똑같은 회의론이 이들의 앞을 가로막았다.

키엘: 처음에는 독일 바이어들에게 우리 상품이 폭넓게 팔릴 만한 상품이라고 설득하는 데 시간이 어느 정도 걸렸습니다. 아이들이 가지고 놀고 싶은 대로 무엇이든 만들 수 있는 획기적이고 새로운 조립 시스템이라는 걸 독일 바이어들이 한눈에 알아보지 못했다는 건 사실 이상한 일이었습니다. 악셀 톰센의 설득으로 독일의 여러 백화점 체인이 레고의 아이디어를 믿게 된 건 크나큰 승리였습니다. 또한 독일의 전통에 따라 특별 할

인이 들어가는 도매 단계를 거치지 않고 레고를 판매하겠다는 약속을 받아 낸 것도 마찬가지였습니다. 아버지와 톰센은 이 문제에서 강경한 태도를 고수했습니다. 현명하고 용감한 처사였죠. 그 덕분에 우리는 독일에서 성공할 무대를 마련할 수 있었습니다.

"우리는 도시를 만듭니다"

1956년 가을, 고트프레드와 악셀 톰센은 고심 끝에 수립한 홍보 전략을 통해 결정적 돌파구를 찾아냈다. 이들은 단 하나의 도시에 총력을 기울이기로 했다. 자연스럽게 함부르크가 선택되었다. 100만 명 이상이 거주하는 함부르크는 무역의 메카였으며 호헨베스테트에 자리한 레고의 독일 본사에서 남쪽으로 불과 80킬로미터 거리였다. 훗날 GKC는 직원을 대상으로 한 연설에서 다음과 같이 설명했다.

> 독일 전역에 광고와 마케팅을 분산한다는 건 낭비나 다름없다는 걸 우리는 깨달았습니다. 그래서 함부르크에 오롯이 집중하기로 한 겁니다. 전문점에 견본을 전시하고 점주와 판매 담당 직원들을 공략하는 등 탁월하고 선구적인 조치를 통해 발판을 마련한 다음, 극장에서 영상을 상영해 판매에 박차를 가했습니다.

광고의 힘을 굳건하게 믿었던 GKC와 굴은 2분짜리 컬러 광고 "우리는 도시를 만듭니다Wir bauen eine Stadt"를 제작해 함부르크에서 가장 큰 극장 네 곳에 상영했다. 매우 매력적인 이 광고는 경쾌한 재즈 음악을 배경으로 딸과 아들, 엄마와 아빠를 가리지 않고 온 가족이 '레고 쥐스템

임 슈필(레고 시스템 인 플레이)LEGO System im Spiel'을 가지고 놀 수 있다고 설명했다.

극장에 광고가 상영되는 동안 악셀 톰센은 남녀 여러 명으로 구성된 팀을 고용해 함부르크의 장난감 가게, 백화점, 주요 상점을 돌아다니며 선반에 레고 박스가 놓여 있는지 확인하게 했다. 레고를 진열하지 않았다면, 재미있다는 소문이 자자한 새로운 조립식 장난감 '레고 바우스타이네'를 단호하게 요구하라고 했다.

> 키엘: 아버지는 종종 헤닝 굴, 악셀 톰센과 함께 만든 첫 번째 광고를 이야기하곤 했습니다. 광고의 어느 한 장면에서는 톰센이 레고로 만든 건물은 자기 몸무게도 쉽게 견딘다는 걸 보여 주기 위해 타운 플랜의 한가운데에 레고로 만든 집을 두고 그 위에 올라섰습니다. 아버지가 지시한 일이었죠. 아버지는 기자와 사진기자들이 주변에 있을 때 묘기를 직접 보여 주는 걸 무척 좋아했습니다. 아버지는 직원들에게 레고 시스템의 기능과 품질을 시연하고 이목을 집중시키는 게 중요하다고 늘 강조했습니다. 사실 처음에는 브릭의 결합력이 그다지 좋지 않았지만요.

1957년 1월에 이르자 GKC의 대담한 수출 캠페인이 성공을 거두었다고 선언해도 좋을 만큼 자리를 잡았다. 1년 만에 레고의 잠재 고객 기반이 1억 명으로 늘어났고, 아버지를 늘상 말리던 고트프레드가 위험을 감수하고 곡예하듯 투입한 레고의 자금이 비로소 열매를 맺는 듯 보였다. 독일에서 자금이 굴러들어 오기 시작했는데, 반쯤은 구매 대금을 빠르게 송금하는 독일 소매업자들의 경향 덕분이었고, 반쯤은 수완 좋은 사업가였던 GKC가 끝없이 늘어나는 플라스틱 분말을 조달하기 위해 신용 이용 기간을 특별히 길게 받아 두었기 때문이었다.

그해 첫 몇 개월에 걸쳐 레고 쥐스템 임 슈필 캠페인이 다른 몇몇 마케팅 기획과 함께 독일의 각 도시로 퍼져 나갔다. 광고와 브로슈어에 더해 백화점 진열장에 다양한 레고 모델로 거대한 디스플레이를 꾸미기도 했으며, 곧 독일 어린이를 위한 색색의 레고 잡지도 발행했다. 한편 악셀 톰센과 직원들은 독일 전역의 소매업자들을 찾아가 레고 시스템으로 무엇을 할 수 있는지를, 왜 미래의 장난감이라 할 만 한지를 직접 경험하고 이해할 수 있게 도왔다. 체계 잡기를 좋아했던 톰센이 소매업자와 고객의 명단을 만든 덕택에 앞으로 수년간 특정한 도시나 지역에서 레고 바우스타이네의 판매량이 늘어나거나 줄어드는 추세를 빠르게 관찰하고 고객 반응을 분석할 수 있게 되었다.

톰센의 데이터를 통해 빠르게 드러난 흥미로운 사실 중 하나는 독일 부모들이 레고가 독일 상품인 줄 안다는 점이었다. GKC는 개의치 않았다. 오히려 잘된 일이라고 생각했는데, 새로 임명된 수출 책임자 트로엘스 페테르센은 이에 매우 놀랐다. "레고 시스템 인 플레이가 덴마크 상품이고 덴마크에서 제조한다고 광고하는 게 어떨까요?" 페테르센이 GKC에게 물었다. 그러자 GKC는 그만의 스타일과 리더십의 색채가 잘 드러나는 대답을 남겼다.

트로엘스 씨, 만약 그 노선을 추구하고 싶다면 당신은 분명 잘못된 회사에 수출 책임자로 온 겁니다. 제 전략은 트로엘스 씨가 원하는 바와는 정반대입니다. 레고가 만드는 상품은 국제적 상품이고, 독일인 부모가 레고를 독일 회사인 줄 알고 프랑스인 부모가 레고의 상품을 프랑스제 상품인 줄 안다면 그것만큼 좋은 일이 또 없을 겁니다.

키엘: 일찍부터 아버지는 회사가 성장을 꾀한다면 덴마크는 너무 작은 나라이니 국제적으로 생각할 필요가 있다고 확신했습니다. 세계화나 단일 시장은 물론이거니와 국제화에 관한 논의도 일어나기 한참 전의 일이었습니다. 덴마크 수출 기업과 빌룬에 뿌리를 둔 국제적 기업 사이에는 중요한 차이가 있습니다. 지금도 우리가 고수하는 이 사고방식은 1950년대부터 시작된 것이죠.

레고 쥐스템 임 슈필은 놀라울 정도로 순식간에 독일인에게 친숙하고 인기 많은 장난감으로 자리매김했고, 1958년에 이르자 인구 대비 레고 브릭 판매량이 덴마크에서의 판매량을 넘어섰다. 뉘른베르크 무역 박람회에서 독일의 도매업자와 소매업자들이 고트프레드의 상품을 보고 거의 우월감에 가까운 회의론을 드러낸 지 5년도 지나지 않아 레고 독일 회사의 연간 매출액이 1000만 크로네를 달성했다. 금액 자체도 현기증 나게 놀랍지만, 특히 3년 전 빌룬에서 회사의 총수입이 210만 크로네였다는 점을 생각하면 더더욱 놀라웠다.

레고 시스템이 독일에서 그토록 빠르게 인기를 얻은 이유가 궁금한 사람도 있을 것이다. 레고가 공격적인 판매 및 광고 전략을 펼친 데 더해 장난감으로서 레고가 훌륭한 장점들과 뚜렷한 가능성을 품고 있었다는 점도 물론 매우 중요했지만, 이들이 엄청난 성공을 거둘 수 있었던 또 다른 이유는 레고 브릭이 특정한 사회적 요구를 채워 주었기 때문이다. 이 요구는 제2차 세계대전 종전 후 독일 전역에서 주택과 지역사회, 도시뿐만 아니라 가족 집단과 관계를 재건하는 것이 국가적 주요 관심사였다는 점에서 비롯되었다. 1950년대 독일에는 기성세대와 신세대, 부모와 아이 사이에 유대감을 형성하고 싶다는 바람이 널리 퍼져 있었고, 사람들은 가족으로서 하나 될 기회를 바라 왔다. 그렇다면 레고 쥐스템

임 슈필처럼 평범하고 평화로운 활동을 통해 시간을 함께 보내는 것이 좋지 않을까?

전쟁 전의 어린이들이 어른의 감독 없이 자기들끼리 놀았다면, 이제 어린이들은 장난감을 가지고 거실로 들어와 가족의 품 안에서 놀았다. 1950년대의 대다수 서유럽 국가에서 두드러지게 나타난 이 추세는 레고 광고 부서에서도 면밀하게 관찰하고 있었다. 이러한 패턴은 레고가 선보인 첫 번째 광고에서도 이미 확고하게 자리를 잡고 있었다. 단정한 차림에 미소를 띤 핵가족이 거실에 들어와 레고 쥐스템 임 슈필을 가지고 탁자에 둘러앉는다. 부드러운 재즈 선율이 점차 작아지며 내레이션이 흘러나온다. "모두 함께 만들어요. 큰 것도 작은 것도 레고 브릭으로 만들어 보아요."

레고 시스템 인 플레이는 시대와 함께 변화했으며, 전후에 사회 전반이 부흥하고 가족의 복지에 관심이 높아진 덕택에 이익을 얻었다. 독일에서는 이 현상을 가리켜 라인강의 기적으로 불렀는데, 전쟁이 남긴 폐허에서 산업화 국가로 거듭나며 국가 차원에서 기적 같은 경제적 변혁을 일구어 냈다는 뜻이었다.

키엘: 전후 유럽은 전역에 버려진 집과 재건해야 할 것이 두드러지게 많았습니다. 제 생각에는 이 또한 많은 가족이 레고 브릭을 선택한 이유에 어느 정도 역할을 담당했던 듯합니다. 레고 브릭을 사용해 무언가 긍정적인 걸 만든다는 건 어떤 면에서는 재건을 돕는 일이었지요. 저는 이 관련성을 종종 생각하곤 합니다.

마침내 완전해진 레고 브릭

레고가 이룩한 발전과 성공은 회사의 설비에도 반영되었고, 1950년대 말에 이르자 플라스틱 부서에서 가동하는 주형 기계가 50대를 넘어섰다. 그러나 레고에는 옥에 티가 하나 있었다. 브릭의 결합력인 '클러치 파워'였다. 레고로 무언가를 만들 때 브릭끼리 제대로 고정되지 않았다는 말이었다.

레고의 작은 브릭은 1949년에 최초로 출시한 자동 결합 브릭 이후로 늘 속이 텅 비어 있었다. 이는 1958년 1월에 악셀 톰센이 북쪽의 빌룬으로 가서 독일에서 거둔 환상적인 크리스마스 매출을 보고할 때도 마찬가지였다. 독일 시장으로 확장하면서 유일하게 불리한 점이 있었다면, 아이들이 만든 건물이 쉽게 해체된다며 몇몇 고객이 불만을 제기했다는 것이었다. 레고는 오래전부터 이 문제를 인지하고 있었으나, 내부 영업 회의에서 이 문제를 거론한 적은 거의 없었다. 1955년에서 1957년까지 레고 시스템 인 플레이에 관한 다른 많은 고객 불만 사항을 논의하면서도 이 중대하고 근본적인 결함을 논의하지는 않았다. 1957년 1월에 GKC가 경영진 회의에서 "상품에 완벽을 기하기 위해" 상품 개발 위원회, 이름하여 PUK^{Produkt Udviklings Komité}를 구성한다는 새로운 기획을 도입할 때도 브릭의 완벽하지 않은 결합력을 언급하는 사람은 아무도 없었다. 회의에 참석한 모든 이는 주형 작업실 관리자 오우에 닐센^{Ove Nielsen}이 이끄는 레고 공장의 가장 노련한 기술자들이 이 명백한 품질 문제를 해결하기 위해 몇 년째 애쓰고 있다는 사실을 알았다. 그러나 브릭이 압도적 성공을 거두고 수요가 계속 늘어나는 와중에도 품질을 개선하려는 노력은 다소 정체되어 있었다.

1958년 1월에 독일 고객들에게서 들어온 불만은 회사에 경종을 울렸다. 고트프레드는 곧바로 이에 대응했다. 플라스틱 부서 책임자인 카를 게오르그와 함께한 자리에서 악셀 톰센과 대화를 나눈 고트프레드는 바로 그날 자리에 앉아 스터드 여덟 개짜리 브릭 내부에 결합부를 더하는 몇 가지 다양한 방안을 구상했다. 이중 몇몇은 이전에 논의한 적이 있는 방안이었다.

그리고 이 구상안을 오우에 닐센에게 전달하면서, 브릭 내부의 뻥 뚫린 공간에 원기둥 모양의 결합 튜브 두 개를 배치한다는 최신 아이디어를 고려해 견본을 만들어 달라고 했다. 이들은 만 하루를 꼬박 넘겨 가며 작업에 열을 올렸는데, 어느 시점에서인가 고트프레드가 세 번째 튜브를 더해 보자고 제안했다.

실로 천재적인 한 수였다. 세 번째 튜브 덕택에 브릭 두 개를 결합할 때 튜브와 스터드가 서로 단단히 고정되었다. 거의 접착제를 사용한 것처럼 딱 붙어 있으면서도 여전히 손쉽게 분리할 수 있었다. 브릭의 각 스터드가 세 개 지점에서 서로 접하면서 지난 수년간 바라 마지않았던 안정성과 접합력 또는 클러치 파워를 구현할 수 있었다. 동시에 이는 심미적으로도 좋은 해결책이었다. 튜브의 둥근 모양이 브릭 윗면의 둥근 스터드와 조화를 이루었기 때문이다.

공학자로서 GKC는 레고가 실험한 모든 결합 방안에 특허를 내야 미래의 유사 상품을 차단할 수 있다는 것을 이전의 특허 문의를 통해 잘 알고 있었다. 이즈음 레고는 덴마크 기업 푸비Puwi를 비롯해 레고 브릭을 모방하는 다른 플라스틱 제조업체들과 장난감 시장에서 수년간 거친 경쟁을 벌이고 있었다. 푸비는 심지어 고객들에게 자기들의 브릭이 레고 시스템 인 플레이와 호환된다고 광고하기까지 했다.

레고의 기술자들은 주형 작업실에서 며칠간 더 고되게 일하며 모든 견본 브릭을 만들어 내는 한편, 내부 튜브와 비슷한 방식으로 기능하는 두어 가지 변형 또한 만들어 냈다. 1월 27일에 모든 작업이 끝나자 고트프레드는 코펜하겐으로 달려갔다. 모든 자료를 특허청에 제출했고, 신청서에 공식 승인 도장을 받았다. 그렇게 1958년 1월 28일 오후 1시 58분, 오늘날 우리가 아는 현대적인 레고 브릭이 탄생했다.

이 작은 기술적 묘책 덕택에 레고 시스템 인 플레이가 비로소 완전해졌다. 이때부터 레고 브릭은 전 세계의 다른 그 어떤 플라스틱 브릭과도 다른 방식으로 결합되었으며, 브릭을 조합하고 조립하는 데 완전히 새로운 가능성을 열었다.

키엘: 제 생각에는 아버지도 1955년에 레고 시스템 인 플레이를 출시할 때부터 문제를 제대로 파악하고 있었을 겁니다. 그러나 아직 적절한 해결책을 찾지 못했던 겁니다. 브릭에 십자 모양의 결합부나 쐐기, 뼈대를 비롯한 온갖 종류의 보강물을 더하는 등 다양하고 창의적인 여러 방안이 제시되었습니다. 최종 특허출원서에 이 모든 잠재적 해결 방안을 포함했는데, 반쯤은 우리가 필요하다면 다른 여러 방식으로 결합력을 키울 수 있음을 보여 주기 위해서였으며, 반쯤은 다른 이들이 우리가 구상했던 방안 중 하나를 가지고 나오지 못하도록 막기 위해서였습니다. 저 같은 열 살짜리 레고 건축가에게 갑자기 들려온, 더 안정적인 구조를 조립할 수 있게 되었다는 소식은 정말이지 환상 그 자체였습니다. 이제 원한다면 대각선의 위쪽이나 아래쪽으로도 브릭을 연결할 수 있었죠. 게다가 커다란 우주선을 만들어 테이블에 매달아도 밑바닥의 브릭이 떨어지지 않았습니다.

창업자의 시대는 막을 내리고

올레 키르크의 건강은 1950년대에 걸쳐 천천히, 그러나 꾸준하게 악화

되었다. 회사의 기록물이나 빌룬 선교의 집 위원회 회의록에 그가 수기로 남긴 서명에 그 흔적이 묻어 있다. 레고의 설립자 올레 키르크는 기력이 조금씩 쇠했지만, 그래도 말년까지 소피와 함께 북해에서 수영을 하거나 노르웨이에서 스키를 탔다. 그는 기업 경영에 관해서는 지배권을 조금씩 포기했다. 1957년 8월의 레고 창립 25주년 기념일에는 한 기자에게 "더는 계속할 수가 없다. 그러기에는 회사가 너무 커졌고, 나는 너무 약하다."라고 말했다.

25주년이 끝나갈 즈음, 직원들이 모인 자리에서 한 GKC의 새해 연설은 상당 부분이 아버지에게 보내는 헌사였다. 지난 8월의 축제 이후로 공장에 모습을 드러내지 않았던 올레 키르크는 자리에 조용히 앉아 연설을 들으며 아들을 종종 지긋이 바라보았다. 연설은 사실상 진심 어린 감사 인사이자 작별 인사였다.

아버지, 이제는 매일의 업무를 함께할 수는 없지만, 그래도 아버지께서 평생을 바치신 이 회사가 계속 성장하는 모습을 보시고 기쁨을 느끼셨으면 좋겠습니다. 이 회사가 크나큰 역경과 고난의 시대에 태어났음을, 그리하여 회사의 모토가 언제나 "기도하고 일하라"였음을 저희 모두가 잘 알고 있습니다.

1932년에 당신께서는 이 회사가 가족을 먹여 살려 주기를 간절히 바라셨지요. 이제는 이 회사가 수백여 명의 가정과 가족을 직간접적으로 떠받치는 모습을 보시면서 아버지와 어머니께서 행복하시기를 바랍니다. 아버지, 아버지께서는 진정한 사회적 혜택을 창출하셨습니다! 아버지와 어머니께서 회사를 세우셨을 때의 긍정적 마음가짐으로 사업을 계속 운영해 나가는 것이 저희에게 주어진 임무가 될 것입니다.

회사가 더욱 커질수록, 또한 모든 게 개인 차원을 벗어날

수록 그 임무를 해내기가 점점 더 어려워지겠지만, 저는 여기 모인 우리 모두 최선을 다할 수 있도록 애쓸 것이며 언제까지나 "기도하고 일하라"를 모토로 삼으리라고 감히 확언해도 좋다고 생각합니다.

현대적인 레고 브릭을 발명한 지 한 달 반이 지난 1958년 3월 11일, 올레 키르크가 세상을 떠났다. 마을 역사의 이정표나 다름없었던 올레 키르크에게 경의를 표하듯이, 그의 장례식이 열린 날에는 빌룬 주민 모두가 길거리로 나왔다. 사랑받고 존경받았으며 지역사회를 위해 책임을 다했던 이 남자가 마지막으로 마을을 가로지르는 동안 주민들은 남녀노소를 가리지 않고 나와 자리를 지키며 조의를 표했다.

가족 앨범 속 옛 흑백사진에는 올레 키르크의 아들들이 관을 짊어지고 사자의 집 현관을 나서는 모습과 그 뒤를 소피, 울라, 며느리와 손주들이 따르는 모습이 담겨 있다. 마을과 주변 지역에서는 조기를 내걸었고, 마을 밖으로 나가는 도로에는 가문비나무의 가지를 흩뿌렸다. 그레네 교구 교회에서는 대비 차원에서 교회 바깥에 확성기 차량을 세워 두었으나, 의자와 신도석을 현관에 추가로 배치해 모든 이가 교회 안에 들어와 앉을 수 있었다.

고인과 30여 년간 알고 지냈던 그레네 교구 목사 요하네스 브루스 Johannes Bruus가 「고린도전서」를 인용해 감동적이고 진심 어린 설교를 했다. "맨 나중에 멸망 받을 원수는 사망이니라," 관 옆에 선 목사는 올레 키르크가 "젊었을 적 보았던 계시를 충실하게 믿었고, 이것이 그의 유능했던 수고와 삶, 일을 이끌었다는 데에는 의심할 여지가 없을 것"이라며 그의 삶을 한 문장으로 표현했다.

올레 키르크는 세상을 떠나기 전 몇 개월 동안 오랜 친구이자 코펜하겐 뢴베르 장난감의 설립자인 요하네스 뢴베르Johannes Rønberg와 많은 이야기를 나누었다. 올레 키르크가 인생을 마무리하는 몇 달 동안 뢴베르는 일주일에 한 번씩 성경 구절과 수많은 추억이 담긴 편지를 보냈다.

그나저나 자네가 사업 경력을 통틀어 창조하고 제조한 것 중에 가장 위대하고 가장 좋은 게 무엇인 줄 아나? 자네는 그게 뭐라고 생각하나? 또 얼마나 많은 이가 그걸 알아주리라고 생각하나? (슬프게도 거의 없는 건 아니겠지?) 그건 바로 크리스마스에 고객들에게 보낸 야광 십자가였다네. 크리스마스가 아니라 새해맞이로 보냈던가? 사람들은 전 세계의 시스템 인 플레이라고 할 수도 있고, 온 세상의 장난감이라고 할 수도 있고, 온갖 맘몬mammon을 이야기할 수도 있지만……. 아마 만드는 데 1크로네쯤 들었을 그 작은 플라스틱 십자가에는 그때까지 레고의 온 역사가 담겨 있다네.

올레 키르크 크리스티안센이 세상을 떠났을 때, 세상은 근면하고 성실하며 청렴했던 진정한 장인을 잃었을 뿐만 아니라, 친밀한 관계와 연대를 바탕으로, 농업 공동체에 대한 신념을 바탕으로 회사를 운영하는 특별한 방식을 알았던 한 사람을 잃었다. 기업 오너로서 올레 키르크는 가부장적 인물이었다. 그가 운영한 작은 공장은 어느 정도는 마을과 지역의 도움으로 번영했으며, 종국에는 반대로 그들에게 도움을 주었다. 그는 마치 아버지처럼 언제나 직원들의 복지를 신경 썼다. 레고의 초대 장부 관리자였던 헤닝 요한센Henning Johansen에게는 전쟁 때도 "인간의 이익이 첫 번째이고, 물질의 이익은 두 번째"라며 레고의 직원들이 언제나 다른 무엇보다도 더 중요하다고 말했다.

그의 믿음에 독특한 점이 있다면 그것은 올레 키르크가 직원들을 단 한 번도 '노동자'로 부르지 않고 언제나 '사람'으로 불렀다는 점이다.

그의 접근 방식이 자아낸 효과는 공장의 근무 환경과 전반적 분위기에서도 느낄 수 있었다. 엘나 옌센Elna Jensen은 1970년대에 은퇴할 때 사내 잡지와의 인터뷰에서 옛 호시절의 공장을 추억하면서 다음과 같이 말했다. "그때도 2교대 근무를 했으니 1950년대의 근무 환경이 더 나았다고 말할 수는 없지만, 그래도 그때가 좋았습니다. 정말 그랬어요. 오늘날에는 연대가 없죠. 사람들과 수다를 떨 수도 없고 누구에게도 비밀을 털어놓을 수 없어요."

> 키엘: 할아버지는 직원들에게 깊은 책임을 느꼈고, 거의 가족으로 여겼습니다. 어느 정도는 오늘날의 레고 그룹에서도 이를 반영하고 있죠. 저희는 오너 일가와 직원들 사이에 신뢰를 쌓고 소통의 장을 열고자 애쓰고 있습니다. 레고는 언제나 '우리'를 소중하게 여기는 조직이며, 모두가 서로를 격식 없이 대합니다. 직원 개개인이 레고 외부의 누군가에게 레고에 관해 이야기할 때면 꽤 자연스럽게 '우리'라는 대명사를 사용합니다. 물론 적절한 수준의 규율도 필요하죠. 위계질서가 필요하고 게임의 규칙을 지켜야겠지만, 그 친밀한 감각을 절대 잊어서는 안 되며, 놀이를 할 때는 할아버지가 그랬듯 언제나 인간다운 모습으로 남아야 합니다.

1958년에 올레 키르크가 사망하기 전까지는 물론, 그 이후 수년 동안에도 종교는 레고의 일상적 운영에서 매우 중요한 역할을 차지했지만, 회사가 직원들과 신의 관계를 좌지우지하려고 들었던 적은 한 번도 없었다. 1950년대 중반에는 모든 입사 지원서를 처리하는 과정에 기독교 신앙이 개입되었고, 올레 키르크나 고트프레드가 잠재적 직원의 종교적 신념을 물어보거나 살펴보곤 했다. 장부 관리자 오를라 예르겐센도 그 수

많은 사례 중 하나였다. 1948년에 처음으로 입사한 그는 오랜 세월이 지난 후 레고의 40주년을 축하할 때까지 자리를 지켰고, 그동안 내내 고트프레드가 가장 신뢰하는 직원 중 하나로 남았다.

오를라 예르겐센은《크리스텔리그트 다그블라드》에서 '신실한 장부 관리자'를 찾는 구인 광고를 보고 지원했다. 그는 코펜하겐의 북쪽에 자리한 회르스홀름Hørsholm의 어느 식료품점에서 회계를 담당한 경력이 있었는데, 우연히도 이 식료품점 주인과 키르크 크리스티안센이 가족끼리 아는 사이였다. 식료품점 주인은 어느 날 올레 키르크와 고트프레드에게 편지 한 통을 받았는데, 예르겐센에 관한 몇 가지 사항과 더불어 그의 영적 믿음을 문의하는 내용이었다. "예르겐센 씨는 하나님의 왕국에 사는 사람입니까? 또한 신심이 깊은 사람으로 알려져 있습니까?" 예르겐센은 그렇다고 답할 만한 사람이었고, 그렇게 일자리를 얻었다.

1940년대와 1950년대에 걸쳐 여름 나들이를 하는 날과 크리스마스 파티, 슈로브타이드Shrovetide 전례 기간을 포함해 레고 공장의 공동체 생활에서 확고하게 자리 잡았던 특징 중 하나는 아침 정기 예배를 열었다는 점이었다. 예배 시간은 1952년에 레고에서 강당을 신축했을 때 올레 키르크가 도입한 것이었다. 아침마다 짧은 사이렌 소리가 울리면 예배에 참석하기를 원하는 직원들이 7시 반까지 강당에 모두 모여 하나님의 말씀을 듣고 찬송곡 한두 가지를 불렀다. 올레 키르크는 내적 선교회의 찬송가집『옘란스토너(고향의 노래)Hjemlandstoner』를 대량으로 제작했다. 푸른색의 멋진 가죽 양장으로 만들고 앞면에 금빛 글씨로 '레고 빌룬'이라는 글자를 새긴 찬송가집이었다. 또한 피아노 한 대를 구비해 아침 찬송에 더 깊은 울림과 리듬을 더했다. 올레 키르크와 소피는 물론 네 아들과 며느리들 모두 예배에 자주 참석했다.

키엘: 아침 예배는 제가 열세 살 혹은 열네 살이 될 때까지 계속

되었습니다. 1950년대에는 평범한 아침마다 일흔 명에서 여든 명가량의 직원이 손에 손을 잡고 주기도문을 외우며 찬송가를 부르는 모습을 쉽게 볼 수 있었습니다. 모든 예배는 20여 분 정도 진행되었고, 예배가 끝나면 각 직원이 일하기 위해 각자의 부서와 자리를 찾아 돌아갔습니다. 1960년대 초에는 레고의 초대 인사 책임자가 현대적 공장에서 예배를 드리는 시대는 지났다면서 이 아침 일과를 중단시켰습니다. 전직 사제였는데도 말이죠. 예배에 참석하는 사람이 점점 더 줄어들고 있었고, 자발적이지만은 않다고 느꼈던 사람도 많았을 겁니다.

올레 키르크의 아들과 손자는 사람들이 레고 상품을 어떻게 가지고 놀기를 바라는지에 관한 목표를 글로 풀어내는 사람이었지만, 그에 반해 올레 키르크 크리스티안센은 기록하는 것에 평생 별다른 흥미를 두지 않았다. 그러나 어린이의 욕구에 관한 그의 존중은 "재미있게 놀다"라는 뜻의 덴마크어 "leg godt"에서 따온 회사의 이름을 통해서는 물론, 올레 키르크가 어린이를 보면 기쁨이 늘 샘솟는 듯해 언제까지고 장난감을 쥐어 주고 싶어 했던 수많은 일화를 통해 영원히 기억될 것이었다.

이러한 일화 중 하나로는 1952년 여름, 소피와 올레 키르크가 차를 타고 셸란을 여행할 때의 일이 있다. 그날 부부는 코르쇠르Korsør에서 스켈스쾨르Skælskør로 향하는 도로를 따라 달리다가 근방의 마을 보에슬룬데Boeslunde에 잠시 정차했다. 근처의 순무밭에서는 여성 한 명이 작은 남자아이 둘을 데리고 잡초를 고르고 있었다. 오토미네 아네르센Ottomine Andersen이라는 이름의 이 여성은 뤼Ly라는 이름의 근처 농장에서 살았다. 오토미네는 밭에 나올 때마다 아이들을 늘 데리고 다녔는데, 어머니로서 아이들이 어릴 때는 늘 부모와 함께 시간을 보내야 한다고 생각했기 때문이었다.

거대하고 멋진 자동차가 밭 한쪽 끝에 멈추어 섰던 그 여름날, 오토미네는 순무 사이를 돌아다니며 노는 욘John과 닐스Niels에게 노래를 불러 주고 있었다. 차에서 나이 지긋한 남자가 내려 주위를 둘러보더니 갑자기 밭으로 들어와 오토미네와 아이들에게 다가왔다. 발걸음을 멈춘 그가 말했다. "어머니가 이토록 더운 날에 일하면서도 노래를 불러 주는 모습이 참 보기 좋군요!"

오토미네는 노래를 부르면 아이들도 시간이 더 빨리 가는 것 같고, 자기도 일이 더 빨리 끝나는 듯하다고 대답했다. 남자는 고개를 끄덕이며 미소 짓더니 차로 돌아가 트렁크를 열고는 작고 둥근 상자를 양손에 두 개씩 들고 돌아왔다. 상자 안에는 손가락 사이에 끼우고 돌리면 팽팽 돌아가는 팽이 몇 개가 들어 있었다.

"얘들아, 따분하니? 여기 있다. 이제 하나씩 팽이를 가지고 놀면 되겠구나! 누가 그런 걸 어디에서 구했느냐고 묻거든 내가 주었다고 하렴. 나는 윌란의 빌룬이라는 작은 마을에 산단다. 플라스틱으로 장난감을 만들기 시작했지. 그 장난감의 이름은 레고란다."

오랜 세월이 흐른 뒤인 1975년, 어른이 된 닐스는 자녀들과 함께 레고랜드를 찾았다. 옛날 옛적에 어느 친절한 남자가 주고 간 팽이를 주머니에 넣은 채였다. 이제는 그 남자의 아들이 레고의 대표이사를 지내고 있었지만, 안타깝게도 레고랜드에 상주하지는 않았기에 닐스는 그를 만나지 못하고 셸란의 집으로 돌아왔다. 닐스의 노쇠한 어머니 오토미네 아네르센은 고트프레드에게 모든 이야기를 담은 긴 편지를 보내며 다음과 같은 말로 끝을 맺었다. "이제 그분께서 더는 계시지 않다는 걸 알지만, 저희가 기억하는 그분은 매우 유명한 장난감을 만든 위대한 제작자가 아니라 그저 아이들에게 친절하셨던 수수하고 마음 따뜻한 분이며, 그 오래전 어느 무더운 여름날에 우리가 만났던 분입니다. 그분에 관한 기억에 경의를 표합니다."

배 한 척에 선장은 세 명일 수 없다

레고 설립자가 세상을 떠난 지 불과 네 달 만에 이사들과 주요 영업 직원이 참석하는 제1회 레고 국제 콘퍼런스가 빌룬에서 열렸다. 콘퍼런스는 올레 키르크에게 바치는 추도사로 시작되었다. 이 연설에서 GKC는 절대로 편협하게 사고하지 말고 인생에서 기쁨과 행복을 찾는 것이 아버지의 기독교적 신앙심이었다고 말했다. 또한 "레고는 바로 이 정신을 바탕으로 세워졌습니다."라고 덧붙였다.

이제 명실상부하게 레고의 대표가 된 고트프레드는 설립자가 세상을 떠난 이후로 모든 직원의 머릿속에 떠오를 수밖에 없었던 한 가지 문제를 환영사에서 언급하지 않으려고 신중하게 말을 골랐다. GKC가 지난 10여 년간 레고의 이미지를 정의했던 목각 장난감과 플라스틱 장난감의 병행 생산에 정말로 종지부를 찍고 노선을 틀까?

고트프레드는 이 사안을 두고 오래도록 고심했으며 가까운 주주 집단, 즉 가족들에게 조언을 구했다. 그는 목각 장난감 부서를 그리 머지않은 미래에 단계적으로 축소해야 한다고 생각했다. 그러나 얼마나 합리적인 생각이든, 혹은 고트프레드가 얼마나 외교적으로 잘 전달하든 이는 그저 뼈아픈 소식일 뿐이었다. 회사의 역사는 올레 키르크가 목수로서 시작한 사업을 바탕으로 시작되었으며, 목각 장난감이 없었다면 레고는 결코 플라스틱 브릭과 레고 시스템 인 플레이를 만들지 못했을 터였다.

게다가 고트프레드의 동생 게르하르트가 빌로픽스BILOfix라는 이름의 새로운 조립식 장난감을 개발해 장난감 시장에 출시할 준비를 막 마쳤다는 데서 문제가 한층 더 복잡해졌다. 잉글랜드의 클래식한 메카노Meccano 세트에서 영감을 얻은 게르하르트는 나무와 플라스틱을 결합해 독창적이고 천재적인 장난감 시스템을 개발했다. 구멍 뚫린 나무 블록과 다양한 길이의 나무 막대가 구성품이었는데, 막대에도 구멍이 나 있어 플라스틱 나사와 빨간색 플라스틱 너트로 고정할 수 있었다. 게르하르트가 개발에만 수년을 들였으며 최근에 특허까지 받아 낸 레고의 이 신상품을 GKC가 폐기해 버리기 일보 직전이라는 사실은 누가 보아도 명백했다. 이는 무엇보다도 게르하르트와 형 카를 게오르그가 오래전부터 느꼈던 바를 확인해 주었다.

> 키엘: 게르하르트 삼촌은 목각 장난감 생산의 책임자이자 덴마크 국내 판매 전체를 책임지고 있었으며, 카를 게오르그 삼촌은 플라스틱 부서의 부서장이었지만, 두 사람은 지난 몇 년 동안 제 아버지가 삼촌들에게 점차 덜 의존한다는 걸 느낄 수 있었습니다. 할아버지가 돌아가시고 나자 삼촌들은 아버지가 하는 일을 어느 정도 통제할 권한을 되찾거나 적어도 회사 내에서 조금 더 목소리를 낼 방안을 논의했을 겁니다. 몇 차례 대화가 오간 끝에 결국 아버지가 "네가 나가든 내가 관두든 해야겠다!"라고 말한 때도 있었을 겁니다.
>
> 그즈음 아버지는 그렇게 포용적인 사람이 아니었고, 형제들의 처지를 생각해 보려고 애쓰지도 않았습니다. 그저 시스템인 플레이에 집착하고 있었거든요! 회사는 1957년에서 1960년까지 성장과 발전을 위해 말도 안 되는 노력을 기울이며 수많은 회의를 열었는데, 그중에는 게르하르트 삼촌과 카를 게오르그 삼촌이 초대받지 못한 회의들도 있었습니다.

이러한 불화는 올레 키르크가 세상을 떠난 이후 더욱 심해지기만 했다. 어쩌면 올레 키르크가 가장 바라지 않았던 상황일지도 몰랐다. 올레 키르크는 공평하게 5등분한 지분을 네 아들과 딸 하나에게 유산으로 각각 남겼다. 이 결정은 언뜻 보면 공정하고 사랑이 담긴 결정 같았지만, 결국에는 이미 긴장감이 팽팽했던 형제간의 관계를 더욱 악화시켰다. 게르하르트와 고트프레드의 사이는 특히 더 심했다. 카를 게오르그 또한 아버지가 이와 같은 방식으로 지분을 할당했다는 것은 지난 5년간 고트프레드가 마음대로 결정했던 것과는 다르게 그들 또한 회사 운영에 더 참여해야 한다는 뜻이라고, 중요한 결정을 내릴 때 의견을 낼 수 있어야 한다는 뜻이라고 생각했다.

> 키엘: 할아버지가 살아 있을 때 아버지는 할아버지에게 이렇게 말했습니다. "저희 남매에게 지분을 공평하게 물려주시되 회사를 이끌 자리는 제게 주셨으면 합니다." 아버지는 지분을 공평하게 물려 달라고 말했던 걸 후회했는데, 결국에는 지난 수년간 회사 운영을 도맡으면서 1950년대 말 당시의 레고를 만들어낸 장본인이 아버지였는데도, 다른 형제들도 아버지만큼 레고가 자기 회사라고 여기는 모양새가 되었기 때문입니다.
>
> 아버지는 할아버지에게 이렇게 말해야 했습니다. "그거 아세요, 아버지? 저는 아주 어릴 때부터 이 일을 해 왔어요. 그리고 회사가 앞으로 나아갈 수 있도록 운영할 사람은 바로 저입니다. 물론 형제들도 각자 몫을 물려받아야겠지만, 회사 지분은 조금 덜어 내고 다른 걸 얹어 주시는 게 어떨까요?"

올레 키르크는 유산을 이렇게 분배하는 것이 공정하다고 본 것 같았다. 또한 1950년에 서른 번째 생일을 맞이한 고트프레드를 형제 중 다른 그 누구보다도 가장 먼저 상무이사에 임명했을 때 내린 결정이 그의 아들들 중 세 사람 사이에 부글부글 끓어오르던 갈등의 원천이 되리라고는 분명 생각지 못했던 듯하다. 선택받은 아들은 앞서 이야기한 축하 전보를 통해 아버지의 축복을 받았는데, 형제들도 이 축전에 서명해야 했다.

"지금까지 회사를 위해 들인 모든 노고를 인정하고 치하하며, 앞으로도 레고의 이익을 위해 최선을 다해 주리라는 확신과 함께 1950년 7월 8일 토요일 금일부로 주식회사 레고 및 주식회사 O. 키르크 크리스티안센의 상무이사에 임명합니다. 문서 번호: 6, 24~26."

이처럼 분명했던 편애는 그 이듬해인 올레 키르크의 예순 번째 생일에도 마찬가지로 반복되었다. 1951년 4월 7일, 이들은 올레 키르크의 생일잔치가 한창일 때 사자의 집 응접실에서 사진 한 장을 찍었다. 이후 확대되어 액자와 함께 벽에 걸린 이 사진은 가족 사업의 승계 서열을 공공연하게 증명해 주었다. 사진 속 가장 윗부분에는 레고의 설립자가 왕좌처럼 선물과 꽃에 둘러싸인 채 앉아 있다. 그 아래에는 고트프레드가 보이고, 가장 아래에는 세 살배기 손자 키엘이 있다.

그러나 고트프레드의 승진이 곧바로 형제 관계에 염증을 일으키지는 않았던 것으로 보인다. 오히려 1950년대 전반기에는 올레 키르크의 네 아들이 서로의 단점을 매우 잘 보완해 주었던 듯하다. 업무에서라면 더더욱 그러했다. 게르하르트와 카를 게오르그 모두 형제에게 판매와 행정, 재무의 측면을 맡기고 자기들은 생산에서 기술적 힘을 펼쳐 보일 수 있음에 만족했다. 네 아들은 매일 긴밀하게 협력하며 일했으며, 사적인 자리에서도 서로 잘 지냈다. 주말이나 휴일에 함께 시간을 보낼 때도 많았으며, 바일레 피오르 부근의 비드비에르그^Hvidbjerg에서 올레 키르크와 소피의 통나무집 가까이에 휴가용 별장을 짓고 여름휴가를 보냈다.

그러나 1950년대 후반부에 접어들면서 형제간의 관계가 더 팽팽하게 긴장되었다. 이들은 아버지의 유산과 거기에 담긴 뜻뿐만 아니라, 레고가 가족이 운영하는 작은 공장에서 원대한 야심을 품은 국제적 수출 사업으로 급변한 것을 두고도 의견을 달리했다. 또한 무엇보다 고트프레드가 멜빵바지를 입은 공장 감독에서 양복을 멋들어지게 빼입은 사업가로 변모했다는 점에 관한 문제이기도 했다. 고트프레드는 훗날 이를 두고 직접 다음과 같이 말했다.

> 형제들은 내가 너무 많은 권한을 쥐었다고 생각했으며, 모든
> 일에서 조금 더 평등주의적으로 접근해야 한다고 여겼다. 함
> 께 일하는 문제를 두고 이러한 불만들이 무르익는 동안 회사
> 에서는 너무나 많은 일이 일어나고 있었다. 우리는 해외에 판
> 매 회사를 세우는 중이었고, 빌룬에서도 확장이 진행되고 있었
> 다. 회사의 수출량이 늘어나고 있었으며 형제들은 당연하게도
> 여기에 아무런 영향력도 행사하지 못했다. 그러한 사실을 바꾸
> 기는 어려웠고, 배 한 척에 선장이 세 명이나 될 수는 없었다.

나무 대 플라스틱

레고 시스템 인 플레이의 상품 개발과 판매가 모두 맹렬한 속도로 진행
되었다. 이제 스위스와 네덜란드, 오스트리아, 포르투갈, 벨기에, 이탈리
아에서도 시스템을 구매할 수 있었다. 모든 것이 빠르게 변화했고, 게르
하르트는 회사의 성장 속도가 통제를 벗어나고 있다며 형제들에게 몇 차
례 경고했다. 1959년, 게르하르트는 고트프레드에게 보내는 편지에서
레고 시스템 인 플레이가 건전하지 못한 방향으로 나아가고 있고 경영
진이 너무 많은 신상품을 계획하고 있다면서, 그 대신에 온갖 좋은 아이
디어를 더 경제적인 시각으로 바라보아야 한다고 충고했다. "우리 자신
과 소매업자들에게 떡밥을 너무 많이 주는 건 아닌지 확인할 필요가 있
어. 호텔 오스트레일리아에서 점심 미팅을 할 때 너무 많은 음식이 나온
다면 우리에게 좋을 게 없잖아. 사람들에게 레고 시스템을 과하게 들이
밀 때도 마찬가지야."

고트프레드가 어떤 답장을 보냈는지는 알려지지 않았지만, 게르하

르트와 비슷하게 레고의 폭발적 발전에 관해 우려를 드러낸 레고 외판원에게 답한 다음의 말과 비슷한 내용이었을 것이다. "좋습니다, 그래요. 우리가 확장과 통합을 동시에 진행할 수 있다면 그만큼 더 좋겠군요. 그렇죠?"

게르하르트의 편지를 보면 그의 아버지가 설립한 회사에서 제대로 자리를 잡거나 의견을 내지 못한다는 데서 불만이 자라나고 있음을 알수 있다. 게다가 1940년대 당시에는 요하네스와 게르하르트, 카를 게오르그가 적극적으로 참여하기를 바랐던 것은 올레 키르크뿐만이 아니었다는 점에서 더더욱 그랬다. 고트프레드 또한 이를 바랐다. 게르하르트의 불만은 이제 사업상 어떤 일이 일어나는지를 오직 고트프레드만이 안다는 사실에서 더더욱 커져만 갔다. 업계의 뜨거운 기대가 모였던 게르하르트의 발명품 빌로픽스에 관해서도 마찬가지였다.

1958년 11월에 새로운 유한회사 주식회사 레고 시스템이 설립되었고, GKC와 게르하르트, 카를 게오르그가 이사로 선출되었다. 이로부터세 달 후인 1959년 2월 9일, 새롭게 설립된 회사의 첫 이사회 회의에서 GKC는 레고의 미래에 관해 그가 미리 준비해 온 여섯 장짜리 보고서를 주고 의견을 요청했다.

완전한 구조 개편 계획이 담긴 이 명료하고 철저한 문서는 게르하르트가 회사의 전무이사를 맡는 한편, 게르하르트와 카를 게오르그가 이제부터 각자의 능력에 따라 목각 장난감 부서와 플라스틱 부서의 기술 관리자로서 "본인의 책임과 개인적 만족을 조건으로 최대한의 한도까지 개발에 자유롭게 접근할 권한"을 가진다고 명시했다.

또한 "게르하르트는 자신이 개인적으로 상당한 책임을 지고 가장 중대한 요구에 응해야 함을 명심해야 한다."라고 강조했다. 어쩌면 문서의 법적 성격 때문이었는지는 몰라도, GKC의 형제들이 받아든 이 보고서의 다소 고매한 어투는 카를 게오르그가 한동안 기술 책임자에 머무르는 데 만족해야 한다는 점을 설명하는 문단에서 한층 더 두드러졌다. "현재 시점에서는 카를 게오르그에게 공장의 주요 운영 업무를 배정하는 것이 권고되지 않으나, 그로서는 장기적으로 이를 목표로 두고 일하는 것이 바람직하다."

그렇다면 고트프레드 본인에게는 어떤 내용이 적용되었을까? 보고서에 따르면 고트프레드는 수많은 의무 중 몇 가지를 내려놓기는 하지만, 위계상 기존의 다른 두 기업보다 상위에 있는 새로운 모기업의 대표 이사로 임명되었다. 이로써 게르하르트와 카를 게오르그에게 돌아가는 권력이나 레고의 미래에 관한 영향력이 극도로 축소되었다. 앞으로는 목각 장난감 부서와 플라스틱 부서의 생산과 재무에 관한 모든 사안이 모기업을 거치고 고트프레드의 승인을 받아 진행될 터였다. 보고서의 말을 그대로 옮기면 고트프레드가 "운영상의 전면적 통제권"을 가졌다. 보고서는 다음과 같이 마무리되었다.

아버지가 이 회사를 세우고 시작한 게 사실이지만, 우리가 미래를 만들어 나가야 한다는 것도 사실이다. 이는 우리가 각자 맡은 역할에서 얼마나 노력을 기울이는지에 달렸다. 기획의 자유로운 발전을 가능케 하는 분업은 기업의 근간과 개인의 만족을 강화해 줄 따름이다. 이사회의 동의와 승인이 있다면 이 구상안이 실현된다.

이사회는 실제로 이에 동의했다. 예르겐센은 훗날 그 이유를 다음과 같이 설명했다. "게르하르트와 카를 게오르그 모두 형제 중 누가 수출과 해외시장에 더 익숙한지 잘 알고 있었습니다. 사실 여기에 관해서는 별다른 불만이 없었죠. 그들은 그저 어느 정도 결정권을 가지고 싶었던 겁니다."

그러나 상황은 그렇게 돌아가지 않았다. GKC가 설계한 새로운 구조가 1959년에 시범 운영에 들어갔다. 당시에 레고는 수출과 총매출액뿐만 아니라 신규 해외 판매 회사와 라이선스 계약의 수에서 주형 기계와 직원의 수까지 모든 전선에서 여전히 진격하고 있었다. 총직원 수는 불과 2년 만에 140명에서 450명으로 늘어났다. 한편 빌로픽스가 덴마크 시장에 출시되었고 엄청난 성공을 거두었다. 당연하게도 게르하르트는 덴마크와 세계 각지의 교육자와 장난감 전문가들이 입을 모아 칭찬한 그의 새로운 장난감 시스템이 수출에 적합하다고 생각했다.

GKC는 그렇게 생각하지 않았다. 이로 인해 레고 시스템 인 플레이에 관한 관심이 희석되리라고 생각했기 때문이다. 같은 회사에서 서로 다른 두 가지 장난감 시스템을 출시하면 해외 소매업자와 고객들 사이에 불필요한 혼란을 빚을 수 있었다. 두 형제는 의견 차이를 좁히지 못했으나, 타협안을 찾아냈다. 향후 제작하는 모든 목각 및 플라스틱 장난감 중 레고 시스템 인 플레이와 관련 없는 모든 장난감을 통틀어 빌로픽스로 부르기로 한 것이다.

GKC는 이 양날의 검을 어떻게 쥘 생각이었을까? 이는 영원히 알 수 없게 되었다. 새로운 한 해가 시작되던 때, 운명이 다시 한번 레고의 문을 두드렸다.

세계시장을 향해──1960년대

구성원들에게 어떤 동기를 부여할 것인가

1960년 2월 4일의 늦은 밤, 레고의 보일러 담당자가 중앙난방이 잘 작동하는지, 야간 작업반이 따뜻한 곳에서 일하는지 확인하기 위해 공장으로 향했다. 그의 눈에 가장 먼저 들어온 것은 플라스틱 부서의 반대편 끝 2층 창문에서 뿜어져 나오는 연기였다. 곧장 그린스테드와 바르데, 바일레의 소방서에 화재를 알린 담당자는 야간 작업반 직원들과 함께 마을 사람들의 도움을 받아 가연성 액체 재고를 끌어내 안전한 곳으로 옮겼다. 탁 트인 빌룬 전경에는 눈발이 휘날리고 있었으며 도로도 미끄러웠으나 곧 소방차들이 도착했고, 동이 트기 전에 화재를 진압했다.

　다음날 그 누구도 화재가 일어난 원인을 설명하지 못했고, 레고 경영진 몇몇은 벌겋게 달아오른 얼굴을 숨기지 못했다. 화재보험사에서 기술자가 나와 연례 검사를 완료한 지 얼마 되지 않았기 때문이다. 기술자는 보고서를 통해 목각 장난감 부서와 플라스틱 부서에 몇 가지 문제점이 있다고 지적했는데, 그중 몇몇은 이전에 방문했을 때 이미 지적한 사안이기도 했다. 12월의 검사 직후에 작성된 레고 내부 문건에는 다음과 같은 내용이 담겼다.

기술자 스테펜센Steffensen은 플라스틱 부서에서 화재가 시작된
다면 방화벽 등의 분리 시설이 없어 화재를 진압하기가 어렵거
나 불가능할 것이므로 적절한 소방 안전 설비를 마련하고 좋은
상태를 유지하는 데 각별한 주의를 기울일 것을 강력하게 권고
한다고 했다.

다행히 화재는 목각 장난감 부서와 지붕 일부를 망가뜨리는 정도에
서 진압되었다. 도색 작업실은 수많은 목각 장난감과 몇 가지 기계류, 다
양한 잡동사니를 넣어둔 보관실과 함께 잿더미가 되었다. 피해액은 도
합 25만 크로네로 추산되었다. GKC는 현장에서 곧바로 자체 소방차를
마련하기로 했고, 이듬해에 밤드루프Vamdrup 소방서에서 중고 소방차 한
대를 매입했다.

화재가 발생하고 나서 열흘 후, 레고 주식회사는 긴급 총회를 소집
했다. 네 형제와 소피, 그리고 새로 고용한 이사 쇠렌 올센Søren Olsen이 참
석했다. GKC는 미리 준비한 성명문을 통해 목각 장난감 부서를 금일부
로 폐쇄하고 향후 모든 사업을 레고 시스템 인 플레이에 집중한다고 선
언했다. 그리고 이사회의 지지를 당부했다.

고트프레드는 화재 이후 모든 사안을 대상으로 검토를 진행한 결과
레고의 에너지를 시스템 인 플레이에 집중하는 편이 더 큰 이익을 창출
할 것이라는 "결론에 도달했"다고 했다. 목각 장난감 부서가 문을 닫는
다면 플라스틱 부서가 더 넓은 공간을 사용할 수 있다. 게다가 부서장 게
르하르트가 이제 레고 시스템에 총력을 기울일 수 있을 것이다. 이제 막
생산에 돌입한 데다 판매 추세도 매우 좋았던 빌로픽스는 고작 "해당 상
품" 정도로 언급하고 과거시제로만 설명했다.

이사 게르하르트 키르크 크리스티안센은 목각 장난감 부서에 특별히 초점을 맞추어 최선의 결과를 창출하는 업무를 맡은 바 있다. 이후 그는 수출 잠재력이 있는 상품 한 가지를 만드는 한편, 운영 구조를 재편해 목각 장난감 부서가 진일보할 수 있게 했다. 그러나 이로 말미암아 회사 간 일정 수준의 경쟁이 불가피하게 야기되었다. 이는 곧 외부 고객의 이익을 도모하기 위해 당사의 공장과 이름을 분리해야 함을 의미한다.

고트프레드가 두 사람의 가족 사업 지분을 인수하기 전이기는 했지만, 그가 게르하르트와 카를 게오르그를 회사에서 내보낸 1961년 봄에 게르하르트가 사임하면서 그리 놀랍지 않게도 두 형제의 갈등은 막을 내렸다. 훗날 고트프레드는 두 사람이 자신의 제안을 거절했다고 설명했다. "사실 거절한 이유도 이해는 됩니다. 그즈음에 이르러서는 두 사람 모두 기업 최고위에서 내리는 결정과 너무 동떨어져 있었기 때문입니다. 결국 제가 그들의 지분을 당시로서는 매우 높은 가격에 모두 사들이는 것으로 마무리되었습니다."

키엘: 게르하르트 삼촌은 화재 이후에도 레고 목각 장난감을 계속 만드는 게 합리적이라고 생각했습니다. 빌로픽스가 회사에도 게르하르트 삼촌 본인에게도 새로운 성공을 가져다줄 것처럼 보였는데, 아버지가 다가와 "이제 그건 굳이 안 만들 거야!"라고 말한 겁니다. 아마 이것이 게르하르트 삼촌뿐만 아니라 다른 삼촌까지도 회사를 나가게 한 주된 이유였을 겁니다. 요하네스 삼촌은 줄을 타지 않고 아버지와 함께 빌룬에 남았고, 거대한 화물차를 몰고 계속 빌룬과 호헨베스테트를 오갔습니다. 아버지에게 지분을 팔고 콜링으로 이사할 때 게르

하르트 삼촌과 카를 게오르그 삼촌이 얼마를 받았는지는 모르지만 각자 새로운 회사를 세우고 가동할 만큼 믿음직하다는 건 확실합니다. 게르하르트 삼촌은 여러 해에 걸쳐 빌로픽스로 성공을 거두었고, 장난감 체인점도 설립했습니다. 한편 카를 게오르그 삼촌은 플라스틱 공장을 직접 운영했습니다. 모든 사람에게 씁쓸한 결별이었고, 네 형제가 어느 정도 좋은 관계를 회복하기까지는 20년 이상이 걸렸습니다. 그러나 네 사람이 할아버지가 살아 있었을 때만큼 진심으로 똘똘 뭉치는 일은 다시는 없었습니다.

전쟁 이후 10년 동안 올레 키르크와 네 아들은 오를라 예르겐센 및 정규직 외판원 두어 명과 함께 레고의 일상적인 운영 업무를 담당했다. 1950년대 후반과 1960년대 초에는 새로운 인물들이 시스템 하우스의 문을 열고 줄지어 들어왔다. 시스템 하우스란 모듈식 설계를 이용해 호베드가덴 및 쉬스템바이 거리 모퉁이에 새로 지은 세련된 경영관의 이름이었다.

여기에는 영업 및 마케팅 담당 헬게 토르페Helge Torpe, 법무 담당 올레 닐센Ole Nielsen, 광고 담당 헤닝 굴, 영업 담당 아르네 뵈트케르Arne Bødtker, 조직 및 인사 담당 쇠렌 올센 등이 있었다. 올레 키르크나 네 아들과는 다르게 새로 고용한 직원들은 모두 덴마크 비즈니스 사회의 각기 다른 여러 분야에서 모셔 온, 경험 많은 전문 관리자였다.

달리 말하면 경영 패러다임에 변화가 있었다고 해도 좋았다. 특히 고트프레드는 이처럼 신진 인사들이 유입되기를 고대하고 있었다. 이들은 모두 현대적 기업에서 통용되는 규칙과 새로운 형태의 기업 문화에 익숙했다. 대표이사이자 오너로서 그는 이들과 매일 상의하며 조언을 구하고 영감을 얻을 수 있었다. 한편 고트프레드에게 가장 충실했던 선임 직원 오를라 예르겐센은 10여 년간 회계 업무를 맡은 끝에 승진했으며, 이제 회사를 대리할 수 있게 되었다.

> 키엘: 아버지가 1950년대와 1960년대에 걸쳐 사업을 발전시키는 데 절대적으로 중요한 역할을 담당한 인물 중 하나는 제가 태어난 직후 레고에 입사한 오를라 예르겐센이었습니다. 예르겐센이 제 견진성사에서 연설했던 게, 그리고 그날 자기가 '돼지'를 타고 왔으며 당연히 황새가 저를 물어다 줬다고 말한 게 기억이 나네요. 여기서 돼지는 바일레와 그린스테드를 잇는 지역 기차의 별명이었습니다. 예르겐센이 매일 레고의 재무 상황에 관해 작성한 보고서는 아버지가 언제나 사업의 최신 동태를 파악하고 매 순간 올바른 결정을 내릴 명확한 기반을 마련해 주었습니다. 신임 관리자 중 몇몇은 다른 이들보다 자만심이 강해 결국 자주 부딪히기도 했습니다. 아버지에게는 어느 정도 균형을 맞추는 과정이었다고 생각합니다. 예를 들어 독일 담당 관리자가 하는 말에는 덴마크 담당 관리자의 말에 비해 어느 정도로 무게를 실어 주어야 했을까요? 아버지는 사업의 역동적 발전을 추진할 때 이러한 대가를 감당해야 한다는 걸 잘 알았습니다. 그 모든 게 결국은 선구적 분위기의 일부가 되었죠.

GKC는 고위 임원에게 많은 것을 요구했다. 임원들은 단호하게 행동해야 하고, 주도권을 잡을 줄 알아야 하며, 실패를 두려워하지 않아야 한다고 했다. 이는 한창 발달하던 레고 인사 정책의 바탕이 되는 법칙이었으며, 고트프레드가 가까운 누군가를 통해 배운 철칙에 가까웠다. 고트프레드는 훗날 이를 이렇게 설명했다. "아버지는 언제나 환상적인 선생님이었고, 늘 적극적으로 가르쳐 주었습니다. 어린 시절 저는 호기심이 넘쳤고, 아버지는 '뭐든 그냥 해봐!'라고 버릇처럼 늘 말했습니다. 저는 그걸 배우며 자랐고, 사람들이 주도권을 잡을 때가 좋습니다. 직원이 실수하면 저는 대개는 축하해 주는 편입니다. 무언가 배울 점을 찾아낸 셈이니까요."

또한 GKC는 레고 시스템 인 플레이의 바탕에 깔린 철학을 숙지하고 여기에 완전히 헌신할 것을 요구했다. 나아가 그는 부하 직원들에게 영감과 동기를 부여할 줄 아는 임원을 원했다. 1960년대 즈음, 고트프레드는 경영진 회의에서 격려차 연설을 하며 다음과 같이 말했다.

> 우리에게 필요한 관리자는 적절한 방식으로 동기를 부여할 줄 알고 사안을 개인보다 우선시하는 관리자뿐입니다. 이 정신을 전 직원에게 전파하는 것이 여러분의 소임이며, 그 우선순위를 진정으로 이해하고 한층 더 발전시킬 능력을 갖춘 관리자가 있다는 점이 우리 회사의 미래에 중대한 영향을 미칠 것입니다.

고트프레드와 새로운 경영진

GKC와 가까우면서 충실하고 헌신적이었던 어느 임원은 GKC에게서 리더로서 매우 많은 영감을 얻었으며, 나중에는 자신이 레고 경영진으로 일하면서 배운 내용을 일부 포함한 비즈니스 도서를 집필하기도 했다. 헬게 토르페는 영업과 마케팅을 비롯한 다양한 상업 활동을 담당하는 역할로 1958년에 레고에 입사하며 빌룬으로 왔다. 이때부터 토르페가 조금씩 알게 된 그의 상사는 간결하고 논리적으로 사고하는 사람이자, 먼저 말을 걸어 주고 단호한 행동을 중시하는 사람이었다. 사실 레고의 대표이사 겸 오너는 헬게 토르페가 만나 본 여러 덴마크 기업의 최고 임원 중 다른 그 누구와도 비슷하지 않았다.

고트프레드가 수년 동안의 확장기와 1960년대 전반에 걸쳐 회사를 이끌었던 방식은 사실 일본의 기업 운영 방식과 매우 유사했다. 그는 분명하고 구체적인 지침을 던져 주고 모두가 여기에 순응해야 한다고 말하는 식의 권위주의적 리더가 아니었다. 그보다는 오히려 끊임없이 제안을 던지는 리더였다. 그는 늘 질문을 했고, 대답을 기대했다.

키엘: 아버지는 자기가 고용한 사람들과 보폭을 맞추기 위해 리더십 스타일과 여러 방식을 바꾸었습니다. 또한 고향 빌룬에서뿐만 아니라 해외 지사에서도 직원들과 함께 시간을 보냈고, 독일의 악셀 톰센이나 스위스의 욘 샤이데거John Scheidegger처럼 몇몇 사람과 정말 친한 친구가 되기도 했습니다. 아버지가 아주 좋은 리더라고 하기 어려웠던 영역도 몇몇 있었습니다. 예를 들어 아버지는 무척 즉흥적이었고, 때로는 그 순간 자기가 가장 중요하다고 생각하는 게 있다면 그게 무엇이든 거기에 과도하게 몰두하기도 했습니다. 그러니 다른 사람들로서는 아버지의 의중을 이해하기가 어려웠을 수도 있습니다. 또한 아버지는 주기적으로 직원을 편애하는 경향이 있었습니다. 특정 직원에게 더 잘해 주고 나머지 직원들을 약간 무시하는 식이었죠. 많은 이가 이를 눈치챘으리라고 생각합니다. 그러나 믿기 어려울 만큼 잘하던 일도 여럿 있었는데, 그중 하나는 특히 자질이 뛰어나고 유능한 인재를 레고에 영입하는 일이었습니다. 이렇게 영입한 직원들은 모두 회사의 발전에 엄청난 영향을 미쳤습니다.

1960년 2월의 화재 발생 직후에 레고에 이사로 입사한 뒤 오래지 않아 대대적인 생산구조 개편에 엮인 53세의 쇠렌 올센은 1960년대와 1970년대 초에 걸쳐 레고의 정신과 공동체 의식에서 매우 중요한 역할을 담당했다. 비에링브로Bjerringbro 제재소 및 가구 공장의 고위 경영진 출신인 올센은 합리화, 생산관리, 인사 정책에서 심리학, 철학, 예술에 이르기까지 폭넓은 지식 및 기술 기반을 가진 열정가로 알려져 있었다. 짧게 말하면 쇠렌 올센에게는 훗날 인적자원 관리로 알려질 분야에 관한 전문 지식이 있었지만, 1960년대까지만 하더라도 인적자원 관리란 이제 막 생겨나던 개념에 지나지 않았다.

올센의 전문성과 레고의 끔찍한 성장통은 GKC가 그토록 그를 고용하고 싶어 했던 주된 이유였다. 총 매출 수익은 지난 3년간 아홉 배로 늘어났고, 신규로 채용한 인원이 끊임없이 빌룬에 유입되면서 동질적이지 않은 대규모의 공장 직원 일동과 경영진이 형성되었다. 그렇기에 너무나 많은 사람이 거의 아무런 정보나 지침 없이 일했으며, 역할과 책임을 두고 갈등이 자주 발생했다.

유능한 달변가였던 쇠렌 올센은 레고에 다수의 새로운 개념과 규칙을 도입했는데, 그중에서도 '인사 정책'이 가장 중요했다. 이후 10여 년간 올센은 인사 정책이 무엇을 의미하는지 상세하게 설명하는 문서를 만들었다. 또한 올센은 내적 선교회라는 배경과 더불어 키르크 크리스티안센 일가와 수년간 쌓아 온 우정을 바탕으로 신규 직원은 물론 기존 직원들에게도 레고의 바탕이 되는 가치와 문화를 상기시키는 어려운 일을 도맡았다. 다재다능했던 올센은 나아가 공장 직원들에게 '합리화'라는 말은 "제대로만 한다면 그저 '상식'을 의미한다는 것을 깨닫게 된다."라며 두려워할 필요가 없음을 지극히 담담한 어조로 설명했다.

쇠렌 올센은 레고에 오기 전에 장난감 업계에서 일해 본 적이 없었고, 그 덕분에 GKC가 임원을 채용할 때 가장 중요하게 고려하는 조건 중 하나를 충족했다. 훗날 그는 인터뷰에서 다음과 같이 설명했다. "우리는 될 수 있는 한 동종 업계 경력자를 채용하지 않습니다. 대체로 업계인은 전통에 얽매여 있고 우리의 발전을 저해할 수 있기 때문입니다."

올센을 채용하는 과정은 GKC다운 방식 그 자체였다. 우선 직접 만나 오랜 시간 대화를 나누었고, 그다음에는 전화로 몇 차례 통화하는 한편, 1959년 여름의 수개월에 걸쳐 편지를 주고받았다. GKC는 이때 볼보 아마존Volvo Amazon 신차를 제공하겠다고 제안하기도 했다. 법인 차량으로서 볼보 아마존은 꿈의 자동차였다. 자동차 애호가인 고트프레드는 자기가 직접 시승한 다음에 마침내 올센을 위해 베이지색 차량을 골랐다.

은퇴할 당시인 1970년대에 올센은 15년 전에 입사한 이 회사에 관해 다음과 같이 설명했다.

> 정식 조직이랄 게 아예 없었습니다. 인사 부서도 연락 위원회도 근무 보안 서비스도 없었고, 생산 일정이나 재고관리조차 없이 생산을 가동하고 있었죠. 월요일마다 이번 주 금요일까지 해야 할 일을 논의하고는 그냥 그걸 했습니다. 모든 게 매우 유연하고 직관적이었습니다. 게다가 아무리 보아도 체계가 없는데, 그로 말미암아 혼선이 생기는 것 같지는 않았습니다. 우리는 모든 걸 함께 논의했고, 문제에 함께 부딪혔습니다. 그러다 보면 별다른 형식적 절차 없이도 그 과정에서 임무를 완수할 수 있었습니다. 우리는 조직도 관료제도 문서도 거의 아예 거치지 않고 소통했습니다.

입사와 화재, 그리고 목각 장난감 부서의 폐쇄가 지나간 지 두어 달 후, 쇠렌 올센은 레고의 2층에 새로 문을 연 구내식당의 개업식에서부터 리더로서 수완을 발휘하기 시작했다. 공장 직원들에게는 아직 미지의 인물이었던 이 웃는 얼굴의 상냥한 남자가 가로로 긴 직원 테이블의 한쪽 끝에 서 있었다. 그는 기업 오너인 GKC에게 "근로자들에게 이처럼 사랑스러운 환경을 흔쾌히 마련해 주셔서" 감사하다고 말했다. 또한 장인과 리모델링 프로젝트 책임자, 구내식당 관리자에게 감사 인사를 전했다. 그러고는 직원들에게 연설했는데, GKC가 오래전부터 자신이 아닌 다른 사람의 입에서 나오기를 바라 마지않았던 종류의 생생한 연설이었다. 그는 모든 직원이 구내식당에 들어올 때 받은 두 개의 플라스틱 브릭이 자부심과 공동체 의식을 상징한다며 아름답고 진심 어린 말로 호소했다.

여러분은 아마 이 스터드 여덟 개짜리 브릭을 속속들이 안다고 생각하실 겁니다. 그러나 다시 한번 생각해 봅시다. 저는 레고 브릭의 바탕이 되는 정신을 여러분이 실현하고 있는지 잘 모르겠습니다. 이 브릭은 전 세계를 통틀어 가장 독창적인 장난감입니다. 온 세상을 장악할 장난감입니다. 이 작은 브릭을 이토록 높은 수준의 품질로 만들어 내기까지 얼마나 많은 생각과 연구, 경험, 주형 작업, 실험이 필요했을지 생각해 보십시오. 레고의 모든 사업이, 덴마크에서는 물론 해외에서도 모두 이 작은 브릭에 달려 있습니다. 우리 모두가 일용할 양식이 바로 여기에서 옵니다.

그렇지만 우리는 여기서 한발 더 나아가야 합니다. 빌룬의 레고는 앞으로 다가올 수년에 걸쳐 우리가 전 세계 각지에 건설할 모든 레고 공장의 본보기가 될 만한 모범 공장으로 바뀌어야 합니다. 여러분 모두가 각자의 몫을 더해 그 성공에 기여할 수 있습니다. 그러니 이 공동체와 공동의 노력에 함께해 주시기를 부탁드립니다.

우리 회사의 설립자 고故 올레 키르크 크리스티안센은 공장에 다음 표어를 내걸었습니다. "가장 좋은 것만이 충분히 좋은 것이다." 지금 들어도 옳은 말이죠. 앞으로도 우리는 이 표어를 고수해야 할 것입니다. 이 표어를 고트프레드는 1960년에 이렇게 바꾸었습니다. "계속 앞으로 나아가자, 조금씩 더 나은 곳으로."

미국 입성: 샘소나이트와 손잡다

GKC는 일찍이 1958년 가을부터 영미권 시장에 주목하기 시작했다. 그는 레고 주식회사 총회에 제출한 연례 보고서에 다음과 같이 썼다. "레고가 유럽에서 거둔 성공에는 전염성이 있다. 이제는 미국 시장을 공략해야 한다." 그러나 이 제안에는 아직 해결되지 않은 중대한 문제가 몇 가지 있었는데, 그중 하나는 미국에서 파트너를 찾아야 할지, 혹은 영국을 통해 미국으로 수출해야 할지에 관한 문제였다.

앞서 레고는 컨설턴트를 고용해 다양한 설문 조사와 시장분석을 맡겼고, 미국에서는 신생아부터 만 14세까지의 어린이 6000만 명이 상당한 양의 장난감을 소비하므로 장래가 유망하다는 보고를 받았다. 한편 이들은 영국 시장과 잠재적 라이선스 파트너를 조금 더 분명하게 파악하려고 노력했다. 유럽에서 두 번째로 큰 장난감 시장을 보유한 영국에서는 1893년부터 장난감 병정을 만들어온 윌리엄 브리튼William Britain은 물론 에어픽스Airfix, 코기Corgi, 메카노 등이 질 좋은 상품으로 유명했다.

잉글랜드의 키디크래프트 브릭은 올레 키르크가 작은 플라스틱 브릭을 처음 손에 들었을 때부터 빌룬을 떠나지 않고 사람들을 괴롭혔다. GKC는 언젠가는 영국에 레고 시스템 인 플레이를 출시하겠다는 꿈을 품고 있었지만, 힐러리 피셔 페이지의 기존 특허가 아직 효력을 잃지 않고 남아 있다면 영국에서 레고 브릭을 판매하지 못할 수도 있다는 사실을 덴마크 특허청의 조사를 통해 파악하고 있었다.

특허에 관한 문제는 1958년 12월, 직원 6만 명과 플라스틱 공장 브리티시 셀라니즈British Celanese를 포함한 다양한 자회사를 거느린 세계적 직물 기업 코톨즈 유한회사Courtaulds Ltd.가 레고와의 협업에 지대한 관심을 보이면서 협상 과정에서 처음으로 논의되기 시작했다. 렉섬Wrexham에 자리한 브리티시 셀라니즈의 생산을 전환해 플라스틱 장난감을 만들고자 했던 코톨즈는 덴마크의 레고 시스템 인 플레이를 투자하기에 적합한 상품으로 판단했다.

협상은 1959년 봄까지 지지부진하게 이어졌는데, 대체로 레고가 확신을 품지 못했기 때문이었다. 라이선스 계약을 선택해야 할까? 아니면 상품을 직접 수출하는 편이 나을까? GKC와 최측근들이 갈팡질팡하는 동안 코톨즈는 영국 변호사들에게 힐러리 페이지와 키디크래프트에 관한 특허 문제의 검토를 맡겼다. 마침내 이들은 레고에 더 유리하다는 의견을 냈는데, 레고가 1958년에 결합력 또는 '클러치 파워'를 개선하기 위해 브릭 내부에 튜브 세 개를 더하며 독창적 개발을 거쳤다는 점이 크게 작용했다.

고트프레드는 여전히 망설였다. 지금이 그처럼 거대한 시장에 나서기 좋은 때일까? 레고 역사상 가장 맹렬한 확장이 마무리된 이 시기에 잠시 멈추어 숨을 고르고 지위를 강화하며 이미 진출한 시장에 더 집중하는 것이 낫지 않을까? 그러나 고트프레드의 참모진은 단호한 태도를 보였으며, 업무 메모에 "코톨즈 같은 기업의 규모와 긍정적 전망은 쉽게 찾아오는 기회가 아니다."라고 적었다.

코톨즈는 막대한 자본과 국제적 인지도, 풍부한 업계 경험을 가진 대기업이었다. 영국뿐만 아니라 호주와 아일랜드, 홍콩 등의 국가에서도 레고에 귀중한 동맹이 되어 줄 수 있었다. 어쩌면 레고의 미국 입성을 도와줄 황금 입장권일지도 몰랐다.

다시 한번 고트프레드는 자신이 행동파라는 점을 증명해 보였다.

쇠뿔도 단김에 빼라더니, 고트프레드는 그해 7월 브리티시 레고 유한회사라는 이름으로 판매 영업소를 설립했다. 코톨즈와의 계약은 렉섬 공장에서 생산을 담당하는 라이선스 거래의 형태를 취했다. 또한 1960년 1월에는 레고가 브라이턴 연례 장난감 박람회에 참석해 영국 시장에 첫선을 보였다.

판매 곡선이 처음부터 가파른 우상향을 그렸고, 코톨즈와의 파트너십도 순조롭게 진행되었다. 이로부터 불과 1년 뒤인 1961년에는 북미 판매에 얽힌 문제를 해결해 줄 방안도 찾아냈다. 단단한 플라스틱으로 만든 세련된 여행용 가방과 미용용품 가방, 서류 가방으로 전 세계적 인지도를 얻은 샘소나이트 코퍼레이션Samsonite Corp.과 레고가 계약한 것이다.

두 기업 간의 파트너십은 순조롭게 출항했으나, 성공을 거두지는 못했다. 훗날 고트프레드가 회고했듯이 "주된 관심사를 다른 분야에 둔 기업과 힘을 합친다는 건 절대 좋은 생각이 아니었다. 샘소나이트는 여행용 가방을 만드는 데 탁월했다." 알고 보니 샘소나이트는 수익성 좋은 거래를 맺는 실력도 탁월했다. 두 기업이 맺은 계약에 따라 샘소나이트 측은 앞으로 99년간 레고에 라이선스 사용료를 지급하는 대가로 미국 시장에서 레고를 생산하고 판매할 배타적 권리를 가져갔다. 결국 레고는 10년 후 재정적으로 막대한 성공을 달성했을 때 여행용 가방 회사와 맺은 이 계약과 불만족스러운 파트너십에서 벗어나고자 했다.

키엘: 사실 미국 시장에서 레고 브릭을 생산하고 판매할 라이선스를 이 여행용 가방 회사에 주라고 아버지를 설득한 사람은 샘소나이트에서 일한 경력이 있는 레고 스위스 지사의 책임자, 욘 샤이데거였습니다. 이 계약은 값비쌌을 뿐만 아니라 빠져나오기도 어려웠습니다. 1960년대에는 우리가 바랐던 결과는커녕 그 근처에 가지도 못했기 때문입니다. 계약 기간은 아직 한

참 남아 있었고, 그 내용을 다시 협상하기란 사실상 불가능했습니다. 이렇게 나쁜 거래에 응한다는 게 사실 저희 아버지다운 일은 아니었지만, 레고가 유럽 전역으로 빠르게 수출 범위를 늘려 갔던 당시에는 이역만리나 다름없었던 북미 대륙에 독자적 회사를 설립하기가 너무 복잡하고 어려우리라 생각했던 듯합니다. "거기서 우리를 도와줄 누군가를 찾아야만 해. 그 어떤 대가를 치러서라도!"

그렇지만 1962년 당시만 하더라도 샘소나이트와 함께하는 레고의 미국 탐방에는 창창한 미래가 기다리는 듯 보였다. 레고 시스템 인 플레이가 출시된 3월에 뉴욕에서 열린 대규모 레고 전시회에서 찍은 사진 한 장만 보더라도 이를 쉽게 느낄 수 있다. 만면에 미소를 띤 키 작은 덴마크 남자가 레고 브릭으로 만든 고층 빌딩 두어 채 옆에서 작은 집들을 밟고 올라선 채 이 장난감이 무게를 얼마나 견딜 수 있는지 보여 주고 있다. 뒤로 보이는 벽에는 굵은 글씨로 "레고, 마침내 미국 입성"이라는 말을 커다랗게 써 붙여 놓았다. 바이킹이 왔다는 소식에 미국 언론이 이들을 보려고 구름처럼 모여들었다. 고트프레드가 덴마크에서 레고의 생명줄이나 다름없는 바일레 은행의 대표이사에게 보낸 편지에 따르면, 다수의 신문사와 TV 채널에서 나온 기자 삼사십 명가량이 이들을 취재했고, 다음 날 《뉴욕 타임스New York Times》는 특정 면의 뒤 페이지 하나를 통째로 할애해 레고를 다루었다.

이로부터 1년 전에, 샘소나이트를 상대로 계약을 아직 체결하지 않았던 당시에 GKC와 그의 법무 고문 올레 닐센은 미국의 장난감 브랜드 엘고ELGO라는 심각한 장애물을 제거하기 위해 시카고로 향했다. 1947년부터 엘고는 '아메리칸 플라스틱 브릭'으로 명성을 얻었는데, 생김새 면이나 품질 면에서 키디크래프트 브릭이나 레고가 최초로 출시한 버전의 브릭과 매우 유사했다. 1950년대에도 엘고는 아메리칸 플라스틱 브릭을 상자와 주석 캔에 담아 판매했으며, 1955년부터는 레고의 타운 플랜을 연상시키는 색색의 길거리와 마을 그림을 강조하며 "나만의 도시를 계획하고 만들어요"라는 대대적 캠페인을 벌였다.

엘고라는 회사 이름은 레고를 따라 한 것이 아니라 오히려 오너 해럴드 엘리엇Harold Elliot과 새뮤얼 고스Samuel Goss의 성에서 두 글자씩 따온 이름이었다. 이들은 덴마크 바깥에 레고라는 이름이 알려지기 한참 전인 1941년부터 이 이름으로 영업을 시작했다. 그러나 고트프레드는 두 이름이 헷갈리기 쉬울 수 있다고, 그 외에도 몇 가지 이유로 두 기업이 미국 시장에서 유감스럽게도 경쟁자가 될 수밖에 없다고 생각했다.

이들은 엘고라는 이름에 대한 권리를 소유한 장난감 회사 핼샘Halsam의 대리인과 시카고의 어느 호텔에서 만났는데, 훗날 GKC가 설명한 바에 따르면 미국 측은 상표권을 판매하는 대금으로 25만 달러를 요구했다. 오늘날의 가치로 환산하면 300만 달러가 넘는 금액이었다. 협상은 느리게 진행되었지만, 늦은 밤에 이르러 덴마크 측에서 2만 5000달러로 금액을 낮추었다. 그러나 미국 측은 손에 돈을 직접 쥐기 전까지 그 어떤 서명도 할 생각이 없었다. 1961년 당시로서는 너무나 어려운 주문이었다. 덴마크인이 갑자기 가까운 은행으로 걸어가 거액을 찾을 수도 없었고, 덴마크의 외화 거래 제한조치로 말미암아 본국에서 송금을 받을 수도 없었다.

절망적 상황이었다. GKC는 우선 바일레 은행의 대표이사 홀름에게 연락을 취했지만, 홀름은 덴마크의 외환 규제에 관해서라면 아무런 융통성도 허락되지 않는다는 사실을 그 누구보다 더 잘 알았다. 다음으로 GKC는 스위스에서 레고를 책임지는 욘 샤이데거에게 전화했다. 샤이데거는 더 융통성 있는 스위스 은행 업계에 개인적인 연줄을 이용해 고트프레드가 2만 5000달러를 전신송금환으로 받을 수 있도록 준비해

주었으며, 그 덕택에 미국 시장을 향한 레고의 앞길에 놓인 거대한 장애
물을 치울 수 있었다.

글로벌 기업으로 발돋움하다

국제화가 발 빠르게 진행되고 있었고, 레고 일가는 곧 미국과 캐나다, 호
주, 싱가포르, 홍콩은 물론 일본과 모로코에도 기반을 마련했다. 빌룬 주
민들은 시스템 하우스에서 회의와 콘퍼런스가 점점 더 잦은 빈도로 열
린다는 사실을 느낄 수 있었다. 행사가 있는 날이면 외국 국기가 시스템
하우스의 지붕 높이 걸렸고, 그레네 교구에서는 한 번도 들어 본 적이 없
는 언어가 종일 들렸다.

　　레고 오너는 여기서 어려움을 느꼈다. "저는 학교에서 덴마크어를
배운 적이 거의 없습니다." 그가 어느 인터뷰에서 한 말이다. 그는 자신
이 언제나 여러 언어를 사용하는 직원들에게 둘러싸여 살았다고, 언어
면에서 어려움을 겪는다는 사실이 종종 유리하게 작용하기도 했다고 설
명했다. 해외에서 중요한 협상이 있을 때 소통이 느리게 진행되면 그로
서는 결정을 내릴 시간을 조금 더 버는 셈이었다.

　　고트프레드는 영국의 코톨즈와 성공적인 파트너십을 이어 나가면
서 브리티시 레고의 몇몇 주요 경영진과 친구가 되었을 때 공부를 다시
시작할 기회를 얻었다. 1962년에는 스팀슨Stimson 씨가 렉섬에서 열리는
장기간의 강도 높은 언어 수업 과정을 추천했는데, 레고의 연락 담당 비
서가 보낸 회신에 따르면 대표이사가 "영어 실력을 다시 끌어올리기 위
해 2주에서 3주간 웨일스에서" 시간을 보내는 데 분명히 관심이 있으나,
안타깝게도 미국 출장 때문에 시간을 낼 수가 없으며 봄이 되면 다시 생
각해 보겠다고 했다. 그러나 이 아이디어는 더 진행되지는 못했다.

키엘: 아버지는 어떤 언어든 학교에서 배운 적이 없었고 영어도 할 줄 몰랐습니다. 독일어를 조금 배우긴 했으나 대화를 이어 나갈 정도는 아니었습니다. 아버지는 이를 두고 농담을 던지기도 했지만, 연설할 일이 있으면 영어나 독일어로 몇 가지 단어를 먼저 떠올린 뒤 덴마크어로 바꾸곤 했습니다. 그러니 빌룬에서 국제회의를 열 때 연설이나 강연을 하려면 꽤 오랜 시간 수고를 들여야 했습니다. 외국인 관리자 중에도 영어나 독일어를 못하는 사람들이 있었습니다. 그들이 회의에 참석할 때면 그 뒤에는 전문 통역사와 동시 번역가 서너 명이 동행했습니다.

사업이 점차 국제적으로 성장하면서 레고에도 서신과 계약 관리 등을 담당할 직원이 필요해졌다. 1958년에 첫 번째 채용을 진행했으며, 고트프레드와 에디트의 정원 아래쪽에 이들이 머물 사택을 지었다. 이 사택은 훗날 '욤프루부레트Jomfruburet'라는 이름으로 알려졌는데, 덴마크 고어古語인 이 단어는 문자 그대로 해석하면 '처녀들의 우리'라는 뜻이었으며, 결혼하지 않은 젊은 여성이 혼자 사용하는 방을 가리키는 데 쓰였다. 영어 또는 독일어, 프랑스어를 구사하는 젊은 여성을 위한 숙소였으며, 사용자는 한 달에 90크로네를 내고 이 공용 숙소를 임대했다.

키엘: 물론 아버지는 이들이 마을이나 주변 지역에 방을 잡고 지낼 수는 없을 테니 시스템 하우스 근처에 지낼 만한 괜찮은 곳이 필요하겠다고 생각했습니다. 시스템 하우스에서는 전 세계 각지에서 들어오는 서신들 때문에 일과 중에 이들의 일손이 무척이나 필요했습니다. 오르후스 경영 대학 출신으로 빌룬에 온 첫 번째 비서의 이름은 잉에 에위뷔에Inge Eybye와 리스베트

에레르스Lisbeth Ehlers였습니다. 그때도 우리는 회사에서 서로를 꽤 격식 없이 불렀지만, 그래도 누군가를 친할 때 성을 내용했으므로 두 비서는 잉에가 아니라 에위뷔에로, 리스베트가 아니라 에레르스로 불렸습니다.

수출이라는 대모험을 시작할 때부터 고트프레드는 해외 판매 부서들을 빌룬에 뿌리를 둔 가족 같은 공동체로 한데 모아 줄 조직을 구성하려는 계획을 마음속에 품고 있었다. 모든 직원이 덴마크의 모회사와 같은 원칙에 따라 근무하면서도 서로 매우 다른 각국의 상황에 따라 알맞게 조정할 수 있는 것, 그리고 덴마크 팀의 그 누구도 해외 관리자의 기획과 열의를 해치지 않는 것이 골자였다. 이것이 바로 근본적이고 전면적인 경영 원칙이 되었다. 고트프레드의 말을 빌리면 이는 "수많은 국가의 고위 임원들이 짊어진 책임감을 빼앗지 않으면서도 길을 안내할 수 있도록 늘 외교적으로 일하는 것"을 의미했다.

조직의 중심에는 레고 시스템 인 플레이가 있었다. 고트프레드는 이 공동의 신념을 다음과 같이 표현했다. "우리는 하나의 레고 대가족입니다. 우리는 장기적 잠재력을 품고서 최고의 놀이 기회를 선사하는 장난감을 만드는 일을 평생의 직업으로 여깁니다."

글로벌 비즈니스의 물리적 중심지는 시스템 하우스였다. 이곳은 레고 본사와 빌룬 마을 회관으로 사용되며 길고 혼란스러운 시기를 지난 끝에 지금은 레고 기업의 역사를 담은 기업 박물관이 되었다. 시스템 하우스는 차지하기 쉽지 않았던 모퉁이 자리에 1958년과 1961년의 두 단계에 걸쳐 건설되었다. 오랫동안 이곳에 건물을 가지고 있었던 지역 이발사는 "콧대 높고 힘센" 레고 기업에 이곳을 팔지 않겠다고 버텼다. 올레 키르크가 아직 살아 있을 때인 1957년, 어느 지역신문에서는 이 오랜 불화를 흥미진진한 투로 보도했다.

"이발소와 뒤뜰 정원이 공장 부지에 쐐기처럼 박혀 있다. 레고를 위해 근방의 다른 여러 부동산을 매입한 올레 키르크는 이발사에게 중앙난방을 갖춘 신축 저택과 현대적 미용실을 주는 대가로 기존의 가게를 팔아 달라고 제안했다. 그런데 이발사가 이를 거부한 게 아닌가!

"돈으로 살 수 없는 것도 있다는 걸 보여 주지, 올레 녀석!" 이발사는 한 발짝도 물러나지 않았고, 대장장이도 그의 편을 들었다. 이제 올레 키르크는 공장 부지에서 이발소까지 길게 담장을 지어야 할지 고민했다.

"좋아, 내가 뭐 하나 알려 주지." 올레 키르크의 머릿속에서 짓궂은 목소리가 나타나 속삭였다. "담장을 조금 세우는 거야. 그러면 이발사는 연료를 옮길 때마다 그걸 싣고 길거리에서 온 집안과 부엌을 지나 집 뒤편까지 가야 할 테지……."

1958년에 레고가 드디어 모퉁이 터를 매입해도 좋다는 허락을 받았고, 이곳은 이후 수년간 마을에서 쉬스템바이의 공장 부지로 향하는 길목 역할을 했다. GKC는 빌룬에서 레고의 중앙 허브를 담당한 새로운 시스템 하우스 건물을 두고 "이곳이 바로 어머니의 집이니, 즉 고참 직원들과 참모들이 찾아와 어느 정도 영감과 지침을 구할 곳이자 아이디어가 모이고 강화되는 곳"이라고 말했다.

또한 시스템 하우스는 경영진과 행정 직원들의 사무실과 회의실을 둔 곳이기도 했다. 현대적이고 고상한 취향으로 설계된 회의실인 시스템 홀도 이곳에 자리했는데, 이 회의실에는 레고의 전 세계적 야망을 상징하는 세계지도가 벽 하나를 전부 뒤덮고 있었다. 1970년대에 접어들기 전까지는 매년 전 세계의 레고 가족 전원이 이곳에 모여 며칠간 건설적 대화를 나누었다.

키엘: 정말 환상적인 공간이었습니다. 그때도 우리는 대범하게 사고했고 목표를 분명하게 정의했습니다. 전 세계로 나아가는 것이었죠. 우리는 세계 각지에 우리의 회사를 세우고, 각 시장과 가까운 곳에서 모든 것을 속속들이 아는 지역 인재에게 운영을 맡기려고 했습니다. 덴마크인을 빌룬에서 파견해 함께 일하는 방식만큼은 원치 않았고, 그보다는 각국 시민들과 함께 일하고자 했습니다. 아버지는 본래 시스템 하우스의 멋진 모퉁이 사무실을 사용했습니다. 한쪽 끝에는 소파 여러 개를 옹기종기 놓았고, 다른 한쪽 끝에는 호베드가덴과 공장이 내다보이는 창문 모퉁이에 거대한 책상을 두었습니다. 이후에는 위층으로 자리를 옮겨, 회의용 탁자와 별도의 옥상 공간이 딸린 더 큰 사무실을 사용했습니다. 아버지의 사무실에 놀러 갈 때면 저는 그 옥상에 나가는 걸 무척 좋아했습니다. 해외에서 방문객이 오면 바로 그곳에서 그 모든 깃발을 내걸었습니다. 해외 국가의 경영진이 빌룬에 처음 방문할 때면 옥상에 직접 나가 자국의 국기를 게양하는 전통이 생겼죠. 국기들이 바람에 나부끼는 광경은 정말 특별했습니다. 전 세계가 빌룬으로 찾아왔으니까요!

회사에 마음 깊이 헌신하는 남자들이 굴뚝처럼 연기를 내뿜으며 발표, 본회의, 조별 과제 등으로 구성된 이 콘퍼런스 회의에서 말을 하고 다른 이들의 말을 들었다. 오를라 예르겐센은 특히 누군가 새로운 아이디어를 제시할 때면 모두가 한마음으로 열정을 드러냈다고 회고했다. "그곳에는 진정한 개척 정신과 다양한 국가의 사고방식에 걸친 높은 수준의 유대감이 있었습니다."

이러한 공동체 의식을 강화하는 것이 1960년대 레고 콘퍼런스의 중요한 과업 중 하나였다. 각기 다른 국적의 사람들이 서로를 만나고 알아 간다는 것은 마치 거대한 대가족의 일원이 되어 먼 사촌지간끼리 처음으로 만나는 것과 비슷했다. 해외 임원들의 배우자도 초청을 받아 덴마크 출장에 동행했다. 신사라는 말이 잘 어울렸던 임원들이 레고가 어떻게 더 살기 좋은 세상을 만들 수 있을지 논의하고 고트프레드가 즐겨 하던 말대로 "그 잠재력을 실현할 방법"을 토론하는 동안, 숙녀들은 에디트의 안내를 따라 오르후스에서 나들이를 즐기며 시내 중심가에서 쇼핑하고 해안에서 요트를 탔다. 콘퍼런스의 마지막 날 저녁이면 오너 일가의 1층짜리 저택에서 칵테일 파티를 열고 모든 부부를 초청했다. 건축가가 설계한 이 저택은 수많은 침실과 아트리움을 중심으로 둘러선 네 개의 거대한 응접실을 자랑했다.

키엘: 우리 가족의 새로운 집은 1960년 1월에 완공되었는데, 옛집과는 긴 진입로로 이어져 있었습니다. 당시 빌룬에는 숙박할 만한 곳이 많지 않았습니다. 여관이 하나 있긴 했지만, 그렇게 고상한 곳은 아니었죠. 그렇지만 이제는 연중 내내 해외에서 손님이 찾아왔습니다. 그래서 아버지는 언제나 손님이 며칠씩 머무를 수 있도록 넉넉한 집을 지었습니다. 독일의 악셀 톰센이 오기도 했고 스위스의 욘 샤이데거, 스웨덴의 브로르 오스베리Bror Åsberg, 혹은 외국의 다른 유통업자나 관리자가 올 때도 있었습니다. 손님들은 하루나 이틀을 우리와 함께 머물렀는데, 그런 면에서 그들은 레고의 일원일 뿐만 아니라 우리 가족의 일원이기도 했습니다. 이 모든 일은 지금의 저를 만드는 데에 도움이 되었습니다. 열두 살에서 열세 살 즈음이었으니 그저 구경꾼에 지나지 않았지만, 그래도 많은 걸 보고 들을 수 있었죠. 그런 면에서 저는 회사와 함께 성장했고, 어떤 사람들이

이 눈부신 발전을 주도했는지 알 수 있었습니다.

너무 빠른 성장

1960년대 초에 레고가 마주한 가장 큰 과제는 회사의 내부 사정을 통제하는 것이었다. 작업실과 사무실에서 혁신적 아이디어가 쏟아져 나왔고, 개척자다운 분위기가 강했다. 레고 본사 곳곳에서 성장을 실감할 수 있었고, 공장과 사무실에 더 많은 직원을 수용하기 위해 끊임없이 확장 공사를 진행했다. 한마디로 모든 것이 한순간에 부풀어 오르고 있었고, 회사가 정도를 벗어나지 않도록 막아 줄 조치가 필요하다는 것이 곧 분명해졌다. 달변의 대가였던 이사 쇠렌 올센의 말을 빌리면, 레고는 "쟁기로 밭고랑만 팔" 방법을 찾아야 했다.

GKC는 몇 가지 경영상의 장치를 사용했는데, 그중 하나는 모든 고위 임원에게 각기 다른 색의 A4 서류철을 배정하는 의사소통 체계였다. GKC는 프레젠테이션에서 이 체계의 목적이 "내부 정보를 통해 회사 내 충성도를 증진하기 위함"이라고 했다. 모든 발표와 논의의 요약본은 물론 최고위 경영진이 내놓는 가장 중요한 정보와 결정들 또한 '레고 인터널'이라는 이름의 이 의사소통 체계에 담겼다.

이와 비슷한 시기에 GKC는 "가치 있는 지식"이라는 이름의 특별 포럼을 도입했다. 업무와 회사, 레고 시스템 인 플레이에 관한 사안을 살펴보는 이 저녁 행사는 특정 직급 이상의 직원을 한 달에 한 번씩 강연, 상영회 혹은 기타 형태의 교육 콘텐츠에 참여시키는 것이었다.

또한 유대감을 강화하는 목적과 함께, 그 수가 점점 더 늘어나는 레고 중간관리직들이 각 팀원에게 더 좋은 동기를 부여할 능력을 함양하는 목적도 있었다. GKC의 말대로 품질 좋은 상품을 만들려면 자기에게 무엇이 요구되는지 제대로 이해하는 의욕 있는 직원들이 필요했다. "현대적 조직에서는 명령을 내리는 것만으로는 부족하고, 명령을 받은 사람이 그 명령을 받은 이유와 특정 방식으로 명령을 수행해야 하는 이유를 제대로 이해해야 한다."

"가치 있는 지식" 포럼은 교양을 중심으로 했으며, 대학 수준의 교양 강의와 거의 같은 목적으로 진행되었다. 게다가 쇠렌 올센이 행사의 책임을 맡을 때면 수준이 한층 높아졌다. 그는 다양한 분야의 연사를 초청했는데, 덴마크의 가족 경영 기업이자 자동 온도조절기 제조업체인 댄포스Danfoss의 대표가 와서 조직 구조에 관해 이야기하기도 했고, 어느 날에는 지역 경찰관 크비스트 쇠렌센Qvist Sørensen이 공장에 얼굴을 비추고 도시계획을 논하면서 빌룬에는 도시계획이 부족하다고 이야기하기도 했다. 코펜하겐에서 온 심리학자 스텐 헤겔레르가 어린이에게 놀이가 얼마나 중요한지를 레고 관리자들에게 가르쳐 주기도 했다. 어느 날 저녁에는 프레데리시아에서 온 필립센Philipsen 목사가 "하나님은 모든 일에 관여하시는가?"라는 주제를 논하기도 했다. 바일레 은행의 선임 은행원 스트로이에르 쇠렌센Strøjer Sørensen은 1963년의 마지막 "가치 있는 지식" 강연의 연사가 되는 영광을 맡아 "돈이 세상을 굴러가게 하는가?"라는 질문을 논했다.

좋은 질문이기도 했지만, 8년 연속 지난해 대비 더 좋은 실적을 낸 기업의 대표이사이자 오너로서 더더욱 귀 기울일 만한 주제이기도 했다. 1963년에 레고는 총수입 3500만 크로네라는 어마어마한 금액을 달성했다. 레고 브릭이 날개 돋친 듯 팔렸고, 몇몇 상품에 바퀴를 추가하면서 더더욱 판매량이 늘어났다.

스터드 네 개를 정사각형 모양으로 배치하고 고무 타이어를 두른 바퀴는 한참 전인 1958년에 모델 제작자 크누드 묄레르 크리스티안센Knud Møller Kristiansen이 개발한 것으로, 이즈음 다시 채택해 생산하기 시작했다. 상품은 곧바로 대박이 났고, 뒤이은 1970년에는 톱니바퀴까지 출시하면

171

서 공학자가 되거나 건설 업계에서 일하고 싶다는 꿈을 꾸는 모든 어린이에게 기술 면에서 한층 더 정교한 가능성을 열어 주었다.

> 키엘: 저는 언제나 자동차를 굉장히 좋아했고, 어릴 적에는 수많은 종류의 모델을 만들며 놀았습니다. 특히 우리가 바퀴, 정확히 말하면 레고 휠을 개발한 이후 더더욱 많이 만들었죠. 저는 제 컬렉션을 '레카'로 불렀는데, 당연히 '레고 카'의 줄임말이었습니다. 사실 그 모든 자동차를 넣어 둘 레카 차고까지 만들었어요. 커다란 미국 자동차와 작은 영국 스포츠카는 물론, 떠올릴 수 있는 온갖 종류의 자동차를 만들었습니다. 1963년, 레고는 레고 휠의 상업적 성공을 바탕으로 레고 역사상 최초의 세트 상품을 판매하기 시작했습니다. 설명서가 포함된 레고 조립 세트였죠. 처음에는 꽤 작은 세트를 구성해 판매했습니다. 그중 하나였던 트럭은 운전석 지붕 위에 달린 손잡이의 힘으로 바퀴를 돌릴 수 있었어요. 제가 직접 디자인한 험지 주파용 하얀색 자동차도 있었습니다. 당시 저는 대체로 커다란 자동차를 만들었는데, 이제는 톱니를 이용해 기어를 바꿀 수 있고 실린더까지 움직이는 변속장치도 만들 수 있습니다.

"우리는 장난감 공장이 아닙니다"

다른 두 가지 획기적인 레고 상품 또한 1960년대 초에 빛을 보았다. 하나는 스케일 모델 라인이었는데, 사용자가 더 세밀한 모델과 집을 계획하고 조립할 수 있도록 새롭고 더 납작한 몇 가지 레고 부품을 넣었다. 흰색과 회색, 검은색으로 구성된 이 레고 브릭은 극단적으로 말하면 성인을 겨냥한 상품이었다.

또 다른 하나는 모듈식 치수라는 표준화된 체계에 맞춰 더 작은 브릭으로 구성된 모듈렉스Modulex였다. 스터드 한 개짜리 브릭의 규격은 각 면이 5밀리미터였다. 전문 건설 업계를 겨냥한 이 상품은 다양한 건설 프로젝트에서 이처럼 작은 부품을 이용해 매우 세밀한 모델을 조립할 수 있다는 아이디어를 바탕으로 제작되었다.

당대의 많은 것이 그러했듯이 이 또한 지칠 줄 모르는 GKC가 내놓은 기획이었다. 그는 취미를 즐기는 성인들이 레고 시스템을 더 많이 가지고 놀기를 바랐으나, 한편으로는 당시에 근본적 변혁을 겪고 있던 건설 업계의 건축가, 공학자, 설계자, 개발자 등에게도 3D 설계 및 기획에 이처럼 더 작은 신상품 레고 부품을 도구로 사용해 보라고 설득하고 싶어 했다. 1950년대에는 단순한 표준형 구성 요소와 모듈을 공장에서 대량으로 생산한 다음 현장에서 설치하는 방식이 등장하면서 건축과 옛 공법에 혁신이 일어나고 있었다.

이 기술을 직접 사용한 예시 중 하나가 바로 고트프레드와 에디트가 1958년에 쉬스템바이의 기존 주택 너머 거대한 공터에 짓기로 결심한 매우 현대적인 1층짜리 하얀색 저택이었다. 건축가 오예 분고르Åge Bundgård가 제시한 다양한 설계 스케치를 두고 고민하던 도중에 고트프레드에게 아이디어가 떠올랐다.

키엘: 건축 과정이 시작되는 단계에서 아버지는 평범한 레고 브릭으로는 우리 집의 모델을 만들 수 없다는 사실을 못마땅하게 여겼습니다. 여기서 아버지는 프로젝트 기획안의 모델을 훨씬 더 상세하게 만들 수 있는, 더 작고 완전히 새로운 브릭 시스템을 만들어야겠다는 아이디어를 떠올렸습니다. 아버지는 머릿속으로 이 아이디어에 계속 살을 덧붙였고, 어쩌면 장난감 사업보다 훨씬 더 큰 일이 될 수도 있겠다고 생각했습니다. 건축

가와 공학자뿐만 아니라 직접 설계한 단독주택에 살고 싶다는 꿈을 품은 1960년대 초의 모든 어른까지 이 두 가지 새로운 시스템을 사용한다고 상상해 보세요. 레고에는 거대한 시장이 새로 열리는 셈이었습니다.

고트프레드가 이 정도로 극단적으로 사고한 적은 인생을 통틀어 다시는 없었고, 직원들에게 그 중요성을 끊임없이 강조해 온 레고 시스템인 플레이와 그토록 동떨어진 사안에 초점을 맞추었던 적도 없었다. 그는 이 비전의 기반과 가능성을 '레고 칼럼LEGO Column'으로 불렀으며, 이를 위한 4단계 개발 과정을 수립해 1959년에 시스템 하우스에서 직원들에게 선보였다.

1단계는 잘 알려진 어린이용 레고 시스템이었다. 2단계는 "어른의 취미라는 새로운 등급으로 가다듬고 다시 작업한 상품"이었다. 3단계는 공학자, 건축가 및 기타 건설 업계 전문가를 위한 상품이었다. 마지막으로 4단계는 레고 놀이가 전 지구적 변화를 일으킨 세계를 내다보는 철학적 상부구조에 가까웠다. GKC는 우리가 무언가를 만들고 세우는 방식뿐만 아니라 인간으로서 생각하고 행동하는 방식 자체가 마치 진화의 계보를 따라 다음 단계로 나아가듯이 변할 것이라고 설명했다.

그가 품은 비전은 어린이가 작은 플라스틱 브릭을 가지고 노는 추상적 놀이에서 어른이 규격에 맞는 벽돌과 모듈로 수행하는 구체적인 건설 작업으로 이어지는 호선을 그렸다. 모든 비전은 현실과 상상의 혼합이기 마련이고, GKC는 마음의 눈으로 이 모두를 보았다. 그는 직원들에게 이 아이디어의 골자를 이렇게 설명했다. "미래에는 점점 더 많은 집을 지을 때 우리의 모듈식 시스템에 따른 표준 부품만을 사용하고 건설 현장에서 상당한 수고를 아낄 수 있을 것입니다. 우리는 지금까지 우리가 쌓은 모든 경험과 체계적 연구를 통해 그 누구도 꿈꾼 적 없는 방식으로 인류에 이바지할 수 있습니다."

레고가 건설 작업의 도구가 되리라는 GKC의 원대한 아이디어와 상상의 궤적을 그 자리의 모든 직원이 완전히 이해했던 것은 아니었다. 그러나 GKC가 제시한 행동 계획은 이해하기 쉬웠다. 그저 어린이와 청소년, 그리고 취미를 즐기는 성인뿐만 아니라 전 세계 건설 업계의 전문가 수백만 명까지 포괄할 수 있도록 레고의 대상 고객층을 확대하자는 이야기였다.

미래에는 취미에서든 직업 생활에서든 레고를 사용해 본 어른이라면 자녀에게도 레고 브릭을 사 줄 테니 매출이 거의 자동으로 대폭 증가하리라고 GKC가 설명했다. 어린이일 때 레고에 열정이 있었다면 어른이 되어서도 이 재미있고 상상력을 자극하는 놀이가 실제 건축 작업으로 이어질 수 있음을 본능적으로 이해할 것이다. 재정 면에서 유망해 보이는 아이디어였고, 열정 넘치는 레고 독일의 악셀 톰센은 회의에서 이 이야기를 듣자마자 "장난감 분야의 지배자가 될 수 있겠네요!"라며 경탄했다.

지칠 줄 모르는 사업가적 기질이 발동한 고트프레드는 한동안 '어른용' 레고 시스템 인 플레이 개발이 인간과 사회에 어떤 영향을 미칠지 골똘히 생각했다. 레고 고위 직원들에게 전달된 내부 문서에서 GKC는 이를 거의 진화의 과정처럼 설명했다.

이처럼 레고를 활용한다는 아이디어는 단순하고 적절하고 합리적이며 심사숙고를 거친 건축 방법을 많은 이에게 알리는 교육학적 임무와 관계가 있다. 레고 시스템과 함께 자라난 어린이 세대를 통해 수백만 명에게 무의식적으로 "레고 시스템을 사용하면 간단할 일을 왜 어렵게 해야 하지?"라는 생각이 스며들 수밖에 없다.

'진화' 개념에 커다란 확신을 품고 있었던 GKC는 1963년 봄의 고위 경영진 회의에서 잘 알려진 어린이용 레고 상품이 취미를 좋아하는 어른과 전문가를 위한 다른 두 가지 라인과 혼선을 빚을 가능성을 논의하던 도중에 다음과 같이 말했다. "우리는 장난감 공장이 아닙니다. 우리는 특별한 목적이 있는 레고 시스템 회사입니다."

키엘: 1962년에서 1963년에 스케일 모델 라인이라는 이름으로 출시한 어른용 세트는 절대 큰 성공을 거두지 못했지만, 더 작은 브릭으로 더 사실적인 무언가를 만들 수 있으리라는 아버지의 생각 전반은 결국 어린이용 레고 시스템에 커다란 가치를 더해 줄 새로운 종류의 브릭 제작으로 이어졌습니다. 기존 브릭과 비교했을 때 높이가 3분의 1에 지나지 않는 납작하고 가느다란 이 브릭은 오늘날 레고 조립 시스템에서 빼놓을 수 없는 중요한 요소가 되었습니다. 모든 레고 색상으로 출시된 이 납작한 브릭은 등장하자마자 사용자에게 완전히 색다르고 새로운 온갖 가능성을 가져다주었습니다. 저도 그걸 직접 느낄 수 있었죠. 비행기, 배, 혹은 우주 로켓까지 무엇이든 훨씬 더 사실적으로 만들 수 있었습니다. 스푸트니크Sputnik든 새턴Saturn이든 어떤 이름으로 불러도 좋았죠.

모듈렉스는 몇 년 후 시장에서 회수되었고, 건설 업계에 혁신을 일으키겠다는 고트프레드의 아이디어 또한 1965년에 창고로 들어갔다. 그러나 기본적인 아이디어까지 폐기하지는 않았고, 주식회사 모듈렉스라는 이름의 회사를 설립해 건축가용 작업 도구가 아니라 모듈식 표지판과 이정표에 사용할 작은 브릭을 개발했다.

고트프레드가 레고 시스템 인 플레이가 아닌 다른 곳에 초점을 맞추어서는 절대 안 된다는 본인의 철학을 깬 것은 이번이 처음이었으나, 마지막은 절대 아니었다. 그는 계속해 생각과 기획을 개발했으며 때로는 맹렬한 속도로 나아갔다. 열정 넘치는 GKC는 온종일 일했으며 늦은 밤까지 일할 때도 많았다. 그러나 거대한 창문과 침실 여덟 개, 응접실 네개, 취미용 방과 아트리움, 사우나와 멋진 현대식 주방을 갖춘, 윌란에서 가장 현대적인 1층짜리 저택에서 가족들은 그를 그리워할 따름이었다.

키엘: 어떤 면에서 아버지는 할아버지보다도 야망이 컸습니다. 훨씬 더 일에만 집중하는 사람이었죠. 아버지는 동료나 다른 사람을 집에 자주 데리고 왔습니다. 몇 가지 문제를 두고 계속 일을 하다 보면 손님에게 무언가 먹을거리를 대접해야 했죠. 그리고 대개 어머니는 아무런 언질도 귀띔도 받지 못했습니다. 그게 그저 아버지의 방식이었습니다. 거침없고 즉흥적인 사람이었어요. 돌이켜 생각해 보면 아버지가 아버지로서 저와 시간을 보낸 적은 많지 않았습니다. 아버지는 언제나 바빴고, 자리에 아예 없거나 홀로 앉아 생각에 잠겨 있었습니다. 제가 아버지에게 다가갈 수 있었던 유일한 방법은 제가 만든 레고 작품을 보여 주는 것뿐이었습니다. 그러면 아버지는 기뻐했고 제 의견을 물어보면서 대화가 시작되었습니다. 한번은 제가 스케일엑스트릭Scalextric 레이싱 트랙에 레고 브릭으로 스탠드와 피트 스톱을 만들어 더한 걸 보고 그에 관한 이야기를 나누었죠.

사업과 종교를 분리하다

1963년에는 빌룬 선교의 집이 50주년을 맞이했다. 내적 선교회의 덴마크 간사 스테판 오테센Stefan Ottesen이 선물로 새 성경을 들고 코펜하겐에서 찾아와 운영위원회의 인사말을 전했다. 그는 하나님의 축복이 얼마나 중요한지에 관해 연설하며 이렇게 말했다. "영적 성장에는 여러 가지 그긴이 있지만, 하나님이 이 마을을 특별한 방식으로 축복하셨다는 것만큼은 인정하지 않을 수 없습니다."

정말 그렇게 말할 만했다. 1960년대에 빌룬은 덴마크 사회 전반과 마찬가지로 역사적인 부의 증대를 겪으며 끊임없는 변화의 물결에 휩쓸리고 있었다. 이는 곧 레고가 점점 더 부유해졌다는 뜻이었고, 한때는 요지부동이었던 종교적 기반에서 점점 더 멀어졌다는 뜻이기도 했다. 사업과 종교의 분리는 당대 정신의 한 가지 징후이기도 했지만, 세계 각지에서 수많은 신규 직원이 들어오는 한편으로 회사가 점점 더 국제화되고 있다는 증거이기도 했다.

이 영적 변화의 전조는 1960년부터 시작되었다. 노동조합운동은 레고가 한때 올레 키르크가 오늘날 크리파Krifa로 알려진 덴마크 기독교인 연맹, 즉 크리스텔리 단스크 펠레스포르분Kristelig Dansk Fællesforbund과 맺은 합의를 폐기하고 직원들이 덴마크 노동조합 연맹 계열의 노동조합을 조직할 수 있도록 독려하기를 바랐다. 1930년대부터 레고에 새로 들어오는 직원들은 이미 특정 노동조합에 가입한 상태가 아니라면 올레 키르크의 옛 합의에 따라 의무적으로 덴마크 기독교인 연맹에 가입해야 했다.

노동조합과의 협상 첫 단계에서 레고 경영진은 단호한 태도를 고수하며 기업의 근본적 역사를 바탕으로 주장을 펼쳤다. 경영진은 레고의 설립자가 덴마크 기독교인 연맹과 레고의 관계에 거대한 상징적 의미를 두었다고 주장했다. 그러나 이는 헛된 싸움이었다. 신앙에 대한 올레 키르크의 진심 어린 헌신은 한때 레고 정신의 기반이었으나, 이제 그 기반이 무너지고 있었다. 1960년 가을에는 본인이 원하는 노동조합에 가입할 수 있게 되면서 수많은 직원이 기독교인 연맹에서 이탈했다.

레고가 바야흐로 새로운 시대를 맞이하고 있었다. "가치 있는 지식"

강연에서는 언제나 참석자 모두가 내적 선교회의 레고 찬송가 한두 곡을 함께 불렀으나, 그 수도 적어지고 빈도도 낮아졌다. 결국에는 매일 아침 진행하던 예배도 중단하기로 했다. 아이러니하게도 이 결정을 내린 사람은 목사 출신인 구스타우 A. 호일룬Gustav A. Højlund이었다. 1962년에 레고 최초로 독립적인 인사 책임자로 임명된 호일룬은 곧장 올레 키르크의 아침 예배가 마침내 막을 내릴 때가 되었음을 알아차렸다.

20년 이상 교회에서 경력을 쌓아 온 55세의 호일룬을 고용한다는 것은 고트프레드와 쇠렌 올센이 함께 내린 결정이었다. 기독교 커뮤니티에서 호일룬을 알게 된 두 사람은 병원 간호조무사에서 농장 일꾼, 광부, 콘크리트 노동자, 함부르크 선내 목사, 스톡홀름 대사관 사제까지 매우 다채로운 경력을 쌓아 온 호일룬이 온갖 종류의 직원들을 대하면서 내부 문서의 표현을 빌리면 "사회-기독교적 관점"에서 인사 문제에 대처할 수 있을 것임을 직감했다.

그러나 고트프레드는 다소 불안했다. 수년간 비즈니스 업계에서 입지를 다져온 다른 이사들이 갑자기 회의실에 나타난 신학자를 본다면 어떻게 생각하겠는가? 고트프레드는 몇몇 사람이 놀라움을 표했다는, 이로 인해 어떤 사람을 인사 책임자에 임명해야 할지에 관한 문제가 아직 완전히 해결되지 않았다는 의문을 품게 되었다는 직설적 내용의 편지를 호일룬에게 보냈다.

친애하는 호밀룬 귀하.
　　어젯밤 로타리Rotary에서 저는 우리 인간이 제자리를 찾았음을 확신하는 게 얼마나 중요한 일인지에 관한 이야기를 듣고 귀하께 꼭 드릴 말씀이 떠올랐습니다. 만약 귀하께서 성직자로서의 삶이 행복하시다면, 계속 그 삶에서 만족을 찾으실 수 있으시다면 그 삶을 계속하시는 것이 좋겠습니다. 만약 그렇다

면 귀하를 꾀어내려 애쓰는 저희가 잘못한 일이 되겠지요. 그
러니 인사 담당자로 일하는 게 더 행복하고 더 큰 충만을 얻을
수 있다는 확신이 드는 경우에만 성직자의 자리에서 물러나시
기를 바랍니다. 두 가지 역할을 뒤섞는다는 건 제 생각에는 옳
지 않은 일일 게 분명합니다. 인사 책임자로서 능력을 발휘해
주시는 게 귀하께서 기독교적 소명을 이행하는 방식이 되어야
합니다.

1962년 여름, 호일룬 목사는 "사제복을 벗고 비즈니스에 뛰어들다"
혹은 "장난감 공장에 입사한 사제" 등의 헤드라인으로 몇몇 덴마크 신문
의 제1면을 장식했다. 고트프레드는 미리 신임 경영진에게 언론과의 접
촉을 최소화하라고 당부해 두었으며, 본인이 이 논란의 고용 조치를 공
개적으로 해명해야 한다고 판단했다. 7월 26일, 그는《오르후스 스티프
트스티데네Aarhus Stiftstidende》와의 인터뷰를 통해 겉보기에는 어떤지 몰라
도 레고가 인본주의적 고려를 바탕으로 이러한 결정을 내렸다고 설명했
다. "규모가 큰 업계에서는 기계에 상당한 돈을 투자하지만, 대개 그 기
계를 돌보는 사람들에게는 거의 아무것도 투자하지 않습니다. 저희는 이
것이 중대한 문제라고 생각했습니다. 기계의 시대에 인류가 계속 살아남
으려면 인사를 대하는 방식이 극단적으로 변해야 합니다."

'인사과' 혹은 '실적 평가', '만족도 조사', '인성 검사' 등의 단어가 덴
마크의 업무 생활에 널리 통용되기까지 아직 이삼십여 년이 남은 이 시
점부터 레고는 전후 사회에서 점점 더 많은 관심을 모았던 직장 내 직원
복지라는 과제를 해결하기 위한 실험을 시작했다.

열정적으로 임무에 착수한 호일룬은 상당한 책임과 열의를 품고 새
로운 회중 사이에서 자기 할 일을 시작했다. 그러나 좋은 의도였는데도
이 실험은 실패로 막을 내렸다. 호일룬과 레고는 모두 둘 사이의 문화적

차이가 너무 크다고 판단했으며, 결국 호일룬은 빌룬에 온 지 2년 만인 1964년에 다시 사제직으로 돌아갔다. 호일룬과 레고에 관한 신문 기사들이 다시 한번 수많은 제1면을 뒤덮었으며, 심지어는 가장 숭고한 간행물이라고는 할 수 없는 코펜하겐의 어느 타블로이드 잡지에서도 호일룬 목사가 빌룬에서 2년을 보내며 무엇을 배웠는지 궁금해했다. 호일룬은 다소 의미심장한 투로 답했는데, 여기서 그간의 경험이 어땠는지 엿볼 수 있다.

"근로자들은 동료 직원들과 공동체를 형성하고 지지를 주고받습니다. 근로자들은 자신이 맡은 바를 다할 능력이 있음을 잘 알고 있으며, 최고위에 더 가깝고 더 노출된 직급에서는 찾아볼 수 없는 안정감과 조화를 느끼며 일합니다."

지역사회를 위한 원대한 계획

1960년대에 들어 내적 선교회의 영향력이 상당히 줄어들고 레고 인사 정책 초안에서 첫 줄이었던 "레고는 기독교적 전망에 따라 인도되어야 한다."라는 문장이 삭제되기는 했으나, 고트프레드는 한 번도 자신의 종교적 믿음을 비밀리에 부치지 않았다. 고트프레드의 신앙심은 그의 아버지에 비할 만큼 강하거나 적극적이지는 않았으나, 그가 삶의 궤적을 그리는 동안 언제나 그와 함께했다. 1958년에 올레 키르크가 세상을 떠난 이후 고트프레드는 마을에 교회의 종소리가 없어 아쉽다는 말을 주기적으로 했는데, 이는 올레 키르크가 생전에 자주 한 말이기도 했다.

고트프레드는 미국에 출장을 갔다가 교회와 도서관, 극장, 식당, 유치원 및 기타 문화 공간이 모두 한 지붕 아래에 모여 있는 어느 작은 마을 센터를 보고 영감을 받았다. 비슷한 시기에 리베Ribe 교구의 주교 헨리크 돈스 크리스텐센Henrik Dons Christensen 또한 미국을 여행하다가 비슷한 광경을 보았는데, 어느 날 고트프레드가 그와 만난 자리에서 대화를 나누다가 두 사람의 생각이 같음을 알게 되었다. 당연하게도 고트프레드는 주교에게 빌룬처럼 급격하게 성장하면서 교회가 없는 마을에도 그와 비슷한 종교적·문화적 중심지를 두면 어떨 것 같은지 물었다. 물론 고트프레드는 머릿속으로 그 광경을 그릴 수 있었고, 곧 빌룬과 레고에서 벌였던 다른 모든 프로젝트와 마찬가지로 열정과 고집, 분석 능력을 동원해 자신의 아이디어를 실현하는 작업에 착수했다.

이 시기에 레고의 신입 직원들은 살 곳을 찾기가 너무나 어렵다는 문제를 겪고 있었다. GKC는 공장 사람들에게 그저 생활 공간뿐만 아니라 자신의 집과 정원을 소유할 기회를 주어야 한다는 아버지의 생각을 바탕으로 1958년부터 1962년 사이에 빌룬의 파산바이Fasanvej, 보그핀케바이Bogfinkevej, 솔소르테바이Solsortevej에 일련의 단독주택 여러 채를 지었다. 그는 농지를 매입하고 택지로 나누어 레고 직원들이 각각 살게 될 주택 스무 채를 지을 자리를 마련했다. 비서 한 명이 모든 서류를 처리했고, 각 주택의 가격은 5만 6000크로네로 정해졌다. 보증금은 5000크로네였으며, GKC가 직접 보증인으로 나섰다.

레고의 눈부신 성장은 이 작은 마을에 큰 영향을 미쳤다. 빌룬의 주민 수는 지난 10년간 800명에서 2000명으로 급증했고, 시 행정은 사실상 모든 영역에서 크나큰 과제에 직면해 있었다. 레고 구내식당에서 열린 "가치 있는 지식" 강연에서 경찰관 크비스트 쇠렌센이 말했듯이 빌룬 마을 의회는 지금껏 레고의 무지막지한 확장을 전혀 따라가지 못하고 있었다. 1954년까지만 하더라도 빌룬에 자리한 지방정부 관청이 의원 한 명의 집 거실 말고는 없었다는 사실을 생각해 보면 어떤 면에서는 이해가 갔다. 의회 의장이 직접 모든 연락을 처리했고, 수입 관리자 한 사람이 과세와 회계를 담당했다.

옛 윌란 사람들이 으레 그러했듯이 빌룬 마을 의회는 레고의 성공을 두고 너무 오랜 시간 우유부단하게 굴며 의심을 거두지 못했다. 과연 새로운 주택에, 하수도, 상수도, 인프라의 개선에, 공공시설 확충에 투자할 만한 가치가 있을까? 마을 의회의 제1사무실이 지하에 자리한 신축 보조형 양로 시설 한 곳 그리고 빌룬 주택 협회가 레르케바이^{Lærkevej}에 마련한 주거 블록을 제외하면 빌룬에는 올레 키르크의 아들들이 고트프레드의 주도로 마을 의회에 직접 호소하기 전까지 별다른 주요 공공사업이 없었다.

형제들은 장문의 편지를 통해 빌룬 개발계획을 제시하면서, 소극적인 마을 의회 의원들의 눈앞에 당근을 흔들었다. 회사가 빌룬에 꼭 필요한 공원 또는 레크리에이션 센터로 사용할 수 있게끔 약 18에이커의 부지를 마을에 기부하겠다고 제안했다. 또한 레고가 약 5만 크로네로 예상되는 건설 비용 전액을 부담하겠다고 약속하면서 한층 더 뿌리칠 수 없는 미끼를 흔들었다.

편지에서 언급한 기증은 레고가 향후 빌룬에 거주 구역을 지으려고 했다는 맥락에서 살펴보아야 한다. 빌룬은 오아시스가 될 수 있었다. 농사꾼의 피를 타고나지 않은 레고 직원들에게는 더더욱 그러했다.

우리는 오래지 않아 비교적 적은 비용으로 아름답고 인상적인 배열을 창조할 수 있습니다. 황야는 그 모든 신축 건물을 돋보이게 만드는 특별한 배경이 되어 줄 것입니다. 여기에 수영장, 테니스 코트, 놀이터를 포함한 수많은 시설 또한 더할 수 있습니다. 이는 미래 건설을 주도할 재능 있는 인재와 귀중한 사회 구성원들이 매력을 느끼고 찾아올 만한 마을로 거듭나겠다는 빌룬의 목표를 달성하는 데 도움이 될 것입니다. "선도적인 시골 마을", "황야의 오아시스" 혹은 "신선하고 새로운 계획을 품은 마을"로 불리는 빌룬을 만들어 보지 않으시겠습니까? 전망을 가능성으로 만드는 데 레고가 기꺼이 힘을 보태겠습니다.

마지막으로는 마을 계획에 교회가 포함되어야 한다고 명시했다. "새로운 휴게 구역이 완성된 이후에 기존 시설을 교회로 활용하는 것이 탁월한 방안임을 추천합니다." 나아가 교회의 건설 비용 또한 레고가 지원하겠다며 마을 의회를 안심시켰다.

마을 의회의 의사 결정은 고트프레드가 기대했던 것보다 훨씬 느리게 진행되었다. 인내심이 바닥난 고트프레드는 1962년에 더 날카로운 어조의 또 다른 편지를 마을 의회에 보냈다. 레고가 또 한 번 대대적인 공장 확장을 앞둔 이 시점에서 마을 개발은 아직 조금도 진척을 보이지 못하고 있었다. 더는 가만히 있지 않겠다는 듯이 고트프레드는 지금 당장 조치가 필요하다고 적었다. "저희가 협력을 통해 이 개발을 추진할 수 없다면 레고로서는 진심으로 모든 활동을 즉시 중단하고 다른 어딘가에 새로운 산업 단지를 건설할 계획을 세우는 것이 더 나을 수 있다는 말씀까지 드릴 수밖에 없을 것 같습니다."

마을 의회에서 가장 보수적인 세력도 이번 말은 알아들을 수 있었다. 1963년 2월, 마을 의회의 의장 한스 엔센Hans Jensen은 코펜하겐 출신의 도시계획 전문가를 고용했으며, 주택, 마을 회관, 쇼핑 센터, 호텔, 관공서 등을 포함해 빌룬의 미래를 위한 '개발계획'에 착수할 예정이라고 신문을 통해 발표했다. 엔센은 직원 700명을 둔 기업 레고가 이 새로운 계획의 중추임을 알렸다. 그러나 전 세계의 더 많은 어린이가 레고를 가지고 놀수록 빌룬 시민들이 내야 하는 세금이 더 적어질 것이라고 의회의 모든 이를 설득하느라 그가 다른 데 신경 쓸 겨를이 없었던 것은 분명해 보였다. "우리는 균형을 지키고자 한다. 이곳 정든 윌란 황야에서 우리는 대체로 안분지족하며 살아왔으나, 될 수 있는 한 미래를 내다보는 것이 의회의 본분이다. 우리는 우리 이익을 위해 앞으로 꾸준히 나아갈 길을 닦아야 하며, 이는 계획 없이 절대 이루어질 수 없다."

빌룬 공항 건설 프로젝트

올레 키르크가 선교의 집과 마을 전반에 보여 주었던, 겸허하고 이타적인 수고를 잊지 않은 나이 지긋한 농장 사람들은 그의 아들이 기독교 계율을 제대로 따르지 않는다고 생각했다. 특히 레고 설립자는 절대 등한시하지 않았던, 안식일을 기억하고 거룩히 지키라는 계율이 문제가 되었다. 젊었을 적에 고트프레드는 어느 지인이 실존적 위기를 겪자 "하나님께 돌아가는 것만이 내가 아는 유일한 방법"이라고 했던 사람이기도 했지만, 그보다는 일요 미사를 드리고 점심 식사를 마치자마자 다시 사무실로 돌아가는 경우가 더 많았다. 장기간 출장을 수도 없이 다닐 때도 호텔에서 일하며 생각과 계산에 잠긴 채 안식일을 보냈다. 일요일까지 일주일 내내 교대 근무와 주형 기계를 불철주야 가동한다니, 어떻게 그럴 수가 있는가?

덴마크에는 "거창한 말을 하고 경건하게 행동하는 경우는 거의 없다."라는 오래된 격언이 있다. 일부 빌룬 주민들은 1960년대 초에 고트프레드가 내세웠던 비전이 바로 이 격언에 해당한다고 여겼다. 올레 키르크의 아들이 전 지구상의 모든 어린이와 어른이 레고 브릭을 가지고 놀기를 바란다는 소문뿐만 아니라, 이제는 빌룬에 지역에서 가장 큰 공항을 만들어야 한다는 말도 안 되는 생각을 지방정부와 지방의회에 들이밀고 다닌다는 소문까지 돌았다.

한스 크리스티안 안데르센Hans Christian Andersen이 쓸 법한 동화 속 빌룬 공항 이야기는 1961년에 레고가 소형 프로펠러 비행기의 공동 소유권을 확보한 데서 시작되었다. 당시 빌룬에는 비행기가 착륙할 곳이 없었으므로 GKC는 에스비에르그에 내려야 했는데, 이곳에는 멋진 풀밭이 있었으나 전기 조명은 없었다. 만약 에스비에르그 의회에서 관련 업무를 맡은 공무원이 고트프레드만큼 자뼈 굵은 사업가였다면 이 문제는 순시간에 해결되었을 터였다. GKC는 훗날 이렇게 설명했다. "나는 에스비에르그 의회에 우리가 조명 시스템의 비용 절반을 부담하겠다고 제안했다. 또한 회삿돈을 들여 격납고를 짓겠다고도 했다. 그러나 안 된다는 대답만 돌아왔다. 사적 부문과 공적 부문은 그런 식으로 함께 일할 수는 없다며 (……) 추가 논의는 없었다."

에스비에르그에서 냉대받은 고트프레드는 이 문제를 직접 해결하겠다고 결심했다. 빌룬 교외에 드넓은 공터를 매입한 고트프레드는 레고항공LEGO Airway의 초대 조종사이자 HEC라는 이름으로도 알려진 한스 에리크 크리스텐센Hans Erik Christensen의 도움을 받아 풀밭에 착륙장을 건설했다. 1962년 봄에 착륙장이 완성되었고, 몇 달 후에는 고트프레드가 파이퍼 아즈텍Piper Aztec 비행기 한 대를 구매했다. HEC와 그의 사촌은 미국의 유명 조종사 찰스 린드버그Charles Lindberg처럼 미국 동부 해안에서 대서양을 건너 월란의 집으로 돌아오곤 했다. 비행기는 뉴펀들랜드와 아일랜드를 지나며 24시간을 비행한 끝에 빌룬에 착륙했다. HEC의 회고에 따르면 이는 매우 긴 비행이었기에, 두 조종사가 빈 보온병에 소변을 본 뒤 나중에 아일랜드 해안 위에서 버려야 했다.

한 달 후에는 작은 비행장과 착륙장에 더해 격납고를 건설했고, 착륙장에 거대한 비율로 확대해 제작한 색색의 레고 브릭을 줄줄이 세워 공중에서 그 선을 볼 수 있게 했다. 파이퍼 비행기는 곧바로 출장에 사용되었고, 해질 무렵에 비행기가 들어올 때면 요하네스가 필수 착륙등을 켜는 역할을 맡았다. 착륙장을 따라 몇몇 직원의 개인 차량과 요하네스의 거대한 화물차를 거대한 브릭 사이사이에 세워 두고 헤드라이트를 켜놓아 조명을 보태기도 했다.

요하네스는 비행기가 빌룬에 접근할 때 조종사와 무선으로 교신하는 역할도 맡았다. 1964년에 공항 관리자로 승진한 HEC는 조종실에 앉은 조종사들이 치직거리는 무전기 너머로 올레 키르크의 장남과 교신하며 빌룬의 가시거리를 물어보던 때를 회고했다.

"어디까지 보입니까, 요하네스?"

"꽤 멀리까지 보입니다, 한스 에리크. 저 멀리 숲까지 다 보이네요!"

"좋습니다. 지금 접근하겠습니다, 요하네스!"

곧 착륙장을 따라 고정 조명을 추가로 설치했고, 다른 소형 항공기도 빌룬의 이 시설을 사용할 수 있도록 착륙장을 가다듬었다. 그리고 오래지 않아 덴마크에서 두 번째로 규모가 큰 공항이 그레네 교구에 들어설 수 있다는 이야기가 나오기 시작했다.

서부 윌란의 여러 크고 작은 마을이 이미 지역 공항 건설을 위한 입찰에 참여한 상태였다. 코펜하겐의 교통부 공무원들은 물웅덩이가 많고 잡초가 우거진 작은 마을 빌룬에 공항이 들어서는 광경을 상상하기 어려워했다. 주민이 800여 명에 지나지 않는 데다, 바일레와 그린스테드를 잇던 철로가 1957년에 폐쇄되면서 주요한 도로나 철로와도 연결되어 있지 않았기에 더더욱 그랬다.

그러나 고트프레드는 모든 것을 선명하고 뚜렷하게 상상할 수 있었으며, 자신의 에너지와 판단력에 대한 압도적 믿음을 바탕으로 지치지도 않고 로비에 총력을 기울이며 지방정부와 덴마크 전국구의 정치인, 행정 공무원, 시장, 장관들과 만날 자리를 끝도 없이 마련했다. 1964년 2월, 드디어 레고 공장 너머 공터에 아스팔트로 포장한 1660미터 길이의 이착륙 활주로용 부지를 준비하는 공사가 시작되었다. 같은 해 11월부터는 스칸디나비아 항공SAS이 코펜하겐과 빌룬을 오가는 노선을 매일 정기적으로 운행했다.

키엘: 아버지는 공항을 건설하기 위해 행정 공무원, 지역 당국,

장관들의 지지를 받아내는 데 성공했습니다. 아버지는 재정을 마련하는 데 일조하겠다고 나섰고, 일이 잘 풀리면 투자금을 돌려받기로 했지만, 손해가 나더라도 이를 감수할 생각이었습니다. 개항한 이후에는 매일 SAS 항공 한 대보다 더 많은 교통량을 끌어오는 게 무엇보다도 중요한 일이 되었습니다. 당시 여행사와 스털링 항공Sterling Airways으로 큰 성공을 거두었던 테레보르Tjæreborg의 성직자 에이리프 크로가게르Eilif Krogager에게 연락하는 것보다 더 확실한 방법이 있었을까요? 크로가게르 목사는 윌란의 어딘가와 스페인 마요르카를 오가는 패키지여행 상품을 만드는 데 지대한 관심이 있었기에 아버지와 서로 이득이 되는 협정을 맺을 수 있었습니다. 그렇게 시작부터 그토록 많은 덴마크 패키지 관광객들이 빌룬 공항을 찾게 된 겁니다.

"지금까지 본 적 없는, 어린이들의 파라다이스"

1964년 11월 1일, 화려한 축포와 함께 열린 빌룬 공항 개항식에는 코펜하겐에서 SAS 비행기를 타고 온 교통부 장관 카이 린베르Kai Lindberg와 다수의 시장 및 전국구 정치인들이 참석했다. 레고 건물을 둘러보는 시간도 따로 마련되었으며, 시스템 하우스에서 환영회를 열어 대미를 장식했다. 이처럼 수많은 권력자가 이곳에서 앞으로 수년간 빌룬에 실현될 계획을 미리 살짝 엿볼 수 있었으며, 지금보다 더 많은 사람이 이 지역을 찾아오도록 아주 색다른 아이디어 하나를 추진할 계획이 있다는 것도 알게 되었다. 바로 가족 공원이었다. 디즈니랜드Disneyland나 티볼리Tivoli 놀이공원과는 차별화된 이 가족 공원은 전 세계적으로 유명한 레고 브릭을 바탕으로 만들 예정이었다. 이 아이디어는 이제 연간 2만 명에 달할 정도로 점점 더 많은 사람이 레고를 방문해 공장을 구경할 수 있는지 물어보는 것에서 착안했다.

키엘: 학교에 갓 들어간 어린이 그리고 고등학생에서 은퇴자 모임과 주부 단체까지 매년 점점 더 많은 사람이 가이드와 함께 공장을 둘러볼 수 있느냐고 물어 왔습니다. 얼마 후에는 브릭을 조립하는 직원들이 지금 어떤 작업을 하고 있는지 이야기하느라 다소 큰 불편을 겪는 지경에 이르렀죠. 저희 아버지는 1963년에 어느 노부부에게서 드넓은 토지를 포함한 농장을 매입했습니다. 당시에 우리가 전 세계 각지에 전시하기 시작하면서 많은 인기를 끌었던 대형 레고 모델을 좀 더 영구적으로 전시할 작은 홀을 만들어야겠다고 생각했죠. 그렇게 하면 농부가 경비를 서는 동안 농부의 아내가 커피를 내리고 공원 손님들에게 케이크를 권할 수 있겠다고 여겼습니다. 어쨌든 그렇게 시작된 겁니다.

고트프레드는 레고 공장을 방문하는 사람들 중 거의 모두가 모델 디자인 부서에서 브릭으로 만든 거대한 건물 컬렉션을 볼 때 가장 좋아한다는 것을 알아차렸다. 모델을 구경하기 위해 구름처럼 모여든 방문객은 제작자들이 상상할 수만 있다면 무엇이든 만들 수 있는 것 같다며 신나게 대화를 나누었다. 그중에서도 일등 공신은 고트프레드의 창의력 넘치는 사촌 다그뉘 홀름이었다. 다그뉘는 경험 많은 크리스티안 라스고르Christian Lasgaard와 함께 모델을 조립하며 시간을 보내곤 했다. 다그뉘는 디자인에 혁명을 일으켰다. 기존 모형이 대부분 주택과 교통수단, 도로 등이었다면 이제는 동화 속 주인공과 동물, 풍경 등을 선보였다.

키엘: 모델 작업실은 환상적인 곳이었습니다. 1960년대 초에

10대였던 저는 학교가 끝나면 다그뉘와 라스고르를 보기 위해 작업실로 갔습니다. 작업실 한쪽 구석에는 제가 쓰는 책상과 의자가 있었고 산더미처럼 쌓인 브릭을 마음대로 쓸 수 있었습니다. 그러면 저는 오후 내내 혹은 하루가 끝날 때까지 그곳에 앉아 거대한 자동차 모델을 조립했습니다. 그와 동시에 저는 다른 사람들의 환상적 작업을 보고 큰 영감을 얻었습니다.

모델 조립사 라스고르는 1961년에 다그뉘에게 레고를 조립하는 기본 규칙을 가르치려고 했다. 그러나 각이 지고 규칙에 얽매인 조립은 거의 평생에 걸쳐 점토로 작업해 온 다그뉘에게 맞지 않았다. 다그뉘는 훗날 사내 잡지에 다음과 같이 설명했다. "단단한 브릭에 익숙해지느라 애를 좀 먹긴 했지만, 더 많이 작업할수록 더 많은 가능성이 열렸어요."

다그뉘 홀름은 1930년대에 잠시 레고에서 일했고, 그다음에는 코펜하겐으로 이사해 거의 30여 년간 그림을 그리고 점토로 흉상과 조각상을 만들었으며, 시간이 나면 조각가 하랄트 이젠슈타인Harald Isenstein과 함께 수업을 들으러 다녔다. 그러다가 1961년에 월란으로 돌아와 레고에 재입사했다. 다그뉘는 이로부터 몇 년 후 고트프레드의 가족 공원 계획에서 빠질 수 없는 역할을 했는데, 그것이 아니더라도 빌룬에 막 돌아왔을 때부터 레고 브릭을 사용하는 더 추상적이고 새로운 방식을 선보였다.

"처음에는 집만큼은 피해서 만들었어요. 왜냐하면 라스고르가 집을 워낙 잘 만들었거든요. 저는 인형과 캐릭터를 주로 만들었는데, 고트프레드가 무척 좋아해 주었죠. 저는 모델에 생동감을 불어넣는 데 상당히 공들였습니다. 그래서 저는 늘 인형의 눈부터 만들고 집의 창문 등은 나중에 만듭니다. 그게 영혼의 거울이라고 생각하기 때문이에요."

다그뉘의 크고 작은 예술작품은 본래 전 세계 각지에 전시할 예정이었다. 그러나 그녀는 곧 레고 역사상 최초로 선임 디자이너라는 직함을 받았다. 또한 다그뉘는 레고에서 구내식당 관리자 이상의 직함을 단 최초의 여성이기도 했다. 다그뉘를 필두로 세 명, 다섯 명, 결국에는 아홉 명의 여성이 다그뉘 밑에서 일했고, 다그뉘는 이들을 가리켜 "내 딸들"로 불렀다. 이들은 다그뉘가 거대한 동물, 집, 캐릭터 등을 만들 수 있게 도왔다. 이렇게 만든 모델은 한스 크리스티안 안데르센의 동화 속 장면을 표현하는 등 다양한 목적으로 사용되었다.

레고랜드 프로젝트가 1965년과 1966년에 걸쳐 점차 모양을 갖추어 나가기 시작하고 그 이후로도 한동안 2년에 한 번씩 새로운 건물과 풍경으로 변화를 주는 동안, 다그뉘는 모델 조립사로서 출장을 자주 다녔다. 비행기를 타고 이탈리아, 네덜란드, 잉글랜드, 노르웨이 등으로 떠나 풍경과 마을, 주택과 건물을 보고 사진을 찍고 연구한 다음 빌룬으로 돌아와 다시 만들었다. 거의 20여 년 이상 수백만 개의 브릭이 다그뉘와 부하 직원들의 손을 거쳤다. "우리는 다른 이의 슬픔과 기쁨을 서로 나누었습니다. 우리는 남성들의 세계에 들어온 여성들이고, 그렇기에 우리끼리 하나로 똘똘 뭉칠 수 있었습니다. 진심으로 저는 지난 오랜 세월을 그 세계에서 여성으로 산다는 게 문제라고 생각했습니다. 여성이 자기 능력을 인정받으려면 남성보다 두 배는 잘해야 했으니까요. 그렇지만 우리는 서로를 지지했습니다. 참 멋진 시기였어요."

고트프레드가 구상한 가족 공원은 그저 공장을 방문하는 수많은 방문객을 감당하기 위한 실질적 해결책에 그치지 않았다. 그는 나아가 이것이 새롭고 흥미진진한 형태의 마케팅이 될 수 있다고 생각했다. 그는 훗날 소매업에 종사하는 어느 가까운 친구에게 보낸 편지에서 레고랜드라는 자기 아이디어가 "덴마크 장난감 업계에서 모든 유통업자에게 도움이 될 새로운 홍보 전략을 찾기 위한 대담한 시도"였다고 표현했다.

이와 동시에 GKC는 가족 공원의 목적이 "어린이 본인뿐만 아니라 부모와 선생에게, 그리고 어린이와 관련된 다른 모든 사람에게 무엇이 적절한 종류의 놀이인지 보여 주고 이것이 어린이와 어린이 발달에 얼마나 중요한지를 확실하게 알려 주기 위함"이라면서 레고 회사의 교육학적 기원을 다시 한번 조명하려고 했다.

가족 공원은 시작할 때부터 이상과 상업을 모두 겨냥한 프로젝트였고, 고트프레드는 타고난 언변을 십분 활용해 다른 고위 임원들도 자기가 구상한 "지금까지 본 적 없는, 어린이들의 파라다이스"를 만드는 데 동참하도록 유도했다. 1962년 늦여름에 "어린이가 왕이고, 어린이가 어른이 될 필요를 잊는" 공원을 만들겠다는 아이디어를 이사들에게 발표하자 다소 회의적인 반응이 돌아왔다.

감당하기 다소 버거운 일을 벌이는 것이 아닐까? 이미 스케일 모델 라인이나 모듈렉스 같은 프로젝트 때문에 핵심 사업과 동떨어진 곳에서 충분히 헤매고 있지 않나? 한층 더 회의적인 태도를 보였던 어느 이사는 레고가 브릭을 제작하고 판매한 경험은 많지만, 가족 공원 운영에 관한 경험은 아예 없다고 지적했다.

고트프레드는 고집을 꺾지 않았으며, 가족 공원 아이디어가 레고 시스템의 기본 콘셉트에 딱 들어맞을 뿐만 아니라 새롭고 시도한 적 없는 성장 가능성을 제시한다고 했다. 또한 덴마크 버전의 디즈니랜드를 만들려는 것이 아니라고 설명했다. 오히려 레고 시스템 인 플레이에 초점을 맞춘 야외 전시실을 만들고 될 수 있는 한 많은 상품을 전시하는 한편, 어린이와 어른 모두에게 레고를 가지고 놀며 조립해 보라고 권하려는 생각이었다.

고트프레드는 늘 재정을 뒷받침해 주던 바일레 은행에 문의해 만약 이 프로젝트가 예상과 다르게 폭삭 망해 버리면 그때 구제 자금을 지원해 줄 수 있을지 물었다. 그러나 은행 또한 이 프로젝트가 전망이 밝다고 생각하지 않았다. 바일레 은행 회장은 고트프레드에게 가족 공원을 지으면 얼마나 많은 손님이 방문할 것으로 예상하는지 물었다.

"연간 30만 명이요." GKC가 자신 있게 대답했다.

회장은 그를 물끄러미 쳐다보다가 고개를 저었다. 진행한다면 그 위험부담을 GKC가 오롯이 혼자서 짊어져야 했다. 그리고 그는 정말 그렇게 했다. 은행이 당황하고 레고 경영진이 불안해하는 와중에도 고트프레드는 눈 하나 깜짝하지 않았다. 훗날 고트프레드는 자신의 타고난 직감에 관해 다음과 같이 말했다. "제가 학교를 시골에서 잠깐 다니고 말았다는 게 많은 면에서 유리하게 작용합니다. 좋은 아이디어는 대개 단순하고 명쾌하죠. 저는 충동적이고, 규칙과 정면으로 부딪칠 때가 많습니다. 냉정한 논리에 발목을 잡힌다는 건 용납할 수 없습니다."

레고랜드 개장

1960년대 초에 고트프레드는 빌룬 공항 건설안을 둘러싼 다양한 문제를 처리하기 위해 비행기를 타고 여러 차례 코펜하겐에 출장을 갔는데, 그때마다 올라의 시부모가 임대한, 베스테르브로Vesterbro의 헬골란스 거리Helgolandsgade에 있는 헤브론 미션 호텔Hebron Mission Hotel에서 숙박했다. 늦은 저녁이면 고트프레드는 보통 잠자리에 들기 전에 밖으로 나가 산책했고, 티볼리 놀이공원 정문 바깥에 서서 길 건너편의 안바Anva 백화점을 바라보는 것을 좋아했다. 백화점 외벽의 진열창에는 여러 테마의 상품 디스플레이가 관광객들의 눈길을 사로잡고 있었다.

그러던 어느 날 밤에 보니 안바 백화점이 베스테르브로 거리Vestrobrogade 쪽 창문을 덴마크의 삼림과 호수를 품은 봄날의 파라다이스처럼 꾸며 놓은 것이 보였다. 마법 같은 광경이라고 생각한 고트프레드는 누가 꾸몄는지는 몰라도 진열창 장식 책임자에게 고맙다는 인사를 적은 카드와 함께 거대한 꽃다발을 보냈다. GKC답게 즉흥적이지만 목적이 없지는 않은 행동이었다. 안바 백화점의 진열창에 담긴 환상적인 상상력과 창의력의 나래가 빌룬 교외의 대지에 마음껏 펼쳐질 수도 있었다

고트프레드는 진열창 장식 책임자 아르놀 보우트루프Arnold Boutrup와 몇 차례 전화로 이야기를 나누었는데, 보우트루프는 처음부터 빌룬으로 이사할 생각이 절대 없다고 못 박아 말했다. 그러나 고트프레드는 그를 빌룬으로 초대해, 광활한 대지와 더불어 공원을 짓겠다는 아직 실현되지 않은 꿈이 품은 끝없는 가능성을 보여 주었다. 보우트루프는 이 여행을 평생 잊지 못했다. 훗날 그는 레고랜드 설립에 관한 글에서 이때를 회고했다.

GKC를 만난 저는 확신할 수 있었습니다. 그는 믿기 어려울 만큼 매력적인 사람이었고, 그가 신은, 가죽을 엮어 만든 신발이 비범하리만치 눈길을 끌었습니다. 또한 긍정적 기운을 마구 뿜어냈죠. 그것이 바로 제가 당시 이름으로 하자면 '어드벤처 파크'를 건설한다는 아이디어에 동참한 이유였습니다. 다그뉘 홀름이 지름 100미터가 조금 넘는 원형 공원의 스케치를 그려 주었죠.

고트프레드는 코펜하겐에서 가장 솜씨 좋은 진열창 장식 책임자를 빌룬으로 데려오는 데 성공했지만, 보우트루프는 여전히 이곳으로 완전히 이사를 오지는 않겠다고 했다. 결국 이러한 점에서 그는 자기 뜻을 관철했다. 보우트루프는 이때부터 25년간 처음에는 건설 프로젝트의 컨설턴트로서, 그리고 나중에는 레고랜드 책임자로서 SAS 혹은 레고 항공을 타고 코펜하겐과 빌룬을 오갔다.

본래 고트프레드는 1964년이나 1965년의 여름에 공원을 개장하려고 했고, 프로젝트팀은 2주마다 한 번씩 빌룬이나 코펜하겐 교외 바그스

베르Bagsværd에 자리한 보우트루프의 집에 모여 일했다. 재능 있는 디자이너 보우트루프는 일찍이 1963년 10월부터 전시장, 식당, 주방을 비롯해 손님을 태우고 철로를 따라 공원을 한 바퀴 도는 레고 기차를 포함한 계획안을 세워 두었다. 그러나 곧 프로젝트에 제동이 걸렸다. 고트프레드는 빌룬과 레고의 미래를 위한 또 하나의 거대 계획인 공항 건설안에 정신이 팔려 있었으며, 수년에 걸쳐 협상을 진행하는 한편으로 해외에서 한창 눈부신 속도로 성장하는 회사를 운영하느라 눈코 뜰 새가 없었다.

1965년이 되어서야 공원 건설 계획이 다시 궤도에 올랐고, 보우트루프는 이제 레고랜드 공원을 만들고 구성하는 모든 창의적 책임을 공식적으로 넘겨받았다. 그는 곧장 안바 백화점에서 함께 일했던 가장 재능 있는 동료 두 명을 데려왔다. 이들은 모델을 조립하는 데 힘을 보태는 한편, 공원에서 제공할 여러 가지 활동에 관한 아이디어를 냈다. 이 작업은 주로 보우트루프가 자기 집 지하실에 차린 작업실에서 이루어졌다. 그와 동료들은 구상한 디자인을 브릭으로 조립하고, 잘라 내거나 풀로 붙이고, 그림으로 그렸다. 1966년 가을, 보우트루프는 뜻밖에도 레고 가계도에서 가장 나이 어린 사람에게서 도움을 받았다.

키엘: 1966년에 고등학교의 마지막 기말고사가 끝나고 나니 무엇을 해야 할지 알 수 없었습니다. 앞으로 미래를 어떻게 꾸려 나가야 할지도 확실히 알지 못했죠. 제가 좋아하는 건 아직도 음악과 승마, 레고뿐이었습니다. 제 사촌이 코펜하겐에서 덴마크 공과대학의 당시 이름이었던 고등 기술 대학을 다니며 화학 공학을 공부했는데, 그게 꽤 재미있어 보인다고 생각한 저는 1966년 8월에 사촌 부부와 함께 륑뷔Lyngby에 집을 임대했습니다. 그런데 수학, 물리학, 화학에서 제 점수가 너무 나빴던 나머지 학교 측에서는 예비 학기를 수강하는 조건으로 저를 받아

주겠다고 제안했습니다. 학기 말에는 이 세 과목의 시험이 기다리고 있었죠.

저는 견디지 못하고 학교를 그만뒀고, 그 대신에 아르놀 보우트루프의 일을 돕기 시작했습니다. 당시 보우트루프는 바그스베르에 자리한 자기 집에서 레고랜드 공원을 계획하고 설계하는 데 열을 올리고 있었죠. 저는 매일 그의 집에 찾아가 필요한 일이 있으면 무엇이든 도왔고 몇 가지 콘셉트 개발에 참여할 수 있었습니다. 아직 초기 단계였는데도 이들은 공원에서 조랑말 타기와 관련된 무언가를 해 보는 게 어떨지 이야기하고 있었죠. 저는 그즈음 승마에 푹 빠져 있었으므로 곧장 그 아이디어에 관한 의견을 낼 수 있었습니다.

말보다 그 이상의 다른 무언가가 있으면 좋지 않을까요? 조랑말이 끄는 마차는 어때요? 이런 식으로 제안을 내놓았죠. "좋아요, 좋은 아이디어에요!" 보우트루프는 그렇게 말하고 제게 마차 디자인을 맡겨 주었습니다. 그렇게 저도 레고랜드에 도움이 될 수 있었죠.

보우트루프의 지하실에서 다그뉘 홀름이 처음 스케치한 직경 100미터의 공원은 10에이커 넓이의 부지를 뒤덮을 계획안으로 발전해 나갔다. 이는 코펜하겐 티볼리 놀이공원의 절반보다 조금 더 큰 규모였다. 레고의 대형 모델로 구성된 다양한 상설 전시 외에도 인형 박물관과 무대를 설치하고 '건설 현장'을 마련해 어마어마하게 많은 브릭과 거대한 욕조를 두고 작은 레고 브릭을 가득 담아 사람들이 마음껏 가지고 놀 수 있게 할 계획이었다. 공원 한가운데에는 다그뉘 홀름이 덴마크와 세계 각지의 도시, 건물, 풍경을 담아 만든 축소판 모델을 두기로 했다.

상설 놀이기구도 몇 가지 고안되었는데, 그중에는 아이들이 소형 레고 전기 자동차를 몰고 레고 운전면허증을 딸 수 있는 운전 학교도 있었다. 작은 배를 타고 운하를 지나갈 수도 있었고, 빈티지 자동차 몇 대에 아이들을 태우고 레고 브릭으로 만든 다양한 야생동물 곁을 지나가는 사파리도 구상했다. 놀이터에는 어린이가 타고 놀 수 있는 거대 거북이와 매달릴 수 있는 레고 기린을 두었고, 조금 더 나이가 있는 아이들은 '놀이를 즐기는 독수리'라는 이름의 아메리카 원주민 추장을 따라 천막집과 토템폴이 두드러지는 원주민 야영지를 구경하고 머리에 깃털을 꽂아 보거나 모닥불에 꽈배기를 구울 수도 있었다.

1968년, 드디어 레고랜드가 문을 열었다. 가까운 곳과 먼 곳에서 수많은 가족이 타고 온 자가용이나 관광버스가 주변 공터에 마련된 주차장을 한 자리도 빠짐없이 가득 채웠다. 중부 윌란에 세워진 이 새로운 관광 명소는 문을 열자마자 곧바로 대성공을 거두었고, 개장한 지 2개월 만에 40만 명이 다녀갔다.

여름 내내 예상보다 두 배나 더 긴 줄이 이어졌으며, 1968년에 열파가 찾아온 기간에는 며칠 동안 너무 많은 사람이 몰린 탓에 시스템 하우스의 임원들이 고트프레드의 지시에 따라 아내들을 데리고 레고랜드로 가서 식당의 일손을 거들어야 했다. 설거지를 하고 소시지 주문과 탄산음료 주문을 받을 사람이 심각하게 부족했다.

시즌이 끝날 때까지 무려 62만 5000명의 어린이와 어른이 레고랜드에 입장했다. 레고랜드가 탁월한 아이디어였다는 데 의문을 제기하는 사람은 이제 아무도 없었다. 고트프레드는 다시 한번 자신이 한 손에는 모나코 시가를, 다른 손에는 커피 한 잔을 들고 언제나 새로운 콘셉트를 만들어 가는, 창의력을 타고난 사업가라는 사실을 여실히 증명해 보였다.

그러나 이처럼 무궁한 성공에는 대가가 있었다. 아무리 온종일 레고만을 생각하며 열과 성을 다해 일하는 고트프레드라고 할지라도 모든 일을 한꺼번에 해낼 수는 없었다. 그가 빌룬 공항과 레고랜드 혹은 빌룬 센터처럼 많은 시간이 소요되는 프로젝트에 몰두하는 동안 레고의 일상적 경영에는 공백이 생겼다. 결국 1960년대 후반부에 접어들자 판매량이 우후죽순처럼 늘어나고 있었는데도 새로운 상품 라인 개발이 갑작스러운 슬럼프에 빠졌으며, 조직은 미래를 위한 새로운 비전을 찾아 헤매기 시작했다.

키엘: 아버지는 새로 일을 벌이는 걸 무척 좋아했어요. 1960년대에는 그 성정이 특히 두드러졌죠. 처음에는 레고에 비행기를 샀고, 그다음에는 빌룬에 공항을 지었으며, 그러고는 레고랜드 아이디어에 매달렸죠. 몇 년간 너무 바쁘게 지냈으므로 회사 일은 사실상 해외 관리자 몇몇이 아버지를 불러 세울 때까지 완전히 뒷전이었던 것 같습니다. 해외 관리자들은 레고 조립 시스템 말고도 여러 가지를 취급할 능력이 된다면서 레고의 이름으로 다른 상품을 팔고 싶어 했습니다. 브릭 말고도 작은 플라스틱 자동차를 곁다리로 만들어 보는 게 어떻겠느냐는 식이었죠.

아버지는 본인의 의견을 고수하기 위해 진심으로 애써야 했고, 운 좋게 그렇게 할 수 있었습니다. 우선 아버지는 레고 기차 개발에 착수했는데, 이는 회사 전체에 신선한 자극이 되었습니다. 그리고 1969년에는 작은 손으로도 쥐기 쉽게 브릭 크기를 키운 듀플로DUPLO를 출시했습니다. 제 아버지지만 이런 걸 정말 잘했어요. 가장 가까운 동료들이 반대하고 나설 때면 아버지는 언제나 새로운 아이디어로 응수했습니다.

1966년, 고트프레드는 핵심 사업을 확장하고 싶어 하는 레고 임원들에게 응수하기 위해 완전히 새로운 인기 상품인, 모터를 이용한 레고 기차를 최초로 선보였다. 멋진 포장 상자에 담긴 모델 세트 113에는 타원형 드랙을 만들 수 있는 파란색 선로와 파란색 기관차, 파란색 우편열차, 파란색 객차가 들어 있었으며 4.5볼트 모터와 배터리 수납함도 눈에 띄었다. 이는 레고 시스템 인 플레이에서 처음으로 전기를 사용한 상품이었다.

100만 세트가 판매되었으며, 1960년대에는 다양한 국제시장에 맞추어 다양한 기차를 선보였다. 유럽 대륙에서 판매된 세트에는 모두 함부르크, 바젤, 제노바 등의 도착지 표시가 그려진 객차가 포함되었다. 영국, 아일랜드, 호주에서 판매된 세트에는 런던, 맨체스터, 글래스고로 향하는 기차가 포함되었고, 우편열차에는 물론 '왕립 우편'이라는 표시를 적었다.

엄청난 판매 성공은 근래에 다소 부족했던 개척 정신을 다시 불러일으키는 듯했고, 작고 파란 배터리 구동식 기차는 1967년에 레고 사내 잡지가 주최한 노래 경연 대회에서 우승한 곡의 작사자에게 영감을 주었다.

작사자는 분석 부서의 책임자인 올라프 튀게센 담^{Olaf Thygesen Damm}으로, 예페 오키에르의 "나는 귀리입니다, 새싹을 달고 있어요"로 시작하는 시를 "나는 레고입니다, 스터드를 달고 있어요/ 나는 곡선이고 직선이며 사선斜線이에요/ 나는 교차하며 선로를 바꾸는 레일이에요/ 그리고 멋진 4볼트 모터예요"로 개사했다.

사랑의 여름

1960년대 후반부에는 세상이 빠르게 변하기 시작했다. 서구 사회는 점차 부유해지고 있었으며, 점점 더 많은 젊은이가 각자의 개성에 따라 기존의 제약과 한계에 반기를 들면서 전통적인 관습과 가치가 빠르게 사라지고 있었다. 아들들은 머리를 길렀고 딸들은 브래지어를 불태웠다. 어떤 이들은 자기들을 꽃의 아이들이라고 칭하면서 평화를 표현하고 자유롭게 연애하며 사이키델릭 음악을 즐기고 실험적 약물을 사용하는 데 몰두했다.

문화적 충격파는 마침내 빌룬에도 닿았다. 레고 대표이사의 아들은 머리를 살짝 기르고 고리타분한 고등학교 선생님과 학교의 지루한 커리큘럼에 맞서 그만의 작은 반란을 일으켰다. 때로는 그린스테드로 향하는 아침 버스를 타고 지나치다가 학교를 흘긋 쳐다보는 것이 전부인 날도 있었다. 키엘은 공부에 몰두하는 대신에 기술 면에서 수준 높은 레고 모델을 조립하거나, 바일레에서 말을 타거나, 무엇보다도 비틀즈Beatles, 애니멀스the Animals, 레드 스퀘어스the Red Squares, 밴 모리슨Van Morrison, 지미 헨드릭스Jimi Hendrix의 음악을 들으며 자유 시간을 보냈다. 공장과 비행장에서 나오는 소음이 아닌 다른 무언가가 이 작은 마을의 졸음을 쫓아내야 한다고 생각한 열일곱 살의 키엘은 토요일 밤마다 옛 구내식당에서 모든 연령대의 사람들이 이용할 수 있는 클럽을 열어도 된다는 허락을 받았다. 이곳은 1950년대에 올레 키르크가 하루를 시작하기 전에 사람들을 모아 함께 기도하고 찬송하던 곳이기도 했다.

키엘: 저는 빌룬에 젊은이들이 모일 만한 곳이 없다고 생각했습니다. 그래서 아버지에게 허락받아 옛 구내식당의 한쪽 구석에 무대를 두고 벽을 따라 카운터를 설치했습니다. 술은 판매하지 않았지만, 나이트클럽 내부의 바처럼 만든 겁니다. 이곳은 순식간에 젊은이들이 어울리는 장소로 거듭났습니다. 그린스테드에서 온 작은 동네 밴드가 공연했고, 우리는 음악에 맞춰 춤을 췄습니다. 저는 애니멀스의 히트곡을 빌려 이곳을 '클럽 아고고Club-A-Go-Go'로 불렀습니다. 나중에는 인기가 너무 많

아 탈이었습니다. 토요일 밤이 되면 젊은 사람이 많게는 100명까지 옛 공장 건물에 모여들었고, 그중에는 더 먼 곳에서 맥주를 들고 오는 사람들도 있었습니다. 나중에는 아버지가 이렇게 말했습니다. "더는 안 되겠다, 키엘. 클럽이 아니라 난장판이 되겠구나!"

고등학교를 졸업한 키엘이 코펜하겐에서 6개월간 머무르며 대학을 중퇴하고 레고랜드와 관련해 아르놀 보우트루프를 돕고 있을 때, 고트프레드가 아들에게 완전히 다른 시도를 해 보지 않겠느냐고 제안했다. 오르후스의 경영 대학에 가서 경영학을 배우는 건 어떨까?

키엘은 거절할 이유가 없다고 생각했다.

그러다가 고트프레드가 또 다른 좋은 아이디어를 떠올렸다. 독일 호헨베스테트에 자리한 레고 독일의 영업 부서에서 6개월간 수습 직원으로 일해 보는 건 어떨까?

이 또한 거절할 이유가 없다고 생각한 키엘은 남쪽으로 향했다.

키엘: 저는 열아홉 살이었고 호기심이 넘쳤으며 무언가 새로운 걸 배울 준비가 되어 있었습니다. 그러므로 그때의 신나는 6개월은 제 미래에 큰 영향을 미쳤죠. 호헨베스테트의 직원 한 명이 저를 보살펴 주었고 제가 머무르는 동안의 프로그램을 준비해 주었습니다. 그 덕분에 저는 레고 독일 지부의 모든 것을 볼수 있었고, 처음으로 덴마크 바깥의 세계를 직접 경험할 수 있었습니다. 또한 독일어와 영어도 조금씩 사용해 볼 수 있었습니다. 게다가 독일 영업소에는 환상적이기 이를 데 없는 IBM 컴퓨터 시스템이 있었습니다. 저는 약간의 사용법을 배우고 연습 삼아 써 볼 수 있었죠. 믿기 어려울 만큼 흥미진진했습니다.

1967년 여름에 고향 덴마크로 돌아온 키엘은 전과 비교해 배짱이 커졌고 삶에 대한 의욕도 늘어나 있었다. 그는 오르후스로 이사하고 경영 대학에서 공부를 시작할 날을 기다리고 있었지만, 그 순간만큼은 빌룬의 친구들과 그린스테드의 동창들을 다시 만날 수 있다는 것이 가장 신났다. 그 이름도 유명한 사랑의 여름Summer of Love이었고, 전 세계 각지의 젊은 히피들이 공원에 모여 음악을 틀고 춤을 추며 사랑을 찬미했다.

　　8월의 어느 일요일, 그린스테드 공원에도 레고의 후계자를 비롯해 지역 학교의 재학생과 졸업생들이 색색의 선글라스를 끼고 챙이 넓은 카우보이모자를 쓴 다음 품이 넉넉한 가죽 코트를 입은 채 호숫가 분수 근처에서 모이기로 했다.

　　며칠 후 어느 지역신문은 "그들은 전쟁이 세상을 구할 수 없다는 사실에 이목을 집중시키고자 한다."라고 보도하면서, 젊은이들이 '사랑'이라는 단어를 자기의 옷과 몸에 물감으로 잔뜩 써넣고 공원에서 볼 수 있는 꽃이란 꽃은 모조리 화환으로 엮어 머리에 쓰거나 귀 뒤에 꽂았다고 설명했다. 특파원은 또한 "귀를 찢는 듯한 시대의 음악"에 뒤이은 이들의 춤사위에 어떤 깊은 뜻이 담겼는지 탐구했다.

　　"이들은 지위의 상징과 권위를 제거하고 싶어 한다. 문제를 일으키거나 폭력을 사용할 생각은 없다. 오히려 젊은 사람들에게 선한 사회 구성원이 되고 사람으로서 사랑을 행하는 게 얼마나 중요한지 깨달을 수 있도록 가르친다. 그중 한 방법은 서로에게 꽃을 건네주는 것이다."

　　키엘은 바로 이 철학을 마음속에 품고 1968년에 오르후스로 갔다. 이곳에서 그는 모순으로 가득한 보헤미안의 생활을 이어 나갔다. 낮에는 성실한 경영 대학 학생이 되어 기업 경영에 관한 토론에 몰두했고, 저녁이면 친구들을 만나 회계나 판매, 재무관리보다는 음과 양, 노자老子, 초월 명상법에 관한 이야기를 나누었다.

키엘: 경영 대학에서 저는 제 진짜 실력을 발견하기 시작했습니다. 내가 원하는 일이 있고 내가 할 수 있는 일이 있단 걸 증명해야 한다고 다짐했죠. 게다가 학생으로 지내는 게 즐겁기도 했습니다. 당시에는 모두가 어느 정도 히피였습니다. 어쩌면 저는 늘 마음속으로 동양철학에 이끌리는 경향이 있었던 것 같습니다. 저는 1968년에 초월 명상법을 실천하기 시작했는데, 바로 다음 해에 마하리시 마헤시 요기Maharishi Mahesh Yogi가 오르후스에 왔습니다. 비틀즈에게 명상을 가르쳐 전 세계적 명성을 얻은 사람이었어요. 초월 명상법에 빠져 있던 다른 많은 사람과 마찬가지로 저 또한 저만의 만트라를 찾고 싶었습니다. 만트라는 다른 세계로 갈 수 있는 일종의 여권이고 다른 누구에게도 밝힐 수 없죠. 저는 이 작은 인도 남성에게 주려고 꽃을 들고 갔습니다. 몸집이 작았던 요기는 흰색 예복을 입었고 머리와 턱수염이 길어 대담한 인상을 주었죠. 저는 명상이 무척 즐거웠습니다. 자기 자신과 다시 만나고 내면의 고요를 느끼는 매력적인 방법이었죠. 그때는 그랬습니다. 사람들은 기존의 종교나 부모님, 혹은 물질적 무엇에서도 얻을 수 없는 답을 찾으려고 했어요.

미니피겨——1970년대

내면의 상상력을 제시하라

1969년 10월 말, 에디트와 고트프레드는 결혼 25주년을 기념해 레고랜드 내 레스토랑에서 성대한 파티를 열 생각으로 들떠 있었다. 10월 22일 수요일, 고트프레드 부부는 이곳에서 에디트의 여동생 엘렌Ellen과 그녀의 남편 에이나르Einar를 만나 점심을 먹고 직원들과 함께 메뉴, 서비스, 테이블 세팅에 관한 몇 가지 세부 사항을 정했다. 그때 어느 웨이터가 고트프레드와 에디트의 장녀 군힐의 안부를 물었다. 군힐은 얼마 전 남편을 만나러 바르데에 갔다가 집으로 돌아오는 길에 교통사고를 당했다. 자동차의 앞 유리창에 머리를 부딪힌 군힐은 턱뼈에 골절이 생겼으나, 다행히 잘 회복한 상태였다. 부부는 웨이터에게 아주 최악의 상황은 아니었다며 딸에게 안부 인사를 전해 주겠다고 약속했다.

한편 쉬스템바이의 저택에는 키엘과 마찬가지로 막 오르후스에서 학업을 시작한 열여덟 살의 하네가 학교에서 사귄 친구 예르겐Jørgen을 맞이하고 있었다. 에스비에르그에 사는 예르겐은 부모님의 자동차를 빌려 쉬스템바이에 놀러 온 참이었다. 하네와 예르겐은 키엘에게 기베Give

205

에 가서 영화 「죽음은 돈을 세지 않는다La morte non conta i dollari」를 보지 않겠느냐고 물었다. 서부영화를 좋아했던 키엘은 곧바로 그러겠다고 했다.

세 사람은 보스틀룬바이Båstlundvej를 따라 빌룬 공항의 탁 트인 전경을 한눈에 담을 수 있는 길을 달렸고, 활주로 한쪽 끝에 잠시 차를 세우고 비행기가 늘어선 광경을 감상했다. 그러고는 기베를 향해 출발했다. 운전대는 예르겐이 잡았다.

> 키엘: 사고가 나던 순간이 아주 상세하게 기억나지는 않습니다. 그래도 장면과 장면이 파편처럼 무수하게 기억에 남아 있어요. (⋯⋯) 공항에서 몇 킬로미터 떨어진 곳, 보스틀룬 부근의 폭이 좁은 도로에는 무슨 공사 때문이었는지 도로 좌측이 막혀 있었습니다. 그런데 갑자기 누군가 자전거를 타고 우리를 향해 정면으로 달려왔어요. 그를 발견했을 때는 이미 많이 늦었고, 우리는 자전거를 피하려다가 너무 가장자리 쪽으로 나가고 말았습니다. 끼익 소리와 함께 차가 어딘가에 세게 부딪혔고, 차체가 크게 돌면서 길가에 서 있던 거대한 나무 한 그루에 처박혔습니다. 앞 좌석 머리 위 지붕이 뭉개졌고, 제 여동생과 그 친구는 그 자리에서 세상을 떠났습니다. 저는 뒷좌석에 타고 있다가 차 밖으로 튕겨 나갔습니다. 저는 빗장뼈가 부러지고 두개골에 약한 골절이 생긴 채로 일주일간 의식 없이 그린스테드 병원에 누워 있었습니다.

《바일레 지역 관보Vejle Amts Folkeblad》 제1면에는 처참하게 구겨진 자동차 사진 위로 "빌룬 부근에서 자동차가 나무를 들이받아 청년 두 명 사망"이라는 헤드라인이 실렸다. 신문 기사는 이 사고에서 살아남는 사람이 있다면 기적이라고 할 만 하다면서 사고 순간을 재현했다.

자동차는 나무를 들이받기 몇 미터 전에 도로 옆쪽을 향해 크게 돌았는데, 하필 그곳에는 얼마 전 무성한 숲을 정리하기 위해 잘라낸 나무의 밑동 몇 그루가 남아 있었다. 바퀴 하나 혹은 차체 아랫면이 이 밑동 중 하나에 걸리면서 차가 완전히 방향을 잃고 튕겨 끔찍할 만큼 강하게 나무에 처박혔다. 나무에 남은 흔적은 차가 밑동에 걸려 2미터까지 튀어 올랐다는 것을 보여 준다.

전국구 언론에서도 이 사고를 보도했다. "레고 대표이사 G. 키르크 크리스티안센의 막내딸이 사망하고 아들이 심하게 다쳤다." 키엘에 관해서는 "유럽 전역에서 유학하며 글로벌 회사 레고 시스템의 고위 경영진에 합류하기 위한 훈련을 하고 있다."라고 설명했다.

끔찍했던 그날 밤, 에디트와 고트프레드는 키엘 또한 사망했다고 생각했다. 그린스테드 지역 병원에 전화를 걸었을 때 젊은 여성 한 명과 젊은 남성 한 명이 사망했다는 대답이 돌아왔기 때문이다.

키엘: 컨설턴트가 제 침대 곁에 앉아 동생이 세상을 떠났다는 소식을 전해 준 게 흐릿하게 기억납니다. 제가 의식을 완전히 되찾자 부모님이 와서 하네의 장례가 끝났다고 알려 주었어요. 저는 사고가 나고 한 달이 지날 때까지 퇴원하지 못했고, 기운을 되찾는 데에는 오랜 시간이 걸렸습니다. 경영 대학에서 한 학년을 통째로 다시 수강해야 했지만, 당연히 하네를 잃은 게 다른 무엇보다도 힘겨웠습니다. 집에 돌아온 우리는 모두 하네의 방으로 가 침대 곁에 앉아 울면서 손을 맞잡고 함께 기도를 올렸습니다. 저는 종종 차를 몰고 하네의 무덤을 보러 갔습니다. 정말 힘들었어요. 지금도 여전히 생각만 하면 힘들죠. 하네

는 정말이지 사랑스러운 동생이었습니다. 저와는 세 살 터울이 있는데도 언제나 재미있게 같이 놀곤 했어요. 하네와 저는 온갖 일을 같이했고, 특히 둘 다 승마에 열정이 있었습니다. 제가 승마를 시작한 것도 하네가 말을 샀기 때문이에요. 우리가 같이 보낸 시간은 절대 잊지 못할 겁니다.

막내딸을 잃은 고트프레드는 심한 충격을 받았고 죄책감에서 헤어나오지 못했다. 그는 그 사건을 다른 누구도 아닌 자신을 향한 심판이자 징벌로 여겼으며, 아이들이 어렸을 때, 에디트와 유대 관계를 쌓으며 커갈 때 자신이 끊임없이 일만 했던 죄로 대가를 치른다고 생각했다. 수년 전 고트프레드가 친구에게 보낸 어느 크리스마스카드에 적었듯이 "무언가를 개발하는 과정은 늘 흥미로우나, 그 순간에는 무엇이 가장 중요한지를 종종 잊게 되기 마련"이었다.

키엘: 아버지는 한참이나 모든 일에서 손을 놨습니다. 아버지는 모든 게 자기 탓이라고 생각했고, 너무 오랫동안 가족들과 함께 보낼 시간을 마련하지 못했음을 가장 괴로워했습니다.

고트프레드는 뿌리째 흔들렸다. 그는 레고를 매각하고 기존의 모든 생활을 정리한 뒤 스위스로 여행을 가 그곳에서 에디트와 함께 평생 살려고 했다. 이때 그는 세대교체를 비롯해 위기에 처한 기업을 지원하는 일을 전문으로 하는 컨설턴트 회사 인센티브Incentive에 연락을 취했다. 인센티브는 과연 고트프레드와 레고가 앞으로 나아가도록 도울 수 있었을까?

키엘: 1970년에는 많은 회의가 열렸고 제가 참여할 때도 있었

습니다. 여기서 인센티브의 대표이사 바운 홀크 아네르센Vagn Holck Andersen을 알게 되었죠. 어떤 시점에 이르자 저는 아버지에게 "회사를 팔면 안 된다, 그냥 바운 씨한테 다 맡기자."라고 말하지 않을 수 없었습니다. 아버지도 분명 같은 생각이었을 겁니다. 그건 아버지와 제가 미래에 관한 결정을 내릴 때 서로 똑같은 생각을 하고 있다고 느낀 몇 안 되는 순간 중 하나였거나, 사실은 사상 처음으로 그렇게 느낀 순간이었습니다. 바운 홀크와 저는 순식간에 좋은 친구가 되었습니다. 아버지가 레고와 자기 자신, 인생, 그리고 그 모든 것에 관해 엄청난 회의에 빠져 있을 때 홀크가 아버지와 저 사이를 잇는 다리 역할을 해주었습니다.

이러한 회의들은 하네가 세상을 떠난 후 1년 가까운 기간에 걸쳐 계속되었습니다. 인센티브의 컨설팅은 남은 1970년대를 내다보는 장기적 시각을 취했다. 대화를 나누던 도중 고트프레드가 완전히 물러나지는 않더라도 권력 일부를 포기하고 싶다고 말했기 때문이었다. 그러나 한편으로 고트프레드는 어떻게 해야 다음 세대에 지배권을 가장 잘 넘겨줄 수 있을지 확신할 수 없었다.

바운 홀크 아네르센은 지금 자신이 기업의 운영 상태를 비범할 정도로 자세하게 이해하는 오너 겸 대표이사와 대화하고 있다는 사실을 금세 알아차렸다. 고트프레드는 모든 것을 속속들이 알고 있었다. 예시로 고트프레드는 회사 규모를 고려했을 때 놀라울 정도로 많은 직원과 직접 소통하고 있었다. 훗날 홀크는 레고 사내 잡지에 이렇게 설명했다. "고트프레드는 모든 일에 직접 관여하는 스타일이었고, 너무나 많은 사람이 관리자로서 그에게 의지했습니다. 다른 사람이라면 그 압박감에 꼼짝 못 했을 겁니다."

몇 차례 이어진 컨설팅 끝에 결국 고트프레드는 홀크를 고용했다. 레고의 구조를 재편하는 데 홀크가 중요한 자산이 되리라는 것을 고트프레드와 키엘 모두가 알고 있었다. 1971년 2월 1일, 레고에 이사로 합류한 홀크는 곧바로 더 유연한 조직을 건설하는 데 착수하는 한편, 고트프레드가 공개적으로 계획한 승계를 준비하기 시작했다. 훗날 홀크는 이렇게 회고했다. "레고라는 조직에는 고트프레드의 개인적인 경영 스타일과 함께 그가 다양한 결정에 직접 참여한다는 점이 매우 큰 영향을 미치고 있었습니다. 이로 인해 여러 병목 현상이 발생했고 확장에 적합하지 않은 형태가 되었습니다."

 홀크가 제시한 계획의 중점은 탈중앙화와 책임 위임이었다. 그러나 무엇보다도 가장 중요한 임무는 고트프레드를 대신할 신임 대표이사를 찾는 일이었다. 물론 모두를 하나로 모을 수 있는 인물이면서 아버지와 아들이 모두 신뢰하는 인물이어야 했다. 바운 홀크 아네르센은 이 자리를 1973년에 직접 맡으며 레고 역사상 최초로 오너 일가가 아닌 대표이사가 되었다. 그는 취임한 직후부터 지금껏 본 적 없는 과제에 맞닥뜨렸다. 빌룬 사람들이 늘 하던 말처럼 GKC가 주변에 있으면 무슨 일이 일어날지 종잡을 수 없었다.

 "고트프레드는 모든 일에 구석구석 신경을 썼고 사시사철 언제나 바빴습니다. 대표이사로서 저는 고트프레드가 무엇을 하는지, 무엇을 약속하고 무엇을 약속하지 않는지, 누구와 이야기를 나누고 어떤 이야기를 하는지, 무엇을 결정하는지 등을 알고 싶었습니다. 그건 정말 품이 많이 드는 일이었죠. 고트프레드는 레고 그 자체나 마찬가지였습니다."

 경영 승계를 향한 홀크의 장기 계획에서 가장 중요한 요소는 그가 키엘과 나눈, 조언이 깃든 대화였다. 당시에 키엘은 자동차 사고 때문에 1971년이 되어서야 경영 대학 과정을 마쳤다. 그러고는 언젠가 레고 경영에 더 참여할 잠재력이 생길 때까지 비즈니스 세계에서 조금 더 시간을 보내고 경험을 쌓아야 한다고 생각하면서 곧바로 석사과정에 등록했다.

그러나 하네의 사망과 아버지의 깊은 슬픔은, 그리고 이해심 깊은 인센티브 대표이사와의 만남은 키엘의 계획을 바꾸어 놓았다. 홀크는 그에게 석사과정을 포기하고 스위스로 가 국제경영개발대학원IMD의 1년짜리 학위 과정을 들으라고 조언했다. 그는 이 과정이 키엘의 성장과 동기 부여에 도움이 될 뿐만 아니라 앞으로 레고라는 가족 경영 회사에서 승계가 이루어지는 데 매우 중요한 역할을 하리라고 생각했다.

키엘: 저는 로잔의 국제경영개발대학원에 들어갔습니다. 그렇지만 제 비즈니스 경력은 같은 수업을 듣는 다른 사람들과는 비교조차 되지 않았어요. 그중에는 저보다 훨씬 나이가 많고 강인하며 냉철한 고위 임원들도 있었습니다. 저는 스물네 살에 지나지 않았고 경력이라고는 6개월간 수습 직원으로 일했다는 것뿐이었습니다. 수습 기간에 판매 조직을 구성하고 운영하는 방식에 관한 약간의 통찰을 얻기는 했지만, 내세울 거리는 아니었죠. 스위스에서 석사과정을 밟는 동안 저는 제가 이 일을 할 수 있다는, 하고 싶어 한다는 깨달음을 얻었습니다. 갑자기 바깥으로 나가 다른 회사에서 경험을 구할 필요가 없다는 사실도 깨달았죠. 바운의 말대로 다른 곳에서 레고를 생각하는 것보다는 레고에서 레고를 생각하는 편이 훨씬 나았습니다. 과연 바운의 말은 옳았습니다.

덴마크 최초의 복합 시설: 빌룬 센터

키엘이 스위스에서 경영과 운영을 이해하려고 씨름하는 동안 빌룬의 새로운 랜드마크 건설은 막바지 작업이 한창이었다. 마을 센터 부근에 자리한 이 복합 시설에는 슈퍼마켓이나 옷가게, 술집 대신에 다양한 문화 기관과 교회가 들어설 예정이었다.

올레 키르크 재단에서 600만 크로네를 지원하고 지방정부의 국고로 300만 크로네를 충당해 덴마크 최초로 교회와 문화 센터를 모두 포함한 복합 시설을 만들기까지의 길은 멀고도 험난했다. 서로 매우 다른 여러 사업체를 한 지붕 아래에 두려면 마을 의회와 시장, 주교는 물론 종교, 문화, 주거 관련 부처를 비롯한 여러 독립적 관청의 협력이 필요했다. 프로젝트가 오래도록 늘어지는 동안에 여러 건축가 팀이 차례대로 그만두고 또 일을 맡았다.

한편 빌룬 시민들은 소극적이었다. 지역사회의 참여를 증진하기 위해 마을 의회에서 각 가정에 설문 조사지를 배부했으나 돌아온 응답은 많지 않았다. 어떤 이들은 그들이 '지방 민주주의'에 조금도 관심이 없다는 점을 여실히 드러내며 소리 높여 비난했다. 건축 위원회의 구성을 비웃는 이들도 있었고, 건설 노동자들의 파업으로 이미 뒤처진 프로젝트에 한층 더 의구심을 던지는 이들도 있었다.

10년에 걸친 힘겨운 과정 속에서 고트프레드는 진행 속도를 높이기 위해 자기가 할 수 있는 일을 했다. 1998년에 빌룬 센터 개업 25주년을 맞이해 발매한 기념 책자를 보면 특히 거대한 장애물에 맞닥뜨릴 때마다 GKC가 색다르면서도 건설적인 아이디어를 냈다는 이야기가 나온다. 예시를 들면 GKC는 레고 항공을 타고 핀란드로 떠나 비슷한 건물들을 살펴보았다. 프로젝트의 막바지 단계에서 교회의 가구와 장식을 색칠할 작업실 공간이 필요해지자 GKC가 곧바로 레고 공장에 자리를 마련해 주기도 했다.

1962년에 미국을 방문한 고트프레드가 커뮤니티 센터와 교회를 결합한 시설을 보고 떠올린 찰나의 번뜩이는 영감이 이제 빌룬의 마지막랜드마크로 거듭났다. 나이 지긋한 여러 빌룬 주민에게 마을 한가운데에 들어선 교회는 이 마을에 산업혁명을 부를 기틀을 닦았던 한 남자를 기억하는 곳이 되었다. 고트프레드와 가족들에게 이 건물은 일정 부분 하네가 남긴 유산이기도 했는데, 하네의 형제자매 앞으로 지급된 상당한 금액의 사망보험금이 모두 가족의 이름으로 센터에 기부되었다. 그렇게 빌룬 센터가 1973년 4월 15일 일요일에 문을 열었다.

엔스 바크 페데르센Jens Bach Pedersen은 마을에 기부된 빌룬 센터를 시장 권한으로 수락하며 이렇게 말했다. "올레 키르크 크리스티안센과 하네를 기억하며, 감사하는 마음으로 빌룬 센터를 받겠습니다. 언제나 이들의 추억을 기리는 곳이 되기를 기원하며, 활기 없는 기념관으로 남겨지지 않기를 바랍니다."

마을 의회의 의장이자 레고의 임원인 쇠렌 올센도 연단에 올라 고트프레드와 에디트, 군힐, 키엘에게 보내는 전언으로 마무리를 지었다. "여러분은 큰 상실의 아픔을 겪으셨고 거대한 선물을 주셨습니다."

그렇게 문을 활짝 연 빌룬 센터는 유치원을, 독서실이 있는 도서관을, 어학 학습실을, 사람들이 레코드를 감상할 수 있는 공간을, 사람들이 쉬어 갈 수 있으며 어린이 물놀이터까지 갖춘 광장을, 교회와 마을 회관을, 영화를 감상하거나 강연과 연극을 열 수 있는 강당을 갖춘 곳으로 발전했다. 모든 곳에 최신식 연출 기술이 합쳐져 있었다. 조각상과 그림이 늘어선 전시 아케이드도, 조용하거나 소란스러운 창작 활동을 모두 할 수 있는 놀이방도, 교회가 내다보이는 작은 카페테리아도 있었으며, 이곳에서 사람들은 자리에 앉아 과거와 미래를 곱씹어 볼 수 있었다. 어느 신문 인터뷰를 보면 고트프레드 또한 그랬음을 엿볼 수 있다. 이즈음은 이때까지 고트프레드의 삶을 통틀어 가장 힘겨운 시기 중 하나였고, 일순간 그는 옛날의 작디작은 마을과 작디작은 공장이 그립다는 것을 깨달았다.

저는 우리가 물질적으로 예전의 그 어느 때보다도 더 풍요로워 졌는데도 이 나라에서 우리가 느끼는 그 모든 불만에 관해 사색하고 있습니다. 어쩌면 빠르게 성장하는 도시 공동체 속에서 우리가 점점 더 고립되기 때문인지, 그래서 자기 나이 또래가 아니면 그 누구도 믿지 못하기 때문인지가 궁금합니다. 우리의 편견은 무지에서 자라납니다. 한때 빌룬 같은 마을에서는 모든 사람이 모든 사람을 알고 지냈습니다. 그토록 서로 친하게 지냈기에 뼛속까지 행복을 가득 느낄 수 있었죠. 지금도 우리는 그런 사이가 될 수 있습니다. 적어도 저는 우리 공장의 모두와 두루 알고 지내죠. 그렇지만 예전처럼 모든 사람을 하나하나 알고 그들의 가족까지 전부 알지는 못한다는 게 얼마나 불만족스러운지 실감하지 않을 수 없습니다. 지금은 공장으로 말미암아 수많은 사람이 우리 마을에 살고 있으므로, 우리 사이의 유대를 되살려 줄 신선한 처방이 필요합니다. 부디 빌룬 센터가 마을의 가장 훌륭한 전통을 지키는 데 도움이 되기를 바랍니다.

가족을 대표해 발언한 고트프레드는 빌룬 센터를 기부하는 데 특별한 조건이 있다고 말했다. 빌룬 센터의 이름은 빌룬 시민이 결정해야 하는데 단 한 가지 금기가 있다면서 '문화'라는 단어가 들어가지 않아야 한다고 했다. 누군가는 그 이름에 곧바로 겁먹고 자기와는 어울리지 않는 곳으로 생각할 수 있기 때문이었다. 또한 빌룬 센터가 앞으로 무엇이 될지 제한하지도 말아야 했다. 그렇지만 누군가가 빌룬 센터가 "젊은 사회 선동가들이 민중가요를 부르고 마오쩌둥毛澤東의 어록을 성경처럼 들고 다니는" 곳이 되어도 괜찮냐고 묻자 고트프레드는 다음과 같이 대답했다. "물론 그럴 수 있습니다. 그렇지만 빌룬에 그렇게 이를 악물고 선동을 일으킬 사람이 있을 것 같지는 않네요. 우리 마을에 사람이 많아진 건 사실입니다. 2500명 정도 되지요. 그렇지만 우리는 여전히 서로를 아주 잘 알고 지내니, 그렇게 극단으로 치닫거나 전투태세를 취하지 않아도 서로에게 불만을 직접 이야기할 수 있을 겁니다."

이처럼 고트프레드는 유쾌한 투로 말하기는 했으나, 하네를 잃고 끝없는 슬픔에 떠밀리면서 그의 내면 어딘가는 망가지고 있었다. 불굴의 의지와 고집, 자신감은 더는 사라지고 없는 듯했다.

스물다섯 살의 이사

키엘은 빌룬 센터의 개소식에 참석하기 위해 1973년의 부활절 직전에 고향으로 돌아왔으나, 그저 잠시 방문했을 뿐이었다. 할 일이 태산 같았던 레고의 왕세자는 곧 회사를 위해 다양한 임무를 수행하려고 길에 다시 올랐다. 스위스 국제경영개발대학원에서 1년간 진행된 강도 높은 과정은 80쪽 분량의 논문으로 마무리되었는데, 키엘은 같은 덴마크 사람이자 좋은 친구이면서 타지에서 의지가 되어 준 토르스텐 라스무센Torsten Rasmussen과 함께 논문을 썼다. 두 사람은 「레고 주식회사 경영 정책의 형성과 이행」이라는 제목으로 키엘이 태어난 곳이자 곧 키를 넘겨받게 될 기업에 관한 논문을 썼다.

> 키엘: 레고가 일찍이 1960년대 말부터 아버지 때와 비슷한 수준의 배경이나 교육으로는 다소 감당하기 어려울 정도로 성장했다는 걸 부정할 수는 없었습니다. 저는 새로 쌓은 실력도 있으니 이제는 해낼 수 있겠다는 확신이 들었습니다. 토르스텐과 제가 쓴 논문은 꽤 이론적인 내용이었습니다. 물론 토르스텐은 외부인의 시선으로만 레고를 바라볼 수 있었고, 저는 회사의 내부 사정을 더 알고 있었죠. 우리는 하버드 경영 대학원에서

수학한 유능한 지도 교수가 좋아할 만한 표현을 모조리 썼습니다. 그렇지만 제가 생각하기에 가장 중요한 건 그 이상이 무언가가 담긴 행간이었습니다. 그건 레고의 영혼에 관한 이야기이자 가장 근본적인 콘셉트에 관한 이야기였고, 이 회사를 통해 우리가 하고 싶었던 일에 관한 이야기였습니다.

키엘의 논문은 아버지 고트프레드와 바운 홀크 아네르센에서 마케팅 책임자와 생산 책임자에 이르기까지 총 아홉 명의 관리자와 나눈 대화를 바탕으로 레고 그룹이 직면한 문제를 분석했다. 분석은 다음과 같은 말로 시작했다.

주로 기업의 사업가와 리더가 도맡아 만든 현재의 비공식적이고 창의적인 조직 구조가 회사에 미래의 방향을 일러 주기에는 역부족이라는 점이 점차 여실히 드러나고 있다. 그러므로 레고의 경영진은 비공식적 구조를 어느 정도는 기획, 감독, 의사 결정 과정을 뒷받침할 더 공식적인 구조로 교체해야 한다는 결론에 이르렀다.

젊은 경영 대학원생 두 명이 쓴 이 논문은 어떤 면에서는 바운 홀크 아네르센이 당시에 진행 중이던 절차를 그대로 반영한 글이었고, 그렇기에 고트프레드의 구식 경영 스타일에 대한 비판이 은연중에 담겼다.

키엘: 아버지는 소수의 사람에게 크게 의존했습니다. 몇몇 사람을 주요 인물로 낙점하고 엄청난 신뢰를 보냈죠. 꼭 고위 임원뿐만도 아니었습니다. 예를 들면 기술 담당자처럼 조직에서 한참 아래 직급에 있는 사람들을 고를 수도 있었죠. 바운은 종

종 이로 말미암아 쉽지만은 않은 상황을 마주해야 했습니다. 저도 마찬가지였습니다. 1973년과 1974년에 걸쳐 스위스에 새로운 레고 공장을 짓느라 열심히 일할 때도 그랬죠. 저는 몇 번이나 수화기를 집어 들고 온갖 걸 정리하며 말했습니다. "아버지! 그건 한스 시스Hans Schiess 씨가 여기서 결정할 일이지, 빌룬의 누구누구가 결정할 게 아니라니까요!" 한편으로 이는 언젠가 제가 회사를 물려받으면 그때는 더 폭넓고 젊은 경영진 일동을 레고에 빠르게 데려와야 한다는 걸 제가 분명히 알았다는 뜻이기도 했습니다. 아버지는 저와 토르스텐이 쓴 논문을 읽지 않았을 것 같지만, 그렇다고 제 말을 아예 듣지 않았던 것도 아니었습니다. 승계가 그토록 오래 걸렸다는 사실도 제가 회사에 깊이 관여해야 세대교체가 될 수 있음을 아버지가 잘 알았다는 걸 보여 줍니다.

스위스에서 보낸 시간은 키엘이 관리자로 거듭나는 데 지대한 영향을 미쳤다. 오래전부터 스위스에 공장과 도구 부서를 마련할 계획을 세우고 있었던 고트프레드는 1973년에 키엘을 임시 이사로 임명하면서, 취리히에서 멀지 않은 도시 바르Baar에 레고 AG를 설립하고 운영하라는 임무를 맡겼다. 회사를 세우는 과정에서 키엘이 행정적 부분을 책임지는 한편, 1962년부터 레고에서 일해 온 한스 시스가 주형과 도구에 관한 기술적 측면을 담당한다는 계획이었다. 생산은 완전히 새로운 주형 원칙을 기반으로 했으며, 결국에는 유럽 시장에 탁송을 보내 빌룬 공장을 보조하게 될 터였다.

완전히 새로운 레고 회사를 세우기 위해 기술의 연구와 개발을 진행하고, 새로운 직원을 고용하고, 기계와 도구를 매입하는 일은 MBA를 갓 졸업한 젊은이에게 엄청난 도전이었다. 아직 풋내기일 뿐이었던 스물다섯 살의 이사 키엘이 일순간에 회의 테이블의 상석에 앉아 자기보다 나이와 경험이 훨씬 많은 임원들을 앞에 두고 독일어와 영어로 회의를 주재해야 했던 것이다.

> 키엘: 저는 제 나이를 의식해 일부러 다른 사람들의 말과 생각에 더욱 귀를 기울였습니다. 그래서 때로는 회의가 길어지기도 했죠. 더 폭넓은 합의를 찾아내고 싶었기 때문입니다. 그건 제가 국제경영개발대학원에서 수많은 주제를 두고 오랜 시간 토론하며 들인 습관이었습니다. 저는 이 습관을 빌룬에도 들여왔는데, 몇몇 동료는 우리가 회의에 너무 많은 시간을 들인다며 불만을 품었습니다. 어떤 직원은 제게 "저희가 어떻게든 최대한 의견을 모았으면 좋겠다고 생각하시는 것 같아요, 그렇죠?"라고 말했습니다. 또 다른 직원은 제가 "이 문제에 관해 일본인들에게 너무 많은 영감을 얻은" 것 같다고 했습니다. 아마 어느 정도는 사실이었을 겁니다.

키엘은 급속도로 성장하는 스위스의 공장과 작업장을 책임진다는 막중한 임무 외에도 미국 코네티컷에 독립적인 신규 판매 영업소를 설립하는 일에도 참여하고 있었다. 실망만을 안겨 주었던 샘소나이트와의 계약에서 벗어난 레고는 이제 서유럽 전체와 맞먹는 단일 시장에 홀로 진출할 생각이었으며, 가까운 시일 내로 미국에서 레고 브릭을 독립적으로 생산하기 시작할 예정이었다.

때때로 키엘은 빌룬으로 돌아가 이사회 회의에도 참석했으며, 그가 가장 열정을 품었던 부서인 상품개발부의 브레인스토밍에도 참여했다. 상품개발부는 레고 푸투라Futura라는 이름으로도 운영되었다. 혼란스럽지만 신나기도 했던 이 시기에 키엘은 카밀라 보르Camilla Borg라는 여성을 만나 사랑에 빠졌다.

> 키엘: 카밀라의 친가쪽 삼촌은 제 삼촌이기도 했고, 카밀라의
> 이모는 제 외숙모이기도 했습니다. 우리 두 사람은 이 가계도
> 를 바탕으로 1973년 여름에 처음으로 만났죠. 카밀라는 법학
> 학위를 마무리하는 중이었고, 오래지 않아 우리 두 사람이 처
> 음부터 그저 서로를 알아보기만 하면 되었다는 걸 깨달았습
> 니다. 우리는 1974년에 결혼식을 올렸는데, 카밀라는 그전부
> 터 스위스로 이사해 저와 함께 살고 있었습니다. 우리 두 사람
> 이 스위스에서 함께한 3년이라는 시간은 정말 멋진 시간이었
> 습니다. 우리가 원하는 일을 내키는 대로 할 기회가 정말 많았
> 죠. 누군가에게 허락을 받아야 하는 경우는 없었습니다. 요즘
> 카밀라가 그때 그 시절을 회고하면서 "왜 그때 우리는 시간을
> 더 들여 스위스를 여행하고 경험하지 않았던 걸까?"라고 말하
> 는 것도 이해됩니다.

단 하나의 신상품도 출시되지 않은 해

전 세계 어린이 3000만 명과 유럽의 장난감 소매업체 2만 5000여 개가
틀렸을 리가 없었다. 레고는 그야말로 현상이었다. 브릭의 성공에는 끝
이 없는 듯했고, 이 세계에서 브릭이 정복하지 못할 곳은 없어 보였다.
1970년대 초에는 확장세가 155퍼센트 증가했고, 바운 홀크 아네르센은
회사의 분권화와 효율성 제고를 위한 계획을 꾸준히, 또한 자신 있게 추
진해 나갔다. 여기에는 다른 무엇보다도 1976년에 모기업 인터레고 주
식회사INTERLEGO A/S의 산하에 다수의 새로운 유한회사를 설립하는 작
업이 포함되었다.

처음에는 바운 홀크가 모기업을 운영했으나, 키엘과 카밀라가 빌룬으로 돌아오면 그 역할은 키엘에게 넘어갈 터여다 이로부터 언까 긴, 고트프레드는 빌룬에서도 레고의 이사와 임원들이 거주하는, 세련되고 땅값이 비싼 스코우파르켄Skovparken에 거대한 단독주택 한 채를 마련해 두었다. 고트프레드는 키엘과 함께 있는 자리에서 곧 다가올 경영 승계나 은퇴 이야기를 거의 꺼내지 않았지만, 그래도 여러 가지로 키엘에게 신호를 주었다.

키엘: 아버지가 "키엘, 레고를 물려받고 싶니?"라고 물어본 적은 한 번도 없는 것 같습니다. 그렇지만 아버지 입장을 모를 수는 없었어요. 1970년대 초, 제가 아직 스위스에 있을 때 회사에서 소유 지분을 조정해 제게 명목상 과반의 지분이 돌아오고 아버지가 저보다 적은 지분을 가지게 되었습니다. 다만 의결권은 아버지가 더 많이 가지고 있었죠. 그렇게 아버지는 언젠가 때가 왔을 때 제게 회사를 물려줄 기반을 다졌습니다. 이렇게 지분을 양도하는 기법은 물론 저희 둘이 논의해 정한 방식이었습니다. "이렇게 해도 괜찮겠니, 키엘?" 저희는 여기에서만큼은 서로 완전히 동의했습니다.

1970년대 초에도 연간 매출액은 잘 나오고 있었지만, 회사는 예전의 정신과 활력을 다소 잃은 듯 보였다. 물론 1973년의 석유파동과 전 세계적 경기 침체 또한 한 가지 요인이었다. 장난감 수요가 줄어들기 시작했으며 레고 상품조차 더는 날개 돋친 듯 팔려 나가지 않았다. 정체된 것은 경영 승계뿐만이 아니었다. 상품의 혁신과 개발 또한 얼어붙어 있었다. 한때 "자자, 해봅시다!"라며 메아리치던 GKC의 중독성 강한 기합은 직원들이 장난감을 조립하고 주형을 찍어 내며 포장하는 공장에서 이제 더는 들어볼 수 없었다.

> 키엘: 아버지의 기백은 자취를 감추었습니다. 1950년대 그리고
> 1960년대 당시에 아버지는 무슨 일이든 성사시키는 사람이었
> 고 아버지를 말릴 수 있는 사람은 사실상 아무도 없었습니다.
> 그러나 1970년대에 접어들면서 한순간에 속도를 늦추는 사람
> 이 되었고, 더는 일을 키우고 싶지 않은 듯했습니다.

한때 매우 역동적이었고 위험을 기꺼이 감수했던 GKC는 이제 갑
자기 주의를 당부하는 사람이 되었다. 사내 잡지에서 그는 경기 침체가
이어지는 시기에는 위험하고 복잡한 영역으로 모험을 나서 보고 싶은 유
혹에 빠지는 나머지 충분한 생각을 거치지 않고 너무 많은 신상품을 내
놓기가 쉽다고 설명했다.

> 지난 몇 년 동안 저는 여러 차례 압박에 시달려 왔고, 그중에는
> 바로 이 조직의 몇몇 일원이 가하는 압력도 있었습니다. 사람
> 들은 더 많은 상품에 우리의 자원을 분산해야 한다고 제안했습
> 니다. 그건 레고를 근본부터 알지 못하는 사람들이 가질 법한
> 사고방식입니다. 레고를 뒷받침하는 아이디어와 철학에 계속
> 초점을 맞춰야 한다는 게 저의, 그리고 회사의 공동 오너인 키
> 엘의 개인적 지론입니다.

그래서 이즈음 몇 년 동안은 살펴볼 만한 사안이 많지 않다. 1950년
대 말부터 레고는 빌룬의 공장에서 개척자 정신을 일으키는 한편으로 매
우 특별한 공동체 의식을 만들어 가면서 소매업자, 소비자, 수백만 명의
어린이뿐만 아니라 자사 직원들에게도 영감을 줬다. 그러나 1976년에

느 지난 20년 이상을 통틀어 처음으로 레고에서 단 한 개의 신상품 부품
도 출시되지 않았다. 게다가 독일 뤼벡의 남쪽에 자리한 지어크스도르
프Sierksdorf에 레고랜드의 성공을 재현해 보려던 계획도 같은 해에 실패로
막을 내렸다. 3년간 지지부진한 성적을 낸 독일의 레고랜드는 이때 이후
로 문을 영원히 닫았다.

한때 레고가 품었던 열정이 사그라드는 듯했고, 새롭고 낯선 영역에
뛰어드는 비범한 의지가 기우는 듯했다. 현재의 경영진이 너무 보수적이
고 수동적이라는 것을 점점 더 많은 직원이 느끼고 있었다. 레고 정신을
완전히 쇄신할 때가 온 것일까? 이제는《클로스한스Klodshans》라는 이름을
가지게 된 사내 잡지가 그렇다고 이야기했다. 1975년,《클로스한스》는
사람들에게 질문을 던졌다. "여러분의 생각을 말씀해 주세요. 레고 정신
이 있다고 생각하시나요? 만약 그렇다면 어떤 정신인가요?"

이 질문은 수많은 직원 사이에서 반향을 일으켰다. 고참들은 향수
어린 시선으로 1950년대를 돌아보았는데, 어느 지점에 이르자 레고 물
류 부서에 취직한 토르스텐 라스무센은 지나간 옛날에 대한 갈망이 도가
지나치다고 생각했다. 키엘의 친구이자 국제경영개발대학원에서 논문
을 함께 집필한 그는 1976년 3월에 전설적인 레고 정신을 가리켜 미래에
그림자를 드리우는 좀먹은 유령이라며 공격했다.《클로스한스》에 기고
한 글에서 그는 구태여 돌려 말하지 않았다. 이는 한때의 동급생이자 미
래의 상사가 될 키엘을 위해 앞길을 닦아 주려는 시도로 읽히기도 했다.

레고의 과거에 대한 우스꽝스러운 그리움을 점점 더 북돋우려
는 분위기가 안타깝다. 올레 키르크와 GKC를 천재이자 절대
틀리지 않는 사람으로 추켜세운다. 그 시절의 정신을 모든 곳
에 심어야 한다고 주장한다. 레고의 역사를 우리가 모두 받들
어야 하는 찬란한 동화 속 이야기로 만든다. 글쎄, 이야깃거리

로는 좋겠지만, 계속 죽은 말에 채찍질하고 앉아 있을 수만은 없다. 우리는 이 '레고 정신'이 더는 우리를 귀신처럼 쫓아다니지 못하게 하루빨리 몰아내야 한다.

1970년대 중반에 회사는 바운 홀크의 가장 중요한 의제였던, 다가오는 거대한 권력 이동과 문지기 교체가 일어날 신호를 숨죽이고 기다렸다. 레고에 장기적으로 어떤 일이 일어날까? 사내 잡지의 호기심 많은 편집자가 1976년 2월에 홀크 아네르센에게 던진 질문도 관심을 모았다. "스위스에는 키엘 키르크 크리스티안센이라는 젊은 임원이 있죠. 그는 누구이고, 어떤 일을 하려고 하나요?"

홀크는 키엘이 1975년 10월부터 스위스 내 생산을 전면적으로 담당하고 있으며 "아주 가까운 곳에서 인사와 생산에 대해 관리자에게 돌아가는 모든 국면의 책임을 져 왔다."라고 대답했다.

키엘이 스위스에 남으려는 것일까?

"아닙니다. 키엘은 몇 년 후 빌룬의 본사로 돌아와 그곳에서 레고 그룹을 위해 일하며 점진적으로 아버지의 짐을 덜어 줄 계획입니다."라고 홀크는 답했다.

세대교체가 시작되다

스위스 공장은 급속도로 성장했다. '레고 악팅게젤샤프트(레고 주식회사)LEGO Aktiengesellschaft'는 1974년에 직원 수가 약 쉰 명이었는데 3년 후에는 500명에서 600명 정도 규모로 확대되었다. 고트프레드와 에디트가 방문했을 때 키엘은 아버지의 인정을 느낄 수 있었다. 특히 아버지가 거대한 공장을 둘러보며 한스 시스와 대화를 나누고 만프레트 뮐러Manfred Müller와 기술 해결책을 논의할 때는 더욱 그랬다. 뮐러는 주형 작업실에서 1000분의 1밀리미터 단위까지 정밀하게 도구를 만드는 방법을 이들에게 보여 주었다.

스위스를 몇 차례 방문한 어느 날, 고트프레드의 시야에 아들의 책상 위에 놓인 거대한 컴퓨터 단말기가 들어왔다. 키엘은 이 단말기가 하니웰Honeywell 기계와 연결되어 있으며 휴스턴에 자리한 데이터베이스를 실행할 만큼 충분한 저장 공간이 있다고 설명했다. 고트프레드는 개인적으로 오를라 예르겐센이 매일 종이에 적어 주는 대차대조표의 도움을 받아 직접 눈으로 재무 상태를 점검하는 편을 선호했지만, 그래도 이 컴퓨터가 규모 있는 모든 회사의 미래라는 것을 알았을 것이다.

키엘은 오르후스에서 경영 대학을 다닐 때 프로그래밍을 배웠는데, 마치 레고 브릭을 조립하는 일과 비슷했기에 프로그래밍에 큰 열정을 품었다. 국제경영개발대학원에서도 그는 계속해서 IT 스킬을 발전시켰다. 이곳에서는 미래의 MBA 전문가들이 적절한 시기에 적절한 결정을 내리는 방법을 배울 수 있도록 단말기를 하나씩 나누어 주고 회사가 다양한 결정을 내릴 때 각각 어떤 결과가 나타나는지 계산하게 했다.

> 키엘: 바르 공장에 새 사무실이 생겼을 때 제가 가장 먼저 한 일 중 하나는 하니웰 한 대를 들이는 것이었습니다. 저는 이 컴퓨터를 활용해 스위스에서 일상 업무를 처리하는 한편으로 레고를 위한 장기 전략적 계획을 세우는 실험을 했습니다. 특정 시장에서 얼마나 많은 연간 고객을 기대할 수 있는지, 그것이 우리 마케팅에 어떤 영향을 미치는지, 어느 정도의 수익을 창출할 수 있는지 등등을 따져 보았죠. 저는 빌룬의 젊은 직원 한 명의 도움을 받아 가며 모든 걸 모듈화해 전략적 계획 시스템을 구성했습니다. 그건 그냥 제가 스위스에서 일상 업무를 처리하는 동안 곁다리로 진행하는 일이었어요. 정말 재미있었습니다.

그러나 우리의 스위스 감사인은 그렇게 생각하지 않았습니다. 그는 본래 자리에 앉아 손으로 쓰는 총계정원장에 더 익숙했기 때문에 갑자기 휴스턴의 데이터베이스에 회사의 모든 회계를 맡겨 버린다는 걸 매우 불편하게 여겼죠. 그렇지만 결국에는 받아들이는 법을 배웠습니다.

스위스의 일뿐만 아니라 키엘이 참여한 덴마크와 외국의 다른 레고 프로젝트도 순조롭게 진행되고 있었다. 새로운 키르크 크리스티안센이 빌룬의 운전대를 잡는 시대의 윤곽이 바운 홀크 아네르센이 계산했던 것보다 더 빠르게 또렷해지고 있었다. 1977년 여름이 되자 키엘과 카밀라는 알프스를 등지고 평평하고 휑한 전경을 두른 빌룬으로 돌아왔다. 7개월 된 딸 소피Sofie도 그들과 함께였다. 소피는 스위스에서 태어났고, 자격을 갖춘 변호사였던 카밀라 키르크 크리스티안센은 빌룬으로 돌아와 전업주부가 되었다. 빌룬에서는 처음부터 이 젊은 부부에게 거는 기대가 컸다.

키엘: 물론 우리에게도 갑작스러운 변화였지만, 코펜하겐 북쪽의 비룸Virum에서 태어나고 자란 카밀라에게는 그 변화가 그 누구보다 더 크게 느껴졌을 겁니다. 이제 갑자기 우리는 아이 하나와 함께 빌룬에서 일상을 꾸려 나가야 했고, 곧 아이도 둘로 늘어났습니다. 저와 제 가족을 아는 분들은 주변에 정말 많았지만, 그들에게 카밀라는 모르는 사람이었습니다. 카밀라로서는 늘 쉬운 상황은 아니었으리라고 생각합니다. 슈퍼마켓에만 가도 '키엘의 아내'이자 '고트프레드와 에디트의 며느리'에게 말을 걸고 싶어 하는 사람들을 마주쳤으니까요. 카밀라는 그녀만의 조용한 방식으로 멋지게 대처했습니다.

저로서는 그냥 사람들 말대로 "집에 돌아온" 셈이었고, 제 앞에 놓인 과제가 조금도 두렵지 않았습니다 두려운까는 거리가 멀었죠. 그때까지만 하더라도 레고는 아직 글로벌 대기업이 아니었기에 조직에 손쉽게 합류할 수 있었습니다. 같이 일하게 될 이들도 이미 아는 사람이 많았던 데다, 사람들도 대부분 제 역할을 인정해 주었습니다. 나이 많은 임원들도 오래지 않아 받아들여 주었죠. 그렇지만 그렇게 되기까지 몇 차례 설전을 벌여야 했는데, 그들이 저보다는 제 아버지 말에 귀를 더 기울였기 때문이었습니다.

바운 홀크 아네르센은 이제 훨씬 더 강도 높은 버전의 세대교체를 다루어야 했다. 키엘이 스위스에서 일하느라 바쁘고 GKC가 빌룬의 일을 면밀하게 살피며 관리했을 당시에는 아버지와 아들 사이의 일렁이는 바다를 건너는 길을 찾고 결정하는 일을 담당했다. 그러나 두 사람이 지척에 머물게 된 이 시점에서 바운은 두 사람 사이의 불화에 어쩔 수 없이 말려들고 말았다.

어떤 날은 키엘이 옳은 일을 한다고 생각하는지 묻는 고트프레드와 대화를 나눈 다음, 아버지의 최신 기획에 관한 내 의견을 묻는 키엘과 이야기를 나눠야 했다. 여기서 한 가지만큼은 분명했다. 주말이면 나는 그곳에 없었으니 그들과 "싸울" 수 없었지만, 그들은 토요일과 일요일이나 사적 자리에서도 논의할 기회가 있었다는 점이었다.

키엘: 1977년에 고향으로 돌아와 마케팅과 상품 개발을 책임지게 된 저는 회사의 발전을 꾀할 여러 가지 새로운 방법을 두

고 몇 가지 분명한 아이디어를 품고 있었습니다. 1976년의 상황은 기대만큼 잘 풀리지 않았습니다. 특히 우리가 많은 기대를 품었던 미국에서의 판매에 큰 진전이 없었죠. 사실 수익이 줄어들기까지 했습니다. 서독에서도 여러 이유로 비슷한 상황이 펼쳐졌고, 흥미로운 미니피겨를 제외하면 레고의 상품 개발은 거의 멈춰 있었습니다. 저는 우리가 어떻게 해야 하는지 확실히 알 것 같았습니다. 다양한 연령 집단의 어린이에게 필요한 요소와 관련된 레고 상품을 개발하는 방향으로 밀고 나간다면 회사가 할 수 있는 일이 훨씬 더 많아질 터였습니다. 또한 개발부 직원들에게도 한층 도전할 만한 일이었을 겁니다. 아버지는 전반적으로 제 아이디어를 지지해 주면서도 한편으로는 제가 일을 너무 벌이려 한다고 생각하기도 했습니다. 이 때문에 우리는 처음으로 크게 대립했습니다. 바운 씨가 가운데에 껴서 이러지도 저러지도 못하고 고생했죠.

1978년, 바운 홀크 아네르센은 자신이 임무를 완수했다고 판단했다. 회사가 가족 소유로 남을 수 있도록 기반을 다지는 데 성공했다고 본 것이다. 합법적 경로가 마련되어 있었고 재정도 합리적 수준으로 안정되어 있었다. 또한 조직은 키엘이 최고위직을 맡아 새로운 세대의 임원을 불러 모아도 이를 받아들일 준비가 되어 있었다.

레고를 떠나기로 결심한 홀크는 덴마크 슈퍼마켓 체인 이르마Irma에서 제안한 자리를 받아들이기로 했다는 이야기를 공식적 사유로 내놓았다. 그는 감정에 호소하는 긴 편지를 통해 이 소식을 고트프레드와 키엘에게 알리면서, 지난 8년간 코펜하겐과 빌룬을 오가야 했던 것이 자기 가족들에게 매우 큰 부담이었다고 했다. 홀크는 편지에서 에디트와 카밀라를 비롯한 일가 구성원 모두에게도 진심 어린 인사를 전했다. 그는 크리스티안세 일가를 정말 좋아하게 되었고, 자신도 그 일원이 된 것 같다고 느꼈다.

편지는 쉬스템바이와 스코우파르켄의 우편함에 조용히 놓였다. 에디트와 카밀라는 각자의 남편과 함께 편지를 읽었고, 홀크의 진짜 동기가 무엇인지를 고트프레드와 키엘보다 더 분명히 이해했다. 고트프레드는 아무 말도 하지 않았고, 키엘은 크게 낙담했다. 모두가 좋아하는 모범적 대표이사이자 사람들의 말을 경청하는 방법과 동기를 불어넣는 방법, 고마워하는 방법과 실행에 옮기는 방법을 아는 현대적 스타일의 리더가 회사를 떠난다는 것은 견디기 어려운 일이었다.

키엘: 어떤 면에서 바운은 제게 아버지나 다름없었고 탁월한 관리자이기도 했습니다. 대인 관계가 환상적이었고 조직을 꾸리고 영감을 부여하는 데도 탁월했죠. 또한 언제나 긍정적이었습니다. "하나님, 이제 저희는 어찌해야 좋습니까?" 같은 말을 하는 모습은 그 어떤 상황에서도 본 적 없는 것 같네요. 침착함이 그의 가장 큰 강점이었습니다.

바운 홀크 아네르센과 레고가 완전히 갈라서는 일은 처음부터 선택지에 없었다. 말하자면 이혼보다는 별거에 가까웠는데, 이르마의 차기 대표이사가 새로운 고용주의 허락을 받아 인터레고 주식회사와 레고 시스템 주식회사의 이사회에 남기로 했기 때문이었다. 이는 앞으로 다가올 수년 동안 매우 중요하게 작용했다. 바운은 여전히 키엘을 지원하고 경영에 관한 자신의 경험을 나누어 주는 한편으로 고트프레드에게 이제 책임자가 당신의 아들임을 인정해 달라고 설득하는 데 도움을 줄 수 있었다.

무한한 역할극: 미니피겨 출시

키엘은 1979년에 스승의 자리를 물려받아 대표이사에 공식적으로 취임했으나, 사실상 그전 해부터 이미 운전대를 잡은 것이나 마찬가지였다. 최초의 레고 미니피겨가 경찰관, 소방관, 의사, 간호사 등 일상 속 영웅들의 옷을 입고 시장에 첫선을 보였을 즈음이었다.

홀크는 한 해에 걸쳐 키엘에게 일상 업무를 조금씩 알려 주었으며, 그가 레고의 고위 경영진에서 완전히 물러날 때까지 두 사람은 사실상 한 쌍으로 일했다. 아버지와 아들 사이의 문제도 무리 없이 해결되었다. 고트프레드는 어느 신문과의 인터뷰에서 자신이 다시 100퍼센트 활동에 나설 생각은 없다고, 그보다는 뒤로 물러나 특수한 작업을 처리하고 키엘을 지원하는 편이 더 좋다고 말했다. 또한 키엘이 이미 의사 결정을 담당하기 시작했다고도 했다.

키엘은 상품 개발 부서인 레고 푸투라를 가장 높은 우선순위에 두었으며, 될 수 있는 한 많은 시간을 이들과 함께 보내고자 했다. 역동적인 상품 개발이야말로 성장의 열쇠였다. 고트프레드는 이러한 시각을 지지했으나, 그렇다고 해서 시장에 "너무 많은" 신상품을 출시해서는 안 된다고 생각했다. 그러나 키엘은 아버지의 생각을 따르겠다고 약속할 수 없었고, 1978년 3월 7일 화요일에 그가 오스트바이 강당에 올라 레고 임원 100명 앞에서 회사 대표로서는 처음으로 완전한 길이의 연설을 하면서 시장 세분화를 논의하자 GKC는 아들의 뜻을 확실히 알 수 있었다. 키엘은 레고가 소비자의 마음속에서 단순히 조립식 장난감으로 남아서는 안 되며 "창의력 발달을 증진하는 고품질 장난감"이 되어야 한다고 주장했다. 그러므로 각기 다른 연령 집단과 그들의 여러 필요에 알맞게 조정한 다양한 상품을 망라해야 할 필요가 있었다. 키엘은 레고 시스템인 플레이가 지난 20년간 겉보기에 전혀 다르지 않은 세트를 줄줄이 출

시함으로써 고트프레드의 독창적인 아이디어와 콘셉트가 희석되었다고 주장했다

키엘: 3월 콘퍼런스에 유럽의 레고 판매 영업소 관리자들이 모두 모였고, 처음에는 분위기가 다소 가라앉아 있었습니다. 저는 그들 앞에 서서 회사를 위한 미래 발전 모델을 설명했습니다. 그건 제가 오래전부터 마음속으로 구상해 온 모델이었는데, 골자는 그 어느 때보다도 소비자가 자녀의 연령대에 알맞은 레고를 살 수 있어야 한다는 이야기였습니다. 그것이 바로 레고의 새로운 전략이자 비전이었습니다.

앞으로 레고라는 이름은 듀플로, 화불랜드FABULAND, 레고랜드 타운LEGOLAND Town, 캐슬Castle, 우주Space, 레고 테크닉LEGO Technic, 그리고 여아용 장신구 시리즈인 레고 스칼라LEGO Scala까지 여러 장난감 세계관을 포괄하는 이름이 될 것이었다. 이처럼 상품 라인을 구분하는 명확한 도식을 그려 레고 상품군이 품은 가능성 전반을 소비자에게 한눈에 보여줄 수 있게 되었다. 키엘은 듣는 사람의 눈을 틔우는 말로 연설을 마무리했다.
"우리는 전진하고 성장해야 하며 소비자와 소매업체의 마음속에서 최고가 되어야 합니다. 우리는 할 수 있습니다. 우리에게는 세계 최고의 장난감이 있고, 함께라면 우리는 세계 최고의 장난감 회사입니다."
이 연설은 전환점이 되었다. 레고 일가의 3세대가 회사에 다시 한번 활력을 불어넣고 싶어 한다는 것을 더는 누구도 의심하지 않았다. 30세의 키엘은 무엇이 장기적으로 비즈니스에 가장 도움이 되는지에 관해서는 아버지의 직관적 이해를, 그리고 상품 품질과 직원 수준이 얼마나 중요한지에 관해서는 할아버지의 흔들림 없는 신념을 물려받은 것처럼 보

였다. 그러나 한편으로 키엘은 독립적 주체였고 '크리스티안센'의 철자를 쓸 때 'K'를 사용했으며 'KKK'라는 약어도 사용하지 않겠다고 했다. 키엘은 그저 키엘이었다.

키엘의 연설은 이전에 썼던 논문과는 다르게 GKC가 회사를 이끌어 온 방식을, 그리고 위기의 징후가 보일 때 GKC가 사용했던 방법들을 간접적으로만 비판했다. 물론 1970년대에 레고가 마주한 과제 중 상당한 부분이 두 차례의 석유파동과 전 세계적 경기 침체, 덴마크의 출산율 하락, 해외 장난감 시장의 쇠퇴 탓이라고 해도 무리는 아니었다. 그러나 키엘은 아버지가 상품 개발을 거의 없애다시피 축소했다는 사실이 레고에 도움이 되지 않았다고 보았다.

키엘은 아버지와는 정반대 노선을 취할 생각이었으며, 곧바로 다채로운 신상품을 선보이며 자신이 뱉은 말을 실행에 옮긴 덕분에 1979년에는 레고 사상 가장 다양한 신상품이 출시되었다. 53종이나 되는 새로운 레고 세트들은 그야말로 풍요의 뿔이었으며, 모두 키엘이 발표한 발전 모델 속 여러 라인에 각각 속했다.

그렇다면 고트프레드는 콘퍼런스 첫날 아들이 선보인 힘 있는 연설을 듣고 어떤 생각을 했을까? 고트프레드는 아들이 자랑스러웠으나, 낮에는 이를 내색하지 않았다. 그 대신에 바로 그날 밤 키엘에게 손수 적은 메시지를 보냈다.

키엘, 내가 속으로 얼마나 행복했는지 알려 주어야 할 것 같아 펜을 든다. 능란한 사고와 바위처럼 단단한 신념, 성실, 그리고 네 생각을 똑똑히 표현하는 능력까지, 이 콘퍼런스에서도 중요하고 우리 미래를 위해서도 한없이 중요한 요소들을 네가 드디어 손에 넣은 것 같구나. 너는 조직에서 너의 입지(혹은 너를 향한 존경)를 내부와 외부의 양측에서 강화하고 늘리는 데 성공했다. 무엇보다 특히 이 시점에서 레고와 우리에게 중요한 점이 있다면, 내가 이런 말을 자주 하지 않는다만, 너는 집심으로 고맙다는 인사를 들을 만한 사람이 되었단다. 너의 아버지가.

키엘의 아이디어는 특히 지난 10년 가까이 개발해 온 새로운 레고 미니피겨에서 영감을 찾았다. 피겨는 과거의 레고가 건물을 짓기 위한 장난감이었다면 지금의 레고에는 무한한 역할극의 가능성이 있음을 키엘에게 일러 준 '진화'였다. 레고로서는 혁신적 전망이었고, 키엘은 그 전망을 이미 오래전에 실행했어야 했다고 생각했다. 게다가 레고의 망설임과 불확실성, 과하게 소극적인 경영이 뒤섞인 와중에 플레이모빌Playmobil에서 출시한 조금 더 큰 플라스틱 미니피겨가 1970년대 장난감 시장을 휩쓸면서 시장을 먼저 차지했다. 그러나 레고는 이제 앞을 향해 나아가야 했으므로 레고 놀이를 새로운 차원으로 끌어 올려 줄 대응책을 선보였다. 바로 팔과 다리를 움직이고 손에 물건을 끼울 수 있는 날렵하고 작은 피겨였다.

키엘: 미니피겨는 본래 제 아버지의 아이디어였고, 어떤 면에서는 1975년의 25주년 기념일로 거슬러 올라갑니다. 이때 멜빵바지를 입고 모자를 썼으며 통통하고 작은 일꾼, 이름하여 '레고맨'의 그림이 탄생했으니까요. 당시에 이 그림은 레고가 소매업자에게 유통하는 물건에 들어가는 일러스트였고, 1950년대 말에는 일종의 아이콘이 되었죠.
　　이것이 아버지의 머릿속에 아이디어의 씨앗을 심은 것 같습니다. "저렇게 생긴 피겨를 레고 시스템의 부품으로 만들어 넣을 수 없을까?" 그러나 레고 우주와 레고 캐슬을 고안하기도 한 디자이너 옌스 뉘고르 크누센Jens Nygaard Knudsen이 1970년 즈

음에 키가 큰 '빌딩 피겨'를 실험 삼아 선보이고 나서야 아버지의 아이디어가 실현될 수 있었습니다. 빌딩 피겨 세트에는 온 가족이 들어 있었고, 1974년에 상당히 좋은 매출을 거두었습니다. 이듬해 뉘고르는 3.5센티미터 혹은 브릭 네 개 높이의 미니 피겨를 개발했습니다. 이 버전의 미니피겨는 레고 브릭의 규격에 딱 맞기는 했으나, 팔이나 다리를 움직일 수 없었기에 '소금 기둥'이라는 별명으로 불렸습니다. 이것만으로는 부족했으므로 뉘고르와 아버지, 저는 오랫동안 논의를 이어 나갔습니다. 피겨에 무언가 조치가 필요했습니다. 적어도 팔과 다리를 움직일 수 있어야 했습니다. 당시에 저는 그만한 크기의 피겨를 만들 수 있다면 우리가 매우 빠른 속도로 성공할 수 있으리라고 100퍼센트 확신했습니다. 그리고 1978년에 미니피겨가 비로소 등장했습니다.

여자아이들을 위한 레고

1960년대 말, 어린이의 놀이 습관과 레고 상품에 대한 반응을 비롯한 여러 사안을 분석하는 레고의 분석 부서에서는 수많은 주요 논의가 진행되었는데, 그중 다수가 미니피겨 개발과 관련되어 있었다. 이러한 논의에서 주로 다루었던 주제는 바로 레고의 변함없는 과제인 여자아이들이었다. 레고는 1953년부터 여자아이들을 대상으로 집중 마케팅을 펼쳐왔으나, 여자아이들이 레고에 보이는 열정은 남자아이와 비교해 확연히 적었다. 대외적으로는 레고 시스템을 모든 성별을 위한 놀이로 판매하고 있었지만, 내부에서는 레고 시스템 인 플레이에 대한 남자아이와 여자아이의 흥미도 차이에 근본적인 성별 격차가 있음을 파악한 지 10년이 넘어가고 있었다.

1969년에 분석 부서의 올라프 튀게센 담이 작성한 장문의 업무 메모는 레고 세계관에 일종의 인간형 피겨를 더해야 할 필요가 있다고 설명했다. 메모의 주장에 따르면 여자아이는 가구, 집, 자동차 등 '물건'으로만 구성된 장난감을 받아들이지 않는다. 여자아이들에게 이러한 사물은 인간의 상황이나 활동을 위해 존재하며 활용될 물건일 뿐이다. 반면에 남자아이들은 집, 자동차, 기차를 조립하고 작동시키는 것만으로도 만족한다.

또한 그는 레고가 지난 수년간 몇몇 상품 라인에 여성 관련 의제를 조금씩 더하기는 했으나, 젊은이들이 권위에 도전하는 시기일 뿐만 아니라 여성해방과 옛 젠더 관습 철폐 또한 외치는 격동의 시기에 회사가 그 한가운데에 놓여 있다고 했다. 이제 레고의 남성 중심적 상품 개발만으로는 부족했다. 튀게센 담은 숭고한 젠더 정치적 이유는 차치하고 재정적 이유에서라도 모든 성별의 상상력과 창의력을 더 진지하게 고려해야 할 때가 되었음을 우리 회사의 남성 지배적인 경영진이 인식해야 한다고 지적했다.

"여자아이가 남자아이와 다르게 논다는 점을 고려하지 않는다면 여자아이들을 대상으로 하는 거대한 잠재적 시장에 진출할 수 없습니다."

GKC 외 남성 임원 네 명이 참석한 회의에서 튀게센 담은 레고 시스템 인 플레이가 여성보다는 남성의 전형적 특징에 알맞게 제작되었다는 점을 강조했다. 딱딱하고 각진 브릭이라는 소재 자체도 문제였지만, 조립 방식 그 자체와 아이들이 레고로 기차, 배, 자동차, 집 등의 물체를 만들 거라는 기대도 문제였다.

특히 집은 이 문제의 핵심과 레고의 딜레마를 모두 함축하고 있었다. 레고 브릭으로 만든 집은 '외부 지향적'이었다. 튀게센 담의 말에 따르면 레고로 만든 집은 외면에만 초점이 맞추어졌을 뿐이고, 내면은 그저 사방이 막히고 열리지 않는 문과 창문이 달린 빈 공간일 뿐이었다. 아이들은 레고를 가지고 놀 때 자기가 만든 물건의 내면과는 상호작용할 수 없었고, 오직 외면만을 다루었다. 이는 곧 레고가 삶과 개인, 사람, 감정과 관련된 놀이를 제한적 범위에서만 제시한다는 뜻이었다. 튀게센 담은 말을 이어 나갔다.

> 미래에는 여자아이들이 물건으로만 구성된 장난감에 응하지 않을 것입니다. 여자아이들은 생명력을 원합니다. 여자아이들에게 인정받으려면 사물에 인간성이 있어야 하고, 놀이에 엮어 넣을 수 있는 자연주의적 상징이 필요합니다. 딱딱하고 각진 피겨나 인형은 안 됩니다. 앉히고 세울 수 있어야 하며 적절한 비율을 갖추어야 합니다. 상기한 가족 피겨에 조부모나 더 많은 자녀 등을 추가하는 방향으로 점차 확장할 수도 있겠습니다.

바로 이러한 일이 1970년대 전반에 걸쳐 실현되었다. 우선 인형의 집과 가구 몇 종류가 1971년에 출시되었으며, 이로부터 3년 후에는 '빌딩 피겨'가 등장했다. 1950년대의 레고 타운 플랜에서 자전거, 모페드, 스쿠터, 모터사이클을 타고 달리던 작은 고정형 플라스틱 피겨를 제외하면 이 빌딩 피겨가 레고 역사상 최초의 인간형 피겨였다. 1974년에 출시된 빌딩 피겨 가족들은 좋은 반응을 얻으며 상당한 판매고를 올렸으나, 레고로 조립할 수 있는 다른 사물보다 너무 크다는 문제가 있어, 1978년에는 그 크기를 반으로 줄인 미니피겨가 완성되었다. 이러한 미니피겨는 이후 수십여 년에 걸쳐 컬트와 같은 지위를 확립했으며, 오늘날에는 약 90억 개의 미니피겨가 전 세계 곳곳에 흩어져 있다.

빌룬에서는 레고 미니피겨와 미래의 대표이사에게 거는 기대가 컸다. 약간 내성적이지만 언제나 미소를 잃지 않는 젊은 키엘은 당대의 유행에 따라 옷을 입고 스타일링을 했다. 두꺼운 굽이 있는 신발을 신고 나 팔바지에 더해 딱 붙는 셔츠를 입었으며, 긴 머리를 깔끔하게 빗고 구레 나룻을 덥수룩하게 길렀다. 다시 말하면 키엘은 아버지의 경영 스타일 을 따라 할 계획이 없었다. 일과 중에 회사를 돌아다니며 사람들과 이야 기를 나누고 어울리고 싶지는 않았다. 근무시간 이후에도 이곳저곳을 돌 아다니며 무엇을 생산하는 중인지, 혹은 모델 조립사의 책상이나 선반에 무엇이 올라가 있는지 살펴보지도 않을 터였다.

그 대신에 키엘은 각자의 전문 분야를 책임질 젊고 야심 찬 신임 임 원 몇 명과 함께 바운의 전문가다운 발자취를 따라 레고를 미래로 인도 하려고 했다. 키엘은 본인이 어떤 사람인지, 회사에 얼마나 모습을 드러 내는지가 너무 중요해지지 않게 했고, 이는 직원 관리에서도 마찬가지 였다. 그러나 1978년 말에 사내 잡지에서 그라는 사람과 경영 스타일, 그 리고 비즈니스의 미래에 관해 묻자 이 젊은 고위 임원도 답하지 않을 수 없었다.

제 생각에 저는 대체로 개방적이고 민주주의적인 리더이지만, 한번 마음을 먹으면 저를 막아서기는 어려울 수도 있습니다. 저는 제가 무엇보다도 회사의 장기 목표를 설정하고 그 목표를 달성하기 위한 전략을 설계하는 데 일조해야 하는 사람이라고 생각합니다. 특히 저는 시간을 내어 상품과 마케팅 전략의 측 면에 집중하고 싶기에 될 수 있는 한 일상적인 운영 업무에서 벗어나는 게 중요합니다.

한편 키엘의 저택에는 또 다른 변화가 다가왔다. 카밀라가 둘째 아 이를 임신한 것이다. 레고의 사내 잡지에서는 키엘 부부가 훌륭하고 전 통적인 방식에 따라 가정에서 역할을 분담했다고 언급했다. 훗날 레고의 최고 경영자가 될 이 남자는 두 살배기 소피의 육아와 함께 집안일을 모두 아내에게 맡겼다. "글쎄요, 요리에 취미를 들여 본 적은 없어요. 설거지는 말할 필요도 없죠. 솔직히 말하면 저는 집안일에서 벗어나는 걸 잘합니다."

키엘은 오래지 않아 언론의 조명을 다시 받았다. 두어 달이 지난 후인 1979년 2월, 키엘은 덴마크 비즈니스계의 또 다른 왕세자 페테르 소벨Peter Zobel과 함께 《빌레드 블라데트Billed-Bladet》에 갑작스럽게 등장했다. 페테르는 키엘과 마찬가지로 대기업을 일군 가문의 3세대였으며 곧 보험회사 코단Codan의 대표이사로 취임할 예정이었다. 주간지는 "두 사람 모두 키를 넘겨받기 위해 태어난, 전형적인 아버지의 아들"이라면서 "두 사람에게는 당연히 후계자로 자리매김할 만한 재능이라는 공통점이 있다."라고 덧붙였다.

키엘은 오랫동안 언론 노출을 피하고자 최대한 애썼으나, 이 주간지는 키엘의 사생활에 관해서도 몇 가지 이야기를 언급했다. 보도에 따르면 키엘은 한때 승마에 관심이 많았으나, 이제는 요트에 빠져 있으며 작년에 23피트 길이의 요트를 구매해 바일레에 정박해 두었다. 또한 골프도 약간 쳤으나 그만둔 지 오래되었는데, 어린 시절부터 무척 좋아했던 레고 놀이가 그 자리를 대신했기 때문이었다. 키엘은 무엇보다도 자동차에 지대한 관심이 늘 있었으며, 스위스에 살 때 광택 나는 초록색 포르쉐 911 카레라 쿠페Porsche 911 Carrera Coupe를 구매했고, 이제는 여기에 덴마크 번호판을 달았다.

《빌레드 블라데트》는 또한 독자들에게 키엘이 까다로운 성미의 사람은 아니었으나 호밀빵과 맥주로 만든 덴마크 전통 음식인 욀레브레드 그리고 삶은 대구를 특별히 좋아하지는 않는다는 이야기도 전했다. 옷 치수는 유럽 치수로 41이었다. 개인적으로 사치를 즐기지는 않았으며, 친구들의 말을 빌리면 "인색하지는 않지만 낭비하지도 않았다." 자동차를 제외하면 그가 값비싼 취향을 즐기는 분야가 단 하나 더 있었으니, 바로 위스키였다. 그는 얼음 없이 니트neat로 마시는 것을 좋아했고 가장 좋아하는 위스키는 시바스 리갈Chivas Regal 25년이었다. 그 외에도 키엘은 여전히 팝 음악과 락 음악을 좋아했으며, 최근에는 브루스 스프링스틴Bruce Springsteen의 노래를 즐겨 듣기 시작했고 그중에서도 아버지와 아들의 관계에 관한 노래를 좋아했다.

경쟁자들——1980년대

진화해야 살아남는다

세계에서 가장 큰 체인 음식점이 1981년 봄에 덴마크에서는 처음으로 문을 열었고, 레고는 여기에서 아이디어를 얻었다. 이 아이디어를 처음으로 제시한 것은 코네티컷 엔필드에 자리한 레고의 미국 판매 영업소였지만, 1970년대에 미국을 여러 차례 오가며 맥도날드McDonald에서 자주 간단하게 식사했던 빌룬의 키엘도 곧바로 기회를 포착했다. 거대한 콜라 컵을 앞에 두고 빅맥을 한입 가득 베어 먹던 그는 이 패스트푸드 체인의 성공 비결이 좋은 마요네즈와 머스터드, 식초, 마늘, 양파, 파프리카와 풍미를 제대로 배합했기 때문만은 아님을 알아챘다. 그에 견줄 만큼 맥도날드의 성공에 지대한 영향을 미친 것이 있다면 바로 모든 해피밀Happy Meal에 함께 나오는 장난감이었다.

> 키엘: 당시에 맥도날드는 유럽에서 존재감이 그렇게 거대하지 않았고 대체로 10대 청소년들이 어울리는 장소였지만, 미국에서는 그만큼 가족들이 어린이를 데리고 가는 곳이기도 했습니

다. 저는 그걸 미국에서 경험해 보았으니 이 햄버거 체인에 아무런 불만이 없었지만, 당시에는 많은 유럽 사람들이 맥도날드를 끔찍하게 여겼어요. 우리가 맥도날드와 공동 프로모션 거래를 시작할 때도 사방에서 비판의 목소리가 나왔죠. 어떻게 그런 일을 할 수가 있냐고요. 저희 이사들도 이 기획을 특별히 좋아하지는 않았습니다.

레고 마케팅의 새로운 형태인 공동 프로모션은 1980년대 내내 확대되면서 켈로그Kellogg's, 콜게이트Colgate, 팸퍼스Pampers 등 다른 유명 브랜드와의 협업으로도 이어졌다. 나이와 경험이 더 많은 빌룬의 몇몇 베테랑은 이러한 공동 프로모션을 미심쩍은 눈으로 바라보기도 했다. "우리네 레고 브릭만으로는 더는 팔리지 않는다고 생각하는 건가?"라는 의문이었다.

물론 레고 브릭만으로도 판매 가능성은 충분했다. 키엘이 모은 젊은 임원진도 이를 의심하지는 않았다. 임원진은 거의 모두가 30대 초반이었다. 토르스텐 라스무센, 닐스 크리스티안 옌센Niels Christian Jensen, 스티크 크리스텐센Stig Christensen, 크리스티안 마이고르Christian Majgaard 등이 여기에 속했고, 재무 관리자 아르네 요한센Arne Johansen처럼 나이와 경험이 더 많은 사람도 있었다. 레고에 전 세계적으로 더 폭넓은 인지도를 안겨 줄 이 팀원들은 앞으로도 레고 판매를 최적화하려면, 다시 말해 이미 레고를 가진 사람들에게 더 많은 레고를 판매하는 한편 아직 레고가 없는 사람들에게도 처음으로 레고를 판매하려면 무언가 특단의 조치가 필요하다는 것을 알았다. 새로운 방식이라면 더더욱 좋았다.

1983년 가을에 미국에서 맥도날드와 레고의 거래가 체결되었다. 여기에는 미국 측이 광고와 프로모션을, 그리고 뒤이은 가을부터 수개월간에 걸쳐 이어질 캠페인의 TV 송출을 책임진다는 조항이 명시되었다. 미국 전역과 캐나다 전역의 맥도날드 지점 6500곳은 바로 북미의 가족 수백만 명이 새로운 색색의 조립식 장난감을 처음으로 만날 무대가 될 터였다.

레고는 작은 투명 봉지에 포장한 브릭 세트를 2500만 개 이상 생산해 납품해야 했으며, 그 외에도 모든 맥도날드 체인점에 세워 둘 레고 브릭으로 만든 커다란 로널드 맥도날드Ronald McDonald 모형을 6500개 만들어야 했다. 또한 부모가 이야기를 나누고 아이들의 먹다 남긴 햄버거와 감자튀김을 마저 먹는 동안에 어린이들이 레고 브릭 혹은 듀플로 브릭으로 무엇을 만들 수 있는지 보여 주기 위해 접착제로 고정한 조리대 모형 또한 똑같이 6500개를 만들어 공급해야 했다.

1986년과 1988년에도 비슷한 캠페인이 뒤이어 진행되었고, 레고는 10년에 걸쳐 거의 1억 개에 달하는 브릭 세트를 생산해 맥도날드에 납품했다. 일찍 막을 내리고 말았던 샘소나이트와의 라이선스 계약 이후로 수익성 좋은 미국 시장에 진입하는 빠르고 효과적인 지름길을 계속 탐색하고 다녔던 레고가 마침내 그 길을 찾아낸 것이다. 레고라는 브랜드는 이제 맥도날드 체인의 핵심 고객이자 레고 홍보 대사가 되기에 최적의 대상인 어린이가 있는 가족들을 통해 미국 전역과 캐나다 전역에 빠르게 이름을 알렸다. 미국에서 레고의 브랜드 마케팅을 담당한 이사 케리 펠런Kerry Phelan은 훗날 다음과 같은 결론을 내렸다. "이 정도 규모의 이벤트는 우리가 진행한 공동 프로모션의 주요 목적을 모두 달성해 주었습니다. 브랜드 노출이 점차 확대되었으며, 레고를 가진 기존 고객의 수집 욕구를 자극하는 동시에 견본을 나눠 주고 레고의 새로운 고객을 모집할 수 있었습니다."

맥도날드와의 협업은 1980년대에 레고가 세계에서 가장 큰 장난감 시장을 뚫고 들어가기 위해 시도한 여러 가지 접근법 중 한 예시였다. 이 과정에서 마텔Matte, 해즈브로Hasbro, 타이코 등 다른 회사들과 불협화음을 빚기도 했다. 특히 타이코는 레고의 특허가 만료되었다는 사실을 발견한 후 힘을 과시하기 시작했다. 타이코는 똑같은 플라스틱 소재로 브릭 시스템을 만들어 '슈퍼 블록Super Blocks'이라는 이름으로 출시했는데, 레고를 대놓고 따라 한 상품이었으나, 소매가가 3분의 1에 지나지 않았다.

이들은 대대적이고 공격적인 광고를 통해 미국 소비자들에게 슈퍼 블록이 레고와 호환된다고 알렸으며, 1985년에는 고객을 위해 레고에 전쟁을 선포한다는 극단적 태도를 보였다. 타이코가 공개한 광고에서는 슈퍼 블록으로 조립한 무시무시한 탱크가 지구 반대편에 자리한 작은 나라의 적군을 향해 총대를 겨누었다. "타이코가 레고에 전쟁을 선포합니다. 이제 승리는 여러분의 몫입니다!" 광고가 선언했다. 물론 소비자가 승리하리라는 뜻이었다.

타이코는 몇 가지 이유를 바탕으로 이러한 마케팅이 정당하다고 믿었는데, 반쯤은 레고의 미국 내 특허가 만료되었기 때문이었고, 반쯤은 이 덴마크 장난감 회사 또한 1948년과 1949년 사이에 다른 회사의 상품에서 아이디어를 가져와 시작했다고 주장했기 때문이었다. 키디크래프트가 다시 한번 빌룬의 이사회실에 망령처럼 나타났고, 레고 법무팀은 그때까지 회사가 겪어 본 소송 중 가장 큰 국제적 소송을 준비하기 시작했다. 소송은 이후 수년간 이어졌다.

소송 첫 단계에서는 레고에 유리한 판결이 나왔다. 1986년에 홍콩에서 열린 이 사건 심리에서 진실만을 말하겠다고 선서한 고트프레드는 처음으로 레고가 힐러리 피셔 페이지의 '자체 결합 조립식 브릭'에서 출발했다는 이야기를 상세하게 밝혔으며, 법원 속기록에 따르면 레고가 잉글랜드의 브릭을 "매우 면밀하게" 모방했다고 인정했다. 고트프레드에게는 힘겨운 순간이었다. 법적으로 엄밀하게 말하면 페이지와 키디크래프트에 아무런 불법 행위도 저지르지 않았지만, 그런데도 그는 늘 양심의 가책에 시달렸다.

홍콩에서 열린 심문에서 타이코 측 변호사는 얼마 전 자기 아들과 함께 덴마크의 레고랜드를 방문했던 이야기를 꺼내며 고트프레드를 압박했다. 그는 레고가 브릭의 성공담에서 힐러리 피셔 페이지를 언급조차 하지 않았다는 데 놀랐다고 말했다.

"사람들은 서로 결합되는 브릭의 아이디어와 디자인이 모두 레고에서 비롯되었다는 인상을 받을 겁니다. …… 다소 불공정하지 않습니까?"

이에 고트프레드가 대답했다. "불공정하다고 생각하는 사람도 있을 겁니다. 그걸 안다면요. 개인적으로 저는 그렇게 생각해 본 적이 없습니다."

비디오게임의 도전

GKC가 변호사와 컨설턴트 일동을 데리고 홍콩에서 3주간 머무르기 위해 비행기표와 힐튼 호텔Hilton Hotel의 방 열 개를 예약했던 1986년이 되기 한참 전부터 레고는 이미 빌룬에서 대대적 격변을 겪고 있었다.

키엘과 그가 이끄는 젊은 팀은 1980년 즈음에 고위 관리자 사무실로 자리를 옮기자마자 곧바로 1970년대의 더욱 조심스러운 방식에서 벗어나 미래의 맥박을 확인하는 손끝을 단 한 번도 떼지 않은 채로 급진적 변화를 도입하기 시작했다. 상품 개발 부서에서는 열정과 호기심, 창의적이고 혁신적으로 생각하는 용기를 다시 한번 높이 사기 시작했다.

불과 몇 년 만에 작은 폭발이 일듯 상품 범위가 넓어졌고, 1970년대 내내 145종 전후를 벗어나지 않았던 세트 종류가 1983년에는 246종으로 대폭 늘어났다. 키엘이 대표이사로 취임한 지 첫 5년 만에 매출이 세 배로 늘어나며 20억 크로네를 달성했다. 직원이 2500명에서 3300명으로 증가했고, 한국과 스위스, 브라질에 새로운 공장을 건설하는 계획이 마련되었다. 회사가 모든 영역에 걸쳐 눈에 띄게 발전하고 있었다.

이러한 확장이 이루어진 데에는 겹겹지에 새로운 피가 수혈된 데다 레고가 북미에서 승승장구한다는 점 외에도 또 다른 이유가 있었다. 바로 움직이거나 바꾸기 쉬우며 사실상 그 어떤 현실 상황이나 동화 속 장면에도 알맞게 바꿀 수 있는 레고 미니피겨였다. 곧 간호사, 경찰관, 우주비행사, 방패를 든 기사, 나무다리를 단 해적, 야광 귀신 등 수많은 미니피겨가 등장했다. 미국에서 '미니피그Minifigs'라는 별명으로 불리기도 했던 이 미니피겨는 본래 사람이 등장하지 않았던 기존의 레고 시스템 인 플레이를 가장 긍정적인 방식으로 파괴했다.

> 키엘: 레고 세계관에 어느 정도 생명력을 불어넣을 필요가 있었는데, 그 역할을 미니피겨가 톡톡히 해 주었습니다. 조립과 역할극의 조합은 상당한 발전을 이끌어 냈고, 1980년대 전체와 1990년대에 이르기까지 황금빛 성장기가 계속될 수 있도록 바탕을 마련해 주었습니다. 우리는 타운, 캐슬, 우주, 해적과 함께 엄청나게 많은 어린이의 관심을 사로잡을 수 있었습니다.

1980년대 초에는 레고가 경계를 늦추지 않고 빈틈없이 준비를 다하는 것이 그 어느 때보다도 중요해졌다. 장난감 업계 전체가 전례없는 도전에 직면해 있었다. 갑자기 등장한 휴대용 게임기가 전통적 형태의 놀이를 붕괴시키고 다가올 크리스마스에 받고 싶은 선물 목록을 헤집어 놓았기 때문이었다. 빌룬에서는 본래 매우 침착한 태도로 상황을 바라보았다. 어느 신문에서 레고 그룹이 내년에 전자 장난감을 출시할 계획이 있냐고 묻자 홍보 책임자 페테르 암베크-마드센Peter Ambeck-Madsen은 이렇게 대답했다. "장난감 시장에 침을 쏘는 성가신 전기 말벌 때문에 상품 개발 계획을 바꾸지는 않았습니다. 그러나 전자 게임이 폭발적으로 성장한 덕분에 저희도 방심하지 않을 수 있었습니다."

키엘: 개인적으로 저는 최초의 휴대용 게임기에 매료되었고 나중에는 조이스틱을 이용한 커다란 게임기에도 큰 흥미를 느꼈습니다. 그렇지만 장난감 회사로서 새로운 경쟁자가 두려웠다고 말하지는 않겠습니다. 적어도 처음에는 두렵지 않았어요. 물론 우리도 어떻게 하면 디지털 요소를 레고 경험에 통합할 수 있을지를 두고 수많은 이야기를 나누었습니다. 저도 할아버지에게 기계와 기술에 대한 호기심을 물려받은 만큼 여러모로 많이 고민했죠.

게임기를 무시할 수 없다는 사실은 곧 명백하게 드러났다. 1980년대 초에 덴마크에서 학교를 다닌 수많은 어린이가 방학 내내 합성 음향효과의 벽에 둘러싸인 채 두 손에 꼭 쥔 작은 기기의 화면만을 바라보며 엄지로 전광석화처럼 버튼을 눌러 여러 명령을 내렸다. 일본에서 발명하고 개발한 이 게임기로는 동키콩Donkey Kong, 옥토퍼스Octopus, 마리오브라더스Mario Bros.를 비롯한 수많은 게임을 플레이할 수 있었다.

휴대용 게임기는 비할 데 없이 순식간에 실존적 과제로 떠올랐다. 수많은 부모와 선생이 뽕뽕거리는 기계음 때문에 미칠 노릇이었고, 덴마크의 일부 장난감 가게들은 아예 게임기 매입을 거부하기도 했다. 게임기가 건전하고 건강한 형태의 놀이를 저해한다고 가정하는 비판론이 있었기 때문이다. 덴마크의 주요 백화점 중 하나인 마가신의 수석 바이어는 게임이 "뽕뽕 기계음에 지나지 않는다."라고 말했으며 레고의 경영진과 마찬가지로 게임이 찰나의 유행일 뿐이라고 믿었다. 덴마크의 수많은 어린이집에서도 이처럼 새로운 '반사회적' 유형의 놀이를 다소 신중한 태도로 바라보았으며, 다수의 방과 후 클럽에서는 어린이가 전자 단말기를 가져오면 안 된다고 규정했다. 1983년 봄, 콜링에서 어린이집을 운영하던 어느 원장이 이를 다음과 같이 설명했다.

> 이제 참을 만큼 참았다. 게임이 크리스마스 직전에 대유행을 맞이하더니 이제 부활 직전에 최악을 찍고 있다. 게임을 하면 아이들이 기이하게 수동적으로 변한다. 종일 손에 쥔 게임기만 가지고 노니 다른 아이들과 어울리고 싶을 이유가 아예 없다. 게다가 다른 어린이가 중요한 순간에 플레이어를 방해하기라 도 하면 공격으로 이어질 수도 있다.

오늘날의 시각으로 보면 이처럼 격렬한 반응은 지난 역사 속 옛스 러운 일화 정도로 보일 것이다. 사실 곧이어 코모도어 64Commodore 64와 닌 텐도Nintendo의 혁신적인 게임보이Gameboy가 출시되면서 일어난, 뿅뿅거리 는 게임기의 파도는 앞으로 수많은 디지털 하드웨어가 해일처럼 밀려들 어 뉴밀레니엄이 밝고도 한참이 지나도록 거의 모든 선진국에서 어린이 와 청소년의 침실을 가득 메우리라는 것을 예고하는 전조에 지나지 않았 다. 휴대용 게임기가 등장한 이후 10여 년 동안에는 어린이가 어떻게 혼 자 혹은 다른 어린이와 함께 노는지, 그리고 특히 무엇과 '함께' 노는지 에 관한 패러다임 변화가 일어났다.

우선 레고는 회의적 태도를 보였고, 게임이 곧 지나갈 유행이라고 생각했다. 덴마크의 주요 비즈니스 신문 중 하나인 《뵈르센Børsen》은 전 세계적으로 유명한 장난감 회사인 레고를 1983년 봄에 특집 기사로 다 루었는데, 이 인터뷰에서 레고의 현직 대표이사와 전직 대표이사는 전 자 게임이 레고의 계속되는 성장에 위협이 되리라고는 생각하지 않는다 고 입을 모아 말했다. 이 문제에 관해서는 아버지와 아들이 같은 마음인 것이 분명해 보였다. 고트프레드는 이렇게 말했다. "저희는 장난감 업계에서 전 세계적으로 가장 성공한 기업 중 하나이고, 이러한 전자 게임의 인기에 조금도 충격을 받지 않았습니다."

그러나 양 세대 간의 균열을 발견한《뵈르센》의 기자는 아들에게 레고가 전자 장난감을 생산할 의향이 있는지 물으며 질문에 박차를 가했다. 기자는 그렇게 상상해 볼 만도 하다고 주장했다. 최근 레고가 덴마크에서 가장 규모가 큰 출판사와 파트너십을 맺고 화불랜드 세계관의 이야기를 담은 책 시리즈를 출간한다고 발표한 데다 곧 레고 영화가 나온다는 소문도 떠돌고 있으니 앞으로도 핵심 비즈니스에서 더 멀리 뻗어 나갈 수 있지 않을까?

키엘은 고개를 저으면서도 이렇게 덧붙였다.

물론 그렇다고 해서 관련성 있는 신기술을 모조리 사용하지 않겠다는 뜻은 아닙니다. 그러나 사용한다면 그건 그 신기술이 저희 목적에 부합하기 때문일 겁니다. 그저 기술을 위해 상품에 새로운 기술을 도입하지는 않을 겁니다. 레고가 전자 기술을 사용한다면 지난 오랜 세월 모터를 비롯한 다양한 기술을 자연스럽게 레고의 영역에 들여왔듯이 이번에도 자연스러운 방식을 통해 결합할 것입니다.

컴퓨터광인 키엘은 레고가 놀이와 교육의 교차로에서, 즉 학교에서 그 신기술과 관련한 틈새시장을 찾아내리라고 이미 예상했다. 레고 디자이너들은 일찍이 1980년에서 1981년부터 다양한 분야 및 수업 형태의 교육자 및 전문가와 협업했으며, 듀플로 광고는 "작은 손으로도 재미있게 배워요."라는 표어를 내세웠다.

장난감의 교육적 측면은 지난 수년에 걸쳐 한층 더 주목받았다. 레고는 선생과 학생, 18개월 이상의 유아를 대상으로 고등 기술을 접목한 조립 프로젝트를 다수 고안했고, 이를 레고 에듀케이션LEGO Education이라는 새로운 상품 라인으로 섭렵했다. 1985년에는 레고 테크닉 I를 출시했고, 몇 년 후에는 레고 듀플로 모자이크LEGO DUPLO Mosaic가 출시되었다. 레고는 또한 선생님들이 두 가지 세트에 관한 조립 설명서와 활동 패키지를 비롯한 무료 교육 자료를 다운로드할 수 있는 학습 포털을 마련했다.

1982년에 출간된 레고의 공식 50주년 기념 도서에서 키엘은 "놀이를 통한 학습"이라는 표현을 사용했으며, 이와 비슷한 시기에 어느 신문에도 다음과 같은 말을 남겼다. "학생들은 기술 관련 내용을 책으로 읽는 대신에 직접 만들어 볼 수 있습니다. 우리는 이 시장에 큰 믿음을 품고 있습니다." 키엘은 학교와 탁아소뿐만 아니라 고등교육 또한 향후 레고에 중요한 거대 시장이 되리라고 생각했으나, 모든 회사 임원이 그의 설명을 듣고 확신을 품었던 것은 아니었다.

키엘: 어느 임원이 한 말이 똑똑히 기억나네요. "아뇨, 그건 안 될 겁니다. 아이들이 학교에서 브릭을 사용한다면 금세 레고에 싫증을 느낄 테고 집에서까지 레고를 가지고 놀려 하지 않을 테니까요." 그래서 제가 대답했습니다. "아니, 그게 말이나 됩니까!"

MIT 미디어랩과 협업하다

1984년 2월 말의 어느 날 저녁, 그날도 줄줄이 이어지는 회의를 해치우고 고된 하루를 마무리한 키엘과 카밀라가 스코우파르켄의 자택에서 쉬고 있었다. 부부가 틀어 놓은 TV 화면에는 초등학생 몇 명이 컴퓨터를 사용해 육지 거북이처럼 생긴 작은 로봇에 명령을 내리는 모습이 나왔다. 장면이 바뀌더니 회색빛 수염을 기른 남자 한 명이 등장해 시청자들에게 자신이 어린이들도 쉽게 통달할 수 있을 만큼 간단하고 직관적인 특수 프로그래밍 언어를 개발했다고 말했다. 시모어 패퍼트Seymour Papert라는 이름의 이 남자는 코앞으로 다가온 디지털 시대에 알맞은 새로운 유형의 학습에서 컴퓨터를 창의적 도구로 활용할 수 있다고 설명했다. "교육은 설명한다고 이루어지지 않습니다. 학습에 참여하고 교재와 사랑에 빠져야만 교육이라고 할 수 있습니다."

키엘은 그 말을 듣자마자 완전히 매료되었다. 수년 후 《월스트리트 저널Wall Street Journal》이 보도한 말을 빌리면 "무언가 만지작거리고 놀고 싶다는 아이들의 욕구를 채워 주며 큰돈을 벌어들인" 회사에 패퍼트의 말은 최고의 희소식이었다. 이 단순하고 작은 브릭이 컴퓨터 시대에 제자리를 찾아갈 방법을 레고가 처음으로 진지하게 모색하고 있었다.

키엘: 저는 아이들이 컴퓨터와 프로그래밍 언어를 가지고 놀며 학습한다는 시모어 패퍼트의 아이디어에 깊이 매료되었습니다. 패퍼트는 자기가 발명한 프로그래밍 언어를 '로고Logo'로 불렀죠. 방송 다음 날, 저는 패퍼트에게 연락하라고 몇몇 직원에게 지시했어요. 곧 패퍼트에게서 대답이 돌아왔죠. 재미있게도 패퍼트 또한 한동안 우리에게 연락해 볼까 고민했었다고 해요. 그가 몸담은 보스턴의 메사추세츠 공과대학 미디어 랩MIT Media Lab에서 몇 가지 실험에 레고 브릭을 이용했기 때문이었습니다. 그 당시에도 미디어 랩은 프로그래밍과 디지털화에 관해서라면 온갖 관심사와 폭넓은 사고방식을 총망라하며 여러 분야를 넘나드는 기술의 성채였습니다. 오래지 않아 저는 보스턴으로 가서 이 남자와 이야기를 나누었습니다.

키엘이 만난 이 남자는 불꽃 같은 남자인 동시에 어린이 같은 마음을 품은 사람이었으며 다양한 실력과 재능을 갖추고 있었다. 수학과 컴퓨터 과학, 교육을 전공한 패퍼트는 전 세계적으로 유명한 스위스의 심리학자 장 피아제에게 큰 영향을 받았다. 피아제는 어린이가 지식을 쌓아 가는 방법을 이해하고자 했으며, 아이들이 도전 과제를 마주하는 과정을 통해 발달한다고 믿었다. 또한 가장 근본적인 층위에서는 어린이 본인도 발달에 박차를 가하고 싶어 한다고 믿었다. 패퍼트는 피아제의 이론을 한층 발전시켜, 어린이는 무언가 손으로 만들 때 그와 동시에 지식을 쌓는다는 아이디어를 제시했다. 패퍼트의 주장에 따르면 이러한 유형의 학습이 매우 중요한데, 단순히 선생님이 무언가가 어떻게 작동한다고 알려 줄 때나 어떻게 이해해야 한다고 말해 줄 때보다 이렇게 배웠을 때 지식이 어린이의 뇌리에 더욱 깊숙이 남기 때문이었다.

미래의 학교에서는 놀이의 본질이 곧 학습의 본질이 될 것이며 컴퓨터 또한 연필이나 책과 동일선상에 놓일 것이라는 패퍼트의 아이디어를 만난 것은 키엘에게 분수령 같은 순간이었다. 학창 시절 학교를 특별히 좋아해 본 적이 없었던 키엘은 패퍼트의 말대로 어린이가 주도적으로 학습하고 주변의 재료를 이용해 세상을 탐험하며 새로운 방식으로 이해하는 곳으로서의 학교라는 잠재력을 보았다.

키엘: 시모어는 직접 프로그래밍할 수 있는 인텔리전트 브릭이라는 아이디어를 제게 심어 주었고, 인텔리전트 브릭을 통해 레고 역사상 세 번째 기술혁신을 일으킬 영감을 주었습니다. 1955년에 독창적이고 혁신적인 조립 시스템에서 출발한 레고는 1962년에 바퀴가 개발되면서 브릭을 움직일 수 있게 되었습니다. 1966년에는 전동 모터가 등장하면서 사람들이 저마다의 브릭에 더 많은 생명력을 불어넣으며 가지고 놀 수 있게 되

었죠. 시모어와 제가 그린 다음 단계는 사람들이 레고 모델에 행동을 더하고 저마다 레고 로봇을 직접 프로그래밍하는 것이었습니다.

1985년에는 시모어 패퍼트가 덴마크를 방문했다. 키엘을 만나러 빌룬에 가기 전, 패퍼트는 크리스티안스보르Christiansborg에서 초등학교 선생님 300명을 만나 기술 사회에서 어린이를 위한 학습의 미래에 관해 강연을 했다. 패퍼트의 요지는 선생이 원하면 제자의 창의력을 억압하는 데에 컴퓨터라는 환상적 도구를 이용할 수도 있겠지만, 아이들이 창의력을 마음껏 발휘하고 독립심을 키우는 데에도 기계를 사용할 수 있다는 내용이었다.

강연을 마친 시모어 패퍼트는 자리에 참석한 기자들에게 보스턴의 MIT 미디어 랩이 레고와 협업하기 시작했다는 이야기를 언급했다. 미디어 랩과 레고는 로봇이 벽이나 다른 물체와 접촉했을 때 반응하도록 프로그래밍할 수 있게끔 적외선 광전지 센서를 내장한 브릭을 개발하고 있었다. 패퍼트는 또한 이 프로젝트가 수년 안에 미국 교육 시장에 선보일 준비가 될 것이라고, 어린이들이 레고 부품으로 로봇과 크레인, 차량 등을 조립하고 로고 프로그램을 사용해 컴퓨터로 조작할 수 있도록 정교한 기술을 품은 새로운 브릭을 학교에 제공할 것이라고 말했다.

키엘: 우리는 미디어 랩과 긴밀하게 협업하며 레고를 개발할 장소를 보스턴에 마련했습니다. 저는 시모어와 제가 지적으로 동족이라는 느낌을 받았습니다. 표현이 강하게 들릴 수도 있겠지만, 저희 두 사람은 이때부터 수년간 몇 번씩 만날 때마다 믿기 어려울 만큼 이야기가 잘 통했습니다. 결코 거창하고 멋들어진 단어를 쓰거나 길고 흠 없는 문장으로 말하는 법이 없었죠. 그

저 같이 앉아 약간의 사색을 나누곤 했습니다. 시모어는 그렇게 말이 많지는 않았지만, 한번 말을 꺼내면 거의 내빈 듯싶은 이야기를 했습니다.

1980년대 말에는 놀이를 통한 학습이라는 개념에 대한 키엘의 믿음을 바탕으로 미래를 향한 커다란 도약이 시작되었다. 레고와 MIT 미디어 랩이 레고 테크닉 라인의 자체 모델에 사용할 수 있는 소프트웨어를 개발한 것이다. 바다를 건너는 이 협업은 1986년에서 1987년까지 레고 TC라는 이름으로 최초의 실질적 결과물을 선보였다. 'TC'는 테크닉 컨트롤Technic Control의 약자였다. 이제는 학생들이 서로 다른 종류의 레고 브릭과 컨트롤 박스, 소프트웨어를 이용해 로봇을 조립하고 애플 컴퓨터와 IBM 컴퓨터로 제어할 수 있었다.

레고 TC 세트는 일찍이 1990년부터 미국의 여러 학교에 진출했다. 바야흐로 현대 기술을 사용하고 시연하는 것이 필수 교육과정에 포함되던 시기였다. 아이들을 문제 해결사이자 발명가로 키우는 것이 교육학적 목표 중 하나였다. 패퍼트는 《월스트리트 저널》에 "컴퓨터는 우리 사회가 통상적인 업무를 처리하고 명령을 따르는 사람을 기르고 싶은지, 아니면 비판적이고 창의적인 사람을 기르고 싶은지 결정할 수 있는 선택권을 처음으로 안겨 주었다."라고 말했다.

경영의 열한 가지 역설

1980년대에 키엘에게 영감을 준 사람은 시모어 패퍼트만이 아니었다. 어느 비즈니스 저널의 기자가 "가문비나무 식림지에 자리한 동네 노인의 집"을 연상시킨다고 묘사한 빌룬의 레고 본사에서는 다소 뜻밖의 인물이 짙은 갈색빛 건물의 홀을 돌아다니고 있었다. 레고 경영진에 합류할 당시에 페르 쇠렌센Per Sørensen은 여피가 대세로 떠오르고 모두가 파일로팩스Filofax를 들고 다니던 1980년대의 고연봉 임원치고는 놀라운 방식으로 자신을 소개했다.

"콜럼버스는 대서양 횡단을 시작할 때 자기가 어디를 향하는지 몰랐습니다. 대서양 건너편의 해안에 도착했을 때는 자기가 어디에 당도했는지 몰랐고, 고향에 돌아왔을 때도 자기가 어디를 다녀왔는지 몰랐습니다. 경영진 개발에 관한 이야기를 시작하자면 레고의 우리도 이와 다를 바 없는 위치에 놓여 있습니다."

키엘은 1979년에 페르 쇠렌센을 레고 이사로 선임하고 그에게 인사, 조직, 직원 교육, 근무 환경 등의 책임을 맡겼다. 다소 유동적인 담당 분야를 받아 든 쇠렌센은 뒤이은 20여 년에 걸쳐 사실상 회사의 운영을 도맡으며 대표이사 키엘이 자기 자신과 그 역할에 관한 시각을 넓힐 수 있도록 도왔다.

키엘: 제가 겪어 본 페르 씨는 오르후스 경영 대학에서 컴퓨터 과학과 조직개발을 가르치는, 매우 고무적이면서 전통에서 크게 벗어난 선생님이었습니다. 레고에서 인사 책임자를 채용할 때 페르 씨가 지원했고, 제가 면접을 잡았습니다. 제 아버지는 여기에 관여할 마음이 전혀 없었습니다.

"아이고, 저런 남자는 레고랑 아무런 상관이 없을 텐데."라고 생각하셨죠. 그렇지만 아버지는 면접 도중 제 사무실에 조용히 들어와 자리에 앉으시더니 페르 씨의 아이디어에 흠뻑 빠져들었습니다. 페르 씨는 정말이지, 뭐라고 말해야 좋을까요, 음과 양 같은 사람이었습니다. 또한 무엇이든 반대로 생각해 보는 걸 좋아했습니다.

"좋습니다. 그렇지만 한번 이렇게 바라보면 어떨까요? 혹은 저렇게 생각해 보면요?"

　　아버지는 한 번도 잘난척 업계에서 일한 적 없는, 노선석
이고 정통을 벗어난 관리자들을 정말 좋아했습니다.

　　식견이 넓고 레고의 정신과 가치를 분명히 이해했던 페르 쇠렌센은
1960년대의 쇠렌 올센처럼 1980년대에 걸쳐 레고의 문화를 형성하는
데 핵심 역할을 담당했다. 또한 그는 키엘을 비롯한 회사 고위 임원들에
게 귀중한 스파링 상대가 되어 주었다. 학식이 매우 깊었던 쇠렌센은 노
자와 마오쩌둥, 키르케고르Kierkegaard, 그룬트비, 옌스 크리스티안 호스트
루프Jens Christian Hostrup 등 여러 인물의 지혜가 담긴 말을 인용하기를 즐겼
다. 특히 레고에 어떤 대화와 혁신이 필요한지 직원들에게 상기시키고
싶을 때는 호스트루프의 시가 「북극, 자유의 고향High North, Freedom's Home」
에서 세 구절을 인용했다.

　　부서지게 두어라, 들끓게 두어라!
　　물줄기를 막지 말고 그 포효를 견뎌라!
　　어느 여름날에 열매를 맺으리니.

　　원대한 이 구절들은 레고에서 직원들이 얼마든지 반대 의견을 품
을 수 있다는, '역할'을 지키는 데 그치지 않고 진짜 사람처럼 소통할 수
있다면 나서서 의견을 피력하는 것이 특히 더 좋다는 뜻이었다. 이처럼
한때 키엘의 선생님이었던 페르 쇠렌센은 이제 신임 대표이사가 개시
한 다수의 직원 교육 프로젝트를 뒷받침하는 영감과 아이디어의 원천
이 되었고, 레고의 젊은 관리자들은 종종 걷잡을 수 없이 엇나갈 기미를
보이며 전 세계 곳곳을 누비는 이 회사에서 서로 함께 일하는 방법을 익
힐 수 있었다.

키엘: 1980년대에 들어 저는 경영 철학을 진지하게 고찰하기 시작했습니다. 회사가 너무나 크게 자라나고 있었으므로 경영 철학이 필요하다고 생각한 겁니다. 결국 우리는 소통 전문가를 외부에서 초빙해 여러 차례 세미나를 열었습니다. 외부 전문가들은 우리가 조직을 구성하고 특히 각자 매우 다른 경영 스타일을 새로운 방식으로 생각해 볼 수 있도록 도움을 주었습니다. 저는 언제나 협업의 힘을 굳게 믿었고, 당시에는 정말 많은 회의를 했습니다. 저는 가까운 동료들에게 제가 확신을 심어 주는지 확인하고 싶었고, 누군가가 제 아이디어를 발전시킨다면 이제 그 아이디어는 제 것이기만 한 게 아니라 그들의 것이기도 하다는 점을 확실히 해 두고 싶었습니다. 그리고 이 기조가 조직을 통해 퍼져 나가며 회사 전체에 확산하기를 바랐습니다. 이는 어느 정도 성공했습니다.

이 성공에는 페르 쇠렌센의 공이 컸다. 쇠렌센은 언제나 모든 작업이 본질적으로는 변증법이며 여러 다른 각도에서 고려해 보아야 한다는 인식을 바탕으로 경영에 접근했다. 쇠렌센은 이러한 도교식 경영 철학을 발전시켜 "경영의 역설 열한 가지"라는 이름으로 일련의 신조를 제시했다. 그는 커다란 음양 상징 문양 아래에 간단하고 기억하기 쉬운 이 규칙들이 적힌 포스터를 만들어 모든 레고 임원에게 나누어 주었다. 각각의 연설은 한 쌍을 이루는 두 문장으로 구성되었는데, 언뜻 모순처럼 보이지만 오히려 그 모순을 통해 새롭고 더 깊은 통찰을 주었다. 몇 가지는 다음과 같았다.

리더는 주도권을 잡아야 한다. — 그리고 배경으로 물러나야 한다.

리더는 역동적이어야 한다. — 그러나 생각 또한 깊어야 한다.
리더는 비전을 그릴 줄 알아야 한다 — 그러나 현실 감각도 지킬 줄 알아야 한다.
리더는 자신감이 있어야 한다. — 그러나 또한 겸손해야 한다.

키엘: 이 역설들이 탄생한 지도 벌써 30년이 넘었지만, 저는 지금도 이 역설들 너머의 태도를 좋아합니다. 그 옛날의 우리는 이 역설들을 두고 재미있고 흥미로운 대화를 나누곤 했습니다. 사실 이는 어느 경영진 회의에서 처음으로 등장한 이야기였습니다. 그때 저희는 좋은 레고 관리자가 되려면 어떤 요건을 갖추어야 하는지를 두고 대화를 나누고 있었죠. 온갖 진부한 말들이 나오는 와중에 갑자기 페르 쇠렌센이 이를 일련의 역설로 엮어 정리하자고 제안한 겁니다. 정말 놀랍도록 고무적인 묘책이었습니다. 당시 저희의 훌륭한 이사 한 사람은 "드높은 비전과 튼튼한 현실 감각을 동시에 가진 리더라니 땅 파서 찾지는 못하겠다."라는 잊지 못할 말을 남기며 분위기를 한층 북돋웠지요.

키엘에게 이 역설은 레고의 새로운 경영 철학이 시작되는 지점이었을 뿐만 아니라 본인을 위한 더 사적인 충고이기도 했다. 어떤 면에서는 회사의 정신과 문화에 알맞게 친절하고 개방적인 태도로 삶을 대하는 방식에 관한 충고였고, 또 어떤 면에서는 모름지기 인생의 거의 모든 것이 그 정반대를 통해서만 설명될 수 있고 의미를 가질 수 있다는 키엘의 평소 신념에 관한 충고였다. 그가 5000명의 직원을 둔 회사의 대표로서, 행동 지향적이고 바로 본론으로 들어갈 줄 알며 앞길을 분명하게 그려 내는 상사로 기대받았다는 점을 생각해 보면 이 신념은 일종의 근본적 세계관이었고, 고충 많은 주변 환경에 대처하는 그 나름의 방식이었다.

> 키엘: 이 세상에는 양자택일이 가능한 상황보다 모든 걸 신경 써야 할 상황이 더 많다는 걸 저는 늘 알고 있습니다. 스위스의 어린 임원 시절에도 이 점을 늘 염두에 두고 살았어요. 그렇지만 페르 쇠렌센과 제가 농담처럼 늘 말했듯이 레고 경영에서라면 우리에게는 양자택이가 필요했습니다. 두 마리 토끼를 동시에 잡아야 했다는 말입니다. 그 당시에는 훌륭한 세미나가 몇 번이나 있었지만, 모두가 똑같이 열정과 영감을 얻은 건 아니었습니다.
>
> "이런 이야기를 너무 많이 하는 것 같지 않나요?"라고 말하고 싶은 사람들도 있었을 겁니다. 어쩌면 정말 과했을지도 모르지만, 그 당시에 저는 모두가 같은 마음으로 한 팀이 되어 결정을 내리는 게 가장 중요하다고 생각했습니다. 그게 바로 1980년대 제 경영 철학의 요지였습니다. 사실은 그 이후로도 마찬가지였고요.

페르 쇠렌센은 거의 20년 가까이 레고 그룹에 몸담았으며, 자리에서 물러날 때는 한때 경영 대학에서 가르쳤던 옛 제자에게 금으로 된 회중시계를 선물로 받았다. 연회장에서 만난 사내 잡지 담당자는 페르에게 어떤 사람으로 기억되고 싶은지 물었다.

"그냥 내가 여러 해 동안 모든 게 너무 형식에 갇히지는 않는지 살펴보는 사람이었다고 쓰세요. 지휘자와 악보를 너무 곧이곧대로 따르는 교향악단 같지는 않은지, 앙상블이 연주하고 즉흥연주도 할 수 있는 잼 세션은 충분한지 보았다고요. 그게 바로 우리가 레고의 문화를, 말하자면 레고 정신을 이어 나가는 방법입니다."

누가 리더인가? 부자간 갈등

레고의 매출과 이익이 하늘을 찌를 듯 급증했던 1980년대의 화려한 연간 회계 보고서를 읽으면 1980년대 말에 레고 경영진이 왜 기적을 일으킨 기분이었는지를 똑똑히 알 수 있다. 그렇기에 고트프레드는 레고 주식회사 이사회 의장의 권한으로 어느 총회의 회의록을 살펴보고는 젊은 관리자들이 "성공에 취하지 않도록" 각별하게 신경 써야 한다고 지적했다.

회사는 오직 미래만을 보고 저돌적으로 달려가고 있었다. 1988년, 레고는 《뵈르센》이 덴마크 비즈니스 리더들의 투표를 바탕으로 수여하는 명망 있는 이마게프리스Imagepris 상을 처음으로 받았다. 레고는 그 이후로 1990년대에 걸쳐 이 상을 다섯 차례나 더 받았다. 그리고 그 모든 일의 선봉에는 이제 40세가 된 키엘 키르크 크리스티안센이 있었다. 다만 선택지가 있었으면 그는 나서지 않고 뒷배경에 머무르는 편을 택했을 것이다. 1989년에 《윌란스 포스텐》은 1990년대를 빛낼 젊은 덴마크 경영인 중 한 명으로 키엘을 선정했다. 새로운 세대가 덴마크 산업의 세계를 장악해 나가고 있었다. A.P. 묄레르A.P. Møller의 예스 쇠데르베르Jess Søderberg, 노보 노디스크Novo Nordisk의 마스 외울리센Mads Øvlisen, 다니스코Danisco의 모겐스 그란보르Mogens Granborg, 레고의 키엘 키르크 크리스티안센이 그 주역들이었다. 이들 모두 전통을 탈피한 것으로 유명했다. 덴마크 굴지의 기업에서 모든 권력과 돈을 그러쥔 늙은 남자는 더는 없었다.

키엘은 그만큼 독특한 또 다른 덴마크의 경영인 메르스크 매키니 묄레르Mærsk Mc-Kinney Møller와 동류라는 평을 받았다. 두 사람의 많은 공통점 중 하나는 둘 모두가 개인적으로 가족 기반의 거대 국제 기업을 소유하고 있다는 점이었다. 또한 선호하는 리더십 스타일도 같았는데, 다른 사람과 함께 일할 때만 성과를 달성할 수 있으며 한 사람 한 사람의 기여가 모두 중요하다는 단일한 태도를 회사의 전 직원에게 심어 주는 방식이었다. 세 번째 공통점은 연상의 선박왕과 연하의 장난감 제조업자 모두 자신의 대외적 이미지를 위해 요란을 피우지 않았다는 것이었다.《윌란스포스텐》은 키엘에 관해 이렇게 썼다.

그는 평범한 정치적 토론에서 목소리를 높이는 경우가 거의 없다. 그러나 이면에서 그의 영향력은 부정할 수 없을 만큼 크다. 빌룬에서는 레고 고위 관리자들이 마을 의회의 승인을 받기도 전에 이듬해 예산을 운영한다. 비단 빌룬에서만의 이야기는 아니다. 레고는 덴마크 정부 및 의회와도 강한 연줄을 가지고 있다. 키엘 키르크 크리스티안센은 덴마크 산업 위원회 중역 회의의 일원이며, 단스케 은행 이사회의 일원으로서 비즈니스 사회의 다른 주요 인물과도 긴밀한 연줄이 있다. A. P. 묄레르의 예스 쇠데르베르, 그리고 덴마크에서 가장 막강한 사업가이자 칼스버그Carlsberg의 이사회 의장 겸 대표이사인 포울 J. 스반홀름Poul J. Svanholm 또한 그와 긴밀한 사이다.

레고의 대표이사는 1980년대 말의 덴마크에서 가장 영향력 있는 사업가 중 한 사람으로 꼽히는 한편으로 "빌룬에서 5800명의 직원을, 그리고 끝없이 새로운 공장단지를 짓는 사업을 이끈다는 사실에도 별다른 영향을 받지 않는 듯 보인다."라는 평을 받았지만, 사실 키엘은 당대인 대다수가 알아차린 것보다 개인적 측면에서 더 힘겨운 싸움을 이어 가고 있었다. 그는 1980년대 내내 주기적으로 과연 자기가 카리스마 있고 효과적인 리더인지 모르겠다는 의구심에 빠졌다. 게다가 아버지가 여전히 이면에서 영향력을 발휘하며 때때로 아들의 지도력을 문제 삼고 있었으므로 불안감이 한층 가중될 뿐이었다. 이 모든 일은 젊은 임원의 정신 상태와 자존감에 부담이 되었다.

키엘: 그건 대체로 제가 1977년에 스위스에서 돌아오자마자 시작되어 아버지가 세상을 떠난 1995년까지 계속되었지만, 그중에서도 1980년대가 가장 심했습니다. 아버지는 한편으로 저를 자랑스러워했고 제가 몇몇 기획을 밀고 나가야 한다는 점을 인정해 주었습니다. 그러나 다른 한편으로는 아버지와 단둘이 회의할 시간을 따로 마련하라고 요구했습니다. 예컨대 아버지는 제게 빌룬과 그린스테드 사이 우토프트Utoft의 숲에 자리한 아버지의 사냥터 오두막에서 일주일에 한 번씩 만나 회사 경영을 비롯한 온갖 이야기를 나누자고 했습니다.

결과적으로 저는 아버지가 생각하고 원하는 바를 고려하는 데 너무 많은 시간을 들이게 되었습니다. 아버지는 제가 아버지에게 조언을 더 자주 구하기를 바랐고, 저도 아버지에게 마음껏 기댔습니다. 그러나 동시에 저는 제가 이끄는 레고가 어떤 발전을 이룩해야 아버지가 좋아할지 끊임없이 생각해야만 했습니다. 우리는 1980년대 내내 주기적으로 맞부딪혔고, 때로는 제 입장을 똑똑히 표현해야 할 때도 있었습니다. "결정은 제가 내려요, 아버지. 그리고 아버지야말로 제 뒤에서 이 사람 저 사람이랑 말하고 다니는 것 좀 그만두세요!"

슬프지만 이는 우리가 개인적 일로 만나는 일이 많지 않았다는 뜻이기도 했습니다. 결국에는 매번 말다툼으로 끝났으니까요. 물론 카밀라와 제 어머니에게도 영향이 있었습니다. 아이들도 눈치채지 않을 수 없었고요. 아버지와 저는 거의 언제나 모종의 어리석은 논쟁에 휘말렸고 둘 중 그 누구도 그걸 멈추지 못했습니다. 이러한 점에서는 아마 아버지와 저 둘 다 똑같은 고집불통이었던 것 같네요.

물론 아버지는 그저 마음속 깊이 최선을 바랐을 뿐이고

저 또한 마찬가지였지만, 어쨌든 우리는 서로 다른 두 세대였습니다.

1981년에 《매니지먼트Management》와의 부자 공동 인터뷰에서 고트프레드는 자신이 "사업가로서 두 번째 인생"에 돌입했으며 빌룬과 주변 지역에 이익이 될 아이디어와 프로젝트를 위해 일하고 싶다고 선언했다. 또한 그는 지주회사 키르크비 주식회사를 통해 이 작업을 완수할 생각이었다.

현재 고트프레드는 모회사 레고 주식회사의 이사회 의장으로서 아들의 일이 순조롭게 진행되도록 살피고 있는데, 그렇다면 이 역할은 앞으로 어떻게 되는 것이냐고 기자가 물었다.

이에 고트프레드가 대답했다. "이렇게 말하고 싶군요. 우리 의견이 부딪히는 부분이 있다면, 문제 전체를 제대로 설명해 줘야지만 저를 설득할 수 있을 겁니다."

그렇다면 이사회 의장으로서 중요한 문제에 직접 개입하고 싶은 것인가?

"글쎄요, 어떨까요? 물론 새로운 경영진의 앞길을 막아서서는 안 되겠지만, 경험을 바탕으로 또 다른 시각을 제시할 줄도 알아야 하겠습니다. 여러 가지 일이 제가 했을 법한 방식과는 다른 방식으로 진행되고 있지만, 그래도 지금까지 중대한 사안 중에서 제가 반대할 만한 결정은 아직 없었다고 말할 수 있습니다."

이후 기자는 아버지와 아들이 레고의 미래 계획을 세우는 데 어떻게 협업했는지 물었다.

키엘은 다음과 같이 답했다. "미래를 위해 지속적이고 건전한 성장이 중요하다는 데에는 저희 두 사람 모두 동의하지만, 아마 무엇이 건전한 성장인지를 두고 완전히 똑같은 생각을 하지는 않을 겁니다. 새로운

시장을 통해 확장하는 게 전부는 아닙니다. 나비 존재하는 시상에서 건
저하게 설장하는지도 확인해야 하죠."

그렇다면 레고의 미래 전략은 어디에 바탕을 두었을까?

고트프레드는 이 질문에 답하면서 가장 중요한 것은 통제된 성장이
라고 힘주어 말했다. "우리가 회사를 운영하는 주체가 되어야 합니다. 그
관계가 뒤바뀌어서는 안 되겠죠!"

가만히 듣던 키엘이 덧붙였다. "저도 전적으로 같은 생각입니다."

키엘: 저는 아버지를 정말로 존경했고 지금도 존경합니다. 서
로를 가까이 할 수 있을 때에는 다행히 함께 좋은 시간을 보낸
적도 많았습니다. 저희가 말다툼을 벌였던 이유는 거의 언제나
회사 운영과 관련되어 있었습니다. 어쨌든 그건 아버지가 평생
을 바친 일이었으니까요. 모든 면에서 레고가 아버지의 인생
그 자체였으니 경영에서 물러난다는 게 힘들었을 겁니다. 당
연히 이해되지만, 한편으로는 이로 인해 아버지의 부정적 면을
자주 보기도 했습니다.

사람들은 아버지가 저에 관해 이야기할 때나 제가 레고를
위해 한 일들을 이야기할 때 자랑스러워하는 게 눈에 다 보인
다고들 말했지만, 함께 있을 때 제가 직접 겪은 아버지는 전혀
그렇지 않았습니다. 일이 환상적일 만큼 잘 풀릴 때도 칭찬해
주는 경우가 거의 없었어요.

축제: 창립 50주년

1982년 8월에는 레고가 창립 50주년을 맞이했다. 기념행사는 대체로 고
트프레드의 무대가 되었다. 그는 여러 신문과 TV 방송에 모습을 드러

냈으며, 창립 기념일 당일에는 오스트바이에 자리한 본사 건물 바깥의 잔디밭에 의자를 줄줄이 놓고 연단 하나를 세워 둔 후 이곳에서 특유의 연설을 남겼다. 그러나 날씨까지 도와주지는 않았다. 레고 항공의 비행기 세 대와 세스나^{Cessna} 비행기 한 대, 킹 에어$^{King\ Airs}$ 비행기 두 대가 먹구름이 짙게 낀 하늘을 맴돌았으나, 반쯤은 레고랜드 가든의 행사에 묻혔다. 질척이는 땅 위에서 행진 악대가 열을 맞추어 서는 동안 고트프레드는 초대 손님과 기자, 사진기자 등 150여 명에게 환영사를 전할 준비를 했다.

비가 세차게 내리기 시작하는 와중에 키르크 크리스티안센 일가 전원이 우산을 쓰고 맨 앞줄에 나란히 앉았다. 한가운데에는 85세의 소피가 있었고, 그 주변으로 소피와 올레의 자녀 다섯 명이 각자의 배우자와 함께 앉았다. 무려 20여 년 만에 처음으로 함께 모이는 자리였다. 고트프레드는 이들에게 따뜻한 감사 인사를 전하며 말문을 열었다.

가족들이 모두 한자리에 모일 수 있어 무척 기쁩니다. 또한 어머니께 특별히 감사 인사를 드리고 싶습니다. 어머니, 아버지께서 사업을 시작하시고 어려운 시기를 이겨 내실 수 있으셨던 건 어머니 덕분이었습니다. 1932년에는 많은 사람이 아버지의 장난감 사업을 보고 이렇게 물었습니다. "이게 과연 될까요?"
또다시 위기의 시기를 맞이한 오늘날에도 비슷한 질문을 던져 보는 게 좋을 것 같습니다. "우리 계속할 수 있을까요?"

20여 년 전에 레고를 떠났던 두 형제, 게르하르트와 카를 게오르그가 이 순간에 어떤 생각을 했을지는 추측해 볼 수밖에 없다. 56세의 게르하르트는 한때 빌로픽스를 선보이며 많은 기대를 모았으나, 그 기대만큼 전 세계적 센세이션을 일으키지 못했다. 결국 게르하르트는 자신의 발명품을 팔아넘기고 장난감 판매 체인점 GK 토이스GK Toys를 운영하는 데 온 힘을 쏟았다. 사업은 수년간 무척이나 번창했다. 체인점이 창립 기념일을 맞이했을 때 고트프레드가 축하를 전하기 위해 행사장을 찾았는데, 《위스케 티데네Jyske Tidende》의 기자가 이 기회를 놓치지 않고 형제간의 관계가 어떤지 물어보았다.

게르하르트는 이렇게 답했다. "가족으로서는 잘 지내고 있지만, 사업을 운영할 때는 서로 모르는 사람인 것처럼 대합니다. 그런 건 확실히 구분해야 하죠."

63세의 카를 게오르그는 1982년에 레고로 돌아와 장난감 자동차와 장난감 기차에 들어가는 바퀴 수백만 개의 제조를 책임졌다. 생산은 콜링에서 진행되었는데, 이곳은 한때 카를 게오르그가 쉰 명 이상의 직원을 이끌고 직접 플라스틱 회사를 운영한 곳이기도 했다. 그러나 이 플라스틱 회사는 1970년대에 문을 닫아야 했고, 이후 카를 게오르그는 무역 회사를 운영하다가 레고의 제안을 수락했다.

우산을 쓴 고트프레드는 회사가 낙관할 만한 이유가 있다는 말로 창립 기념일 연설을 마무리했다. "저희에게는 집중력 있고 역동적인 경영진이 있습니다. 그리고 키엘이 이들을 이끌죠!"

드물게 칭찬을 건넨 고트프레드는 같은 날 한 기자에게도 비슷한 말을 했다.

"키엘이 리더십을 넘겨받은 이후로 모든 게 한층 더 활력을 띠고 있습니다. 키엘은 저보다 더 대담한 기질이 있어요. 솔직히 말씀드리면 저는 회사가 너무 커지지 않는 편을 더 좋아했을 것 같습니다. 모든 직원을 이름으로 부르며 친하게 지내기 어려우니까요."

고트프레드는 또 다른 기자에게 키엘이 회사 내부에서 새롭고 역동적인 에너지를 키웠으나 본인이라면 절대 하지 않았을 몇몇 일을 하기도 했다고, 때로는 자기가 전적으로 반대하고 나서기도 한다고 말했다.

"저는 그만 간섭하는 법을 배워야 해요. 그렇지만 한 가지 짚고 넘어 갑시다. 제가 회사를 이끌기 시작했던 처음 몇 년 동안에는 총계정원장에 빨간색 숫자가 많았습니다. 키엘은 한 번도 그런 걸 마주한 적이 없죠. 그렇기에 매우 다른 맥락에서 결정을 내린다고 생각합니다."

고트프레드는 아들과는 다르게 집중 조명을 받는 데 아무런 거리낌이 없었으며 레고의 창립 기념일에 쏟아지는 관심을 무대 삼아 온 나라에 울려 퍼질 정치적 발언을 내놓으면서 레고의 전임 대표이사가 아직 건재하다는 점을 강조했다.《윌란스 포스텐》비즈니스 부록의 제1면을 장식한 고트프레드는 레고가 덴마크 기업이기는 하지만, 그 어떤 대가를 치르더라도 반드시 덴마크 기업으로 남을 정도는 아니라고 선언했다.

덴마크의 사업 환경은 너무나 이상해져서 레고가 생존을 도모하려면 상황을 재고해 볼 수밖에 없습니다. 레고를 3세대에 물려주는 과정에서 여러 문제가 생긴다는 점도 있고, 재산세가 엄청나게 부담된다는 점도 있습니다. 모두가 저처럼 1크로네를 벌었을 때 그중에서 고작 17외레만 가져갈 수 있다면 그 누구도 덴마크의 사업 환경이 우호적이라고 주장하기는 어려울 겁니다.

그러나 고트프레드가 1크로네를 벌면 고작 17외레만 남는다고 언급한 사실 때문에 이 축제 분위기가 가라앉지는 않았다. 크리스티안센 일가는 8월의 기념식을 위해 수백만 크로네를 따로 마련해 두었다. 실제로 직원들은 오너 일가가 주는 기념 선물을 열렬히 기대하고 있었다. 여름휴가 시즌이 되기도 전에 당시 가장 뜨거운 인기를 구가하던 소비재인 가정용 비디오 방식VHS 플레이어나 베타맥스Betamax 플레이어를 직원 4000여 명이 선물로 받게 된다는 소문이 돌았으며, 이를 두고 직원들끼리 내기를 벌이기도 했다.

실제로 오너 일가가 주는 선물은 직원당 보너스 6000크로네로 밝혀졌다. 직원들이 보너스를 빠르게 소진하면서 지역 비즈니스에 상당한 활기가 돌았다. 지역신문에서 이들이 "영업을 재개"했다고 표현할 정도였다.

빌룬의 라디오 대리점 두 곳 중 하나에서는 컬러 TV에서 스테레오 세트와 비디오 플레이어까지 거의 모든 상품이 동났으며 "사람들이 현금을 내고 있다."라고 이야기했다.

호베드가덴의 경쟁 업체 '라우드스피커 카이Loudspeaker Kaj' 또한 돈이 쏟아져 들어온다며 마찬가지로 만족을 드러냈고, 정육점 니센Nissen에서는 창립 기념일 직후 며칠이 마치 새해 전날처럼 느껴졌다고 했다. "사람들이 전에 없이 스테이크와 값비싼 와인을 사 가더라고요!"

키엘은 자기 자신과 카밀라, 아이들을 위한 선물로 덴마크 중부에 자리한 푸넨섬에 부동산을 매입했다. 케르트미네Kerteminde 북쪽에 자리한 이 부동산은 셸렌보르Schelenborg라는 이름으로 불렸으며, 13세기로 거슬러 올라가는 역사를 품고 있었다. 이곳은 그동안 마르스크 스티Marsk Stig라는 악명 높은 인물이 소유하고 있었다. 스티그 아네르센 흐비데Stig Andersen Hvide로도 알려진 이 인물은 핀데루프 라데Finderup Lade에서 국왕을 시해한 죄로 유죄 판결을 받고 영지를 박탈당한 뒤 사회에서 추방당한 자였다. 1982년 즈음에 셸렌보르에는 마구간과 작은 부속 건축물 여러 채, 토지 1200에이커가 딸려 있었는데, 그중 1000에이커 이상이 경작지로 사용되었다.

레고 일가는 1982년 여름에 고트프레드와 에디트의 캠퍼밴을 타고 푸넨섬 북동쪽의 퓐스 호베드Fyns Hoved로 휴가를 갔다가 이곳을 발견했으며, 눈부시게 아름다운 자연환경에 매료되었다. 여름휴가가 지난 이후 어느 날, 키엘은 마르토프테Martofte 부근의 셸렌보르가 매물로 나왔다는 것을 우연히 알고는 가족을 위해 가격을 제시했다. 이 선풍적 매입에 경의를 표하듯이 《바일레 지역 관보》는 역사적 건물이라고 하더라도 레고 브릭으로 만든 것도 아니지 않냐며 실망한 듯이 노려보는 남자아이 두 명과 함께 셸렌보르 앞에 서 있는 새로운 지주의 모습을 그린 캐리커처를 짓궂은 시와 함께 지면에 실었다.

레고의 이사 K.K. 크리스티안센이
힘을 발휘하사 저택을 사들이네
어떻게 그 거대한 영지를 샀을까?
친구여, 그저 눈썹 한번 쓱 올려 주지 않았겠나!
교회에 사는 쥐만큼 가난한 게 아니라면
집 하나 낚아채기야 식은 죽 먹기라네
그는 브릭 팔아 돈 버는 사람이긴 해도
외상 하나 없이 영지를 구매했다네!

키엘: 우리는 곧 주말과 휴일마다 셸렌보르에 가서 시간을 보냈습니다. 우리 가족은 물론 저에게도 잘된 일이었습니다. 레고와 빌룬에서 물리적으로 떨어져 있을 공간이 필요했거든요. 저는 제 아버지의 생활 방식을 거의 그대로 따라가고 있었습니다. 평소에는 거의 늦지 않게 귀가해 가족들과 함께 저녁을 먹긴 했지만, 그때도 저는 레고에 관한 생각을 지우지 못했고 밤 늦게까지 자주 일했습니다. 카밀라와 아이들이 다 같이 무언가 하는 줄 알고 기대에 부풀었다가 저 때문에 실망할 때도 많았습니다. 게다가 장기 출장도 너무 많았죠. 그때는 제가 직접 주요 시장을 방문해 사람들에게 인사하고 제가 누구인지, 그리고 빌룬의 우리 모두가 어떤 사람들인지를 알려 주는 게 무척 중

요하다고 생각했습니다.

대표이사이자 공동 오너로서 저는 레고가 '우리'를 킹조하는 회사라고 계속 주장했지만, 해외 지사의 모든 동료가 우리 회사를 그렇게 생각했던 건 아니었습니다. 그래서 전 세계 각지에 저희 관리자들을 파견하기도 했죠. 저는 아프리카와 북아메리카, 남아메리카, 호주와 뉴질랜드, 동남아시아와 일본에 직접 방문했습니다. 지금 돌이켜 보면 아이들이 한참 자라나던 시기에 제가 자리를 지키지 못했다는 게 종종 후회되기도 합니다. 제가 그 나이일 때 제 아버지도 그랬으니까요.

"이것이 내가 하는 놀이다"

1988년 1월 초, 키엘과 카밀라는 빌룬에서 고위 경영진을 위한 연례 신년맞이 행사를 주최했다. 모두 남성인 스무 명에서 서른 명가량의 부장과 팀장, 이사들이 아내와 함께 파티를 찾았다. 고트프레드와 에디트, 키엘의 누나 군힐과 그의 남편 모겐스 요한센Mogens Johansen 또한 호텔 레고랜드에서 열린 이 축제에 초대받았다.

키엘은 여느 때와 다름없이 신년사를 준비했는데, 이번에는 연설이 평소보다 조금 더 길었다. 모두에게 환영한다는 인사를 전하고 새로운 인물 몇몇을 소개한 그는 이제 막 마무리된 지난해를 돌아보며 이야기를 시작했다. 지난 1987년 봄에는 갑자기 판매고가 예상치 못하게 줄어들었으나, 경영진이 합심해 힘내 준 덕분에 상황을 빠르고 효율적으로 타개할 수 있었다. 키엘은 이처럼 비범한 수준의 헌신이 가능한 이유를 두고 사색했다.

우리 레고 그룹 사람들이 어린이와 함께 일한다는 사실은 우리를 참으로 특별한 회사로 만들어 줍니다. 우리는 어린이의 한 없는 상상력과 창의력을 바탕으로 하는 상품 아이디어를 제시합니다. 우리 임직원 여러분이 어린이 특유의 자질 몇 가지를 그대로 간직하는 게 좋은 이유 중 하나가 바로 이것이죠. 우리는 새로운 가능성을 열린 마음으로 받아들여야 하고, 언제든 새로운 무언가를 배울 수 있게 준비해야 하며, 주어진 한계를 그대로 받아들이지 않아야 합니다. 우리 어른들은 상상력의 존재를 자꾸 잊어버리고는 "그건 안 돼."라며, "전에도 그렇게 해 봤어."라며 너무 빨리 포기하곤 하죠. 그러니 우리 내면의 어린이를 무시해서는 안 된다는 걸 명심해야 합니다.

우리 모두의 마음속 어린이에게 찬사를 보내는 데 뒤이은 연설 후반부에서 키엘은 흥미진진한 1988년이 기다려진다고 이야기했다. 레고는 어디로 가고 있을까? 키엘은 이 문제를 연례 국제 레고 콘퍼런스에서 논의함으로써 앞으로 2000년까지 이어질 비전과 콘셉트, 목표, 전략에 관한 온갖 이야기를 나눌 것이라고 했다.

이로부터 8개월 후인 8월의 마지막 주에는 경영진이 에벨토프트Ebeltoft에 자리한 호텔 흐비데 후스Hotel Hvide Hus에서 20개국 이상의 관리자 100명을 대상으로 일반적인 전략 제안서를 발표했다. 나흘간 계속된 이 콘퍼런스에서는 지난 10여 년간의 과정과 레고가 전 세계에 걸쳐 일군 발전을 훑어보는 한편으로 회사를 뉴밀레니엄으로 데려가 줄 전략 제안서를 두고 토의를 벌였다.

키엘은 신년맞이 연설에서와 마찬가지로 어린이와 유년기를 규정하는 온갖 장점을, 이를테면 개방성, 호기심, 다르게 생각하는 능력, 사물에서 가능성을 찾아내는 능력 등을 설명하며 논의의 문을 열었다. 제안서 자체는 문서가 아니라 「더 비전The Vision」이라는 제목의 10분짜리 영화 형태로 제시되었다. 영화의 전반부에는 대표이사가 직접 등장했다. 스코우파르켄의 자택 거실에 앉은 그는 앞으로 다가온 10여 년 동안 레고가 무엇을 대표해야 할지 곰곰이 생각했다. "제 비전, 제 꿈속에서 레고의 이름은 우리가 만드는 상품이나 우리 회사뿐만 아니라 그보다 더 큰 무언가와 연관되어 있고, 구체적인 목표와 전략의 프레임워크로도 그 한계를 규정지을 수는 없습니다. 레고라는 이름은 보편적 단어가 되고, 그 뜻은 '아이디어', '충만함', '가치'라는 단어로 설명할 수 있습니다."

영화 후반부에서는 장면이 바뀌었다. 키엘 대신에 얼굴을 하얗게 칠하고 장갑을 낀 연기자가 나와 세 가지 단어와 관련된 다양한 뜻을 담은 마임 공연을 펼쳤다. 말 한마디 없이 계속되는 공연의 한편에는 시인이자 영화감독인 예르겐 레트Jørgen Leth가 수년 전 레고를 위해 제작한 다큐멘터리 영화 「놀이의 순간들Moments of Play」 속 몇몇 장면이 함께 재생되었다. 이 영화는 전 세계 곳곳의 다양한 장소에서 촬영한 시퀀스 예순한 개를 콜라주한 작품으로, 놀이의 본질을 시적으로 설명했다. 우리는 왜 놀이를 할까? 놀이의 목적은 무엇일까? 무엇이 놀이를 끌어낼까?

영화는 아무런 설명도 해석도 제시하지 않았으며, 그저 영상과 몇 마디 말을 통해 놀이 그 자체가 현실을 탐구하는 행위임을 암시했다. 놀이는 학습이다.

놀이를 하는 나는 무엇이든 할 수 있다.
그 무엇도 금기가 아니다.
나의 세계를 직접 건설한다.
혼란 속에서 체계를 세운다.
지속할 수 있다고 생각하는 데까지
균형을 지켜 낸다.

270

나는 놀이를 하고 세상은 존재한다.

이것이 내가 하는 놀이다.

키엘: 저는 언제나 우리 가치를 사색하길 즐겼고, 특히 우리 내면의 어린이를 간직하는 것의 가치를 자주 곱씹었습니다. 그리고 그동안 내내 여기에 발맞춰 조직을 만들어 가고자 애썼습니다.

아버지가 하던 말이 기억나네요. "그래, 키엘. 이게 꼭 필요할까?"

저는 이렇게 대답했습니다. 사람들은 이런 게 중요하단 걸 본능적으로는 강하게 느낄지 몰라도 그게 무엇인지 스스로 알아내지는 못한다. 그러니 깨우쳐야 하고, 알고자 해야 한다.

레고가 장난감 회사 그 이상의 무언가라는 생각은 제 중추나 다름없었습니다. 우리는 회사 규모에 비해 부모와 어린이의 마음속에서 훨씬 더 큰 자리를 차지했죠. 그때는 무엇보다도 독일 시장이 최고였는데, 이곳을 포함한 최대 시장 몇몇을 대상으로 설문 조사와 연구를 진행해 보면 우리가 다른 그 어떤 장난감 브랜드보다도 한참 더 앞서 있다는 걸 알 수 있었어요. 그래서 저는 우리가 어떻게 우리 브랜드에 집중해야 하는지 설파하기 시작했죠.

많은 사람이 이렇게 말했습니다. "좋아요. 그렇지만 어쨌든 브릭이 핵심인 게 당연하지 않나요?" 그렇지만 제가 보기에 이는 양자택일이 아니라 모든 걸 신경 써야 하는 문제였습니다. 여기서 우리는 다시 역설에 빠졌어요. 브릭이라는 물리적 형태가 대표하는 상품 아이디어가 있으면서도 한편으로는 레고라는 이름이 훨씬 더 오래 지속되는 무언가를 상징한다는

역설이었죠. 제 주변 사람들도 이 역설을 쉽게 이해하지는 못
했습니다.

레고의 임직원들이 이해하기 어려워했던 점은 이뿐만이 아니었다.
1983년과 1985년에 갑작스럽게 다가온 정리 해고가 특히 그랬다. 빌룬
사람들은 이러한 사태에 익숙하지 않았고, 아무리 수익성이 평소보다 약
간 떨어졌다고 한들 여전히 많은 수익을 창출하는 회사였기에 더더욱 의
아해했다. 덴마크 언론들은 이 이야기를 면밀하게 취재했다.

당시에 아직 덴마크 공산당 산하에 있었으나 깊어만 가는 재정난
에 시달리던 신문《란 오그 폴크Land og Folk》는 1985년 여름에 이 사건의
핵심을 파헤치고자 「레고 아저씨: 비정한 다국적 시골 소년Uncle LEGO: a
hard-as-nails multinational country boy」이라는 제목의 심층 회고 기사를 썼다. 세계
적인 덴마크 회사 레고가 계속 더 많은 수익을 올리면서도 갑자기 상
황이 나빠졌다는 믿음을 사람들에게 심어 주며 여론을 조작한다는 전
제가 기사에 짙게 깔렸다.《란 오그 폴크》는 이렇게 썼다. "촌뜨기 이
미지를 벗어던지려고 애쓰는 황야의 오너 일가가 회사의 수익이 기록
적인 속도로 급상승하는데도 몇 해 전에 이어 또다시 직원 수를 줄이
는 꼼수를 썼다."

중부 윌란의 지역신문인《란 오그 폴크》는 수년 전에도 230명 규모
의 정리 해고가 빌룬에서 처음으로 발표되었을 때 이 소문을 조사한 바
있었다. 레고의 중역 스티 크리스텐센은 회사를 대변해 신기술이 정리
해고의 원인이 아니라고 단언했다.

"생산에 투입되는 인원을 줄이기 위해 회사가 기계를 매입했다
는 건 사실이 아닙니다. 정리 해고가 필요했던 이유를 추론하시겠다면
1982년 당시 매출액 증가율이 저희가 기대하고 계획했던 15퍼센트에 미
치지 못했다는 점을 참고해 주셔야 합니다."

"토베 위원장Tove Tillid"이라는 별명으로 불렸던 노동조합 대표 토베 크리스텐센Tove Christensen은 이 말을 믿지 않았다. 그녀는 나름의 외교적 방식으로 이 문제를 직원들의 입장은 물론 더 넓은 맥락에서도 바라보며 반격을 개시했다. 그녀는 이것이 문화적 싸움이라고 믿었다.

노동자인 우리는 기계와 매우 불평등한 경쟁을 벌이고 있습니다. 생산능력이 실제 사용량을 초과하는 지점까지 성장이 둔화된다면 그때 일자리를 잃는 건 우리입니다. 기술 발전은 오직 앞으로만 나아갈 테고, 회사가 새로운 기계를 사용하기 시작할 때마다 우리의 근로시간은 더 줄어들 겁니다.

토베 크리스텐센은 또한 특히 지역 주민들이 정리 해고로 말미암아 큰 피해를 입었다고 주장했다. 해고 인원 중 다수가 적어도 5년 이상 레고에서 일했기 때문이며, 근처에서 다른 일자리를 찾을 수 없었기 때문이다. 특히 해고 인원의 80퍼센트를 차지한 여성의 경우에는 더더욱 사실이었다.

그 유명한 레고 정신은 어떻게 된 것일까? 이 모든 합리화 조치의 어디에서 레고 정신을 찾을 수 있단 말인가?

이는 인사 담당자 페르 쇠렌센이 담당할 분야였다. 《뵈르센》이 인용한 바에 따르면, 레고가 얼마 후 발표한 연례 보고서에서 만족스러운 재정 상태를 드러냈는데도 쇠렌센은 공장 분위기를 살펴보고는 직원들이 정리 해고가 필요했다는 사실을 전반적으로 잘 이해한다고 말했다. "브릭을 구매하는 사람이 충분하지 않다면 브릭을 계속 생산할 수는 없다는 걸 직원들이 완벽하게 잘 이해하고 있습니다. 200여 명이 아무런 일 없이 회사를 돌아다니게 둘 수는 없지요."

더 큰 테마가 필요하다: 레고 해적

직원들은 들어오기도 했고 나가기도 했으며 때로는 돌아오기도 했다. 규모 축소와 비교적 수익성 낮은 여러 해를 이겨 낸 레고는 1989년에 이르러 레고 해적을 출시하며 1980년대를 마무리했다. 해적이라는 새로운 테마로 땅속에 묻힌 보물을 파낼 수 있을 것인지가 관건이었다.

들뜬 기대감이 빌룬을 맴돌았으나, 사내 잡지에 실린 신상품 이야기를 읽어 보면 한편으로는 약간의 걱정도 어려 있었음을 알 수 있다. 소비자들은 평소처럼 웃는 얼굴의 평화로운 미니피겨 대신에 등장한 완전무장 해적을 어떻게 생각할까? 레고가 이제 무시무시한 얼굴을 드러내려는 것일까?

> 레고 그룹은 현대적 전쟁과 관련된 장난감을 생산하지는 않으며, 폭력과 공격적 놀이를 조장할 의도가 조금도 없으나, 해적과 대포, 소총, 단검 등은 어쩌면 그 경계선에 놓여 있을지도 몰랐다. 전쟁과 관련된 것이라면 무엇이든 아이들이 가지고 놀기에 유해하며 심지어는 위험하다고 필사적으로 주장하는 '평화주의적'(혹은 독실한?) 어른들이라면 그렇게 받아들일 수도 있었다.

그러나 레고는 안도의 한숨을 내쉴 수 있었다. 지난 1970년대에는 스칸디나비아식 교육 이론의 청교도적 요소가 주를 이루면서 두이-라이 오그 비르케(청소년 스포츠-놀이와 일)DUI-Leg og Virke 전국 연합이 전쟁을 테마로 하는 장난감에 반대하는 캠페인을 벌였고, 심지어는 제1차 세계대전 이후 스웨덴에서 장난감 무기의 생산이 금지되기까지 했으나, 이제 이런 사조는 옛말이 되었고 다정한 장난감의 유행도 한결 지나갔다. 해적 테마의 장난감이 덴마크와 스칸디나비아를 비롯한 전 세계에서 기대보다 더 많이 판매되었으며, 열한 가지 종류의 해적 세트는 이때까지 레고에서 가장 큰 성공을 거둔 상품으로 자리매김했다. 1978년부터 키엘이 품었던, 각각의 상품을 아우르는 더 큰 테마가 필요하며 건물 조립 기반의 장난감에 역할극이 새로운 생명을 불어넣을 수 있다는 오래된 생각이 또 한 번 승리를 거두는 순간이었다.

키엘과 레고는 10년에 걸쳐 사람들이 브릭을 가지고 노는 방법을 현대화하고 확장하는 데 성공했다. 다양한 연령대와 다양한 문화권에서 그 어느 때보다 더 많은 어린이가 레고의 상품을 가지고 놀았으며 덴마크와 영국, 미국의 수많은 학교에서 레고를 교재로 활용했다. 한편 시모어 패퍼트 및 MIT 미디어 랩과의 파트너십이 열매를 맺어 준 덕분에 클래식한 레고 조립이 컴퓨터와 로봇의 시대에 들어설 수 있었다. 키엘은 1988년에《뵈르센》이 수여하는 이마게프리스 상을 받으며 소회를 밝혔다. "저는 혁신보다는 진화를 믿고, 레고가 우리의 기본적인 콘셉트를 바탕으로 유기적이고 자연스럽게 성장하는 모습을 보고 싶습니다."

이듬해에는 시모어 패퍼트와 MIT 연구진이 무려 200만 달러에 달하는 연구 자금을 받았다. 한 해의 협업과 연구, 개발 활동을 충당하고도 남을 뿐만 아니라 레고의 이름으로 MIT 교수를 임명할 권한이 주어질 만큼의 금액이었고, 시모어 패퍼트가 레고 학습 연구 교수에 임명되었다. 패퍼트의 임명에 관한 질문을 받은 레고 홍보 책임자는 이처럼 기업이 교수직을 후원하는 방식이 미국에서는 매우 일반적이며 대학과 기업 모두에 이익이 된다고 답했다. 그는 또한 "덴마크의 고등교육기관에서도 이러한 방식의 장점을 알아보지 못한다니 안타까울 따름"이라고 덧붙였다.

레고는 이 후원을 통해 시모어 패퍼트와 연구진에게 자금을 마련해 주는 한편으로 새로운 브랜딩 전략을 실용적으로 펼쳐 보였다. 키엘은 레고라는 브랜드가 한층 더 주목받기를 원했으며, 같은 이유로 레고 상을 만들어 1985년에 처음으로 시상했다. 상을 제정한 이유는 다음과 같이 설명했다. "어린이의 생활과 발달이 이루어지는 환경과 어린 시절이 너무나 중요하므로 새로운 생각과 기획이 끝없이 등장해야 할 필요가 있습니다. 레고는 전 세계에 걸쳐 어린이의 삶을 개선하는 데 공헌하는 작업과 기획을 지원하고자 합니다."

부상으로는 75만 크로네와 레고로 만든 위그드라실Yggdrasil 모델이 주어졌다. 위그드라실은 북유럽 신화에 나오는 생명의 나무로, 지구 중심까지 뿌리를 내리고 하늘에 닿을 때까지 가지를 뻗어 올린다.

> 키엘: 레고 교수직과 레고 상은 모두 제 아이디어였습니다. 레고라는 브랜드가 장난감과 관련된 선에서 끝나지 않는다는 점을 강조하기 위해서였죠. 얼마 후 저는 레고가 2005년까지 아이를 둔 가족들에게 전 세계적으로 가장 큰 영향을 미치는 브랜드가 되려고 한다는 목표를 발표하고 대대적 비판을 받았는데, 어떤 면에서 보면 이것이 그 목표를 향한 첫걸음이었습니다.

1990년대에 접어들 무렵, 레고는 장난감 업계의 다른 모든 이와 마찬가지로 어린이와 미래 10대 청소년들의 침실을 호기심 어린 눈으로 들여다보았다. 컴퓨터와 키보드, 조이스틱, 리모컨이 있는 TV가 점점 더 많은 침실을 장식했으며, 컴퓨터게임과 영화가 어린 시절에서 점점 더 중요한 입지를 다져 갔다. 어린이가 마치 타고난 것처럼 새로운 전자 매체를 잘 다룬다는 점에는 모든 이가 어느 덴마크 언론이 지어 준 별명대로 '탁월한 컴퓨터 히피'였던 시모어 패퍼트만큼 열렬하게 주목하지는 않았지만, 한 가지 문제에서만큼은 패퍼트가 반론의 여지없이 옳았다. 이 새로운 문화가 어린이와 어린 시절에 어떤 영향을 미칠지를 어른들이 논의하는 동안, 어린이와 청소년들은 그들만의 목적과 방식으로 이 기술을 받아들였다.

장벽이 곧 무너질 기미를 보이고 있었다.

다가오는 위기——1990년대

관성은 침체를 불러온다

1989년 11월 9일 목요일, 베를린 장벽이 무너졌다. 역사가 살아 숨 쉬는 순간이었다. 한 주 뒤, 영국의 일간지 《이브닝 스탠더드The Evening Standard》 는 지난 일요일 영국의 주간지 두 곳에 실린 충격적인 전면 광고 하나를 인용했다. 그리고는 베를린에서 일어난 대사건에 최고의 반응을 남긴 셋 을 꼽자면 독일 총리 헬무트 콜Helmut Kohl, 영국 총리 마거릿 대처Margaret Thatcher, 레고라고 보도했다.

덴마크의 장난감 회사가 어쩌다가 이러한 맥락에서 언급되었는지 에 관한 이야기는 레고의 대표이사가 그동안 이 회사에서 찾아보기 어 려워지고 있다고 걱정하던 자발성과 추진력을 고스란히 보여 주었다.

11월 10일 금요일 오후, 영국의 레고 판매 영업소는 평소에 거래하 던 광고대행사 WCRS로부터 한 통의 전화를 받았다. 반대편 수화기를 든 대행사의 크리에이티브 디렉터 매슈스 마르칸토니오Mathews Marcantonio 는 전 세계 사람들의 화두에 오른 대사건과 관련된 광고 아이디어 하나를 방금 팩스로 보냈으니 레고 영국의 마케팅 책임자 클라이브 니컬스 Clive Nicholls가 될 수 있는 한 빠르게 이 아이디어를 검토해 주기를 바란다고 말했다.

전 세계 수십억 명의 사람과 마찬가지로 니컬스 또한 베를린에서 역사가 펼쳐지는 광경을 주시하고 있었다. 그날 아침 내내 니컬스는 동독 주민들이 망치와 끌을 들고 장벽을 타고 기어오르거나 국경을 건너 끝없이 줄지어 서베를린에 들어서는 수많은 영상을 시청하며 TV 화면에서 시선을 떼지 못했다.

대행사의 스케치가 담긴 팩스를 받은 니컬스는 정신이 아득해질 정도로 흥분했다. 그야말로 천재적 아이디어였다. 알록달록한 미니피겨 군중이 브릭으로 만든 베를린 장벽의 국경을 넘어가고 있었다. 장벽 꼭대기에는 더 많은 미니피겨가 올라타 그토록 싫어했던 장벽을 때려 부수고 있었고, 배경에는 도리아 양식의 기둥들이 떠받치는 브란덴부르크 문이 보였는데 그 위에는 "완벽한 크리스마스 선물"이라는 문구가 적혀 있었다. 모두 레고로 만든 것이었다.

이건 일생일대의 기회였다. 클라이브 니컬스는 자신으로서든 레고로서든 광고를 통해 이토록 인상적인 메시지를 전하며 민주주의와 자유를 찬미하는 동시에 레고가 다음 크리스마스 시즌을 맞이할 준비가 되었음을 수백만 소비자에게 상기시킬 기회가 또 찾아오기는 어렵다는 것을 잘 알았다.

WCRS는 레고가 이 아이디어를 승인하기만 한다면 돌아오는 월요일 신문에 광고를 실을 수 있도록 준비하겠다고 했다. 클라이브 니컬스는 아직 축제 분위기가 하늘을 찌를 듯한 일요일에 광고가 나가야 한다고 했다. 무슨 수를 써서라도 일요일을 사수해야 했다. 수소문한 결과 단 두 곳의 신문사가 전면 광고를 내줄 수 있다고 답했으나, 마감 시간이 토요일 아침 9시 반이었다. 그러나 《선데이 텔레그래프Sunday Telegraph》

와 《선데이 코레스폰던트Sunday Correspondent》는 합쳐서 100만 명 이상의 독자를 보유하고 있었고, 광고대행사는 이것만으로도 상당한 인상을 남길 수 있다고 판단했다.

마감 시간까지 18시간밖에 남지 않았다는 사실도 문제였지만, 비용 또한 문제였다. 3만 파운드는 적지 않은 금액이었고 레고의 광고 예산에는 그만한 여유가 없었다. 니컬스는 금요일 오후를 통틀어 처음으로 망설였다. 엄청난 비용이 들어가는 데다 레고 그룹의 지침을 어기면서까지 정치적 선언을 담은 광고를 책임질 자신이 있는가? 니컬스는 전화기를 들고 상사 고든 카펜터Gordon Carpenter에게 전화를 걸었다. 그러나 연결음만 계속될 뿐이었다. 주말 휴가를 떠난 상사가 전화를 받을 수 없는 것이 분명했다.

니컬스는 심호흡한 뒤 진행을 지시했다. 수많은 직원이 갑자기 전에 없이 바빠졌다. 수백 개의 미니피겨가 국경을 건너는 장면과 베를린 장벽, 브란덴부르크 문을 모두 레고로 만들어 촬영해야 했다. 가장 큰 문제는 조립할 재료를 공수하는 일이었다. 금요일 5시가 다 되어 가는 시점에서 대행사 직원 네 명이 택시를 타고 리젠트 스트리트Regent Street의 대형 장난감 가게 햄리스Hamleys로 달려가 자유를 향해 나아가는 환희에 찬 군중의 모습을 재현하는 데 필요한 레고 브릭과 미니피겨, 표지판, 나무, 빨갛고 하얀 철도 건널목 차단기를 비롯한 온갖 물건을 있는 대로 구매했다. 이후 6시간 만에 모델을 조립하고 사진을 촬영한 뒤 광고를 인쇄할 준비까지 완료했다. 토요일 내내 침대에서 나오지 못한 클라이브 니컬스는 일요일 아침이 밝자 헬무트 콜과 마거릿 대처가 베를린 장벽의 붕괴를 두고 발표한 공식 선언문만큼이나 레고의 광고가 긍정적으로 주목을 받고 있음을 알게 되었다.

다음 며칠 동안 레고를 향한 칭찬이 쇄도했고, 다른 매체에서도 이 광고를 실으며 이에 관한 이야기를 다루었다. 일반 대중과 광고 업계에서도 찬사가 쏟아졌고 장난감 업계의 경쟁 업체들조차 인정의 박수를 보냈다. 브리즈버부터 방콕, 보스턴, 그리고 물론 베를린에서도 레고가 완벽한 크리스마스 선물이라는 것을 의심하는 사람은 없었다.

맥도날드와 해피밀

뒤이은 수년에 걸쳐 동유럽 국가들이 하나씩 국경을 개방하는 동안 옛 철의 장막 너머에서는 레고 상품의 판매량이 급증했다. 폴란드인 대다수에 더해 약간의 헝가리인과 옛 동독 시민들을 태운 관광버스가 매해 여름 줄지어 레고랜드를 찾아오면서 빌룬으로 이어지는 좁은 도로를 한층 빡빡하게 채웠다.

> 키엘: 장벽이 무너지기 전에도 동유럽에서 레고를 구매할 수는 있었습니다. 심지어 저희는 모스크바 붉은광장에 자리한 거대 백화점인 GUM에도 진출했죠. 저는 어떤 조치가 필요한지 살펴보기 위해 1980년대 중반에 러시아에 갔었습니다. 의미가 없지는 않았지만, 딱히 엄청난 일이었다고 말하기도 어렵습니다. 일반 대중에게는 아무것도 판매하지 못했거든요. 러시아 국민의 평균 수입에 비하면 저희 상품은 너무 비쌌습니다. 저희는 대리상을 썼고 폴란드, 체코, 헝가리에서도 그렇게 했습니다. 그렇지만 모두 규모가 크지 않았고, 이른바 달러숍으로 불리는 가게에서만 판매할 수 있었습니다.
>
> 장벽이 무너지자 동유럽 시장이 폭넓게 개방되었는데, 이는 레고에 매우 중요한 일이었습니다. 저희는 발 빠르게 대응할 수 있었어요. 모스크바와 바르샤바에서 살면서 동유럽 전역을 꽉 잡고 있던 대리상 하나가 장벽이 무너지기 전부터 저희

를 도와주었는데, 사실 늘 자랑스럽게 말할 수 있는 일은 아니었습니다. 당시에는 폐쇄된 동유럽 시장에 진입해 어느 정도 규모의 사업을 운영하려면 무조건 '연계 무역'을 거쳐야 했습니다. 예를 들면 레고를 판매하는 대가로 우비나 벨트 따위를 대량으로 구매해 덴마크에서 팔아야 했죠.

그래서 저희는 알모라는 이름으로 작은 주식회사를 설립했습니다. "모든 것에 대응으로"라는 뜻의 "Alt i Modkøb"를 "ALMO"라는 네 글자로 축약해 레고의 이름을 조금이나마 연상시키려고 했어요. 그러나 아쉽게도 저희가 사들인 물건을 팔아 줄 사람을 찾을 수가 없었죠. 1990년대에 들어서는 모든 게 바뀌었습니다. 그것만큼은 확실하게 말할 수 있어요. 오늘날 러시아는 저희가 전 세계를 통틀어 여섯 번째 혹은 일곱 번째로 가장 많이 판매하는 시장입니다.

미국에서도 레고의 판매고가 1989년에만 38퍼센트 이상 폭발적으로 늘어났다. 레고는 타이코와 기나긴 힘겨루기를 벌이며 1980년대에 걸쳐 전 세계 각지의 법정에서 수차례 고배를 마시기는 했으나, 장기적으로는 그 누구도 레고의 품질을 따라오지 못했기에 결국 승리를 거머쥘 수 있었다. 키엘이 인터뷰에서 말한 대로였다. "얼마 전 저희는 미국의 표절 기업 몇몇 곳을 상대로 패소했는데, 참으로 화나는 일이 아닐 수 없었습니다. 그렇지만 저희가 늘 서로에게 하는 말처럼, 저희 상품이 최고입니다. 그러니 저희는 법정이 아니라 상점에서 표절 기업들을 이길 겁니다."

맥도날드와 세 차례에 걸쳐 대규모로 진행한 공동 프로모션의 효과를 이제 피부로 느낄 수 있었다. 총합 약 3700만 개의 브릭이 클래식한 어린이 해피밀 세트와 함께 유통되었다. 소비자 설문 조사에서 미국인 95퍼센트가 레고라는 브랜드를 친숙하게 느낀다는 점이 밝혀졌고, 미국의 한 주요 브랜드 이미지 설문 조사에서 레고는 메르세데스 벤츠Mercedes Benz, 리바이스Levi's, 디즈니Disney, 코카콜라Coca Cola 애플Apple, IBM 등 거대 기업의 뒤를 이어 8위를 차지했다. 1989년 11월의 사내 잡지에서 말했듯이 "브릭은 감자튀김과 궁합이 좋았다."

여러 가지 이유로 흥분할 만도 했던 키엘은 직원들을 대상으로 한 장문의 신년사에서 환상적이었던 지난 10년을 돌아보고 전 세계의 현주소를 논하며 다소 감상에 빠졌다.

우리는 모두 독재 정권이 무너지는 모습을, 자유와 평화가 손 닿을 듯 다가오는 모습을 보았습니다. 앞으로 힘겨운 과정이 되겠으나, 그 광경은 언젠가는 군사력과 압제가 물러나고 민주주의, 인권 존중, 자유로운 주체 간 상호작용이 그 자리를 차지하는 한층 평화로운 세계가 가능하다는 희망을 우리에게 심어 주었습니다. 이처럼 상호 의존을 인정하고 그토록 필요했던 협력을 받아들임으로써, 이 지구가 너무나 작은 행성이고 우리에게는 이 지구를 파괴하지 않을 책임이 있음을 모두가 깨닫기를 바랍니다. 우리는 세계시민으로서 서로 점점 더 가까워지고 있습니다. 저는 바로 이 사실이 1990년대의 밝은 미래를 약속한다고 생각합니다.

이 신년사 연설의 제목은 "역동적 연속성Dynamic Continuity"이었다. 그 오랜 세월에 걸쳐 몇 안 되는 거의 무의미한 장애물을 뛰어넘으며 한결같은 성장을 일구어 왔으니 전 직원의 헌신과 노고에 감사를 표할 이유가 더더욱 충분했다. 키엘은 연설 끝부분에서 직원 개개인에게 호소하며 많은 직원을 놀라게 했다. "여러분 내면의 어린이를 무시하지 마세요!"

그는 또한 이 호소가 지난 1988년의 에벨토프트 콘퍼런스에서 논의

한, 아직 최고위 경영진 외에는 그 누구도 들어 본 적이 없을 터인 '레고 비전' 전략의 핵심이라고 선언했다.

키엘은 "곧 여러분도 알게 될 것"이라고 약속했다. 미래에는 어린이가 레고 전 직원의 역할 모델이 될 것이기 때문이었다.

어린이는 호기심이 넘칩니다. 언제나 궁금한 게 많죠. 왜 그래요? 왜 그러면 안 돼요? 어린이는 기회를 보고, 우리 어른은 문제를 봅니다. 어린이는 시도하고 실수하기를 두려워하지 않습니다. 거기에서 배우는 게 있으니까요. 우리 어른들도 물론 경험을 통해 배워야 하겠지만, 무엇보다도 우리는 행동에 나서고 실수할 위험을 감수하기를 두려워해서는 안 됩니다. 우리는 평생에 걸쳐 계속 배울 수 있다는 사실을 반드시 명심해야 합니다. 우리는 평생 놀 수 있습니다. 할 일을 다 해내면서도 다른 사람과 함께 즐거운 시간을 보낼 수 있습니다. 물론 어른이기를 포기해서는 안 되겠지만, 그래도 우리 내면의 어린이를 무시하지는 말아 봅시다.

키엘: 어른이 된 우리가 어린 시절의 많은 장점을 잊고 살아간다는 점을 사람들에게 상기시켜 주고 싶기도 했지만, 그만큼 저는 저와 가장 가까운 동료들이 자기 일에 더 재미있게 접근하기를 오래전부터 꿈꿔 왔습니다. "일이니까 하죠. 다른 사람이 뭘 하는지는 관심 없습니다."라고 말하는 관리자는 바라지 않았어요. 사람들이 늘 단독으로든 동료와 함께든 자기가 맡은 바를 개선하고 발전시키고 싶어 했으면 좋겠다고 생각했습니다. 그렇게 한다면 회사 안에서 한층 더 역동적인 에너지를 만들어 낼 수 있다고 봅니다.

"제국을 건설한 자"

1990년 여름이 되면서 70세를 맞이한 고트프레드에게 향수 어린 축하가 쏟아졌다. 덴마크의 수많은 신문이 "제국을 건설한 자"나 "레고 왕"을 비롯한 최고의 찬사를 보냈다. 언제나 미소를 잃지 않고 시가나 담배를 피우며 한 시대를 풍미한 이 남자는 다른 많은 경우에 그러했듯이 이번에도 화려한 조명 한가운데서 장난을 칠 기회를 포착했다. 어쨌든 인생이 재미가 좀 있어야 하지 않겠는가?

키엘이 어느 정도 낯을 가리는 내향인이라는 인상을 주었다면, 그 아버지는 사람들의 마음을 순식간에 사로잡는 외향적 리더였다. 또한 그는 올레 키르크를 닮아 승마를 무척 좋아했다. 7월 8일 생일 당일, 고트프레드는 빌룬 의회가 신설한 명예시민상인 "도시의 자유" 상을 최초로 받았다. 기대에 찬 사람들이 마을 회관에서 기다리는 와중에 갑자기 문이 열리더니 지팡이를 짚고 밀짚모자를 쓴 노인 하나가 TV 프로그램 「더 머펫츠The Muppets」의 등장인물인 늙은 독설가 월도프Waldorf의 가면을 쓴 채 걸어 들어왔다.

변장한 고트프레드였다. 그는 가면을 쓴 채 자기보다 스무 살 어린 시장 튀크센Tychsen을 향해 말했다. "제가 이 상을 받는다는 건 제가 늙어가고 있다는 뜻이겠죠. 그래서 나중에 언제라도 저를 알아보실 수 있게 이 가면을 썼습니다."

이후 그는 TV 쉬드TV Syd 채널과 인터뷰했다. 리포터가 메모장에 질문을 적어 왔고, 카메라가 돌아갔다. GKC가 시가를 든 손을 내렸다.

레고에 활기가 넘치는 건 여전히 회장님의 자애로운 정신 덕분일까요?

"아닙니다. 그보다는 제 아버지의 정신이 지금도 저희 사이에 살아 숨쉰다고 하는 게 어떨까요?"

기독교는 회장님께 어떤 의미인가요?

"기독교는 제 전부입니다. 저는 기독교 가정에서 태어났고, 제게는 직접적 창구가 있었다고 말하고 싶습니다."

회사가 이렇게 잘된 이유가 무엇이라고 생각하시나요?

"글쎄요, 사실은 말이죠. 저는 그동안 내내 고삐를 잡아당기려고 애써 왔습니다. 저는 모든 직원과 직접 알고 지낼 수 있는 작은 공장이 더 좋거든요. 이곳 빌룬에서 아주 구체적인 규모로 공장을 지었던 게 기억나네요. 일부러 그렇게 한 거였어요. 공장이 이보다 더 커지지는 않았으면 좋겠다고 생각했으니까요."

마지막으로 어떻게 이 거대한 제국의 왕으로 지내면서 한편으로는 비교적 소박한 생활을 유지할 수 있었나요?

"그저 지금 우리가 여기서 이야기를 나누는 것처럼 했지요."

고트프레드는 장시간에 걸친 생일 기념 인터뷰를 통해 레고의 새로운 경영 문화와 컨설팅 회사 활용에 관한 소회를 밝혔다. 그런 것은 GKC가 키를 잡았던 1960년대에는 상상조차 하기 어려운 일이었다. 그의 헌신은 그의 표현을 빌리면 "짐을 싸서 나온" 지금도 사그라들지 않았다.

저는 레고와 관련짓지 않고는 그 어떤 생각도 할 수가 없습니다. 권력을 내려놓고 다른 사람에게 모든 걸 넘겨준다는 건 어렵고도 어려운 일입니다. 그러나 키엘과 동료 이사들, 수많은 훌륭한 직원이 지난 10년에서 12년 동안 대부분의 활동을 넘겨받으며 정말 경이로운 일들을 해내 주었지만, 그래도 제가 처음부터 관여해 왔다는 걸, 그렇기에 지금도 가장 무거운 책임을 지는 사람 중 하나라고 생각한다는 걸 잊지 말아 주세요. 저는 도무지 꾀를 부릴 수가 없습니다. 그래서 지금도 사무실에 출근하죠. 올봄의 어느 날에는 에디트가 제게 같이 산책하며 빌룬을 둘러보자고 했지만 저는 그럴 수가 없었습니다. 근무 시간인데 사람들이 뭐라고 생각했겠어요!

키엘: 아버지는 70세가 되었을 때 우리 가족끼리 합의한 조건에 따라 과반수의 의결권을 제게 넘겨주었어요. 이제 아버지에게는 발언권이 없었죠. 회사는 아버지의 인생이자 일상이었고, 아버지는 이제 기어이 회사와의 연이 끊겼다고 생각했습니다. 그래서 마지막 몇 년 동안에는 아버지가 바랐던 것만큼, 혹은 제가 아버지는 물론 제 어머니를 위해서도 바랐던 만큼 즐거운 생활을 이어 나가지는 못했습니다. 어머니는 이제 아버지의 할 일이 줄어들었으니 여행이라도 많이 다닐 수 있겠다고 생각했지만, 아버지는 그저 공장을 떠나보내느라 무척 힘든 시간을 보냈습니다. 지금은 저도 아버지의 심정을 그때보다 더 잘 이해할 수 있습니다. 저도 그와 비슷한 기분을 직접 겪고 있거든요.

"더는 재미가 없다"

GKC가 레고 주식회사 회장직에서 물러나며 미리 합의한 대로 바운 홀크 아네르센에게 자리를 넘겨주던 즈음인 1993년 봄, 올레 키르크의 아내이자 울라의 어머니이면서 고트프레드와 형제들에게는 새어머니였고 회사가 가장 어려웠던 첫 10여 년을 지나올 때 레고의 오너였던 소피 키르크 크리스티안센이 세상을 떠났다. 얼마 후에는 키엘이 지병 때문에 얼마간 자리를 비워야만 했고, 이로 인해 그는 《뵈르센스 뉘헤스마가신Børsens Nyhedsmagasin》의 5월 '황금호'를 통해 레고가 5년 만에 세 번째 이마게프리스 상을 받는 자리에 얼굴을 비추지 못했다. 크리스티안 마이고르를 비롯한 다른 고위 임원들이 키엘 대신에 연설대에 올라 레고 브랜드가 앞으로 나아갈 방향을 설명했는데, 그 내용은 이들의 상사가 오래전부터 마음속에 고이 간직해 온 주제였다. "키엘은 우리가 비전을 따르는 태도로 브랜드를 다루어야 한다고, 사람들이 레고라는 이름으로 알고 있는 브랜드를 한층 확장할 여지가 있다고 했습니다."

키엘의 원대한 브랜드 확장 계획 중에는 레고 월드LEGO World도 포함되어 있었다. 다가올 수십 년에 걸쳐 레고랜드 콘셉트를 기반으로 일련의 가족 공원을 전 세계 각지에 네다섯 곳 건설하려는 계획이었다. 레고가 1991년에 특수 유한회사를 설립한 것이 이 계획을 실현하기 위한 구체적 첫발이었다. 다만 고트프레드가 눈치를 채고 키엘의 결정에 문제를 제기하는 사태를 피하고자 '레고 월드 주식회사'라는 이름으로 프로젝트의 본질을 감추었다. 이 회사명은 고트프레드가 세상을 떠난 직후 '레고랜드 개발 주식회사'로 변경되었다.

키엘: 저희는 이곳들을 '공원'이라고만 칭했고, 실외 공간이 될지 실내 공간이 될지 확실히 정하지 않은 척을 했습니다. 레고랜드는 아버지의 영역이었고, 저희는 그 이름과 콘셉트를 만지작거리기만 했죠. 그렇지만 저희로서는 당연한 수순이었습니다. 빌룬의 가족 공원이 지난 25년간 한결같은 성공을 거두며 브랜드에 긍정적으로 기여하고 있는데, 전 세계 각지에 비슷한 가족 공원을 개장해서는 안 될 이유가 있었을까요? 런던과 가까운 교외의 레고랜드 윈저가 첫 타자였습니다. 마지막 순간까지 버텼죠. 1994년인가 그랬을 거예요. 이미 잉글랜드에서는 건설이 한창 진행되고 있었고, 더는 미룰 수가 없어졌을 때 마침내 아버지에게 이곳 또한 레고랜드로 부르기로 했다고 말했습니다. 아버지는 아주 잘 받아들였습니다. 어쩌면 완전히 미

친 생각은 아니라는 걸 알아주었는지도 모르겠어요.

《뷔르센스 뉘헤스마가신》 1993년 5월호 제1면에 실린 사진 속 키엘 키르크 크리스티안센의 차분하고 자신만만하며 무엇이든 맞이할 태세가 된 듯한 모습은 사실과는 달랐다. 그는 둥그런 얼굴과 명랑한 표정 뒤에 더 심각한 상황을 감추고 있었다. 키엘은 오래전부터 몸의 이상 신호를 느껴 왔다. 이상할 만큼 피곤했고 소화가 잘되지 않았으며 몸무게도 계속 줄어들었다. 처음에는 살모넬라균 식중독으로 생각했으나, 알고 보니 궤양성 대장염으로 판명되었다. 장에 염증이 생겨 출혈로 이어지는 병이었다. 지속적으로 치료가 필요했고 심하면 수술해야 할 수도 있었는데, 의학계에서는 완치가 불가능하다고 보았다.

몇 가지 검사를 하고 여러 의료진과 상담한 키엘은 기한 없이 일을 쉬기로 했다. 아주 앓아누운 것은 아니었지만, 그는 빌룬에서 그의 상태와 병에 관한 추측이 더욱 무성해지기 전에 셸렌보르로 이동했다. 이곳에서 그는 그동안 필요했던 평화와 고요를 찾았다. 이곳에서는 그만을 쳐다보는 사람들이나 약속 혹은 책임을 마주해야 할 필요가 없었다.

키엘: 바일레 병원의 숙련된 진료과장 한 명이 저를 검사하더니 이렇게 말했어요. "앞으로 한참 고생하시겠어요!"

그래서 저는 이렇게 되물었어요. "그러면 여름휴가철이 지날 때까지 낫지 않는 겁니까?"

"네. 이건 만성 질환입니다. 정말 오랫동안 애쓰실 준비를 하셔야 할 것 같아요."

그는 정말 훌륭한 의사였습니다. 외과 의사들이 제게 무척이나 손을 대고 싶어했지만, 그가 그렇게 두지 않았죠. 강력한 약효가 느리지만 분명하게 저를 도왔습니다. 프레드니솔론Pred-

^{nisolone}이라는 부신 코르티코스테로이드 호르몬을 썼는데, 약효 때문에 머릿속이 약간 뒤죽박죽이 될 수 있었습니다.

저는 1993년의 여름과 가을 내내 셸렌보르에 머물렀습니다. 크리스마스가 될 때까지 빌룬에 돌아가지 않았기에 제 삶의 많은 것을 곱씹어 볼 시간이 충분했죠. 물론 이 위장 문제가 남은 평생 나를 따라다니면 어떡하나 하는 생각이 그중에서도 제일 컸습니다. 또한 제가 본래 자리로 돌아갈 수 있을지도 걱정되었죠.

피곤하고 우울한 상태로 푸넨섬의 사유지에 간 키엘은 그곳에서 카밀라와 장모의 간호를 받았다. 장모는 키엘의 몸 상태와 심하게 줄어드는 체중을 크게 걱정했다. 고트프레드 또한 마음 깊이 걱정했고, 본인 또한 심장과 다리가 좋지 않았는데도 빌룬에서 푸넨까지 왔다. 아들이 그토록 아픈 모습을 본다는 것은 고트프레드에게 큰 고통이었다.

"네게 이런 일이 생기다니 너무나 원통하구나, 키엘!" 그가 그전까지 아버지의 눈물을 한 번도 본 적이 없었던 아들에게 말했다.

신체적 증상 때문에 키엘의 기운과 기분이 처지기도 했지만, 여기에 더해 지금까지 억눌러 왔던 다양한 문제도 수면 위로 올라왔다. 일과 개인적 삶의 불균형이 문제였고, 거대한 회사를 관리한다는 엄청난 압박감도 문제였으며, 특히 아버지와의 관계가 가장 큰 문제였다. 의사였던 매형 모겐스 요한센이 훗날 설명한 바에 따르면 키엘은 우울증에 빠지지도 않았고 공황이나 무기력감을 느끼지도 않았으나, 이 질환을 계기로 개인적 위기를 겪기 시작했다.

"키엘은 자기가 무적이 아님을 깨달았다. 몸 상태가 나빠지자 그는 지금까지 해 왔던 방식대로 계속 일하는 것이 정말 자기가 원하는 일인지, 정말 그럴 가치가 있는지 고민하는 지경까지 이르렀다."

레고와 어느 정도 물리적 거리를 두게 된 키엘은 더 분명하고 냉정한 시선으로 조직을 바라보고 생각해 볼 기회를 얻었다. 회사가 1980년대에 걸쳐 인상적일 만큼 좋은 성과를 거두었지만, 이제 부진의 신호가 조금씩 보이기 시작했다고 키엘은 생각했다. 회사는 언제나 하던 대로 하향식 경영을 고수했고, 사소한 부분에 발목을 잡혔으며, 새로운 직원을 계속 고용했다.

키엘: 저는 이미 몇 년 전부터 위험 신호를 눈치채고 있었습니다. 그건 제 병과는 아무런 관계가 없었어요. 회사 안에서 침체와 관성의 징후가 보였고 몇몇 해외시장에서는 둔화가 나타나기 시작했습니다. 다만 미국을 비롯한 다른 시장에서는 일이 정말 잘 풀렸으므로 어느 정도는 가려졌죠. 조금 걱정된다고 생각은 했지만, 전반적으로 보면 상황은 순조로웠습니다.

때로는 닐스 크리스티안 옌센, 크리스티안 마이고르, 토르스텐 라스무센까지 세 명의 고위 임원으로 구성된 레고 대표단이 셸렌보르로 찾아왔다. 특히 스위스 시절부터 함께한 키엘의 오랜 친구 토르스텐 라스무센이 부사령관 역할을 맡고 있었으므로 셸렌보르로 찾아왔을 때도 대부분 그가 말을 이어 갔다. 물론 키엘을 보고 몸은 좀 어떤지 물어보려고 온 것이기도 했지만, 한편으로는 다양한 안건을 보고하고 그의 조언을 구하려는 목적도 있었다.

키엘: 임원들이 제 앞에 앉아 진행 상황을 이야기하는 동안 저는 이렇게 생각하곤 했어요. '너무 그렇게 자세하게 얘기하지 말지! 그냥 더 크게 크게 살펴보면 안 되나?' 이렇게 행과 열이 수없이 이어지는 온갖 표와 차트를 동원해 레고의 모든 걸 사

사건건 통제하니 회사가 마비될 수밖에 없다는 걸 저는 분명하게 깨달을 수 있었습니다. 근본 원인은 관성의 법칙이었습니다. 수년간 연이어 성공을 거둔 많은 회사가 이 법칙의 영향을 받죠. 새롭고 색다른 방식으로 생각하기보다는 점점 더 원래 하던 일만 하게 되는 겁니다. 가끔은 세 이사의 말을 더는 듣기가 힘들어 자리에서 일어나 밖에 나가 말을 구경하지 않겠느냐고 물어보았죠.

가을이 무르익어 갈수록 키엘은 자신의 실존적 위기가 대표이사라는 역할이 영 내키지 않는다는 점과 관련이 있다는 것을 한층 더 분명하게 알 수 있었다. 여러 인터뷰에서 말했듯이 1990년대 말에 누군가가 그에게 레고에 어떤 문제가 있었는지 묻자 그는 종종 "더는 재미가 없었다."라고 답했다.

"재미"는 키엘이 살아가면서 수도 없이 꺼내 든 단어였다. 키엘이 성인이 된 이후 늘 그려 온 이상적 삶에 관한 개념이 이 단어에 응축되어 있었다. 1990년대와 21세기 초에 경영 위기가 찾아왔을 때도 대표이사로서 그의 역할에 관해 무엇이 가장 중요하고 가치 있는지를 물어보면 키엘은 거의 언제나 "재미가 있어야 한다."라는 표현을 사용했다.

수많은 예시 중 하나는 키엘이 부대표이사를 임명해 경영상 몇 가지 업무와 의무를 넘겨준 이후인 2000년 2월에 《위스케 베스트퀴스텐Jyske Vestkysten》과 한 인터뷰에서 볼 수 있다. "일상적 경영은 제가 가장 잘하는 일은 아닙니다. 제가 가장 재미있다고 생각하는 일도 아니죠."

또한 '재미'라는 단어는 1988년에 '레고 비전'을 관리자들에게 처음으로 선보였던 바로 그 순간부터 레고의 미래에 관한 키엘의 비전에서 반복적으로 등장하는 주제이기도 했다. 앞서 언급한 신년사에서도 모든 구절에 '재미'라는 보이지 않는 힘이 입김을 미쳤다. 게다가 '재미'는 레고 비전의 다섯 가지 핵심 가치인 창의력, 상상력, 열정, 자발성, 호기심을 하나로 묶어 주는 강력한 연결 고리였다.

나침반 경영

때때로 키엘은 셸렌보르에 머무르는 자유 시간을 생산적으로 활용하면서 휴식하고 놀고 비합리적으로 생각할 기회를 마음껏 누렸다. 양복과 넥타이는 스코우파르켄 자택의 옷장 속에 고이 놓였고, 키엘은 수염을 기르기 시작했다. 또한 1968년 즈음부터 발매된 록 음악과 재즈 음악을 들었다. 오랜 시간 산책하거나 말들에게 말을 걸기도 했으며 하고 싶은 일이 생기면 그대로 했다.

> 키엘: 음악을 정말 많이 들었어요. 존 레논, 지미 헨드릭스, 밥 딜런Bob Dylan, 찰스 밍거스Charles Mingus를 비롯해 제 젊은 시절이었던 1960년대의 음악을 들었죠. 또한 종마 사육장에 기수 한 명을 고용했는데, 그 기수의 어머니는 종종 마차를 타고 다녔습니다. 그녀가 데려가 준 곳에서 저는 아주 멋지고 오래된 마차 한 대를 샀어요. 그레노와 프레데리시아에서는 '마력' 좋은 마차용 말 두 마리를 발견했죠. 이 말들은 시몬Simon과 라다Lada라고 했는데, 제가 바로 시몬 스코다Simon Skoda와 라우라 라다Laura Lada라는 이름으로 다시 지어 주었습니다. 그러고는 그냥 마차를 타고 다니기 시작했습니다. 1960년대에 승마 동아리에 있을 때 이후로 해 본 적 없는 일이었죠.
>
> 가끔은 거의 인사불성이 되기도 했습니다. 한편으로는 완전히 지쳐 있기도 했지만, 다른 한편으로는 약에 취해 있기도 했어요. 그 림보 속에서 저는 몇 가지 꽤 재미있는 일들을 했

습니다. 무엇보다도 저는 지하실에서 거대한 프로젝트를 꾸미기 시작했습니다. 지난 몇 년간 수집한 온갖 물건을 가져다 놓고 제대로 된 남자의 동굴을 만든 거죠. 예스러운 갑옷 한 벌이 있었고, 천장에는 라파엘로Raphael의 천사 그림 한 점이 있었으며, 바 테이블로 쓸 오래된 작업대가 있었고, 한가운데에 당구대도 두었습니다. 마차 프로젝트와 마찬가지로 제가 하고 싶은 일, 재미있는 일을 한다는 게 다른 무엇보다 더 중요했습니다.

결국 키엘은 앞서 레고 세미나에서 알게 된 라세 셸Lasse Zäll에게 연락했다. 라세 셸은 1980년대에 최고의 운동선수부터 PFA 펜션, 위스케 은행, 노보 노디스크, 노보자임스Novozymes, 레고를 비롯한 기업의 임원들까지 수많은 사람에게 팀 빌딩과 멘털 코칭에 관한 자신의 경험을 적용하며 큰 성공을 거두었다. 키엘은 라세의 과시하지 않는 성격과 약간은 이상한 스타일이 마음에 들었고, 경영에 관한 색다른 사고방식이 마음에 들었다. 라세의 이론은 뇌 과학, 덴마크의 엘리트 특수부대인 예거 부대Jæger Corps, 아메리카 원주민의 인생관, 스포츠 심리학 등 매우 다채로운 출처를 바탕으로 했다. 그러나 그가 키엘을 만나러 셸렌보르에 올 때 데리고 온 것은 카누를 타고 노 젓는 사람도 특수부대 대원도 아니었고, 교과서나 원주민 주술사도 아니었다. 오히려 본인의 개인적 문제들을 한 보따리 짊어지고 왔다. 다섯 아이를 둔 라세는 두 번째 이혼을 겪을 위기에 놓여 있었고, 레고의 병든 대표이사만큼이나 거대한 실존적 문제를 마주하고 있었다.

라세 셸에 관한 이야기와 훗날 라세와 키엘이 함께 설립한 회사 스티피네르Stifinder의 이면에 숨은 아이디어를 담은 책 『선도자Stifinder』에서 키엘은 이렇게 말했다.

개인적 수준에서 이야기를 나눌 만한 사람이 누가 있을까 생각해 보니 곧바로 라세기 떠오르더고요. 라세 노안 인생에서 중대한 변화를 헤쳐 나가고 있었다는 사실 때문에 우리가 나눈 대화가 덜 보람 있는 일이 되지는 않았습니다. 우리는 우리의 존재에 관해, 어떻게 해야 과거를 딛고 나갈 수 있는지에 관해, 우리가 어떻게 살고 싶은지에 관해 깊은 이야기를 나누었습니다. 어쩌면 그 또한 그만의 문제와 마주하고 있었으므로 저를 더 잘 이해해 주었을지도 모르겠습니다.

라세 셀이 코칭에서 사용하던 표현을 빌리면, 셸렌보르에서 두 남자가 나눈 대화는 키엘에게 '능동성'을 불어넣어 주었으며, 그의 병에 관해, 일과 생활의 균형에 관해, 레고 그룹 내의 지위와 역할 등에 관해 생각하는 데 도움이 되었다.

키엘: 라세는 이야기를 나누기 좋은 사람이었습니다. 그는 제가 회사에 관해, 또한 돌아간다면 어떤 길을 택해야 하는지에 관해 더 생각해 볼 수 있도록 도와주었습니다. 만약 돌아간다면요. 그게 문제였습니다. 지금까지 우리가 쌓아 올린 관료제에 다시 몸을 담그기가 꺼려진다는 게 또 하나의 이유이기도 했거든요. 언젠가 원래 자리로 돌아갈 생각이라면 가장 먼저 이러한 점부터 바꿔야 할 것 같았습니다. 또한 병세가 어느 정도 누그러진다고 해도 그렇게 부담스러운 일을 계속해 나갈 만큼 기력을 충분히 회복할지 장담할 수는 없단 걸 저는 잘 알고 있었습니다.

가을이 깊어 갈수록 빌룬에서는 불안과 당황이 무럭무럭 자라났다.

키엘은 몸이 얼마나 안 좋은 것일까? 스트레스 때문일까? 우울증일까? 언제 돌아오려는 것일까? 홍보 책임자 페테르 암베크-마드센은 키엘에게 보내는 응원 편지에서 사람들의 걱정을 다음과 같이 전했다.

"당신을, 당신의 존재감을 모두가 그리워합니다. 일이 막혀서가 아니라, 약간 정신없고 역동적인 분위기가 리히터 규모로 2에서 3을 넘어가지 않기 때문입니다. 저희가 익숙한 건 이 정도가 아니니까요……."

그러나 키엘은 서두르지 않았다. 사실 그는 경영진에 대대적 변화를 줄 계획을 막 세운 참이었다. 그 바탕에는 전 인사 책임자 페르 쇠렌센이 '코뿔소화'로 불렀던 현상이 있었다. 외젠 이오네스코Eugène Ionesco의 희곡 「코뿔소Rhinocéros」에서는 프랑스 어느 작은 마을의 주민들이 하나나 피부가 두꺼운 코뿔소로 변해 가는데, 여기에서 영감을 얻은 쇠렌센은 회사 경영진이 시간이 지날수록 뻣뻣하고 느린 동물이 되어 가는 경향이 있다고 지적했다. 갈수록 그저 육중한 몸을 이끌고 가던 길로만 갈 뿐 무리에서 벗어나 과감하게 움직일 생각은 없어진다는 말이었다. 키엘은 이번에도 마찬가지로 라세 셀과 이야기를 나누다가 한 가지 아이디어를 떠올리고는 훗날 이를 다른 이사들에게도 설명했는데, 바로 지금까지 레고 내부에 조금씩 쌓여 가던 억압된 에너지가 분출될 수 있게 새롭고 능동적인 경영 방침을 세우는 것이었다.

키엘: 저는 이를 '나침반 경영'으로 부르기로 했습니다. 셸렌보르에서 집으로 돌아온 제가 1994년 봄철에 걸쳐 아주 느리게 기력을 회복한 다음부터 이 프로젝트가 형태를 갖춰 나가기 시작했습니다. 라세는 물론 이제 동료 이사들까지도 이를 도와주었죠. 우리는 몇 차례 편안하고 즐거운 분위기에서 모여 의견을 나누었습니다. 저는 레고를 다른 방식으로 경영하고 싶다고 말했어요. 사업 운영 방식을 단순하게 바꾸고 '사업가 정신'이

라는 옛 기치에 다시 한번 초점을 맞출 필요가 있었습니다. 그
렇게 하려면 지원 개개인에게 너 많은 자유를 주어야 했습니
다. 모두가 동의할 때까지 기나긴 회의를 벌이는 건 이제 그만
해야 했어요. 미래에는 조직 전체가 더 민첩해져야 했고, 점점
더 빠르게 변하는 세상에서 무엇이든 중요한 사안에 빠르게 반
응할 수 있어야 했습니다.

　키엘이 크리스마스 휴일 즈음에 빌룬으로 돌아와 1994년 1월부터
하루에 몇 시간씩 일하며 조금씩 업무에 복귀하던 때에도 레고는 여전
히 최전성기를 누리는 회사처럼 보였다. 여느 때와 다름없이 열린 신년
맞이 파티에서 경영팀 전체를 대상으로 연설한 키엘은 얼마 전에 보았
던 영화 한 편에 관해 열정적으로 이야기했다. 바로 톰 행크스Tom Hanks가
어른이 되고 싶어 안달 난 열두 살 엘리엇Elliot 역으로 출연한 「빅Big」이었
다. 소원이 기적적으로 이루어지면서 엘리엇은 젊은 어른 남성의 몸을
가지게 되고, 곧 장난감 회사에 일자리를 구한다. 회사의 어른들은 어린
이의 꿈과 마음을 이해하지 못한다. 그러나 엘리엇은 그것이 무엇인지
잘 안다. 키엘은 멋지게 차려입고 호텔 레고랜드에 모인 모든 어른에게
자기 또한 그렇다고 털어놓았다. 그러고는 이렇게 단언했다. "어린이는
독특한 존재입니다. 어린이가 어른을 따라 할 게 아니라, 우리가 어린이
를 따라 해야 합니다."

　1994년, 레고는 유럽 최대의 장난감 제조업체였으며, 마텔, 해즈브
로, 세가Sega, 닌텐도를 비롯한 대기업과 어깨를 나란히 한 채 전 세계 최
대 제조업체의 자리를 두고 경쟁을 벌이고 있었다. 이제 레고는 미국의
조립 기반 장난감 시장을 80퍼센트 점유하는 한편으로 130개가 넘는
나라의 상점 6만 곳에서 상품을 판매했고, 직원은 4년 만에 6000명에
서 8000명으로 늘어났으며, 90억 크로네를 살짝 밑도는 수익을 벌어들

였다. 모든 것이 순조롭게 흘러갔다. 적어도 바깥에서 보기에는 그랬다.

그해 늦여름에는 발작처럼 찾아오던 증세가 점점 드물어지면서 키엘이 약 복용량을 줄였다. 바깥세상에서 보기에는 그가 다시 기운 넘치고 가족 회사의 운영에 관심이 많은 예전의 그로 돌아온 것처럼 보였다. 그러나 마음 깊은 곳에서 키엘은 다른 누군가가 일상적인 운영 업무를 가져가 줄 날만을 기다리고 있었다. 그렇게 된다면 키엘은 자기가 재미있다고 생각하는 일에, 이를테면 큰 그림과 가치에 초점을 맞추고 레고 브랜드를 개발하는 일에 전력을 다할 수 있을 터였다.

> 키엘: 1990년대 당시에 저희 팀에는 제가 이 회사를 가지고 무엇을 하고 싶은지 진정 제대로 이해하는 사람이 아무도 없는 것처럼 느껴졌습니다. 어느 날에는 누가 제게 다가와 이런 이야기도 했습니다. "키엘, 무엇을 원하는지 잘 압니다. 우리가 키운 이 거대한 나무의 가지를 쳐서 더 단순하게 만들어야 한다고 했죠. 그렇지만 우리 중 많은 이가 그 옆에 새로운 나무를 심어 왔고 지금도 그렇게 하고 있습니다. 그게 중요한 것 아닐까요?"

맞는 말이기는 했어요. 그게 전부는 아니었지만요. 그렇지만 변화는 내부에서 시작되어야 한다는 걸 사람들에게 이해시키기란 너무나 어려웠습니다.

빌 게이츠보다는 레고

회사가 정체성과 전략, 경영 원칙을 두고 끝없이 논의하기만 해서는 돈을 벌 수 없다. 상품을 제조하고 끝없이 혁신을 일으키며 상품 개발에도 힘써야 하는데, 특히 장난감 시장에서는 더더욱 그랬다. 1990년대에는 장난감 업계와 오락 업계의 세계적 거물들이 맞붙으면서 시상이 점점 더 전쟁터가 되어 가고 있었다.

레고의 브릭, 마텔의 인형, 해즈브로의 보드게임을 비롯한 클래식 장난감들은 점점 더 심각한 압박을 받았으며, 시장 전체 매출의 35퍼센트에서 40퍼센트를 차지하는 세가와 닌텐도의 PC 게임 및 CD-ROM 게임뿐만 아니라 디즈니, 워너 브라더스Warner Bros., 애플 등의 주요 기업이 포진한 영화 업계 및 소프트웨어 업계와도 치열한 경쟁을 벌여야 했다.

이 모든 기업이 모여 시장을 형성하고 바꾸었으며, 전통적 장난감에서 불과 몇 년 만에 어린이와 청소년, 가족들을 위한 전자오락으로 판세가 변했다. 어마어마하게 넓어진 운동장에서 전쟁이 벌어지는 동안에 레고도 어린이의 시간을, 젊은 가족의 돈과 주목을 얻기 위해 다투었다. 놀이에 대한 현대적 접근법은 어린이, 청소년, 청년이라는 범위의 경계를 흐렸다. 어린이는 가장 빠르게 성장하는 소비자 집단이었다. 사람들의 말대로 "어린이들이 더 빠르게 나이 들고" 있었다.

패러다임 변화의 한가운데에서 다가오는 뉴밀레니엄과 극단적으로 변모하는 장난감 시장을 마주한 레고는 새로운 수입원을 찾아내야만 했다. 여기에서는 브랜드뿐만 아니라 디지털 세계 또한 엄청난 기회를 가져다주었다. 키엘은 시모어 패퍼트와 그의 TV 프로그램 「말하는 거북이Talking Turtle」을 처음 보았을 때부터 이를 알고 있었다.

레고는 이미 브릭의 디지털화를 모색하는 데 막대한 금액을 투자했고, 키엘은 사춘기 때부터 컴퓨터와 IT 시스템에 관심이 많았던 만큼 1990년대 전반에 걸쳐 아날로그 레고 시스템을 사이버 공간에까지 끌어들일 준비가 되어 있었다. 그러나 장난감 업계의 상황이 전에 없이 빠르게 움직이던 이 시기에 키엘이 한동안 업무에서 손을 뗀 데다가 빌룬의 경영진들이 소극적 태도를 보이며 상사가 다시 일어나기만을 기다린 탓에 레고는 한 발 뒤처지고 말았다.

> 키엘: 저는 거의 1년 가까이 일선에서 물러나 있었어요. 그리고 제대로 복귀하자마자 저희 경영팀에 관한 몇 가지 사안을 바꾸어야 했습니다. 1980년대에 힘을 합쳐 좋은 결과를 낸 사람들이었지만, 어쩌면 저희의 시각이 너무 편협해진 걸지도 몰랐습니다. 둔화는 이미 시작되고 있었습니다. 당시에는 어린이가 전자 기기를 가지고 노는 시간이 훨씬, 훨씬 더 길어지고 있었고, 저희에게는 시선을 사로잡을 만한 신상품이 달리 없었습니다. 부진의 기운이 스멀스멀 올라오고 있었죠. 조직으로서 우리에게는 무언가 새로운 믿음이 필요했습니다.

1994년의 어느 가을날, 머리칼이 어깨에 닿고 수염이 온 얼굴을 뒤덮은 키 작은 남자 한 명이 등산화에 구식 배기 바지를 입고 모자를 쓴 차림새로 갑자기 레고 본사 로비에 나타났다. 여행용 가방을 끌고 온 그는 키엘 키르크 크리스티안센 씨와 이야기하게 해 달라고 고집을 부렸다. 자신을 미스터 덩드리옹 뒤 미디Mr. Dent-de-Lion du Midi라고 소개한 이 남자는 유창한 영어를 구사하며 안내 직원에게 프랑스어처럼 들리는 이 이름이 "한가운데의 민들레dandelion in the middle"라는 뜻이라고 설명했다. 그는 레고의 대표이사가 관심을 가질 만한 매우 특별한 영상을 가지고 왔다고 덧붙였다.

우선은 레고 테크닉의 소프트웨어 디자이너와 홍보 책임자가 이 이방인을 만나 보기로 했다.

"편하게 당디Dandi라고 부르세요." 그렇게 말한 그가 직원들에게 보여 준 영상에는 컴퓨터로 생성한 빛나는 레고 우주 모델이 우주 공간을 유영하는 장면이 담겨 있었다. 두 레고 직원은 깊은 인상을 받았다. 감탄하며 고개를 끄덕인 이들은 키엘에게 영상을 보여 준 뒤 다시 연락하겠다고 약속했다.

알고 보니 스위스에 사는 미국인이었던 덩드리웅 뒤 미디는 말하자면 보헤미안에 다소 가까우면서도 온갖 분야에 다재다능한 사람이었다. 그는 음악가이자 시각예술가였고 발명가이자 사업가이면서 3D 그래픽과 컴퓨터 애니메이션의 선구자이기도 했다. 6개월 후, 그는 키엘을 만나기 위해 다시 한번 빌룬을 찾았다. 회의에서 당디는 기존의 브릭과 바퀴부터 미니피겨는 물론 가장 작은 볼트와 톱니까지 레고 시스템의 모든 부품을 디지털화하고 3D로 재현한다는 계획을 선보였다. 곧 사이버 공간에서 레고를 조립할 수 있게 될 테고, 그렇게 되면 어린이에게 컴퓨터 화면 속 창의적인 레고 환경은 물론 3D 효과를 더한 영화와 만화, 조립 안내 영상, 광고를 만드는 기능까지 제안할 수 있으리라는 것이 당디가 내놓은 아이디어의 골자였다.

키엘: 당디는 우리가 디지털 측면으로 어떻게 발전해야 하는지에 관한 엄청난 아이디어를 제시했습니다. 그의 발표를 보고 있자니 정말로 가능성이 보였어요. 모든 레고 부품을 3D로 구현해 자체 데이터베이스를 구축한다는 건 온 조직이 이 프로그램을 업무에 활용하고 의지할 수 있게 된다는 뜻이기도 했습니다.

그러나 이를 실현하려면 상당한 컴퓨팅 성능을 추가로 마련해야 했습니다. 그래서 그렇게 했죠. 고급 그래픽 작업을 해결하기 위해 특수하게 설계된 실리콘 그래픽스Silicon Graphics 컴퓨터가 빌룬에 있는 것만 해도 전 세계 다른 모든 곳보다 더 많지 않을까 싶을 때도 있었습니다. 우리는 '다윈Darwin'으로 불렀던 이 프로젝트에 수억을 투입했고, 다년간 이어진 이 실험의 선봉장에는 당디가 있었습니다. 당디는 곧바로 열 명에서 열다섯 명가량의 수염 덥수룩한 사내들을 고용했는데, 정말 좋은 사람들이었고 가상현실과 컴퓨터 애니메이션 작업을 담당했습니다. 한번은 TV 방송을 만들었던 기억이 나네요. 이 방송에서 저는 가상현실 고글을 쓰고는 당디와 부하 직원들이 창조한 양방향 레고 건물 세계를 돌아다녔습니다.

'다윈'은 당시로서는 꽤 히피 같은 프로젝트였기 때문에 경영팀에서는 그토록 많은 돈을 쓴다니 완전히 미친 짓이라고 생각하는 사람도 더러 있었습니다. 그러나 저는 여기서 무언가 좋은 결과가 나오리라는 확신이 들었어요.

프로젝트의 이름인 다윈에는 진화와 발견, 개발을 연상시키려는 목적이 있었고, 키엘은 일을 어중간하게 하는 사람이 아니었다. 부서가 계속 커지면서 외국인 전문가 몇 명이 합류했는데, 그중에는 전 세계에서 재능 있기로 손꼽히는 3D 애니메이션 제작자들이 있었고, 캘리포니아의 애플 출신 직원들도 있었다.

빌룬에서 다윈 팀은 순식간에 "괴짜들"이라는 명성을 얻었다. 레고의 매력적인 사무실 공간 일부를 배정받은 이들은 이곳을 최첨단 기술이 담긴 하드웨어와 면도도 하지 않은 채 티셔츠를 입고 다니는 남자들이 빈 콜라병과 산더미 같은 피자 박스에 둘러싸인 끔찍한 난장판으로 탈바꿈시켰다. 원시 컴퓨팅 성능을 갖추는 데에도 한층 더 많은 돈이 투입되었다. 그중에는 ONYX 슈퍼컴퓨터도 한 대 있었는데, 사내 잡지의 말을 빌리면 "스테로이드를 맞은 보라색 미니 바라고 설명하는 게 가장 잘 어울리는 이 기기의 그래픽을 보면 대다수 사람은 입이 떡 벌어질 것"이었다.

키엘: 우리는 다윈의 도움을 약간 받아 최초로 CD-ROM을 활용하는 레고 조립 세트를 만들었습니다. 프로그래밍을 통해 조종할 수 있는 잠수함이었는데, CD-ROM에는 '고무 오리'라는 별명을 붙여 주었죠. 다윈은 향후 발전을 위한 씨앗도 여럿 심어 주었습니다. 무엇보다도 오늘날 디지털 브릭이 존재하고 여러분이 이를 PC로 조립할 수 있는 것에는 다윈의 공이 컸습니다. 당디가 이끄는 부서원들은 어느 시점에는 거의 100명에 달했던 것 같은데, 어떤 면에서 보자면 정말 시대를 앞서간 사람들이었습니다. 아직 집에 컴퓨터를 두는 사람이 그렇게 많지 않았던 때였지만, 우리는 많은 것을 이루었고 훌륭한 영감을 잔뜩 얻을 수 있었습니다. 게다가 재미있었죠!

당디가 빌룬에 온 바로 그해, 미국의 작가 더글러스 코플런드Douglas Coupland가 소설 『마이크로서프스Microserfs』를 출간했다. 소설 속에서는 한 무리의 컴퓨터광 친구들이 마이크로소프트에서 일하다가 함께 실리콘 밸리로 자리를 옮겨 자체 3D 컴퓨터 레고 시스템을 개발한다. 어린 시절 모두 플라스틱 브릭을 가지고 놀았던 이들은 시모어 패퍼트와 그가 이끄는 MIT 미디어 랩의 연구진이나 빌룬에서 당디가 이끄는 다윈 그룹과 마찬가지로 놀이와 컴퓨팅 사이의 기술적 중간 지대에서 활동하는 인물들이었다.

당시 33세였던 코플런드는 지난 1991년의 소설 『X세대Generation X』를 통해 어쩌면 의도했던 바보다 더 현실과 가까운 이야기를 써내며 전 세계에 이름을 알렸다. 당디가 등산화를 신고 빌룬에 첫발을 내딛기 몇 달 전에 처음으로 덴마크에 방문한 코플런드는 곧바로 레고랜드에 성지 순례를 다녀온 뒤《뉴 리퍼블릭The New Republic》에 이곳에 관한 장문의 사설을 기고했다. 여기서 코플런드는 실리콘밸리에서 재능 많고 성공한 여러 하드웨어 및 소프트웨어 디자이너들과 어깨를 맞대며 지내다가 거의 곧바로 빌룬에 도착했을 때의 소감을 밝혔다. 두 곳 사이에는 컴퓨터와 최첨단 기계 장치 외에도 한 가지 공통점이 있었는데, 바로 사람들이 어릴 때 레고에 집착했다는 점이었다. 모두가 『마이크로서프스』의 등장인물과 마찬가지로 빌 게이츠Bill Gates와 놀기보다는 레고 브릭을 가지고 놀고 싶어 했다.

"이제는 레고가 강력한 3차원 모델링 도구이자 그 자체로 하나의 언어라고 말해도 좋을 듯하다. 그리고 어린이는 시각으로든 청각으로든 특정 언어에 장기간 노출될 때 자신의 우주를 인지하는 방식이 의심할 여지없이 바뀐다."

리더십 갈등: 무너진 우정

키엘이 푸넨섬에서 보낸 망명 생활을 마치고 돌아와 병세에서 회복한 듯한 모습을 보여 주었던 1994년 가을, 그의 새로운 경영 콘셉트인 '나침반 경영'이 시작되었다. 하위 직급의 관리자 개개인이 더 많은 결정권을 가져야 한다는 매력적 아이디어였다. 일부 고위 임원들은 이를 위험한 방식이라고 생각했는데, 레고처럼 거대하고 복잡한 회사에서는 지휘 계통이 불확실해지거나 결국 누가 어떤 결정을 내려야 하는지 모호해지기가 쉽기 때문이었다.

그러나 새롭게 확대된 고위 경영진이 1994년 10월의 국제 레고 콘퍼런스에서 재즈 밴드처럼 화려하게 차려 입고 첫선을 보이는 것이 재미있을 것 같다고 키엘이 말했을 때 사진을 찍지 않겠다며 나타나지 않은 사람은 없었다. 경영진은 피아니스트 듀크 엘링턴Duke Ellington의 명곡 「테이크 디 에이 트레인Take the A Train」의 선율에 맞추어 회사의 새롭고 조화로운 리듬을 연주하기 시작했다.

배경에는 자기가 제일 좋아하는 자리에 앉은 47세의 키엘이 어린 시절 그린스테드 교회의 오르간 연주자에게 배웠던 피아노 실력을 발휘하며 연주자들을 지휘했다. 생산 책임자이자 키엘의 뒤를 이어받을 인물로 손꼽히던 55세의 토르스텐 라스무센이 트럼펫을 들었다. 드럼에는 판매와 상품 개발의 책임자인 50세의 닐스 크리스티안 옌센이 앉았다. 레고 에듀케이션의 책임자이자 전 세계에 레고 공원을 세우려는 야심 찬 계획을 관장하는 46세의 크리스티안 마이고르가 클라리넷을 맡았다. 재무 관리 담당자인 55세의 존 뵌데르고르John Bøndergaard가 베이스를 맡았고, 전직 대학교수이면서 보건 책임자였던 46세의 컴퓨팅 및 인사 책임자 키엘 묄레르 페데르센Kjeld Møller Pedersen이 색소폰을 잡았다.

정예 경영진 한 사람 한 사람이 지휘자의 재즈 같은 생각의 흐름을 따라 움직였다. 그러나 그중에는 키엘이 그린 악보에 손발을 맞추기 어려워하는 사람도 하나 있었다. 토르스텐 라스무센은 대표이사가 1970년대에 로잔에서 기나긴 여정을 시작하던 바로 그 순간부터 함께하며 빌룬에서 권력을 잡고 1980년대의 황금기를 이끌었으나, 이제는 회사가 흐리멍덩한 1990년대에 들어서고 있다고 생각했다. 그는 그동안 레고 그룹의 거의 모든 영역에 걸쳐 일했으며 기간 대부분에 걸쳐 키엘에게 가장 가깝고 가장 신뢰할 수 있는 스파링 상대가 되어 주었다.

그러나 무언가가 달라지고 있었다. 레고를 어떻게 발전시키고 이끌어야 하는지에 관한 근본적 견해에서 두 사람의 차이가 점차 벌어졌고, 성격 또한 가장 중요한 부분에서 서로 점점 더 멀어졌다. 토르스텐 라스무센의 군인 출신다운 면모가 점차 강해지고 있었다. 키엘은 토르스텐이 하향식 리더십을 너무 맹신한다고 생각했고, 토르스텐은 자신의 친구가 한참 앓아누운 이후로 표어처럼 들릴 만큼 모호하고 모순되는 이야기를 점차 하게 되었다고 생각했다.

토르스텐 라스무센은 나침반 경영의 개발에 참여하기는 했으나 그

방향성에 오래도록 의구심을 품었으며, 키엘이 더는 레고의 발전을 온전히 진두지휘하지 못한다고 여겼다. 훗날 토르스텐이 이 시기를 회고하며 말했듯이 이 새로운 경영 콘셉트는 전 직원에게 도입했을 때 의도한 대로 작용하지 않았다.

우리에게 제시된 건 비현실적이고 문제가 생길 게 분명한 계획과 예산, 전략이었다. 고트프레드라면 절대로 허락하지 않았을 도박 같은 요소들도 있었다. 게다가 이제 레고 경영진은 모든 일을 동시에 해내야 했다. 나는 키엘에게 이 전략에 반대한다는 의사를 밝혔고, 그로부터 한 달 후 더는 함께 일하지 않기로 합의했다.

대학원 시절부터 20여 년간 이어진 강력한 파트너십이 막을 내리는 것으로 모자라 두 사람의 우정 또한 갑작스레 끝나 버리는 순간이었다. 토르스텐 라스무센은 1997년 1월에 레고를 떠났다.

키엘: 토르스텐은 1980년대와 1990년대 초반에 걸쳐 중요한 역할을 담당했습니다. 언제나 생산에서 뒤처지지 않도록 확실하게 관리하며 회사의 발전을 주도한 장본인이었죠. 그래서 토르스텐은 변화가 필요하다는 사실을 이해하지 못했습니다. 그게 제가 나침반 경영을 도입할 때 겪었던 가장 큰 난관이었던 것 같아요. 당시 시장은 맹렬한 속도로 변화하고 있었고, 저는 여기에 더 빠르게 대응할 태세를 갖추고 싶었습니다. 반면에 토르스텐은 조급하게 굴지 말고 때가 되면 꼭 필요할 때에만 행동에 나서야 한다고 생각했어요.
　　그의 말이 옳았을 수도 있지만, 그것 말고도 저는 그가 저

와 대립각을 세우는 듯한, 제가 지지하는 의견의 반대편에 서 겠다고 결심한 듯한 느낌을 지운 수가 없었습니다. 어쩌면 개 인적 충돌이었을 거예요. 한때 저희는 오랫동안 따뜻한 우정을 쌓았고 경영팀에서 그가 했던 일들이 정말 만족스럽게 느껴졌 던 때도 길었지만, 이제 토르스텐의 경영은 더는 회사를 위한 건설적 방식이 아니었습니다.

세 명의 이사가 저를 만나러 셸렌보르에 왔을 때 저는 이 를 확실하게 느낄 수 있었습니다. 당시 레고 주식회사 이사회 의장이었던 바운 홀크 아네르센은 제가 "대표이사로 돌아오지 못할 것 같다면 그 자리를 대신할 사람은 토르스텐 뿐"이라고 했습니다. 저는 그게 좋은 해결책은 아니라고 생각했죠. 물론 이 또한 우리가 갈등을 빚은 이유 중 하나였습니다.

고트프레드, 영면에 들다

1995년 여름, 고트프레드는 축하 행사 없이 75세 생일을 맞이했다. 노쇠 하고 건강이 좋지 않았던 그는 생애 마지막 몇 달 동안 집에서 대부분의 시간을 보냈으며, 이따금 테라스에 나와 바람을 쐬는 것이 전부였다. 두 다리를 딛고 서기가 어려워졌고, 심장이 망가지고 있었다. 1995년 7월 13일 목요일, 레고를 산업화하고 빌룬을 시골 마을에서 비즈니스, 오락, 산업, 항공의 중심지로 탈바꿈시킨 남자가 마침내 영면에 들었다.

올레 키르크를 제외한다면 그만큼 빌룬과 주변 지역에 지대한 영향 을 미친 사람은 또 없었다. 한때 GKC의 기획을 바탕으로 건설된 바로 그 교회 센터에서 장례를 치르는 동안 레고랜드 가든LEGOLAND Garden 밴 드가 구슬픈 가락을 연주했고 교회 맞은편 인도에는 마을 어린이들이 모 여들었다. 울타리를 앞에 둔 아이들의 뒤로는 이때도 지역에서 가장 크고 현대적인 저택이었던 고트프레드와 에디트의 집이 서 있었다.

영구차가 그레네 교구 공동묘지의 가족 묘소를 향해 마을을 빠져나가는 동안 많은 사람이 나이 고하를 막론하고 길모퉁이에 나와 곁눈질로라도 관을 시야에 담으려고 애썼다. 어느 지역신문은 이 순간 적지 않은 시민이 한때 빌룬처럼 작은 곳에 어떻게 야외 수영 센터, 실내 수영장, 경기장, 교회와 문화 센터, 달리기 육상 트랙, 가족 공원과 공항을 세울 수 있는지를 외부인에게 설명한 동네 사람 한 명의 이야기를 떠올렸을 것이라고 했다. "모두 고트프레드가 일군 성과였다!"

빌룬에서 GKC가 의뢰하고 생전에 완공을 지켜보았던 마지막 건물은 바로 레고 아이디어 하우스였다. 기업 박물관이자 기록 보관소인 이곳은 1986년에 홍콩에서 타이코를 상대로 소송을 벌이는 과정에서 레고의 초창기 역사가 공개되기 시작했을 즈음 세워졌다. 고트프레드는 긍정적이기도 했고 부정적이기도 했던 이 경험을 통해 기업의 뿌리를 알고 옛 상품과 특허출원서, 계약서, 서한, 회의록을 볼 수 있다는 것이 얼마나 중요한지 깨달았다.

또한 GKC는 레고의 과거와 현재를 아우르는 역사를 들려주고 직원들에게 상품의 바탕에 깔린 아이디어와 함께 레고 정신을 가르치거나 상기시켜 줄 상설 공간을 만들고 싶다는 열망을 오래전부터 품었다. 달리 말하면 GKC는 덴마크 비즈니스 사회에 이러한 개념이 도입되기 한참 전부터 기업 스토리텔링을 전담하는 건물을 짓고 있었다. 1990년 7월 14일, 에디트의 개최로 레고 아이디어 하우스 개장식이 열렸다. "과거를 알면 현재를 더 잘 이해할 수 있으며 현재를 이해하면 미래에 대응할 준비를 더 잘할 수 있다."라는 고트프레드의 말은 사내 박물관 겸 기록 보관소로 들어가는, 보이지 않는 문이나 다름없었다. 오늘날 전시 자체는 호베드가덴 외곽 올레 키르크의 생가에 자리하며, 레고에 들어온 모든 신입 직원이 입사 의례처럼 이곳에 들른다.

GKC의 관이 마을을 떠나가던 날, 그에게 진심 어린 감사 인사를 조용히 보냈던 수많은 사람 중에는 전 노동조합 대표이자 레고 시스템 주식회사 이사회의 일원이었으며 이후 덴마크 여성 노동조합에서 중책을 맡은 "토베 위원장" 토베 크리스텐센도 있었다. 토베가 보기에 고트프레드는 공장에 취직한 사람들에게 기분 좋은 놀라움을 선사하던 레고 공동체의 느낌을 기업의 역사를 통틀어 다른 그 누구보다도 더 잘 대표하는 사람이었다. "GKC는 언제나 직원들의 말에 귀 기울여 주었습니다. 전에 다른 직장도 다녀 보았지만, 그 정도로 하는 사람은 없었죠." 훗날 토베가 지역신문 인터뷰에서 한 말이다.

토베 크리스텐센은 특히 230명의 직원이 회사를 떠나면서 레고 정신의 증거를 찾아보기가 훨씬 어려웠던 1983년의 첫 대량 해고 당시 고트프레드가 어떤 걱정을 했는지 똑똑하게 기억했다. 어느 날 토베를 찾아온 고트프레드는 해고당한 직원들의 가족이 해체되지 않는 것이 자신에게 얼마나 중요한 일인지를 분명히 알려 주었다. "고트프레드는 '토베, 문제가 생기면 나한테 바로 말해 줘요!'라고 했습니다. 노동조합 대표로서 그렇게 지지해 주는 사람이 있다는 게 정말 좋았습니다."

1982년, 토베 크리스텐센은 레고 직원들을 위한 기념일 지원금을 마련하기 위해 애쓰고 있었는데, 갑자기 GKC가 레고 항공을 타고 코펜하겐에 함께 출장을 가자고 요청했다. 상공회의소에서 수여하는 상을 받으러 가는 길이었는데, 상금이 10만 크로네였다. 토베는 덴마크 사회의 저명한 인사들이 참석한 가운데 주식거래소에서 열린 시상식 자체를 절대 잊지 못할 것 같다고 했다.

메르스크 매키니 묄레르씨를 필두로 비즈니스 세계의 수많은 거물이 모인 자리에 저 또한 서 있었습니다. 고트프레드는 수상에 감사를 표하더니 갑자기 매우 진지한 말투로 자신이 노동조합 대표 토베 크리스텐센 씨와 함께 왔다고 말했습니다. 그러고는 순식간에 평소와 다름없는 말투로 바꾸며 말을 이었습니다. "토베, 올라와서 당신의 기금 마련을 위한 돈을 받아 주시오!"

나중에는 뮐레르 씨가 제게 와 제 두 팔을 붙잡고는 말했습니다. "만나서 정말 반가워요!"

저는 너무 당황한 나머지 "감사합니다."라고만 했죠.

소통이 부족한 오너?

1990년대 후반에 레고의 고참 직원들이 GKC의 경영 방식에 비해 현 대표이사이자 3세대 오너에게 부족한 것 같다고 말하던 요소 중 하나는 바로 명쾌한 소통이었다. 끝없이 상승세를 이어 가던 1980년대에는 키엘의 합의를 중시하는 방식과 음양을 향한 관심을, 경영의 역설 열한 가지를, 어린이를 역할 모델로 삼아야 한다는 이상주의적 논의를 견디기가 쉬웠다. 그러나 장난감 시장이 레고에 가하는 압박이 거세지자 키엘이 어른들을 위한 게임에 관한 토론 세미나와 집단 교육을, 옛 동화책에서 인용한 말들을 너무 강조한다고 생각하는 사람들도 나타났다.

키엘: 저는 늘 멀리 내다보려고 했고, 혼자 생각하다가 너무 멀리 나가 버리는 경향이 있었습니다. 그러니 다른 사람들이 제 생각을 따라잡고 이해하기 어려워할 때가 종종 있었죠. 그건 제가 1990년대 당시에 일상 업무에서는 좋은 관리자가 되지 못했다는 뜻이기도 합니다. 마찬가지로 나침반 경영 또한 별다른 성공을 거두지 못했죠. 그렇지만 우리는 팜플렛을 만들어 전 직원에게 나눠 주고 모든 관리자를 대상으로 교육과 세미나

를 준비했습니다. 스위스 국제경영개발대학원의 교수 두 사람이 프로그램 개발을 담당했죠. 어느 교육에서는 레고의 미래에 관한 나름의 비전을 브릭을 사용해 만들어 보는 시간이 있었던 게 기억납니다. 그렇게 놀이를 통해 나만의 전략적 아이디어를 표현해 보자는 말이었죠. 저는 많은 관리자가 여기에 진심으로 참여하지 않는다는 걸 느낄 수 있었고, 그중 몇몇은 저를 "저세상" 늙은 히피로 여기기 시작했습니다.

1996년 5월, 키엘은 그가 가장 좋아하는 기자 에이길 에베르트Eigil Evert 앞에서 뜬금없이 레고의 최신 목표를 선언했다. 기자는 키엘의 이야기를 듣자마자 입을 떡 벌리고는 질문 아닌 질문을 던졌다. "잠시만요, 그게 무슨 말이죠? 미친 척하고 비현실적인 과대망상을 밀어붙이는 건 아니죠?"

키엘이 준비한 것은 완전히 새로운 전략계획이었고, 목표는 2005년까지 아이를 둔 가족들에게 전 세계적으로 가장 잘 알려진 브랜드가 되는 것이었다. 말 그대로였다. 그러나 1997년에 이르러서야 키엘을 비롯한 고위 경영진은 이 계획이 담긴 완전한 제안서를 "2005년을 향하여"라는 문구가 인쇄된 서류철과 함께 전 직원에게 배부했다. 또한 프레젠테이션 발표를 통해 원대하고 포괄적인 목표와 개요를 다시 한번 설명했다. 키엘은 지난 5년간에서 6년간 내적으로든 외적으로든 이 사고방식을 해명해야 할 필요를 종종 느껴 왔다. 이 방식이 "최대가 아니라 최고가 되어야 한다."라는 고트프레드의 오랜 신조를 완전히 대체하려는 것처럼 보였기 때문이다.

키엘: 레고의 2005년 목표는 다소 오해를 샀던 것 같습니다. 제가 무분별한 성장을 원한다는 것처럼 해석되기도 했죠. 무엇보

다도 저는 우리가 아이를 둔 전 세계 가족들 사이에서 가장 강력한 브랜드로 통하기를 바랐습니다. 사실 제가 이 목표를 세웠던 때는 그보다 더 앞선 시기, 그러니까 우리가 롤리Raleigh와 롤렉스Rolex, 디즈니, 코카콜라 같은 브랜드와 어깨를 나란히 했던 1980년대 말이었습니다. 모든 국제 설문 조사에서 우리가 최상위를 차지했고, 전 세계 방방곡곡의 가족들이 레고 상품에 특별한 의미를 둔다고 답했습니다. 그러니 저는 제 아이디어가 아주 말도 안 된다고 생각하지는 않았습니다. 그 야심이 최대가 아니라 최고가 되자는 레고의 옛 신조와 양립할 수 없다고 생각하지도 않았어요.

정말 많은 사람이 "어휴, 키엘, 이걸 달성하려면 우리는 엄청나게 성장해야겠어요."라고 말했습니다.

저는 거기에 이렇게 대답했죠. "물론 성장도 필요하지만, 어린이들과 어린이의 발달에 관련된 브랜드를 구축하는 게 더더욱 중요합니다. 이를 우리가 하는 모든 일에 반영해야 해요."

그게 제 목표의 바탕이 된 비전이었습니다. 많은 이에게는 거의 과대망상처럼 들렸던 것 같습니다. 그렇지만 저는 전혀 그렇게 생각하지 않았어요. 우리가 해낼 수 있다는 확신이 있었거든요. 그저 시간문제였을 뿐입니다.

키엘은 1997년 여름의 레고 사내 잡지에 이 목표를 소개할 때가 되었을 때 편집자에게 『이상한 나라의 앨리스Alice's Adventures in Wonderland』에 나온 몇 마디 대화를 강조하고 설명하는 것이 좋겠다고 권했다. 키엘은 레고를 전 세계에 걸쳐 아이를 둔 가족들 사이에서 가장 잘 알려진 브랜드로 만들겠다는 공동의 목표를 레고 직원들이 가지고 한뜻으로 이해하는 데 이 글귀가 도움이 될 것이라고 했다.

"이제 여기서 어디로 가야 하는지 제발 말해 줄래요?"

"그건 네가 어디로 가고 싶은지에 달렸지." 고양이가 말했다.

"어디든 상관없어요." 앨리스가 말했다.

"그렇다면 어느 길로 가든 상관없겠구나." 고양이가 말했다.

(루이스 캐럴Lewis Carroll, 『이상한 나라의 앨리스』)

키엘: 그래요, 아마 조금 수수께끼처럼 느껴졌을 겁니다. 이 글 귀 말이에요. 그렇지만 고양이의 마지막 대사는 사실 자기 마음속 나침반을 따라가는 게 중요하다는 뜻입니다. 제가 생각한 나침반 경영과 일치하는 이야기였죠.

저는 『이상한 나라의 앨리스』가 제가 사랑하는 『곰돌이 푸Winnie-the-Pooh』만큼이나 좋습니다. 두 책 모두 사랑스럽고 간단한 철학을 담았고, 우리 어른이 배울 만한 점도 많습니다. 아이들의 말에 귀를 기울이고 우리가 하는 일에서 단순함을 구하는 방법을 배우는 게 좋은 것과 마찬가지죠.

지금이야 이 구절을 다시 읽자면 물론 정말 제 말을 알아들은 사람이 몇 명이나 되는지는 하나님께서만 아시겠다는 생각이 듭니다. 그렇지만 제 프레젠테이션은 모두 비즈니스와 관련된 구체적 사안을 바탕으로 했다는 말을, 여기에 앨리스와 고양이라는 약간의 색채를 더했을 뿐이라는 말을 꼭 덧붙이고 싶네요.

키엘의 다소 묘한 소통 때문에 직원들이 당황하고 확신하지 못했던 것은 이번이 처음이 아니었다. 또 다른 놀라운 예시는 앞서 언급했던 1990년의 신년사에서 찾아볼 수 있다. 이 신년사에서 키엘은 직원들에게 내면의 어린이를 잊지 말라고 호소하면서, 훗날의 말을 빌리면 "마치 어린이가 레고 세트를 가지고 놀기 시작할 때와 같은" 곳으로 일터를 만들고자 했다.

그러나 모두가 그 메시지를 받아들인 것은 아니었다. 여피족의 시대였고 영화 「월 스트리트Wall Street」에 나오는 살벌한 사업가 고든 게코 Gordon Gecko의 시대였던 1980년대에 이토록 공개적이고 순진한 방식으로 유년기의 정수를 찬미하는 사람이 다국적기업의 최고 경영자 중에 또 누가 있을까?

> 키엘: 제가 어린이를 역할 모델로 삼아야 한다고 하고 1990년 대 내내 그 비전을 고수했던 건 상품과 브랜드에 관한 추상적 사고방식에 관한 이야기일 뿐만 아니라 구체적이고 일상적인 기업 운영에 관한 이야기이기도 했습니다. 저는 우리가 인간으로서 가진 모든 잠재력을 발휘할 수 있도록 도와줄 더 재미있는 경영 철학을 분명하게 상상했고 간절히 원했습니다.
>
> 나침반 경영과 관련해 저를 도와주었던 스위스 국제경영 개발대학원의 교수들은 열정 넘치는 사람들이었고 제게 이렇게 말했습니다. "비전이라 하면 보통은 회사가 10년 내로 얼마나 커질지, 회사가 얼마나 성장할지 논하죠. 그런데 당신의 비전은 그게 아니네요. 키엘의 비전은 우리가 어떤 종류의 회사인지, 외부 세계와 직원들을 향해 어떻게 행동하고 싶은지에 관한 이야기이기도 합니다."

그러나 키엘의 경영 철학은 제대로 자리 잡지 못했고, 1996년에서 1997년에는 전에 없이 혼자 된 기분을 느꼈다. 고트프레드는 세상을 떠났다. 아버지나 다름없던 바운 홀크 아네르센 또한 레고 주식회사 이사회 의장에서 은퇴한 뒤였다. 친구였던 토르스텐 라스무센은 그가 한때 키엘과 함께 분석하고 현대화했던 이 회사를 떠났다. 게다가 22세의 소피, 18세의 토마스Thomas, 14세의 아그네테Agnete까지 키엘의 세 자녀 중 그 누구도 아버지의 발자취를 따르려는 생각이 없어 보였다.

세 아이는 레고와 빌룬에 질려 있었다. 세 명 모두 이 작은 마을의 학교에서 감당하기 어려운 시간을 보냈다. 모두가 이들이 누군지 알았고, 레고에서 일하는 부모를 둔 학교 동급생도 많았기에 정리 해고를 단행했을 때에는 학교에 얼굴을 감히 내밀지도 못했다. 그러니 이제는 그저 빌룬과 레고를 벗어나 다른 학교와 대학, 교육 프로그램과 여행을 통해 자유를 경험하고 싶을 따름이었다. 이들은 말을 타고 석양을 향해 내달리거나 레이스카를 타고 질주하고 싶어 했다. 물론 키엘과 카밀라도 이를 알았으며 아이들의 마음을 잘 이해했다. 특히 자녀들과는 전혀 다르게, 마을과 공장이 하나의 거대한 가족이었던 시절 아무런 문제 없이 자라온 키엘에게 이는 매우 고통스러운 일이었다.

1997년, 「덴마크 최고 부자」라는 TV 프로그램에 출연한 키엘은 인터뷰 막바지에서 자녀들이 다음 세대의 레고 오너가 되어 그의 뒤를 따를 예정이냐는 질문을 받았다. 이에 키엘은 아직 어떻다고 말하기는 이르다고, 아이들이 행복하고 자유로운 사람이 되는 것이 가장 중요하다고 답했다.

새로운 세대를 위한 장난감: 레고 마인드스톰

1996년에 바운 홀크 아네르센이 은퇴하자 새로운 인물이 레고 주식회사 이사회 의장으로 합류했다. 바로 노보 노디스크의 대표이사 마스 외울리센이었다. 마스 외울리센은 또한 노보 노디스크의 오너 일가와 결혼한 사람이었기에 레고와 같은 기업이 겪는 문제를 한층 더 잘 이해할 수 있었다. 외울리센은 1990년대 당시의 덴마크 비즈니스 사회에서 가장 존경받는 인물 중 하나였으며, 몇 년 동안 레고 주식회사의 일반 이사로 몸담은 끝에 이제 레고가 더 안정적인 우상향 곡선을 그릴 수 있도록 키엘을 돕기로 한 것이다. 레고는 지난 수년간 판매 부진을 겪었으며, 1995년에는 1990년대를 통틀어 최악의 이익을 기록했다. 1996년 봄, 바운 홀크는 의장으로서 첫 발을 내딛는 외울리센에게 몇 가지 좋은 조언을 해 주었다.

"필요할 때는 안 된다고 말할 수 있어야 합니다! 레고 그룹이 앞으로도 건전하고 재정적으로 독립된 회사일 수 있도록 유지하는 게 목표입니다. 키엘은 종종 눈여겨보아야 할 때가 있어요. 무척 역동적인 사람이긴 해도 이사회의 최우선 임무를 있는 힘껏 존중해 줍니다. 그런 면에서는 자기 아버지하고 전혀 다르지요."

외울리센이 가장 먼저 한 일 중 하나는 컨설팅 회사 맥킨지 앤드 컴퍼니McKinsey & Company를 데려온 것이었다. 컨설턴트의 평가 결과는 같은 해 9월부터 바로 실감할 수 있었다. 갑작스럽게 정리 해고와 10퍼센트에서 12퍼센트가량의 예산 감축이 발표되었기 때문이다. 여러 차례 정리 해고를 단행한 것은 당시 회사의 50년 역사에서 흔히 볼 수 있었던 일이 아니었고, 지역 언론은 가두시위에 가서 사람들의 분위기를 취재했다.

레고의 역사적인 간소화 조치 첫 단계에서 200명이 해고되는 순간, 레고의 최고 경영자들이 인원수와 명단을 발표하기만을 빌룬의 모든 이가 숨죽이고 기다렸다. 빌룬 본사 직원 4500명 중 수천 명이 마을 테두리 안에 거주한다. 부모 양쪽이 모두 레고에서 일하는 집도 많고, 빌룬 주민이라면 누구나 레고에서 일하는 가족이나 친구가 적어도 한두 명쯤은 있다.

공장에 불안이 감도는 시기였다. 사람들이 정리 해고를 코앞에 두고 있었기 때문일 뿐만 아니라, 레고에서 대대적인 구조 개편을 시행하고 있었기 때문이기도 했다. 온갖 소문이 난무했고, "GKC 시내났다면 절대 없었을 일이야!"라며 고참 직원들이 불평하는 말도 들려왔다.

맥킨지의 컨설턴트는 코펜하겐으로 돌아가기 전에 레고 경영진이 변화를 기피하는 듯하다는 결론을 내렸다. 많은 회사가 이러한 평가를 받아드는 즉시 그에 따른 조치를 취하는데, 레고에서는 그렇지 않았다. 훗날 키엘은 수년간 실망스러운 결과가 이어졌을 때 스스로 물러나는 것이 낫지 않았겠냐는 질문을 받고 다음과 같이 대답했다. "저도 그 생각을 해 보았습니다. 그렇지만 저는 우리가 새 프로젝트를 너무 많이 시작한 게 원인이라고, 이제는 우선순위를 더 신중하게 설정해야 한다고 생각합니다. 그러니 대표이사로서 그대로 조금 더 일해 보겠습니다."

전 세계에「레고 아일랜드LEGO Island」로 알려진 액션 어드벤처 장르 PC 게임의 덴마크판은「레고 아일랜드의 공황Panic on LEGO Island」이다. 마인드스케이프 주식회사Mindscape Inc.와 협업해 개발한 이 게임은 1998년에 대성공을 거두었다. 반면 나침반 경영은 난항을 겪었고, 몇 차례 시동을 걸어 보려고 애쓴 끝에 결국 폭발음도 아닌, 바람 빠지는 소리와 함께 폐기되었다. 변화의 필요를 느끼지 못하는 조직에서는 변화를 일굴 수 없다는 것이 이번 실패가 남긴 교훈인 듯했다. 키엘이 없애려고 애썼던 관성과 침체, 안일한 만족은 더욱 공고해지기만 한 것처럼 보였다.

전 세계 곳곳의 전통적인 장난감 회사들은 서구 사회에서 대다수 어린이의 여가를 빨아들인 게임 및 영화 산업과 불공평한 전투에 휘말렸으며, 그저 현재의 자리를 지키기에 급급할 뿐이었다. 불과 두 세대만에 소년과 소녀가 놀이하는 연령대가 네 살이나 어려졌으며, 연구자들은 1990년대의 어린이가 열 살 전후로 전통적인 어린이용 놀이를 그만둔다고 주장했다.

이것이 바로 1998년 1월에 키엘이 앞으로 수년간 레고의 가장 큰 도

전 과제가 평소의 경쟁 업체가 아니라 "어린이가 시간을 보내는 방식의 변화를 따라잡는 것"이라고 발표한 이유였다.

점점 더 많은 어린이가 원하는 디지털 및 컴퓨터 조작 오락과 기존의 레고 사이의 차이를 줄일 방법을 진지하게 찾아야 할 때였다. 레고는 미래의 장난감에 100억 크로네를 투자할 준비가 되어 있었지만, 한편으로는 기존의 브릭이 앞으로도 그룹의 기반이 되어야 했다. 키엘은 당시의 한 인터뷰에서 "뉴미디어는 물리적 상품을 한층 더 재미있게 가지고 놀 신나는 기회를 선사합니다."라고 말했다.

다른 무엇보다도 이 전략이 가장 분명하게 드러났으며 성공의 문턱까지 가장 가까이 다다랐던 부분은 레고가 시모어 패퍼트 및 보스턴 미디어 랩과 진행한 협업이었다. 이들은 13년간의 협업 끝에 1998년에 레고 마인드스톰LEGO Mindstorms과 레고 테크닉 사이버마스터LEGO Technic Cybermaster를 출시했다. 우선 이들은 정보화 시대의 어린이와 청소년으로 구성된 특정 포커스 그룹을 이용했다. 레고 사이버마스터는 조립식 레고 테크닉을 컴퓨터화해 확장한 상품이었다. 예를 들면 사용자가 로봇 검투사를 조립하고 다양한 성격을 프로그래밍할 수 있었으며, 이렇게 만든 로봇은 자기를 가지고 노는 어린이에게 말을 걸 수 있었다.

레고 마인드스톰은 1990년대 말에 그때까지 가장 많은 화두에 오른 레고 상품으로 자리매김했다. 레고 사이버마스터보다 더 고도의 상품인 레고 마인드스톰을 이용하면 청소년과 젊은 층이 적외선 기술로 제어하는 전자 센서와 모터를 포함한 모델을 조립할 수 있었다. 레고 실험실에서 레고 마인드스톰 테스트에 투입된 어린이들은 온갖 종류의 상상 속 로봇을 만들었다. 또한 여자아이 한 명이 레고로 테이블을 만들고 디지털카메라를 장착해 테이블에 새가 앉을 때마다 사진이 찍히게 프로그래밍한 사례도 있었다. 인텔리전트 브릭을 포함한 혁신적인 두 가지 레고 세트를 전 세계에 발표하는 자리에서 키엘은 이렇게 말했다.

이 상품은 컴퓨터 사용에 익숙한 새로운 세대의 어린이를 위해 개발되었습니다. 우리의 목표는 언제나 그러했듯이 기급도 어린이를 위한 최첨단 상품을, 재미있고 어린이의 상상력과 창의력을 자극하는 상품을 만드는 것입니다. 이제 어린이는 고립된 PC 세계뿐만 아니라 컴퓨터 바깥, 진짜 사람들의 세계에서도 컴퓨터를 창의적 놀이에 이용할 수 있게 되었습니다.

또한 키엘은 레고라는 회사의 보편적 가치인 창의력과 상상력을 자극하는 요소를 마인드스톰이 그대로 담았다는 것이 무엇보다도 중요하다고 지적했다. "어린이들은 로봇이 생각대로 움직이지 않는 상황을 종종 마주하게 될 테고, 프로그래밍이나 로봇 중 어느 쪽을 수정해야 할지 스스로 결정해야 할 겁니다. 그건 믿을 수 없을 만큼 창의적인 과정이 될 겁니다."

높은 소매가가 책정되었는데도 레고 마인드스톰은 곧바로 성공을 거두었다. 그러나 한때 레고가 조립이라는 측면에서 브릭을 결합했다가 해체하는 것 말고는 달리 할 것이 없었던 시절에 레고를 가지고 놀았던 아버지 세대의 어른들이 마인드스톰의 구매자 중 40퍼센트를 차지한다는 점이 곧 밝혀졌다.

기존 상품만으로는 부족했던 것일까? 런던에서 레고 마인드스톰이 출시될 때 어느 기자가 질문을 던졌다. 왜 기존의 멋진 레고 브릭을 디지털화해야만 했을까?

키엘은 디지털화가 레고 시스템이 발전하는 자연스러운 수순이었다고 답했다.

이는 저희 상품 개발의 네 번째 단계입니다. 우리는 1950년대에 브릭만으로 출발해 1960년대에 바퀴와 모터를 달아 레고의 상품에 움직임을 불어넣었고, 1970년대에는 미니피겨를 통해 조립한 건물에 생동감과 맥락을 덧입혔습니다. 그리고 이제 우리는 브릭이 컴퓨터와 상호작용하는 모습을 지켜보고 있습니다. 우리는 거의 50년 동안 계속해 매번 새로운 차원을 더해 오고 있습니다.

처음으로 적자를 기록하다

1998년에 레고는 마인드스톰과 사이버마스터 외에도 소프트웨어, 가족공원, PC 게임, 어린이용 의류, 신발, 시계 등 남들보다 한발 앞서 키엘조차 다 챙기지 못할 만큼 수많은 기획을 선보였다. 사내 잡지에서 키엘은 너무나 많은 프로젝트가 진행되고 있어 "우선순위를 조금 더 일목요연하게 정리할 수 있을지 고민하고 있다."라고 시인했다.

그러나 한편으로 키엘은 이처럼 다양한 상품군이 레고의 브랜드를 강화해 주리라는 것을 알고 있었고, 동시에 업계의 모든 이가 마구잡이식으로 접근하던 이 시기에 새롭고 신나는 기회를 회사에 다수 가져다주리라는 것을 알고 있었다.

어느 신문에서 키엘은 "어디에서 끝날지 상상조차 하기 어렵다."라고 평가하면서, 레고가 미래 수익을 확보하기 위해 당장 높은 비용을 기꺼이 내고 있음을 강조했다. 회사가 금고를 활짝 열어젖힌 셈이었다. 키엘은 급격하게 확대되는, 학습과 놀이를 결합한 '에듀테인먼트' 시장에서 레고가 경쟁력을 유지할 수 있도록 상당한 재정 자원을 투입할 것이라고 덧붙였다. 마지막으로 그는 레고가 새로운 디지털 파트너를 점차 모색하고 있다고, 할리우드의 영화 제작사 한 곳 이상과 라이선스 계약을 체결할 가능성을 배제하지 않겠다고 했다.

키엘: 저는 우리가 시작한 많은 일에 대해 너무 성급하게 생각했고, 거기에서 불안이 생겨났습니다. 이 시기에 우리 핵심 상품의 판매고가 그렇게 높지 않았다는 것도 하나의 이유였죠. 당시 우리는 미디어 상품, 라이선스 상품, 아동용 의류와 시계를 비롯한 온갖 상품을 한꺼번에 신경 써야 했습니다. 지금도 그렇게 하지만, 이제는 다른 사람에게 그 일을 맡기죠. 1990년 대 말의 실수들은 제 책임이었습니다. 우리 조직에 너무 많은 일을 떠안겨 버렸어요. 저는 비즈니스에서 독자적 영역을 구축하거나 패션 업계에 진출하려는 의도가 전혀 없었지만, 외부는 물론 내부에서도 그렇지 않다고 보는 사람들이 있었습니다. 세미나를 열 때면 사람들은 제가 무엇을 하려는 건지 혼란스러워했습니다.

"키엘, 브릭이 여전히 핵심이긴 한가요?"

"네, 물론입니다." 저는 그렇게 대답하고는 우리 브랜드에 대한 애정을 드러내고 싶어 하는 어린이와 청소년, 부모가 많기에 이러한 잡화를 팬 상품으로 생각해야 한다고 설명했습니다.

키엘은 이 시기에도 브릭의 힘을 의심해 본 적이 단 한 번도 없었다. 《윌란스 포스텐》에서 키엘에게 새로운 PC 기반 장난감과 라이선스 거래를 비롯한 비전통적 레고 상품의 수익이 결국 브릭 수익을 한참 웃돌지 않겠느냐고 묻자 그는 다음과 같이 대답했다. "아뇨, 10년이 지나도 안 됩니다. 레고 브릭은 앞으로도 우리의 핵심 상품일 겁니다. 우리는 여전히 우리의 콘셉트인 가족 상품이, 어린이가 외부에서 제시하는 환상의 세계에서 놀기보다는 자기만의 상상의 나래를 펼칠 수 있도록 도와줄 수 있다고 굳게 믿습니다."

그러나 이처럼 새로운 기획을 전개하는 동시에 다양한 주요 미디어 및 엔터테인먼트 회사를 만족시키기 위해 애쓰는 한편으로, 셀 수 없이 많은 신상품 특별 부품을 포함한 다양한 레고 세트를 새로 출시하는 데에는 많은 돈이 필요했다. 레고는 무리하게 확장하다가 재정적으로 심각한 출혈이 발생할 위험에 놓여 있었다.

키엘과 이사회 의장 마스 외울리센은 1998년 초에 이르러서야 대응에 나섰다. 레고의 재무 건전성에 관한 우려가 점차 자라나자 두 사람은 회사가 슬럼프에서 빠져나오는 데 일조하고 2005년까지 디즈니보다 더 유명한 브랜드가 되겠다는 야심 찬 목표를 향해 레고를 몰고 나아갈 최고 재무 관리자CFO를 찾아 나섰다.

헤드헌터들이 두 사람을 위해 후보자 목록을 줄여 준 끝에 최종적으로 49세의 포울 플로우그만Poul Plougmann이 선택되었다. '비즈니스 의사'로도 알려진 그는 회사를 위기에서 구출하는 것이 전문이었다. 플로우그만은 특히 1990년대 초반에 뱅 앤 올룹슨Bang & Olufsen의 기업 회생에 참여하며 큰 명성을 쌓았다.

> 키엘: 새로운 피를 될 수 있는 한 빠르게 수혈해야 한다는 걸 분명하게 알 수 있었습니다. 우리만으로는 상황을 통제하기가 역부족이었으므로 강하고 기운 넘치며 행동을 지향하는 관리자를 찾아 나섰고, 이사회와 외울리센 모두 저와 한마음 한뜻으로 포울 플로우그만을 선택했습니다. 플로우그만은 뱅 앤 올룹슨에서 일하며 좋은 평판을 얻었지만, 그와 동시에 "웃는 얼굴의 살인자"로도 알려져 있었습니다. 그러니 그를 고용한다는 건 제 쪽에서도 어느 정도 손 떨리는 선택이 아닐 수 없었죠.

키엘은 플로우그만이 레고에 합류하기 직전에 《윌란스 포스텐》과 가진 인터뷰에서 자신과 자신의 방법을 설명한 기사를 읽었을 때도 특별히 더 안심할 수는 없었다 "한번 결단을 내리고 전략을 도입했다면 그 다음에는 전속력으로 나가야 합니다! 저는 절대 뒤돌아보지 않습니다."

레고는 언제나 겸손을 높이 샀으나, 1998년에 레고로 합류한 이 신임 임원은 단연 자신감이 돋보이는 사람이었다. 그렇지만 플로우그만이 일자리를 받아들인 이유는 오직 그곳이 레고이기 때문이었다. 플로우그만은 이 브랜드와 가족 경영 회사를 무척 좋아했으며, 이러한 유형의 소유 구조가 상장회사보다 100배 더 낫다는 것을 증명해 보이고 싶었다고 훗날 말했다. 그러나 비즈니스 사회에서는 갈등 회피와 거리가 아주 먼 플로우그만의 방식과 두드러지지 않는 키엘의 경영 스타일이 어떻게 조화를 이룰지가 초미의 관심사로 떠올랐다.

회의적 예상은 보기 좋게 빗나갔다. 키엘이 늘 푹 빠져 있었던 동양 철학의 핵심은 서로 반대되는 양극을 존중하고 모든 사물에 내재하는 이중성을 받아들이는 것이었다. 직설적이고 적극적인 포용과 합의를 지향하는 점잖은 키엘이 결성한 새로운 듀오는 플로우그만이 임명되고 6개월이 지난 뒤에도 실제로 잘 굴러갔는데, 이때 레고는 1998년의 처참한 재무 실적을 마주했다.

66년을 이어 온 역사에서 사상 처음으로 레고가 적자 상태에 빠졌다. 그것도 조금이 아니었다. 무려 2억 8200만 크로네가 부족했다. 연례 보고서에서 키엘은 이것이 "불만족스럽고 받아들일 수 없는" 결과라고 했다. 위기관리가 절실하게 필요한 상황에서 비즈니스 의사가 곧바로 행동에 돌입했다. 플로우그만은 레고에 처음 합류했을 때부터 이곳을 관찰하고 연구해 온 바를 바탕으로 다음 해에는 적어도 10억 크로네를 아껴야 한다고 판단했다. 머리를 맞대고 고민한 플로우그만과 키엘은 회사 전체를 가다듬고 긴축할 계획을 마련했다. 전쟁의 역사에서 위대한 전투들에 그러했듯이 이 계획에도 "피트니스"라는 그만의 이름이 붙었다. 키엘은 지역 라디오에 출연해 다소 경박하게 들리는 이 이름을 변호했다.

"'피트니스 프로그램'이라는 말을 쓰는 이유는 회사 차원에서 우리가 군살 몇 킬로그램쯤 빼고 끝날 게 아니라 장기적 목표를 달성하기 위해 더 좋은 몸을 만들어야 한다는 뜻입니다. 사실 저는 아주 괜찮은 비유라고 생각해요."

그러나 돌이켜 보면 "피 빼내기"라는 비유가 더 적절했을 상황이었다. 곧 레고 그룹 전체의 열 명 중 한 명에 달하는 1000명의 직원이 일자리를 잃었다. 플로우그만은 통통하게 살찐 상위 관리자층에 가장 먼저 주목했다. 그는 내부 관리자 채용 구조로 말미암아 지난 수십 년간 이어진 "파벌"과 "과잉 행정"을 뿌리 뽑아야 할 때라고 판단했으며, 이를 통해 레고의 옛 시절이 마침내 막을 내렸다는 건전한 신호를 보낼 수 있다고 생각했다.

처음으로 직원들 앞에서 직접 발언한 대규모 회의에서 플로우그만은 처참한 실적과 무기력한 경영, 폭넓은 감축을 논하는 언론의 온갖 이야기를 듣다 보니 비관적 분위기가 생겨났다고 말했다. 그는 "우리는 자신감을 되찾아야 합니다."라고 선언했다.

또한 플로우그만은 지출을 줄일 수 있는 상징적이고도 중요한 영역을 또 하나 찾아냈다.

"지난해에 우리는 외부 컨설턴트를 고용하는 데 2억 2500만 크로네를 지출했습니다. 마치 어느 정도 몸집이 커진 문제를 모조리 컨설턴트에게 떠맡기려는 듯한 선택이었죠. 이는 우리에게 자신감이 부족하다는 걸 알려 주는 터무니 없는 신호입니다. 우리에게 우리끼리 해결하지 못할 문제는 없습니다."

레고는 역사상 최악의 장부를 마주한 플로우그만의 활기 넘치고 낙관적인 접근 방식을 시작으로 5년이라는 세월에 걸쳐 급격하게 요동치며 오르막과 내리막을 오갔으나, 그중에서도 내리막이 더 많았다.

키엘: 포울은 필요한 조치를 해 주었지만, 조직으로서는 삼키기 어려운 약이라는 걸 알 수 있었습니다. 포울은 경영진을 대상으로 한 정리 해고를 두고 "계단은 위층부터 청소하는 게 가장 좋다."라고 말하곤 했습니다. 맞는 말이었죠. 그는 달변가였고 환상적일 만큼 활기와 에너지가 넘치는 관리자였지만 한편으로는 잔인하기도 했는데, 이 부분이 저희 문화와 잘 맞아떨어지지는 않았습니다.

결국 저는 안타까운 마음으로 1980년대와 1990년대를 함께한 수많은 훌륭한 직원을 해고해야 했어요. 회사 차원에서도 경영 자원이 바닥났죠. 이들을 대체하기 위해 새로운 관리자들을 데려왔는데, 그들은 나름의 아이디어를 품은 채 상품 개발, 마케팅 등을 완전히 다른 방향으로 이끌어 나가고 싶어 했습니다.

역사상 최대의 히트작: 레고 스타워즈

키엘은 처음에는 CFO의 제안을 지지했으나, 그와 동시에 피트니스 플랜은 위기가 낳은 개입이 아니라며 여러 차례에 걸쳐 부인했다. 1999년 4월 16일 금요일, 두 임원은 그날 열린 여섯 차례의 오리엔테이션 회의에서 번갈아 연단에 올라 직원 1600명에게 회사의 새로운 구조와 전략을 발표했다.

명랑한 두 사람을 비롯한 고위 경영진들은 감축이 "신경질적으로 내린" 선택도 아니고 "공황에서 비롯된" 선택도 아니라고 힘주어 말했다. 키엘의 말을 빌리면 이는 오히려 "아이를 둔 가족 사이에서 가장 인지도 높은 브랜드가 되겠다는 목표를 달성할 발판을 마련하기 위해 세심하게 결정한, 야심 찬 계획"이었다. "우리는 '미래에 어울리는' 모습을 갖추어야만 합니다."

직원들은 그 말뜻을 제대로 알아들었다. 그와 동시에 다음 차례의 정리 해고가 언제 찾아올지 모른다는 소식 또한 퍼져 나갔다. 전 직원이 자기가 어느 쪽에 서 있는지 알게 되기까지 두어 달을 더 꼼짝없이 기다려야만 했다. "누가 보아도 좋은 상황은 아닙니다. 분위기가 불안해지고 있어요. 모든 사람이 본인이나 본인과 친한 동료가 총알받이가 되는 건 아닌지 걱정하고 있으니까요." 노동조합 대변인이 말했다.

그러나 지난 레고 역사에서도 몇 번이나 그러했듯이 수많은 직원이 이곳 일터에 대해, 그 회사를 거의 70년 가까이 소유하고 운영해 온 오너 일가에 대해 일종의 연대 의식을 느꼈다. 단 한 사람도 출근을 거부하지 않았고, 어느 젊은 남성 직원이 회의 후 사내 잡지 기자에게 "키엘에게 직접 듣고 나면 모든 절차가 훨씬 더 인간적으로 다가온다."라고 한 말을 보면 당시 빌룬 공장의 전반적 분위기가 어땠는지 가늠할 수 있다.

포울 플로우그만이 불가능한 일을 해냈다. 정리 해고와 구조 재편, 대규모 감축이 부른 기나긴 격변의 한가운데서 적자를 5000만 크로네의 이익으로 바꾸는 데 성공한 것이다. 이를 지켜본 모든 이는 비즈니스 의사가 또 한 번 빛처럼 빠른 속도로 기업을 치료하는 데 성공했다고 입을 모았다. 이름을 밝히지 않은 누군가는 《외코노미스크 우게브레우Øko-nomisk Ugebrev》에서 "플로우그만에게는 지금까지 레고에서 일한 그 누구보다도 단호한 결의와 분석력, 강건한 태도가 있다."라고 말했다.

이처럼 상황이 손바닥 뒤집듯 바뀐 데에는 또 다른 중대한 요소 한 가지가 크게 작용했다. 포울 플로우그만이 아직 빌룬에 오기까지 수개월 남은 시점인 1998년 봄에 레고와 루카스필름 주식회사Lucasfilm Ltd.가 매우 수익성 높은 계약을 체결했다. 스타워즈Star Wars 세계관과 관련된 레고 상품을 개발, 생산, 마케팅할 수 있는 장기 독점 라이선스는 레고에 엄청난 수익을 가져다주었다.

1999년 5월, 공상 과학 모험담을 담은 네 번째 스타워즈 시리즈가 미국의 극장을 강타했다. 이때 빌룬의 모든 이는 피트니스에 더 몰두하고 있었다. 그러나 이미 레고 스타워즈 상품 시리즈의 신상품 세트 2종이 미국 상점에 발매되어 있었고, 전설적인 X-윙 스타파이터X-Wing Starfighter를 비롯한 이 세트들은 날개 돋친 듯 팔렸다. 「보이지 않는 위험The Phantom Menace」 개봉 당일에 토이저러스Toys "R" Us에서만 레고 스타워즈 세트 5만 개가 판매대에 올랐다. 그해 미국에서 판매된 레고 스타워즈 상품의 총액은 1억 3000만 달러에 육박했다. 같은 해 후반에는 영화가 해외에 상영되면서 전 세계 각지에서 판매고가 폭발적으로 증가했다.

레고는 디즈니 및 워너 브라더스와도 비슷한 종류의 영화 라이선스 계약을 두고 협상을 벌이고 있었는데, 이러한 계약의 장점 중 하나는 크리스마스 기간뿐만 아니라 연중 언제라도 이 세트를 판매할 수 있다는 것이었다. 스타워즈 협업의 성공은 키엘에게 특히 중요했다. 전통을 고수하며 오래전부터 라이선스 계약을 반대해 왔던 일부 경영진에게 레고의 옛 철학이 진화할 때가 되었음을 증명해 보일 수 있었기 때문이다. 이 때까지 레고는 장난감 시장의 다른 기업과 연관되기를 꺼려 왔으며, 처음부터 끝까지 품질을 완전하게 관리할 수 있도록 상품을 독자적으로 제조하는 편을 선호했다.

키엘: 루카스필름과 협업하자는 생각은 본래 우리 미국 지사에서 나온 아이디어였습니다. 그렇지만 덴마크에서는 처음부터 폭넓은 합의가 있었던 건 아니었어요. 어떤 사람들은 이 영화에 전쟁과 관련된 요소가 너무 많다고 생각했습니다.

거기서 제가 말했죠. "좋아요, 그만하고 일단 집에 가서 영화를 봅시다!"

스타워즈는 판타지 세계에서 펼쳐지는 현대적 영웅담이면

서 선과 악의 영원한 싸움을 다룹니다. 어린이가 이에 관해 생각하거나 관련된 놀이를 한다고 하더라도 건전하지 않을 이유가 전혀 없었죠. 저는 스타워즈와 레고 브랜드가 잘 어울릴 거라 생각했기에 루카스필름과의 계약에 청신호를 보냈습니다.

《스타워즈》는 엄청난 수익을 올렸고, 어린이들은 영화관에서 이 영화를 관람할 수 없었는데도 어두컴컴한 집에서 보는 DVD와 TV 화면, 게임기를 통해 루크 스카이워커Luke Skywalker와 다스 베이더Darth Vader의 이야기를 만났다. 키엘은 어느 신문에서 다음과 같이 말했다.

오늘날의 어린이는 믿기 어려울 만큼 대중매체의 영향을 많이 받는다. 옛날에 내가 어릴 적에는 우리가 상상의 세계를 백지부터 직접 그려야 했다. 우리가 아는 거라곤 카우보이와 인디언밖에 없었기에 카우보이와 인디언이 되어 놀았다. 그러나 오늘날 어린이들은 아주 어린 나이부터 콘텐츠의 폭격을 받으며 자라난다. 장단이 있겠지만, 나는 장점이 더 크다고 생각한다. 대여섯 살만 되어도 아이들은 무엇이 유행이고 사람들이 어떤 생각을 하는지 놀라울 만큼 잘 알고 있다. 스타워즈 등도 여기에 포함된다.

그렇게 1990년대와 20세기가 막을 내렸다. 호랑이 담배 피던 시절, 동화책과 추억 속 옛날 놀이들이 함께하던 어린 시절이 이제 사망 선고를 받았다. 1999년 12월에 《포춘Fortune》과 영국 장난감 소매업체 협회는 레고를 바비Barbie와 액션맨Action Man, 클래식 테디 베어 등 세계적 아이콘과 나란히 "금세기의 장난감"으로 선정했다.

빌룬 본사에는 기쁨이 넘실댔다. 훌륭한 재무 실적도 예상되었다.

극도의 기쁨과 안도를 느낀 마스 외울리센은 이사회에서 플로우그만과 키엔 사이의 피트너십이 될 모두 파이프 담배를 피우며 자욱한 연기에 둘러싸인 채 회의하고 장시간 비행을 한다는 사실보다 더 깊이 있게 이어지는 듯하다고 생각했다. 플로우그만은 그즈음 피트니스 전략에서 가장 가혹한 부분을 마무리하면서 일상적인 운영 업무를 전보다 훨씬 촘촘하게 통제하는 한편, 키엘이 더 큰 그림에 집중할 수 있도록 발판을 마련해 주었다.

실망스러웠던 여러 해가 지나가고 드디어 훌륭한 연간 실적을 맞이할 수 있다고 확신한 키엘은 일상 운영에 관한 책임을 공식적으로 포울 플로우그만에게 넘겨주었고, 플로우그만은 11월에 최고 운영 책임자 COO로 승진했다. 뉴밀레니엄이 몇 개월 앞으로 다가온 이때, 행복한 레고 오너가 웃는 얼굴로 말했다. "이제 저는 지난 오랜 세월 제가 하고 싶었던 일을 하고자 합니다. 저는 미래 지향적인 것과 가치 추구, 개발 등 온갖 재미있는 일을 다룰 겁니다. 회사 운영은 다른 사람들이 잘해 줄 겁니다."

터닝 포인트──2000년대

규칙을 다시 써라

2004년 1월 8일 아침, 만반의 준비를 다한 레고가 빌룬에서 기자회견을 개최한다는 초대장을 보냈다. 기자회견은 이날 오후 1시에 열릴 예정이었고, 코펜하겐 공항에 비즈니스 저널 기자들과 사진기자들을 태울 비행기 한 대가 준비되었다. 기록적 손실이 발생해 포울 플로우그만이 즉시 사임했고 키엘 키르크 크리스티안센이 다시 한번 운영 면에서 모든 책임을 지기로 했다는 사실을 지난 며칠 동안 고위 경영진과 이사회 일원들은 기자들에게 어떻게 설명해야 할지, 무엇을 보도 자료에 넣어야 할지를 두고 의견을 조정하느라 진땀을 뺐다.

키엘: 포울이 회사 경영을 도맡은 지 수년이 되자 더는 그대로 둘 수 없는 상황이 되었습니다. 저는 이미 2002년에 예르겐 비크누스토르프를 점찍어 놓았고, 그 이듬해에 재무 전선에 합류한 예스페르 오우에센Jesper Ovesen도 믿음직했습니다. 두 사람이 회사의 미래라는 걸 저는 알 수 있었습니다. 2003년 크리스마스 당시에 저희는 새로운 경영진을 어떻게 하나로 모아야 하는

지, 또한 경영진이 어떻게 움직여야 하는지에 관한 최종 계획을 세웠습니다. 그 결과 한동안 제가 대표이시지요 밑되 다른 부분에서는 이 두 사람이 회사를 운영하고 모든 것을 제자리에 돌려놓는 책임을 맡는 것으로 의견이 모였습니다. 저는 새해 첫 근무일에 바로 포울과 대화했지만, 좋게 마무리하지는 못했습니다. 포울은 곧바로 사무실을 비웠고, 저는 임원들에게 상황을 알린 뒤 다음날 바로 기자회견을 소집했습니다.

당시 46세였던 예스페르 오우에센은 노보 노디스크와 단스케 은행에서 CFO를 지낸 매우 출중한 인물이었다. 2003년 가을, 노련한 회계사 오우에센은 요청에 따라 레고의 재무 상황을 점검해 보았다가 너무나 심각한 상황 앞에서 할 말을 잃었다. 입사한 지 얼마 되지 않았던 그는 다른 사람의 잘못을 뒤집어쓰고 싶지 않았고, 레고의 부끄러운 사실을 비롯한 모든 것을 기자회견에서 공개해야 한다고 굳게 믿었다.

이사회 의장 마스 외울리센은 이에 동의하지 않았다. 이사회와 경영진 양쪽을 통틀어 덴마크 비즈니스 사회 전반에서 인기 있고 존경받는 리더였던 64세의 외울리센은 자신의 평판을 생각하지 않을 수 없었다. 그는 지난 14년간 레고 이사회에 몸담아 왔으며 그동안 대체로 의장을 맡아 왔기에 덴마크 비즈니스 저널 기자 무리 앞에서 책망을 당하거나 연루되기를 원하지 않았다.

강경하게 입장을 고집하는 두 사람 사이에는 그보다 자존심이 약간은 덜 강한 다른 두 사람이 껴 있었다. 하나는 56세의 키엘 키르크 크리스티안센이었고, 다른 하나는 2001년부터 레고에서 근무한 34세의 예르겐 비 크누스토르프였다. 본래 플로우그만의 부하 직원이자 비즈니스 개발 담당자로 시작한 크누스토르프는 승진을 꾸준히 거듭했다. 그는 분석에 능하고 두뇌 회전이 빨랐고, 2003년 여름에 레고의 핵심 재무 자산이 너무 망가져 오래지 않아 부채를 상환하지 못할 수도 있다는 사실을 플로우그만과 외울리센, 키엘에게 알린 장본인이기도 했다.

레고는 보도 자료를 두고 의견이 부딪히는 문제를 해결하고 기자회견 제반 사항 일체를 더 일반적으로 준비하기 위해 노련한 소통 컨설턴트 예스 뮈르투Jess Myrthu를 고용했다. 뮈르투는 이러한 상황을 통제하고 극단적으로 부적절한 서사를 덜 극적인 이야기로 바꾸는 데 덴마크를 통틀어 다른 그 누구보다도 능했다.

그는 오우에센과 외울리센에게 타협안을 제시했다. 예를 들면 보도 자료에 "지도와 실제 지형 사이에 차이가 있을 때는 실제 지형을 따라야 한다."라는 표현을 쓰자고 하는 식이었다. 실제 기자회견에서는 "방향타를 돌리는 중"이라거나 "브레이크를 밟는 중" 등의 표현을 고수하라고 권했다. 또한 키엘이 "먼저 나서서" 화이트보드에 특정 그림을 그리라고 권하는 등, 기록적 손실이 조금이라도 덜 파멸처럼 보이려면 몇 가지 시각적인 보조 장치를 쓰는 것이 좋겠다는 아이디어를 냈다.

코펜하겐에 안개가 긴 탓에 비행기가 연착되었는데도 모든 기자가 제시간에 도착했다. 키엘 키르크 크리스티안센이 기자회견장에 들어섰고 그 뒤로 엄숙한 표정의 외울리센, 오우에센, 크누스토르프가 따라 들어왔다. 자리에 앉은 모두가 소문이 사실임을 직감할 수 있었다. 비즈니스 닥터 포울 플로우그만이 레고와 더는 함께하지 않는 것이다. 한편 키엘은 평소와는 다르게 얼굴에 웃음기가 하나도 없었다. 차림새도 신중했다. 평소 매고 다니던 화려한 레고 넥타이는 집에 그대로 남아 있었다. 키엘은 청중에게 와 주셔서 감사하다고 인사했다. 기자와 사진기자뿐만 아니라 수백 명의 레고 관리자와 노동조합 대표들 또한 근처 강당에서 커다란 스크린으로 기자회견을 지켜보고 있었다.

키엘은 경영진이 사실을 숨기지 않겠다면서 말문을 열었다. 레고의 2003년 실적은 저조할 것으로 예상되었으며, 그렇기에 경영진은 레고의 크리스마스 판매 결과를 무척 관심 있게 지켜보았다고 했다. 그러나 안타깝게도 판매고가 기대했던 만큼 부진을 씻어 가지는 못했다는 이야기였다.

당사에 발생한 손실이 큰 폭일 뿐만 아니라 기록을 경신하는 폭이라는 사실을 인정하지 않을 수 없습니다. 세전 적자는 약 14억 크로네로 추정되고, 매출액이 약 25퍼센트 감소했습니다. 물론 이는 결단코 용납하기 어려운 결과이며, 당사에 부정적 영향을 미친 일련의 외부 사건으로 말미암아 불운한 한 해를 보냈다는 말로는 전부 설명할 수는 없음을 보여 줍니다. 당사는 이에 더해 지금까지 잘못된 전략을 추진해 왔음을 시인합니다. 그 결과 저는 최고 운영 책임자 포울 플로우그만과 서로 각자의 길을 걷기로 합의했습니다. 그러므로 이제는 회사에서 필요한 부분을 조정하고 전략을 바꾸는 것이 저의 임무가 될 것입니다.

그 순간 멀리서 환호성과 박수갈채가 들려왔다. 강당에 모인 사람들이 소식을 듣고 크게 기뻐하고 있었다. 키엘은 그 소리를 듣고 속으로 웃었으나, 사태가 왜 이토록 틀어졌는지에 관한 가장 중요한 내용을 발표하는 데 집중했다. 이 시점에서 그는 미리 연습한 대로 발표를 잠시 중단했다. 플립차트flipchart 앞으로 가서 지난 5년간 레고가 어떤 위기들을 줄줄이 겪었는지 도표로 그릴 시간이었다.

발을 뗀 키엘은 파란색 마커를 집어 들고 플립차트에 도표를 그리기 시작했다. 그러고는 모두가 플립차트를 볼 수 있도록 한발 물러섰다. 마치 투르 드 프랑스Tour de France 중 죽음의 산악 자전거 코스가 생각나는 모양의 도표였다. "우리는 부침을 겪어 왔습니다." 그가 도표의 고점과 저

점을 가리키며 말했다. 1998년에 적자가 발생했고, 이듬해인 1999년에는 넉넉한 이익을 거두었다. 2000년과 2001년에도 나쁘지 않은 이익을 보았다. 그러다가 2002년에 상당한 손실이 발생했고, 2003년인 지금은 기록적인 폭의 손실을 마주하고 있었다.

이렇게 불안정했던 이유는 장난감 시장이 지난 5년간 유행을 타는 여러 개별 상품에 크게 좌지우지되면서 때로는 레고에 이익이 되기도 하고 타격을 입히기도 했기 때문이라고 키엘이 설명했다. 스타워즈 영화와 해리 포터Harry Potter 영화의 신작 성공에 합승하는 방안은 계획대로 성공을 거두며 지난 수년간 엄청난 성장을 주도했으나, 안타깝게도 그 외의 더 기본적인 레고 상품에 관한 흥미를 유도하고 판매고를 늘리는 데에는 실패했다.

당사의 성장 전략은 실패했습니다. 그러므로 이제 당사는 레고 브릭으로 대표되는, 레고 브랜드를 중심으로 구축된 가치로 대표되는 회사의 핵심 상품 아이디어에 집중하는 전략을 설계하는 데 나서야겠습니다. 당사의 2004년 목표는 손익분기점을 넘는 것입니다. 쉽지 않겠지만, 이미 진행 중인 조치를 고려한다면 현실적인 목표입니다. 반드시 그 목표를 달성하고 시장점유율을 회복하겠습니다!

'좋다. 그런데 정말 그렇게 할 수 있나?' 회견장을 채운 기자 대부분이 생각했다.

몇몇 기자는 이미 레고 가문 3세대가 어떻게 실패했는지 설명하는 비판적 어조의 기사를 준비하고 있었으며, 미래에 관해 모든 독자가 궁금해할 만한 거대한 질문 하나를 던졌다. "키엘 키르크 크리스티안센은 회사를 구원하기에 적합한 인물인가?"

레고를 이끌면서 특히 1978년에서 1993년까지 환상적인 실적을 달성한 것은 사실이지만 변덕스럽게 오락가락하는 레고의 운명과 시난 10년간 서서히 끓어오른 문제들 또한 결국 키엘의 책임 아닐까? 조직상 변화가 너무 많았거나, 너무 많은 고위 임원이 교체되었거나, 너무 많은 노하우가 유출되었거나, 디지털 유행에 너무 많은 돈을 투자했거나, 무엇보다도 너무 야심 찬 성장 목표를 내세우지 않았나?

여기에 더해 종종 아예 형편없는 판단을 내릴 때도 있었다. 가장 최근에는 레고 듀플로의 이름을 버린 사례가 손꼽혔다. 성공적이고 인지도가 높은 브랜드 듀플로의 이름을 갑자기 미국 시장의 입맛에 맞추겠다며 레고 익스플로어LEGO Explore로 바꾼 것이다. 그 결과로 수익이 즉시 10퍼센트 이상 급감했다.

어떤 기자는 고트프레드였다면 오늘 같은 날에 어떻게 반응했을 것 같냐고 물었다.

키엘은 솔직하게 대답했다. "아버지라면 실망하셨겠지요." 그것이 다였다.

또 다른 기자는 마스 외울리센이 대표이사를 해임해야 하는 것 아니냐고 물었다.

이사회 의장 외울리센이 대답할 기회를 잡기도 전에 키엘이 먼저 끼어들었다. "우선 이곳이 제 회사라는 걸 명심해 주시기 바랍니다!"

이후 외울리센은 키엘이 끼어들었다고 해서 무시당했다고 느끼거나 창피하지는 않았다고 말했다. 오히려 그와 정반대였다. 키엘은 핏줄부터 레고를 타고난 사람이니 자연스러운 대답일 뿐이었다. 키엘이 경영을 도맡는 것 또한 자연스럽고 가장 적절한 방안이었다. 레고를 진정 근본으로 되돌려 놓을 수 있는 사람은 오직 키엘뿐이기 때문이었다. "레고의 책임자는 키엘입니다. 키엘은 회사 내에서 엄청나게 존경받는 사람입니다. 직원들은 그저 어디로 나아가야 하는지를 명확하게 알아야 할 뿐이고, 키엘이 그 길을 알려 줄 겁니다."

35세의 전문 경영인

기자회견으로부터 이틀 뒤, 마스 외울리센은《윌란스 포스텐》과 가진 장문의 인터뷰를 통해 더는 정리 해고나 공장 폐쇄가 없으리라고 약속했다. 다만 나중에는 그의 약속대로 되지 않았다. 또한 외울리센은 키엘과 크누스토르프, 오우에센까지 새로운 경영진 3인방이 핵심 비즈니스인 브릭 기반 상품에 집중하겠다는 뜻을 이사회가 전적으로 지지하고 뒷받침한다고 강조했다.

레고의 돈이 새지 않도록 지키는 신임 문지기이자 플로우그만과 마찬가지로 위기를 맞이한 회사의 구조를 재편하고 정리해 본 경험이 있는 예스페르 오우에센이 사실상 부사장에 임명된 것 아니냐고 어느 신문기자가 질문하자, 오우에센은 간결하고 단호하게 대답했다.

"레고에는 왕세자가 없습니다."

그러나 이는 사실과 달랐다. 키엘은 오래전부터 예르겐 비 크누스토르프를 눈여겨보고 있었다. 독일 남부 바이에른주의 귄츠부르크에 새로 개장한 레고랜드에서 열린 2002년 6월 이사회 회의에서 키엘은 이 젊은 남성이 비범한 분석가이자 소통의 달인이라는 것을 처음으로 알아차렸다. 당시 크누스토르프는 레고에 입사한 지 12개월밖에 되지 않았다. 아직 플로우그만의 부하 직원이었으며 회사 전반에 걸쳐 전략적 문제를 해결하는 작업을 담당했다. 예를 들면 바이에른주에서 열린 이사회 회의의 가장 중요한 안건이었던 "레고 스토어 체인을 어떻게 확대할 것인가?"라는 문제 또한 그의 담당이었다.

레고는 이미 몇 군데에 브랜드 직영점을 두고 있었지만, 앞으로 수년 동안 이를 폭넓게 확장할 계획을 세우고 있었다. 야심 찬 목표였고, 크누스토르프는 이를 위한 재정적·전략적 평가를 요청받았다. 레고 스토어는 플루우그만이 뱀 앤 올릭슨에 있었던 때의 성험을 살려 가져온 개념이자 그가 좋아하는 계획이었고, 이 매장들은 아이를 둔 가족들 사이에서 레고를 가장 인지도 높은 브랜드로 만들겠다는 키엘의 계획에서 중요한 자리를 차지했다.

그러나 크누스토르프의 분석은 두 상사의 계획에 찬물을 끼얹었다. 크누스토르프는 이 아이디어가 재정 면에서 말이 되지 않는다고, 특히 지금 같은 시기에 레고에 큰 손해를 끼칠 수 있다고 보았다. 기나긴 주석과 약어, 외국어 용어들이 가득한 파워포인트PowerPoint를 보여 주는 대신에, 크누스토르프는 예상을 깨고 바로 본론으로 들어가 누구나 이해할 수 있는 말로 자신의 평가를 전했다. 무엇이 가장 중요한지, 얼마나 위험한지, 레고가 얼마나 많은 돈을 잃게 될지 설명한 것이다.

발표가 한순간에 벌거벗은 임금님 같은 상황이 되었다. 크누스토르프는 어른들의 자의식을 폭로하는 어린이나 다름없었다. 귀가 먹먹해질 것 같은 침묵이 발표장에 내려앉았다. 플로우그만은 격노했고, 키엘은 그보다 더 놀랐다. 젊은 신입 직원이 기대에 부응해 기초 작업을 해 두면 브랜드의 글로벌 시장 장악을 위해 마음대로 뜻을 펼치려던 레고 최고경영자들의 계획을 방금 자신이 무너뜨렸다는 생각이 크누스토르프의 머릿속을 메웠고, 키엘은 그런 크누스토르프에게 주목했다.

빌룬으로 돌아오는 비행기에서 키엘이 잠시 화장실에 가느라 자리를 비웠을 때 플로우그만은 이 젊은 동료 직원을 일부러 더 물끄러미 쳐다보았다. "자네, 간이 배 밖으로 나왔구먼!"

키엘은 출장 막바지에서 플로우그만과 함께 파이프를 피우며 서류 작업에 몰두하다가 갑자기 고개를 들더니 말했다. "설명 아주 잘해 줬어요, 예르겐! 그렇게 명쾌한 프레젠테이션은 처음 봤습니다."

키엘: 저는 이미 그때부터 그가 정말 마음에 들었어요. 그가 발표한 수치는 칼날처럼 예리하게 계산되어 있었습니다. 게다가 특유의 간결하고 담담한 어조로 자기 생각을 대담하게 말했다는 사실도 눈여겨보았죠. 정말 인상적이었습니다. 당시 저는 이미 누구에게 제 자리를 물려줘야 하는지 고민하느라 밤잠을 이루지 못하고 있었습니다. 포울은 안 된다는 걸 알았어요. 저와 연령대가 같기도 했고, 그즈음부터 이미 그가 우리의 문화나 행동 방식과는 잘 어울리지 않는다는 걸 분명하게 알 수 있었거든요.

2년 후인 2004년 10월, 예르겐 비 크누스토르프가 신임 대표이사에 임명되었으며 같은 날 키엘이 사무실을 비우고 레고 본사를 떠난다는 소식이 전해졌다. 그는 특히 신임 CEO를 비롯한 모든 사람이 일상적인 사업 운영에 자기가 끼어들까 봐 걱정하지 않기를 바랐다. 아버지와 함께한 15년 동안 그러한 기분을 느껴 보았기 때문이었다.

덴마크 비즈니스 사회의 많은 이가 이 소식을 듣고 놀랐다. 레고를 구해 내기에는 크누스토르프가 아직 너무 풋내기라고 대놓고 말하는 업계 인사들도 종종 있었다. 미국의 헤드헌팅 회사 러셀 레이놀즈 어소시에이츠Russell Reynolds Associates의 어느 파트너는 자신들이 예르겐 비 크누스토르프와 같은 실력을 갖춘 후보자를 레고 이사회에 제안했다면 고려해 볼 필요도 없이 바로 거절당했을 것이라고 말했다.

키엘: 예르겐을 승진시키면 많은 사람이 고개를 저으리라는 걸 저도 잘 알고 있었습니다. 제가 더 나은 시기가 될 때까지 기다린 것도 같은 이유에서였죠. 저는 예르겐과 예스페르 오우에센이 기회를 포착하고 점수를 내기를 바랐고 실제로 두 사람은

그걸 해냈습니다. 그렇지만 저는 언제나 예르겐을 제 후임으로 삼아야겠다고 생각했고 예르겐 본인에게도 이를 알려 주었습니다. 공식적으로 그를 임명한 건 이사회였지만, 이사회에서도 그를 의심하는 이가 몇몇 있었습니다. 너무 어리고 검증되지 않은 인물은 아닌지, 더 기다리는 게 좋지 않을지 걱정한 거죠. 그렇지만 저는 지금이어야 한다고 밀어붙였습니다. 저는 예르겐이 제가 찾던 사람이라고 확신했어요. 재능이 있기도 했지만, 정말 성심성의껏 일하기도 했고 레고가 어떤 회사인지를 제대로 이해하고 있었거든요.

그렇다면 그는 어떤 사람이었을까? 키가 크고 친절한 미소를 지으며 잘 다듬은 수염과 두꺼운 안경이 돋보였던 크누스토르프는 지적 분위기를 풍겼다. 이력서를 보면 그가 근면하고 성실하며 호기심 많은 사람이라는 것을 알 수 있었다. 그는 훌륭한 성적으로 학교를 졸업하고 오르후스 대학에서 경영학과 경제학으로 박사 학위를 받았으며 같은 대학에서 강의하고 연구했다. 특히 영감을 주는 강사에게 주어지는 덴 귈네 페게핀Den Gyldne Pegepind('황금 교편') 상을 받기도 했다. 1998년에는 맥킨지 앤드 컴퍼니에 고용되었으며, 파리 지사로 가 3년간 프랑스 회사들을 위해 컨설턴트로 일했다. 2001년 가을에 덴마크로 돌아온 그는 레고에 합류한 뒤 2년 동안 다섯 차례 승진했다. 바네사Vanessa라는 여성의 남편이자 네 자녀의 아버지이기도 했다.

취임이 발표되었을 때 크누스토르프는 8000여 명의 직원에게 에너지를 쏟는 것이 자신이 맡은 가장 큰 과제 중 하나가 될 것이라고 기자들에게 말했다. "이를 위해 저는 가차 없이 정직한 사람이 되어 제게 다가오는 모든 이에게 대응하고자 합니다. 지금으로서는 제가 고려해야 할 사람이 무척 많다는 생각이 들기 시작하네요."

이러한 이유로 크누스토르프는 취임하자마자 전 세계의 모든 레고 직원이 신임 CEO에게 질문이나 하고 싶은 말 또는 제안을 할 수 있도록 내부 온라인 대화의 장을 마련했다. 또한 새해에는 전 세계 직원들과 상시로 대화를 이어 나가겠다고 결심했다. 레고가 수없이 많은 도전 과제를 헤쳐 나가는 동안 새로운 경영진이 곁에 있음을 모두가 볼 수 있게 하기 위함이었다.

"저는 매일 서너 통의 이메일을 받았고, 이 대화에 매우 높은 우선순위를 두었습니다. 레고의 항로를 정하는 일은 늘 제게 중대한 일이었고, 우리는 문화와 경영의 면에서 변혁을 향해 달려가고 있었습니다. 마냥 사무실에 앉아 어떻게 되는지 지켜볼 수만은 없었죠."

몇몇 기자도 레고의 수장과 훨씬 편하게 연락할 수 있게 되었다. 이들은 빌룬에 자리한 크누스토르프의 사무실 한구석에 형광색 구명조끼 하나가 놓여 있다는 것을 눈치챘다. 사방이 육지로 둘러싸인 황야 한가운데에서 특별히 수요가 높은 물건은 아니었다. 사실 이 구명조끼는 크누스토르프가 배 한 척이 거대한 빙하에 부딪히는 이야기를 통해 자기 앞에 어떤 과제들이 놓여 있는지 설명하려고 했던 대규모 회의가 끝난 뒤 몇몇 직원에게 받은 선물이었다. 이 회의에서 그는 빙하에서 멀리 배를 물리는 것은 선장이 할 일이고, 성공하지 못한다면 될 수 있는 한 많은 사람을 구명보트에 태우는 것이 그의 의무라고 말했다.

매각된 레고랜드

대표이사로 취임한 크누스토르프의 첫 한 해는 그야말로 빙하가 산재한 가시밭길이었다. 2004년에는 예상대로 더 큰 손실이 발생했고, 그동안 크누스토르프와 오우에센은 자산을 상각하고, 계획을 폐기하고, 감축을 시행하고, 한도를 정하고, 구조를 재편하고, 직원을 해고하고, 물건들을 매각했다. 손댈 수 없는 물건은 아무것도 없었고, 자유롭게 빠져나가는 사람도 아무도 없었다.

기자들은 이를 '크누스토르프 요법'으로 불렀다. 경영진이 손을 더럽힐 수밖에 없는 상황이었다. 엄밀하게 말하면 '크누스토르프와 오우에센의 요법'으로 부르는 것이 더 정확했을 것이다. 예스페르 오우에센이 이 생존 투쟁의 구체적 국면을 주도했기 때문이다. 크누스토르프는 이 방법이 제너럴 일렉트릭General Electric의 전설적인 사장 잭 웰치Jack Welch에게서 영감을 얻어 고안한 것이라고 말했다. 웰치는 좋은 관리자라면 "과거의 현실이나 자기가 바라는 현실이 아니라 있는 그대로의 현실을 직시해야 한다."라고 조언했다. 또한 웰치는 상황이 잘못되기 시작할 때 관리자들이 회사의 상황을 "잔혹하리만치 정직하게" 대하기를 망설이지 않아야 한다고 덧붙였다.

크누스토르프와 오우에센은 "잔혹하리만치 정직하게" 투자 회수에 나서면서 비행기에서 공장과 토지까지 매각했다. 사자의 집마저 매각하려고 했을 때는 늘 침착하고 온화한, 키엘의 노쇠한 어머니 에디트마저 테이블을 내리쳤다.

"내 눈에 흙이 들어가기 전까지는 안 된다!" 일갈한 에디트는 이 전설적 건물을 직접 매입하겠다고 위협했다. 사자의 집은 작고한 남편이 어린 시절을 보낸 곳이자 레고의 역사가 담긴 순수하고 완전한 기반이었다.

에디트를 말릴 수 있는 사람은 없었지만, 일자리를 위협받는 빌룬의 수많은 직원에게는 상황이 달랐다. 2005년 4월 7일, 이사회와 고위 경영진은 또 한 번의 대규모 손실을 발표할 수밖에 없었다. 이번에는 손실액이 거의 20억 크로네에 달했다. 크누스토르프와 오우에센은 최대 시장인 미국과 독일의 근처에 있는 저임금 지역으로 생산을 옮기기 위해 '아웃소싱'을 시도할 수도 있다고 경고했는데, 그렇게 되면 빌룬의 노동자 최대 1000명이 희생될 터였다.

크누스토르프는 감성적인 사람이 아니었지만, 빌룬과 주변 지역에서 레고가 어떤 사회적 책임을 지는지 매우 잘 알고 있었으며, 요점을 회피할 여유가 더는 없다는 점도 잘 알았다. 그는 몇 가지 짧은 질문에 잔혹하리만치 정직하게 대답했고, 그가 남긴 말은 다음 날 서부 윌란 최대 신문의 제1면을 장식했다.

빌룬을 위해 무엇이든 약속해 주실 수 있습니까?

"아니요."

빌룬에 언제나 레고의 일자리가 있을 것으로 보아도 되겠습니까?

"지금 상황으로서는 그렇습니다. 그러나 레고 없는 빌룬을 상상해 볼 수도 있습니다. 저희는 빌룬에 있는 게 합리적인 한 빌룬에 있을 겁니다. 그 무엇도 보장할 수 없습니다."

상황을 지켜보던 많은 이는 이미 너무 늦은 것 같다고 생각했다. 레고 브릭의 시간이 장난감으로서도 수출품으로서도 이미 끝난 듯했다. 레고에 관한 여러 소식이 가감 없이 전해지기 시작할 무렵, 덴마크 언론들은 마치 초상집 같은 분위기로 한때 온 나라의 자랑이었던 플래그십 장난감 회사의 이야기를 다루었다. 대형 광고대행사의 어느 임원은《베를링스케》사설에 이렇게 썼다. "나 또한 레고 브랜드를 사랑하지만, 나보다는 우리 아이들이 조금 더 레고를 사랑한다. 상품이야 언제든 죽을 수 있고, 이제는 레고 장난감이 이미 죽었는지 물어야 한다. 그렇지만 덴마크인으로서 나는 그렇게 말하기가 가슴 아프다."

최근 빌룬으로 통근하는 횟수가 점점 더 많아지더니 이제는 그 어느 때보다도 빌룬에서 자주 볼 수 있었던 마스 외울리셴 또한 이로부터 며칠 전 언론에 심각한 성명을 발표했다. "우리에게 남은 기회는 단 한 번뿐입니다." 이는 곧 회사를 살리려는 크누스토르프와 오우에셴의 계획이 실패로 돌아가거나 회사가 올해 조금이라도 이익을 내고 이듬해인 2006년에 더 큰 이익을 만들지 못한다면 오너가 레고의 매각을 고려해야 한다는 뜻이었다. 외울리센은 이 성명의 끝부분에서 앞으로 수개월 동안 여러 차례 인용될 말을 남겼다. "레고 브랜드는 언제나 존재할 것입니다. 문제는 누가 이를 소유할 것인지입니다."

미국 시장에서 가장 큰 기업 몇몇이 벌써 속을 떠보고 다니기 시작했고, 국제투자은행 모건 스탠리Morgan Stanley와는 이처럼 이른 단계부터 회의를 열었으며, 모건 스탠리의 임원이 2004년 말에 빌룬을 방문해 키엘과 매각 가능성을 두고 협상을 벌이기까지 했다.

회의는 우토프트 숲의 사냥터 오두막에서 열렸고, 키엘은 대체로 예의를 갖추고 궁금증을 해소하기 위해 참석했다. 키엘은 이미 자신과 자기 가족들이 어떤 상황에 놓였는지 파악한 지 오래였다. 한편 미국계 투자 컨설팅 회사 모건 스탠리는 여러 주에 걸쳐 만반의 준비를 했다. 이들은 주요 인물에 관해, 업계의 과제에 관해 모든 것을 알고 있었으며, 레고의 가치가 약 20억 달러라는 대략적 추정치를 제시했다.

키엘: 저는 단 한순간도 매각을 고려한 적이 없었습니다. 단 한 순간도요! 이러한 점을 강조하고 싶네요. 저는 레고를 지키기 위해 제가 가진 모든 것을 쏟아부을 준비가 되어 있었습니다. 물론 우리 가족에게는 투자회사 키르크비도 있었지만, 여기서 자금을 끌어다가 투입하는 방법은 애초에 논의 대상이 아니었습니다. 당시에 키르크비의 절반을 소유하고 있었던 제 누나 군힐과 그 가족들에게는 고려해 볼 필요도 없는 선택지였죠. 급할 때 다른 평범한 은행보다는 이곳에서 자금을 빌리는 게 더 현명할지는 몰라도, 그건 저와 가족이 우리끼리 해결해야 하는 문제였습니다. 모건 스탠리 사람들과의 회의는 두어 시간

동안 진행됐고, 그들은 저를 설득하려고 했습니다. "아직 몇십억 할 때 회사를 파세요!" 나중에는 그들의 말을 더는 참고 들을 수 없었고, 저희는 그대로 헤어졌습니다.

그러나 레고랜드 가족 공원은 슬프게도 회복될 가망이 없었다. 크누스토르프와 오우에센은 회사가 재정적 측면에서 다시 두 발을 딛고 일어나려면 덴마크와 독일, 미국, 잉글랜드에 자리한 가족 공원 네 곳을 모두 닫아야 한다는 점을 키엘에게 분명히 밝혔다. 매각은 2005년 7월에 미국의 투자 펀드 블랙스톤Blackstone과 멀린엔터테인먼트 그룹Merlin Entertainments Group이 총액 28억 크로네에 레고랜드를 인수하며 마무리되었다.

이 계약에는 레고가 일부 소유권을 보유한다는 단서 조항이 포함되었다. 키엘이 키르크비 주식회사를 통해 여전히 3분의 1에 조금 못 미치는 지분을 보유했으며, 레고가 회사와 오너 일가, 브랜드에 너무나 큰 의미를 지닌 이 유명한 가족 공원에 대한 지배력을 언젠가는 회복할 것이라고 약속했다. 크누스토르프와 오우에센이었다면 레고랜드 공원을 조금도 남기지 않고 모조리 팔았을 터였다.

키엘: 두 사람은 우리가 공원에서 완전히 발을 빼야 한다고 주장했습니다.

"완전히 철수한다는 건 말도 안 됩니다. 3분의 1은 가지고 있을 거예요!" 제가 말했습니다.

"알겠습니다. 그렇지만 키엘, 그만큼의 돈이 돌아오지는 않을 거예요!"

맞는 말이었죠. 그렇지만 그때 제가 고집을 피웠던 게 다행이라고 생각합니다. 가족 공원은 언제나 우리 삶에 활력을 불어넣는 핏줄이고, 레고랜드는 제 아버지에게 큰 의미가 있는 곳이었으니까요. 우리가 1968년에 사까스로 빌룬에 첫 공원을 건설했다는 것, 그리고 이곳이 데고의 상품을 선보이는 환상적 쇼케이스이자 방문객들이 궁극적으로 브랜드를 체험해 볼 수 있는 곳이 되었다는 것……, 그것이 바로 제가 1990년대에 더 많은 공원을 추가로 건설해 확장해 나가고 싶었던 점이었습니다. 아버지는 탐탁지 않게 여기셨지만, 그래도 저는 몰래몰래 해냈죠.

무엇이 진정한 레고인가?

(2004년에서 2005년 사이에 빌룬의 본사에서 쏟아져 나온 메시지들을 본 사람이라면) 크누스토르프와 오우에센이 지휘하는 레고가 초심으로 돌아가려는 듯하다고 생각하게 되었을지도 모르지만, 만약 그랬다면 다시 생각해 볼 필요가 있었다.

사실 레고로서는 키엘과 플로우그만이 재직할 당시부터 초점을 맞추어 왔던 당대의 미디어와 영화, 게임 문화와 계속 함께 가는 것 말고는 다른 대안이 없었다. 스티 야르바르Stig Hjarvard 교수를 비롯해 덴마크에서 어린이의 장난감, 게임, 문화 소비를 연구하는 몇몇 이는 당시에 전통적 장난감으로 간주되던 모든 것이 현대적인 미디어 문화의 영향을 크게 받고 있다고 지적했다.

"수많은 레고 상품이 스타워즈와 해리 포터의 라이선스 캐릭터를 바탕으로 하는데, 이 점이 상품 홍보에 분명 도움이 되고 있다. 레고는 어린이들 사이에서 가장 잘 알려진 브랜드가 되겠다는 야심을 품고 있다. 그 야심을 전통적 브릭을 중심으로 전개하겠다고 하면 레고가 그처럼 폭넓은 전략을 어떻게 실현하려는 것인지 알기 어렵다."

그러므로 2005년 봄에 영화「스타워즈: 시스의 복수Star Wars: Revenge of

the Sith」가 개봉한다는 소식이 레고에는 희소식이었다. 신작 영화가 레고의 판매고에 다시 한번 박차를 가해 줄 터였다. 클론 터보 탱크Clone Turbo Tank와 아크-170 스타파이터Arc-170 Starfighter 우주선을 비롯한 신상품 조립 세트뿐만이 아니었다.「레고 스타워즈: 비디오 게임LEGO Star Wars: The Video Game」도 있었다. 이 게임에는 아나킨 스카이워커Anakin Skywalker와 보바 펫 Boba Fett에서 오비완 케노비Obi-Wan Kenobi와 레아 공주Princess Leia까지 다양한 등장인물이 레고 미니피겨의 모습으로 등장했다. 아직 극장에서 스타워즈 영화를 볼 수 없는 어린이를 포함한 전체 연령가로 출시된 이 게임은 플레이스테이션 2PlayStation 2, 엑스박스Xbox, PC, 게임보이 어드밴스 Game Boy Advance에서 플레이할 수 있었다. 이 게임이 성공을 거두면 레고 그룹과 공동 제작사인 TT 게임TT Games에서 속편을 제작할 계획이었다.

2004년에 임명된, 강력한 레고 고위 임원진 여덟 명의 평균 나이는 40세였다. 젊지만 경험 많은 사업가들은 아무리 상부에서 "좋았던 옛 가치와 탁월한 비즈니스 요령"에 초점을 맞추기를 바란다는 메시지를 꾸준하게 보낸다고 한들 미국의 영화 및 미디어 산업과 라이선스 계약을 그만둘 수는 없음을 잘 이해하고 있었다. 레고를 지킨다는 것은 핵심 상품으로 완전히 후퇴한다는 뜻이 아니었다. 이를 두고 어느 덴마크 신문은 레고가 다음 스타워즈 영화를 통해 재정적 부양을 기대한다는 기사를 쓰면서 다음과 같은 제목을 붙였다. "수십억이 함께하길!"

그러나 레고가 자체적으로 제작한 바이오니클BIONICLE 세계관의 토아Toa들과 다양한 전사 캐릭터가 2004년 판매 차트에서 최상위를 차지했다는 사실을 잊지 않는 것이 중요하다. 고위 경영진 중 한 사람인 마스 니페르Mads Nipper는 2005년에도 이 시리즈가 가장 중요한 상품 라인이라고 말했다. 또한 새로운 상품군으로는 해리 포터 테마 상품도 있었다. 레고 내 많은 이가 여기에 반대했지만, 호그와트Hogwarts의 영웅들과 악당들은 날개 돋친 듯 팔리면서 2004년에 레고에서 여섯 번째로 높은 판매고를 기록한 상품이 되었다.

레고는 「해리 포터와 불의 잔Harry Potter and the Goblet of Fire」이 개봉하는 11월을 앞두고 영화 속 마법사 시합을 바탕으로 신상품 시리즈를 출시했다. 이 시합에서는 해리를 비롯한 여러 참가자가 일련의 과제를 해결한다. 어느 시험에서는 무시무시한 드래건이 지키는 황금 알을 참가자가 가져와야 했는데, 레고 버전에서는 드래건에 자석이 들어 있어 해리 포터가 드래건의 머리 위를 지나갈 때 살짝 '떠오를' 수 있었다. 마법 학교 중 한 곳에서 호그와트에 타고 온 험악한 모습의 덤스트랭 배Durmstrang Ship를 레고로 조립할 수도 있었다. 또한 레고는 회사 역사상 처음으로 '소름 끼치는' 묘지를 만들고 으스스한 깜짝 요소들을 가득 넣어 영화의 클라이맥스에서 선과 악이 맞붙은 배경 장소를 묘사했다.

더 오랜 소비자라면 2000년대 중반에 출시된 레고 상품군을 보았을 때 신임 경영진이 "레고 그룹의 고전적인 핵심 상품과 레고 브랜드가 오랜 시간에 걸쳐 쌓아 온 가치에 집중"하겠다고 선언해 놓고는 레고의 뿌리인 비폭력주의에 더 걸맞은 상품을 만들지 않는다는 점이 이상하게 느껴졌을 수 있다.

경직되고 호전적인 레고 바이오니클, 중무장한 레고 스타워즈 항공기, 그리고 특히 폭력적인 고전 영화 「터미네이터The Terminator」에서 영감을 얻어 제작한 새로운 마초 전투 기계 레고 엑소 포스LEGO Exo-Force까지 살펴보자면 전쟁과 전투에 관한 흥미가 레고 장난감에서 이보다 더 두드러졌던 적이 없었다. 그러나 앞서 언급했듯이 여기에는 어린이들이 더는 옛날과 같은 방식으로 놀지 않는 뉴밀레니엄 이후 장난감 시장의 현실 또한 반영되어 있었다. 틈새시장을 위한 레트로 상품으로 전락할 위험을 떠안고 싶지 않으면 유년기의 풍경이 으스스할 만큼 성숙해졌다는 사실을 받아들여야만 했다.

미국인 교수 데이비드 엘킨드David Elkind를 비롯해 어린이의 발달과 환경적 맥락을 연구한 많은 이 또한 이러한 점을 지적했다. 레고가 공동으로 주최한 덴마크의 어느 콘퍼런스에서 강연한 엘킨드 교수는 현대의 어린이가 서방 세계에서 흔히 그러하듯이 작은 어른이 되도록 두지 말고 어린이다울 수 있게 해 주어야 한다고 논했다. 또한 엘킨드는 이러한 이유에서 레고의 클래식한 콘셉트를 더 좋아한다는 사실을 숨기지 않았다.

> 초기의 레고 브릭은 훌륭했습니다. 레고는 어린이의 발달을 자극하는 장난감을 만들었었지만, 이제는 상황이 달라졌습니다. 이제 여러분은 어린이에게 어떻게 조립해야 하는지 가르치고 있습니다. 여기로 오는 길에 저는 샤킬 오닐Shaquille O'Neal을 비롯한 NBA 스타들이 미니피겨로 등장하는 레고 농구LEGO Basketball 가 출시된다는 소식을 들었습니다. 그러한 종류의 장난감에는 놀이 방법에 관한 지침이 담겨 있죠. 안타까운 일입니다.

위기를 겪는 레고에 온갖 이목이 모이던 뉴밀레니엄 이후 첫 10년 간에는 어린이와 문화, 놀이와 장난감에 관한 논의가 덴마크를 뜨겁게 달궜다. 어린 시절 레고 브릭을 이리저리 만지고 추상적으로 조립하며 놀았던 성인 남성과 아버지들이 주가 되어 수많은 사설을 남기며 엘킨드 교수와 마찬가지로 오늘날의 레고 장난감이 더는 창의적 활동이 아니라 그저 조립 설명서를 따르는 과정으로 전략했다고 비판했다. 기고가 중 한 명의 말을 빌리면, 잡동사니 같던 옛 브릭들은 한 세대의 설계사와 공학자들을 낳았지만, 번호가 적힌 봉지에 담긴 브릭들과 함께 두꺼운 설명서가 든, 현대의 매력적인 레고 세트는 조립 라인 노동자를 양산했다.

《폴리티켄Politiken》의 어느 기자는 "옛날의 훌륭한 브릭은 어떻게 되었는가?"라는 제목의 기사에서 "원한다면 레고의 이야기는 일종의 창의적 타락이라고도 볼 수 있다."라고 논했다. 그는 한때 레고가 제약 없는 창의적 놀이를 강조하고 호전적 무기류를 일절 거부하며 문화적·사회적 가치를 대표했던 브랜드라는 점에서 오늘날의 레고가 여전히 신성한 레고인지를 물어야 한다고 했다.

키엘: 저는 언제나 창의성에 관한 이러한 논의는 물론이고 어느 정도는 비판까지도 이해할 수 있었습니다. 1990년대에 들어서부터 모든 걸 조립 설명서와 함께 세트로 판매하는 경향이 점점 더 두드러졌어요. 그러다가 언제부턴가 조립 설명서가 기본처럼 들어가기 시작했죠. 이제 전보다 더 많은 테마 장난감을 만들어야 했던 데다가 그 장난감들끼리도 점점 더 비슷해지고 있었거든요. 물론 레고 테크닉에는 조립 설명서가 꼭 들어가야 했습니다. 설명서가 없다면 그렇게 복잡한 모델을 조립한다는 건 불가능한 일이었죠. 그렇지만 레고 테크닉 부품을 이용해 상상의 나래를 펼치며 환상적인 작품들을 조립하는 팬들이 나이를 불문하고 많았습니다.

조립 설명서가 이러한 종류의 창의력을 충분히 자극하지 못한다고 주장할 수 있습니다. 그렇지만 반대로 우리가 어린이에게 훌륭한 학습 기회를 선사하는 방식이 될 수도 있습니다. 저는 우리 개발자들이 조립 설명서를 만들 때 어린이들이 "아하, 이 부품을 이런 식으로도 쓸 수 있구나!"라고 생각할 만한 방식으로 만드는 데 심혈을 기울인다고 생각합니다. 이러한 면에서는 긍정적 발전이 있었죠.

조립 설명서는 레고 시스템의 중요한 한 부분이지만, 조립 설명서가 자유롭고 창의적인 조립 경험을 대체해서는 절대 안 됩니다. 사람들이 무엇이든 만들고 싶은 대로 만드는 놀이를 뺏어서도 안 되겠지요. 저는 한번 조립한 작품을 장식장에 세워 두지 말고 끊임없이 수정하고 세계를 새로운 방식으로 재조립해 보는 어린이와 어른이 많으면 좋겠다고 마음 깊이 바랍니다. 그게 바로 저희가 늘 레고를 통해 이루고 싶었던 일이니까요.

너드들에게 전권을!

2005년 3월, 일반적으로 어린이의 놀이 시간이 줄어들고 더 구체적으로는 레고 브릭에 덜 흥미를 보인다는 이야기가 나왔을 때 레고의 신임 최고 경영자가 이를 부인한 것은 놀라운 일이 아니었다. 크누스토르프는 어느 신문과 가진 인터뷰에서 어린이가 아홉 살이 되면 놀이를 그만둔다는 몇몇 사람의 주장을 단 한 번도 믿어 본 적이 없다고 밝혔다. "서른다섯 살 먹은 남자들이 플레이스테이션을 가지고 노는 걸 얼마나 좋아하는지 한번 보세요!"

　크누스토르프의 말에는 뼈가 있었다. 그는 이미 가장 빠른 속도로 성장하는 레고 소비자 집단과 몇 차례 마주한 적이 있었다. 성인 레고 팬AFOL으로 알려진 이 거대한 집단은 전 세계 각지에 흩어져 있는 성인 남성이 주를 이루었다. 이들은 1990년대 중반부터 인터넷에서 서로를 찾아내고 다양한 커뮤니티를 형성하기 시작했다. 이와 비슷한 시기에 레고가 공식 웹사이트 www.LEGO.com을 개설했다. 웹사이트에는 어린이와 부모, 레고 팬들이 만나 재미있게 놀고 활동을 공유하는 가상 세계를 만드는 것이 목표라고 적혀 있었다. 그러나 신생 '성인' 레고 커뮤니티는 자체 동아리를 만들어 만나거나 미국과 유럽에서 열리는 팬 이벤트에 참가해 서로 얼굴을 마주하고 팁과 경험을 나누는 편을 선호했다.

　키엘: 1990년대에도 우리는 당시 이름대로 부르자면 성인 '취

미형 조립가'들을 훨씬 더 신경 써야 한다고 계속 생각했습니다. 대다수 경영진은 그럴 것이 아니라 어린이에게 집중해야 한다고 생각했지만, 저는 사람이라면 몇 살이 되더라도 내면의 어린이를 간직할 수 있다고 보았죠. 그렇지만 이들을 위해 특별한 레고 상품을 만들지는 못했습니다. 당시에는 어떻게 해야 이들을 놓치지 않을 수 있을지도 몰랐어요. 이들이 저마다 작은 지하실에 앉은 채 본인이 아직도 레고를 가지고 놀기 좋아하는 이 세상 마지막 성인이라고 생각했기 때문이었습니다. 그러나 1990년대 중반에 이르자 인터넷이 추진력을 얻기 시작했습니다. 곧 성인 팬들이 만나 저마다의 레고 계획과 레고 프로젝트를 논의하는 소규모 웹사이트가 우후죽순 생겨났고, 더 큰 커뮤니티들도 조금씩 생겨났습니다. 이들은 하나의 커뮤니티가 되어 점점 더 성장하면서 수많은 유용한 지식과 훌륭한 영감을 서로 나누었고, 21세기 초에 이르러서는 전 세계 각지에서 축제가 벌어졌습니다. 다만 레고 그룹이 여기에 직접 개입하지는 않았었죠. 어느 해 여름에는 예르겐을 데리고 워싱턴에서 열린 브릭페스트BrickFest에 갔습니다. 그곳에서는 하드코어 팬들이 만나 각자의 작품을 자랑하고 레고를 마음껏 즐기는 한편, 조립 기술과 오래된 희귀 세트에 관한 강연을 하는 등 온갖 일이 펼쳐지고 있었어요. 헌신적 팬들과 만난 것은 예르겐의 눈이 트이는 계기가 되었습니다. 이때부터 그는 성인 시장 부문을 육성하고 회사가 예전보다 여기에 훨씬 더 깊이 참여할 수 있겠다고 생각했죠.

2005년의 브릭페스트에서 단연 가장 많은 이목을 끈 이들은 '켈과 요르겐Kel and Jorgen'이었다. 젊은 CEO가 다양한 소형 세미나와 토론에 참여하는 동안 옛 CEO는 출품작 사이를 돌아다니고 팬들 사이에 섞여 이야기를 나누었다. 개선할 만한 사안과 향후 상품에 관한 좋은 제안들이 언제나 팬들 사이에서 끓어오르고 있었다. 키엘은 팬들의 작품에 감탄을 하고 조언을 했으며, 사인을 해 주고 마치 록 스타처럼 포즈를 취하며 팬들과 셀카를 찍었다.

레고를 다시 궤도에 올려놓느라 정신적으로 힘겨운 싸움을 이어 나가던 중에 찾아온 2005년 브릭페스트는 크누스토르프에게 활기를 불어넣는 휴식이나 다름없었고, 열성적 팬들과 만난 것은 시대를 초월한 이 상품에 대한 크누스토르프 본인의 열정에 다시 불을 지폈다. 스타워즈의 열기가 아직 뜨거웠던 이때, 키엘과 예르겐은 대대적인 질의응답 세션에서 무대 위로 올라가 호기심 넘치는 청중의 질문에 대답했다. 세션 중은 물론 그 후에도 두 레고 스타의 사진이 소셜 미디어에 공유되었다. 그중 어느 사진에는 "젊은 파다완Padawan과 그의 마스터"라는 캡션이 달렸다. 스타워즈 용어로 제자와 스승이라는 뜻이었다.

브릭페스트에서 지대한 영감을 얻고 돌아온 크누스토르프는 자리에 앉아 레고의 자아상에 관해, 회사가 앞서 가치를 창출하고 혁신해 온 방식에 관해 몇 가지 생각을 정립했다. 크누스토르프는 미래에도 상품을 시장에 출시하는 것은 여전히 레고의 역할이겠지만, 예전과는 다르게 이제는 모든 연령대와 젠더의 소비자와 직접 협업을 통해 훨씬 더 많은 레고 상품을 개발하는 상황을 쉽게 상상할 수 있다고 적었다.

크누스토르프는 2006년 초에 《윌란스 포스텐》을 통해 자신의 아이디어를 공개했다. "너드nerd들에게 전권을!"이라는 제목의 기사에서 그는 미래에는 '레고 너드'들이 열광하면 다른 레고 소비자들도 아마 이 상품을 좋아할 것이라는 논리에 따라 레고가 베스트셀러 상품을 선보일 수 있도록 청소년 팬과 성인 팬들이 도와줄 것이라고 설명했다. 크누스토르프는 기자가 언급한 '너드'라는 단어가 절대로 본인이 직접 한 말이 아니라는 점을 조심스럽게 강조했다. 너드라고 하면 조금 이상하다는 함의가 들어가기 때문이었다.

"사실 이들이 우리에게 최고의 고객입니다. 저는 이들을 '애호가'로 부르는 편이 더 낫다고 생각합니다. 청소년 팬과 성인 팬들이죠. 그들은 지금도 레고를 가지고 노는 게 재미있고 멋지다고 생각해 줍니다."

또한 그는 나이를 불문한 이 팬들이 절대 장난감 가게나 백화점에서 레고를 구매하지 않는다고 설명했다. 가게 코너에 있는 레고만으로는 만족할 수 없기 때문이었다. 그 대신에 이들은 레고 자체 스토어에 가거나 온라인 혹은 통신판매로 구매했다. 또한 이들은 모임을 만들고 콘퍼런스를 열며 동아리를 창설하고, 웹에서 이야기를 나누고 책을 쓰며 무엇보다도 이메일을 보냈다.

어떤 면에서 크누스토르프와 레고는 이미 이와 같은 새로운 방식으로 고객과 소통하고 있었다. 크누스토르프는 매주 블로그에 글을 썼고, 회사와 상품에 관해 하고 싶은 말이 생긴 사람이라면 레고 외부인이라고 하더라도 누구나 자신에게 이메일을 보낼 수 있게 주소를 공개해 두었다. 뉴밀레니엄이 시작될 즈음에 레고는 레고 마인드스톰을 향한 뜨거운 관심을 받아들이기로 하고, 성인 사용자들의 헌신을 궁극적으로 회사에 도움이 될 혁신으로 인식하면서 성인 팬들을 상대로 대화의 장을 마련했다.

돈 탭스콧Don Tapscott이 저서 『위키노믹스Wikinomics』에 썼듯이 1990년대 말부터는 공급자와 소비자 사이에 '대중 협업'이 이루어지면서 새로운 형태의 세계경제가 출현했다. 탭스콧의 말에 따르면 레고는 이러한 면에서 가장 눈에 띄는 회사로, 마인드스톰 팬들에게 발언할 기회를 주고 거의 공동 제작자 같은 역할을 주었다. 탭스콧은 사용자가 레고로부터 대가를 직접 받지는 않는다고, 그러나 레고는 이들의 집단 지성을 활용해 더 나은 상품을 만든다고 덧붙였다.

크누스토르프가 전 세계의 성인 레고 팬들과 반복적으로 만난 것은 회사로서 레고가 품은 자아상에 지대한 영향을 미칠 문화적 산사태가 일어난다는 조짐이나 다름없었다. 혁신은 더는 레고 내부에서만 일어나지 않았다. 이러한 깨달음은 크누스토르프가 생각한 성공 기준이 되었다. 즉 레고가 진정으로 위기를 극복해 새로운 성장과 입지를 향해 나아갔다고 말하고 싶다면 충족해야 하는 기준 중 하나가 되었다. 그는 2007년 1월에 어느 신문에 다음과 같이 말했다. "상품은 소비자와 협업해 개발할 수 있습니다. 우리는 회사가 단독으로 할 수 있는 일보다 이 집단 지성이 더 강하다는 믿음을 가져야 합니다. 지적 재산을 적극적으로 방어하는 데 익숙했던 회사로서 이는 큰 도약입니다."

최종 사용자와의 협업은 2006년에 차세대 레고 마인드스톰 NXT를 출시하는 과정에서 시험대에 올랐다. 이 상품의 탄생 비화에서 빼놓을 수 없는 부분이 있다면 바로 특정 선발 소비자와 여러 해에 걸쳐 협업했다는 점이었다. 처음에는 슈퍼 사용자 네 명과 함께했으나, 이후 79개국 100명의 사용자를 추가로 모집해 사용자 집단을 확대했다. 이들은 상품에서 수많은 버그를 발견했을 뿐만 아니라 레고 내부 직원들이 생각지도 못했던 새로운 플레이 모드와 조립 방법을 제안하기까지 했다. 프로젝트 관리자 플레밍 분고르Flemming Bundgaard는 2년 동안 참가 팬 104명에게 이메일 약 7500건을 받았다. 출시 당시에 분고르는 다음과 같이 말했다. "저희 상품은 더 좋아졌습니다. 저희에게도 그렇고 소비자들에게도 그렇습니다."

최초의 여성 임원

2005년의 연간 실적은 예상대로 좋지 않았지만, 2006년에 들어서자 회사는 흑자로 전환해 5억 크로네를 남겼다. 지난 5년을 통틀어 최고 실적이었다. 언론들은 레고가 마침내 자유를 되찾고 있다고 보도했다. 이 맥락에서 보면 키엘이 개인 자산 8억 크로네를 투입했는데도 회사가 그동안에는 사실상 은행가들의 관리하에 있었다는 뜻이었다. 레고랜드 가족 공원과 다수의 건물, 토지 등을 매각하면서 부채의 상당 부분을 상환할 수 있었지만, 크누스토르프는 앞으로 다가올 수년 동안 입지를 다지려면 매출이 필요하다고 말했다.

젊은 피를 수혈받은 역동적인 경영진이 키를 잡은 이후로 상품 개발 또한 곧 더 분명한 방향과 현실성을 되찾았다. 오래전부터 이들은 여자아이들에게 레고를 가지고 놀고 싶다는 마음을 불어넣는 데 초점을 맞추고 있었다. 이는 1955년부터 계속된, 레고의 도전 과제 중 하나였다. 레고는 수십 년에 걸쳐 몇 번이나 여자아이들에게 브릭에 대한 흥미를 심어 주려 했으나, 사실상 단 한 번도 성공하지 못했다. 이제 크누스토르프는 이 오래된 야심을 버리고 레고의 주요 고객층이 4세와 9세 사이의 남자아이라는 사실을 받아들이는 것이 가장 좋을 것이라고 보았다.

"여아 시장에 자원을 쏟아붓기가 다소 망설여지는 이유가 있다면 그건 다른 글로벌 대기업들이 독점한 시장이고 경쟁 강도가 극도로 높기 때문입니다. '얘, 여기 좀 보렴! 레고 프린세스가 새로 나왔어!'라고 소리쳐 본들 오래갈 수가 없죠."

여자아이를 공략하는, 마음 따뜻한 상품 아이디어를 그리워하는 레고 팬들에게 다소 황망한 소식이었지만, 적어도 빌룬의 이사회에서는 마침내 실생활 속 평등을 향한 긍정적 변화가 일어났다. 그동안 회사는 역사적으로 여성을 비서나 점원으로만 고용해 왔다. 그러나 2006년에 레고의 70년 역사상 처음으로 여성이 부사장에 임명되었다. 39세의 리스베트 발테르 팔레센Lisbeth Valther Pallesen은 커뮤니티, 교육 및 직접 판매를 담당하는 신설 부서의 책임을 맡았다. 차기 주요 벤처 사업인 온라인 게임 「레고 유니버스LEGO Universe」를 포함해 디지털 비즈니스라는 새로운 영역을 개발하는 역할이었다. 팔레센은 덴마크, 미국, 잉글랜드에서 산하 직원 700명을 이끌었다. 이들은 새로운 인터넷 기반 게임을 개발했고, www.LEGO.com을 통해 형성된 레고 클럽의 회원 230만 명을 관리하며, 전 세계 4만 명이 넘는 팬에게 서비스를 제공했다.

승계 면과 리더십 면에서 압도적 가부장제를 엿볼 수 있었던 회사의 첫 여성 고위 임원이었던 팔레센은 자연스럽게 자신의 젠더에 대한 일종의 책임감을 느꼈다. 그녀는 자신의 역사적 승진을 두고 "여성으로서 경영 차원에서 기존 임원들과는 다른 종류의 논의를 통해 기여할 수 있기를 바란다."라고 말했다.

2006년은 또한 덴마크 산업계 최고위층에서 계속 두드러지는 불평등에 언론이 주목하던 시기였다. 이전 10년간 사기업 고위 임원 중 여성의 비율은 극도로 낮은 4퍼센트대에 머물렀으므로, 덴마크의 걸출한 대기업 중 지난 50년 동안 시간이 멈춘 듯했던 회사는 레고 하나만이 절대 아니었다. 이 주제는 2000년대 초에 플로우그만 재임 당시에도 화두에 올랐었다. 당시 하위 직급의 여성 관리자를 대상으로 시행한 내부 설문 조사에 따르면 레고에서 여성의 경력 선택지를 제한하는 세 가지 요소는 가정생활, 여성 본인의 망설임, 레고 그룹 내 여성에 대한 남성의 인식으로 밝혀졌다. 비즈니스 사회의 다른 수많은 영역에서도 그러했듯이 젠더 고정관념은 승진의 사다리를 기어오르는 여성의 발목을 붙잡았다.

당시에 키엘은 여성 직원에 대한 채용 및 인재 스카우트에서 부적절한 부분을 시정하도록 조치하겠다고 약속했으며, 남성이었던 인사 책임자는 다음과 같이 말했다. "레고는 폭넓은 매력을 지닌 회사이자 보편적으로 유의미한 가치를 가진 브랜드이지만, 더 많은 다양성을 추구할 여지가 있습니다. 더 큰 다양성을 품을수록 더 많은 영감과 창의력을 얻을 수 있습니다." 리스베트 발테르 팔레센 또한 이 논의에 참여해 핵심 문제를 짚었다.

"실력을 평가하는 방법을 재검토해야 합니다. 여성은 과정에 더 주목합니다. 과정이 만족스러운가? 자신이 약속한 바를 열정적으로 수행하고 있는가? 남성은 결과를 생각합니다. 목표를 달성하고 기한을 지켰는가? 확실한 사실을 평가하기가 가장 쉬우므로 이러한 남성적 가치가 눈에 더 잘 띄기 마련입니다. 그렇지만 회사는 두 가지 모두를 평가해야 합니다."

그러나 레고 그룹이 가부장적 근간을 떨쳐 버리는 데에는 앞으로도 10년이 넘는 세월이 필요했다. 2011년에는 의도치 않게 우스꽝스러운 상황이 연출되었다. 성 평등 부서가 손수 뽑은 '여성 경영진 홍보 대사'를 수년간 지낸 크누스토르프가 새로운 경영진을 꾸리면서 스물두 명의 남성을 선택한 것이다. 그렇지만 성 평등 부서 홍보 대사로 막 임명되었을 때는 그 또한 더 전도유망한 출발을 예고했었고, 2008년에는 "풀밭을 어슬렁거리며 '여기서 딸기를 찾을 수 있을 거야!'라고 말하는 회색 머리의 늙은 고릴라들을 계속 쫓아다닐 수는 없다."라는 말을 남겼다.

그가 스물두 명의 남성을 임명하자 작은 혁명이 촉발되었으며, 오랜 노력 끝에 2017년에 레고의 최고위 임원 스물다섯 명 명단에 여성 세 명이 이름을 올렸다. 중국계 필리핀인 마저리 라오Marjorie Lao(CFO), 러시아계 미국인 줄리아 골딘Julia Goldin(CMO: 최고 마케팅 책임자), 이탈리아인 루치아 치오피Lucia Cioffi(상무)가 그 주인공들이다. 세 명의 이름은 또한 레고의 국제 '허브'에서 여성 임원을 채용하고 있다는 사실을 반영했다. 세 부서 모두 본래는 빌룬에 자리하고 있었으나 이후 상하이, 싱가포르, 런던, 코네티컷 엔필드로 이동했으며, 더 다양성 있는 레고를 만드는 데 일조했다. 사내에서 여성이 남성과 비슷한 수준의 대표성을 확보하려면 아직 갈 길이 멀었는데도 일부 남성 직원은 어느 남성이 크누스토르프의 블로그에 남긴 글처럼 "이제 일자리를 구하려면 성전환이라도 해야 하나요?"라며 의문을 품었다.

비즈니스 내 성평등에 관한 여러 저서를 집필한 아비바 위텐버그-콕스Avivah Wittenberg-Cox는 2014년의 《하버드 비즈니스 리뷰Harvard Business Review》에서 레고가 최고위 경영진 수준에서 50년간 불평등을 타개하지 못했다는 사실은 레고가 여자아이들의 관심을 끌거나 유지하는 데 늘 어려움을 겪었던 이유 중 하나일 것이라고 지적했다.

위텐버그-콕스는 고위 임원진이 젠더 균형을 찾지 못한 곳에서는 균형 잡힌 소비자 집단을 유지하기가 어렵다면서, 뉴밀레니엄이 밝은 이후에도 "남성 지배적인" 레고 그룹이 여전히 여성이라는 젠더를 여러 수익성 높은 틈새시장을 품은 거대한 시장이 아니라 그저 '여자아이'라는 단일 시장으로 간주하고 2012년의 레고 프렌즈LEGO Friends 라인과 같은 파스텔색 상품을 내놓는다며 답답함을 표출했다.

이는 지멘스와 노키아를 비롯한 전화기 회사들이 온갖 핑크색 여성용 핸드폰을 내놓을 때 했던 짓들이다. 이후 애플이 젠더 면에서 "이중 언어를 구사하는" 아이폰을 출시해 양 젠더의 취향을 하나로 결합하고 50 대 50으로 균형 잡힌 시장을 만들며 이들에게 충격을 선사했다. 바로 여기에 금광이 숨어 있다. 그러므로 세 가지 새로운 미니피겨를 소심하게 선보였을 때 즉각 시장이 매진으로 화답했다는 점이 탁상에 앉은 신사분들에게 와닿았기를 바란다. 대담하게 행동하라! 혁신하라! 지난 세기의 틀에서 벗어나 생각하라. 레고는 혁신적인 여성 레고 애호가들을 이사회와 최고 경영진에 들여야 한다.

최고만이 최선이다

실로 좋은 조언이었고 크누스토르프에게 터무니없게 느껴지거나 이해하기 어려웠던 것도 아니었지만, 당시에 이 안건은 크누스토르프의 할일 목록에서 최하위를 차지했다. 그는 여전히 레고를 회복시키는 데 주력했으며, 5세와 9세 사이의 남자아이들에게 투자하는 것이 최우선 과제였다. 무엇보다도 그는 2006년에 레고 직원 8000명에게 새로운 전략인 공유 비전Shared Vision을 제시했다. 회사가 10년 만에 선보이는 세 번째 대대적인 경영 이니셔티브였다. 첫 번째는 1996년에서 1998년까지 이어진 나침반 경영이었고, 두 번째는 1999년의 피트니스였다. 이번 공유 비전은 7년에 걸쳐 3단계로 전개될 계획이었다. 1단계가 이미 진행 중이었고, 직원들은 요령을 배워 이를 자신의 일상적 업무에 녹여야 했다.

크누스토르프는 이 이니셔티브를 설명하기 위해 수많은 글을 써 왔고, 이를 펴내기 위해 사내 잡지《레고 라이프LEGO Life》특별호를 펴내 자기 생각을 전했다. 특별호 표지에는 주요 대상 고객층인 남자아이가 레고 브릭으로 탑을 만드는 사진이 실렸고, 그 아래에는 세 단계의 새로운 전략이 적혀 있었다.

1. 고객과 판매 채널을 위한 가치 창출에서 업계를 선도한다.
2. 고객에게 제공하는 가치에 다시 초점을 맞춘다.
3. 운영 실력을 기른다.

몇몇 직원은 이를 두고 오래된 병에 새로운 와인을 붓는 꼴이라고 생각했을 수도 있지만, 대다수는 현실적인 것처럼 느껴지는 계획을 반갑게 받아들였다. 이제 생존과 턴어라운드에서 미래를 바라보는 성장으로 전환하는 데 초점을 맞춘 3단계 계획이 밑그림을 그려 주자 갑자기 터널 끝에서 빛이 보이기 시작했다.

크누스토르프는 경영학의 진부한 말들로 공유 비전을 설명하는 대신에 이 계획이 레고의 역사와 가치에 부합한다고 이야기하면서 "가장 좋은 것만이 충분히 좋은 것이다."라는 올레 키르크의 옛 모토를 꺼내 들었다. 레고의 설립자가 이 모토를 어떤 뜻으로 말했는지, 또 어디에서 가져왔는지는 확실히 알려지지 않았다. 올레 키르크는 평소에 표어를 자주 내세우지 않는데, 어쩌면 라이프치히에서 열린 대규 샘플 박람회 무스터메세Mustermesse를 위해 1937년 봄에 독일을 방문했을 때 이 표어에 관한 영감을 얻었을 수도 있다는 주장이 제기되고 있다. 이 박람회에는 슈타이프Steiff 부스가 당시 어린이에게 인기가 많았던 동물 봉제 인형들을 전시하고 있었는데, 어쩌면 올레 키르크가 이 부스에 들렀다가 이 독일 회사의 표어인 "Für Kinder ist nur das Beste gut genug!"("어린이에게는 가장 좋은 것만이 충분히 좋은 것입니다!")를 보았을 수도 있다는 것이다.

2006년, 이 모토를 자유로이 활용한 크누스토르프는 레고가 새로운 전략을 마련했으며 회사가 주요 사안에 대해 근본적으로 올레 키르크의 시대와 똑같은 입장이라는 메시지를 전달하는 데 성공했다.

고객에게는 가장 좋은 것만이 충분히 좋은 것입니다. 여기서 고객이란 어린이를 가리킵니다. 우리는 상품을 통해 어린이들에게 적절한 경험을 제공해야 합니다. 그러나 소매업자들에게도, 그리고 물론 우리 직원들에게도 가장 좋은 것만이 충분히 좋은 것입니다. 제게 이 모토는 우리가 사업을 절대적으로 탁월하게 운영해야 한다는 뜻이기도 합니다. 우리는 높은 수준의 품질과 탁월한 물류, 우수한 고객 및 소비자 서비스를 유지해야 합니다. 또한 개선 방법을 끊임없이 추구해야 합니다. 그러나 무엇보다도 올레 키르크가 알고 있었듯이 반복 구매를 중시해야 하며 한 명의 소비자가 긍정적 추천을 남기면 또 다른 판매로 이어진다는 점을 유념해야 합니다. 올레 키르크는 목공

오리를 만들 때 도료를 세 번이나 칠했습니다. 어린이가 오리를 끌고 다니다가 가구에 자주 부딪혀 흠집이 생긴 수 있기 때문이었습니다. 올레 키르크는 이렇게 도료를 칠해야 고객이 레고 장난감을 통해 좋은 경험을 얻을 수 있고, 그래야 다시 구매하거나 다른 사람에게 추천한다는 것을 알고 있었습니다.

키엘: 저희 할아버지의 모토는 영어로 번역해야 할 때마다 문제가 되었습니다. 적절한 표현을 찾을 수가 없었죠. 아마 너무 월란식 표현이기 때문일 겁니다. 개인적으로 제게 이 말은 우리가 지금까지 어떤 일을 했고 어떤 성과를 달성했든 혁신을 절대 멈춰서는 안 된다는 걸 상기해 줍니다. 이게 할아버지의 모토에 대한 가장 참된 해석이라고 생각해요. 절대 창의적으로 생각하고 혁신하기를 잊지 말자! 그렇지만 거의 완벽에 집착해야 한다는 요구로 해석하는 사람들도 많다는 걸 압니다. 끔찍한 해석이죠.

크누스토르프가 공유 비전을 발표했을 즈음인 2006년 봄에는 회사의 또 다른 중대 발표가 있었다. 생산 시설과 포장 시설을 체코, 헝가리, 멕시코 등 저임금 지역으로 옮긴다는 소식이었다. 이 어둡고 무시무시한 폭풍 구름은 벌써 1년도 더 전부터 빌룬을 불길하게 맴돌았다. 그리고 이제는 정말로 코앞에 다가와 있었다.

한국과 스위스, 미국에 자리한 주형 공장의 문을 닫고 빌룬의 공장 또한 일정 부분 폐쇄한다는 것은 수많은 일자리가 사라진다는 의미였을 뿐만 아니라 향후 대부분의 생산공정을 플렉스트로닉스 인터내셔널 Flextronics International이라는 회사에 맡긴다는 뜻이기도 했다. 이 거대한 변화는 크누스토르프와 오우에센이 마련한 회복 계획에서 중대한 부분 중 하나였다. 이론상으로는 2010년까지 전 세계 레고의 총 직원 수가 8000명에서 3000명으로 줄어들 예정이었다. 피바다가 될 것이 분명했지만, 크누스토르프의 솔직하고 정직한 경영 스타일과 평화로운 어조 덕분에 이 냉혹한 소식을 조금 더 부드럽게 전할 수 있었다.

그러나 크누스토르프와 오우에센, 외울리센은 빌룬 주민들에게 아무런 약속도 해 줄 생각이 없었다. 이들은 지난 50년간 오너 일가가 이미 이 지역에 많은 것을 베풀었다고 여겼다. 빌룬 주민들은 놀랍게도 이 소식을 침착하게 받아들였는데, 어쩌면 그 누구도 레고의 오너이자 고트프레드와 에디트의 아들 키엘이 회사를 빌룬에서 다른 곳으로 옮기려는 계획에 찬성한다고 상상하지 못했기 때문이었을 것이다.

키엘: 예르겐과 예스페르가 비용 절감 조치에 들어가기 시작했을 때 손댈 수 없는 것은 아무것도 없었습니다. 저는 원칙적으로 아웃소싱에 반대했지만, 어째서 포장 시설 등을 저임금 지역으로 옮기려고 하는지 이해할 수 있었습니다. 그렇지만 생산 시설 전체를 옮긴다는 건 달랐죠. 그렇게 했다가 주형 공장의 노하우가 크게 손실될까 봐 걱정되었습니다. 저는 80퍼센트를 체코와 멕시코로 옮기고 스위스 공장의 문을 닫는 데 동의했지만, 가장 중요한 주형 부서는 계속 빌룬에 두어야 한다고 주장했습니다. 제게는 그곳이 손댈 수 없는 곳이었어요. 회사의 오너이자 빌룬 주민으로서 저는 그렇게 극단적으로 비용을 절감하고 사람들을 해고하는 게 미친 짓처럼 보여도 다 이유가 있다는 일종의 보장을 느낄 수 있었습니다. 그리고 장기적으로 생산 대부분을 다른 사람의 손에 맡기려는 건 그다지 좋은 선택이 아니었다는 게 드러났죠.

오너 일가의 지분 정리

최종 대차대조표에는 15억 크로네라는 놀라운 이익이 기록되었고, 2007년에 빌룬은 하나 이상의 이유로 축제를 맞이했다. 일자리 감소를 부를 예정이었던 생산 시설 이전 계획이 연기된 데 더해 나중에는 전면적으로 취소되었기 때문이다. 플렉스트로닉스가 모든 요건을 충족하지 못한다는 것이 밝혀지면서 크누스토르프는 어쩔 수 없이 다른 회사에 레고 브릭의 주형을 맡긴다는 아이디어를 완전히 폐기할 수밖에 없었다. 따라서 사람들은 기쁜 마음으로 2007년 8월에 회사 창립 75주년 기념일을, 그리고 12월 말에 키엘의 예순 번째 생일을 축하할 수 있었다. 8월 10일에 레고랜드의 거대한 주차장에서 열린 창립 기념일 행사에서는 키엘이 최악의 위기를 이겨 낸 끝에 산뜻한 기분과 삶에 대한 열정을 되찾았음을 분명히 알 수 있었다. 3000명의 직원이 내리쬐는 햇살을 즐겼다. 축제 한편에는 어른들의 마음속 어린이를 위한 놀이 공간이 마련되었고, 다른 한편에서는 천막을 치고 점심을 나누어 주었으며, 키엘과 크누스토르프가 바깥에 서서 모든 이와 악수했다.

제자와 스승은 이 행사에 열정적으로 참여했다. 점심시간 즈음에 키엘은 예르겐에게 두 사람 모두 고무줄로 바닥에 허리를 묶어 두고 누가 더 멀리 가는지 시합하자고 제안했다. 트랙 주변의 스탠드로 사람들이 몰려들었다. 지역신문의 기자까지 찾아왔다. 두 사람은 주머니에서 모든 물건을 빼고 안경을 벗은 뒤 신발과 양말을 벗어던지고 강력한 고무줄을 허리에 묶었다. 커다란 환호성이 터져 나왔고, 키엘이 순식간에 고무줄에 튕겨 반쯤 공중제비를 돌며 뒤로 넘어지자 관중이 숨을 들이켰다. 그는 너털웃음을 터뜨리며 패배를 인정했다. "예르겐이 환상적인 선수라는 걸 인정해야겠어요. 그렇지만 무게가 조금 더 나가는 게 도움이 되지 않았을까요!"

2007년에는 투자회사 키르크비가 오너 일가의 양 갈래로 각각 분할되었다. 한쪽은 군힐과 그녀의 남편 모겐스 요한센, 부부의 아들 세 명이었다. 다른 한쪽은 키엘과 카밀라, 소피, 토마스, 아그네테였다.

고트프레드가 세상을 떠나고 전환기를 맞이했을 때 키엘이 아버지의 레고 지분을 물려받았고, 군힐은 키르크비 주식회사의 공동 오너로 남아 있었다. 그러다 2007년 위기의 여파로 키르크 요한센 일가가 레고의 직접 소유권을 양도하기로 하면서 자리에서 물러났다. 레고의 재무위기를 정리한 예스페르 오우에센이 키르크비의 CEO가 되어 인수인계를 감독했는데, 여기에는 레고의 소유권을 키엘 일가의 지배하에 단일회사로 병합하는 작업이 포함되었다.

두 갈래로 나뉜 기업 가치는 공식적으로 약 200억 크로네로 평가되었지만, 이를 지켜본 이들은 실제로 그보다 두 배가 넘는다고 추정했다. 증권, 다양한 투자회사의 출자 지분, 국내외 부동산, 그리고 무엇보다도 레고 브랜드에 대한 권리가 여기에 포함되었다. 대략 말하면 군힐 키르크 요한센 일가가 키르크비의 투자 중 레고와 직접 관련이 없는 부분을 가져갔고, 키엘 일가가 레고와 관련된 모든 부분을 가져갔다. 키엘은《베를링스케》에 다음과 같이 말했다. "작금의 키르크비 분할은 아버지가 세상을 떠나기 오래전부터 준비했던 회사 분리가 마침내 마무리되었다고 보셔도 좋을 것 같습니다. 지금의 우리처럼 모든 가족 구성원의 사이가 좋을 때 이러한 일을 해 두는 것이 중요하죠.

2007년 12월, 키엘은 예순 번째 생일을 맞이할 준비를 하면서 3년 만에 처음으로 몇몇 전국구 신문의 주요 인터뷰에 응해 자신이 회사의 일상적 운영에서 물러나면서 어떤 안도를 느끼는지 설명했다. 독자들은 느긋하고 부드러워진 키엘이 2000년대 초 레고의 위기에 대한 비난을 대부분 달게 받아들이고 많은 경우 자기가 망설였기에 일이 잘못되었다고 고백하는 모습을 볼 수 있었다.

"우리가 극단적 조치를 너무 늦게 취하기 시작했다는 걸 이제는 알 수 있습니다. 최고 경영진에 새로운 사람들을 들여와야 한다는 걸 제가 더 일찍 깨달았어야 했어요. 아시다시피 저희는 형세를 뒤집기 위해 무언가 수를 써 보기도 전에 정말 나쁜 실적을 떠안아야만 했죠."

또한 키엘은 지금까지 한 번도 보여 준 적 없는 방식으로 그의 개인 생활에 관한 통찰을 드러내 보였다. 그는 가족을 생각하면 자신이 경영 일선에서 더 빨리 물러났어야 했다고 말했다.

"제가 저희 아들 토마스에게 한 말이 있어요. '가족이 제일 중요하다고 누구이 강조하기는 하지만, 그와 동시에 그게 사실이 아니라는 신호를 계속 보낸다면 아무런 소용이 없다.' 인정하기 조금 어렵지만 그래도 그게 맞습니다. 행동은 다르게 하면서 입으로만 가족이 우선이라고 말할 수는 없죠."

그해 말 키엘과 가장 가까운 가족으로는 아내 카밀라와 서른세 살인 딸 소피, 스물여덟 살인 아들 토마스, 스물네 살인 딸 아그네테에 더해 손자 두 명과 이들의 증조할머니 에디트가 있었다. 83세에 접어든 에디트는 여전히 가족 내에서 중요한 사회적 역할을 담당했다. 예를 들어 매년 성령강림절이면 에디트의 주도하에 에디트 본인과 키엘, 군힐, 그들의 가족들이 에디트의 형제자매 여섯 명과 그들의 자녀, 손주, 증손주와 모두 모여 우토프트 숲의 가족 소유 사냥터 오두막에서 점심을 함께했다.

2005년에는 에디트가 마련한 성령강림절 행사에 100여 명이 조금 안 되는 가족 구성원이 모였다. 가장 먼저 그레네 교구 교회에서 예배를 드린 이들은 점심을 먹은 뒤 숲에서 함께 놀며 남은 하루를 보냈다. 한 해 전 에디트가 80세가 되었을 때는 사내 잡지에 기념 기사가 실렸으며, 여기서 에디트는 자기 자신에 관한 이야기와 고트프레드와의 결혼 생활에 관한 소회를 밝혔다.

"저는 늘 주말에 무언가 함께할 계획을 세워야 했어요. 아무런 계획이 없으면 그이가 토요일이건 일요일이건 계속 일했거든요. 저는 그이가 집에서 조금 더 시간을 보냈으면 했어요. 아이들이 집에서 아버지를 많이 기다렸지만, 고트프레드는 시간을 내기 어려워했죠."

60세가 된 키엘도 가만히 앉아 은퇴를 즐길 생각은 없어 보였다. 그는 바일레바이와 콜링바이의 교차로에 자리한 키르크비 건물에 사무실을 마련했다. 전임 대표이사는 이처럼 다소 눈에 띄지 않는 자리에서 오너이자 레고 주식회사와 키르크비 주식회사의 이사회 일원으로서 자신의 위치를 이용해 계속해 회사의 발전을 위한 전반적인 프레임워크와 정신을 만들어 나갔다. 또한 키엘은 브랜드와 신상품 개발의 전반적 방향성을 설정하는 레고 브랜드 및 혁신 이사회와 레고 재단의 일원이기도 했다.

키엘은 2004년부터 예르겐 비 크누스토르프의 멘토 역할을 했고, 두 사람은 2005년에서 2009년까지 여러 차례 함께 비행기를 타고 출장을 다니면서 더욱 돈독한 관계를 쌓았다. 여기서 크누스토르프는 동양 철학을 바탕으로 하는 키엘의 사고방식을 조금 더 잘 알게 되었고, 여기에 매우 익숙해져 생일 기념 연설에서는 멘토를 가리키며 '비이성적'이라는 단어를 사용해 키엘과 함께라면 분명한 시작도 없고 분명한 끝도 없다고 설명했다. 마치 곰돌이 푸처럼 모든 것이 재미있고 직관적이어야 하는 사람이었다.

키엘: 두 남자와 함께 전용기를 타고 출장을 다니다 보면 자기만의 공간에 들어온 것 같고 마음속에 떠오르는 건 무슨 말이든 자유롭게 이야기할 수 있게 되죠. 예르겐과 저는 장시간 거리의 멋진 출장을 여러 차례 다녔습니다. 왜냐하면 그 또한 바깥에 나가 우리 조직을 가까이에서 보고 알아 가는 게 중요하다고 생각했거든요. 우리는 미국, 호주, 싱가포르, 일본, 중국을

다녀왔습니다. 비행기에 앉아 있거나 잠을 청하려고 누울 때면 저는 레고의 역사에 관한 이야기를 조금씩 들려줄 수 있었고, 예르겐은 그에 관해 저에게 수많은 질문을 던졌죠.

"레고 그룹은 강해요": 마침내 부활한 레고

2008년에서 2010년까지는 재정 면에서 앞선 3년의 긍정적 추세를 이어 나갔다. 레고 그룹이 돌아왔다. 다시 한번 전 세계의 선도적인 장난감 제조업체 중 하나로 올라선 레고는 세계경제에 깊은 상흔을 남긴 글로벌 금융 위기에서도 수익에 별다른 타격을 입지 않았다.

2006년 한 해의 최종 재무 실적은 13억 크로네의 흑자였으며, 이후 로도 매해 꾸준히 성장해 공유 비전 전략이 마무리된 2010년에는 49억 크로네를 달성했다. 레고 그룹은 매출, 수입, 그리고 무엇보다도 직원 수에서 강한 성장세를 보였다. 크누스토르프와 오우에센이 기존에 세웠던 회복 전략에서는 직원 수를 3000명 아래로 줄이려 했다. 그러나 현실이 이들의 음울한 예상을 압도했고, 레고는 2010년까지 9000명 이상의 직원을 고용했으며, 그해 연말에 모든 직원을 글로벌 파티에 초대했다. 전 세계의 여러 레고 지사에서 열린 이 파티는 공유 비전의 성공을 기념하기 위해 마련된 자리였다.

덴마크에서는 2010년 11월 19일 금요일에 파티가 열렸다. 전국에서 모여든 모든 레고 직원이 이른 오후에 버스를 타고 바일레와 빌룬 사이에 자리한 빙스테드 센터Vingsted Center에 모였다. 이곳에서는 테이블 축구부터 의상 대여실과 임시 문신, 통나무에 못 박기 게임까지 온갖 활동이 직원들을 기다리고 있었다. 주최 측은 흥을 더하고 3000명의 직원이 키엘과 카밀라의 리드를 따라 함께 춤출 수 있도록 메디나Medina와 라스무스 시바크Rasmus Seebach, 하이 마테마티크Hej Mathematik, 이다 코르Ida Corr, 인

페르날Infernal 등 당시 덴마크 대중음악의 저명인사들을 파티에 불렀다.

덴마크에서는 거대한 스크린에 영상을 띄워 전 세계 레고 직원들에게 깊은 감사 인사를 보냈고, 화답으로 거대한 환호성이 돌아왔다. 또한 크누스토르프, 마스 니페르, 리스베트 팔레센, 발리 파다Bali Padda, 스텐 다우고르Sten Daugaard, 크리스티안 이베르센Christian Iversen을 포함한 고위 임원진이 등장하는 뮤직비디오를 상영했다.

영상은 본사에 자리한 이사회실을 살짝 들여다보는 장면으로 시작되었다. 이사회실에 모인 고위 경영진이 글로벌 파티에서 직원들에게 어떤 식으로 감사 연설을 할지 전략을 논의하고 있었다. 물론 이사회실에 모인 모두가 연설에 파워포인트를 곁들여야 한다는 데 동의했다. "파워포인트를 많이 써야죠." 누군가 말했다. 그 순간 테이블 한가운데에 놓인 전화기가 울렸다. 키엘이었다!

크누스토르프는 수화기를 들고 열심히 끄덕이더니 다른 사람들에게 메시지를 전했다. "키엘이 파워포인트를 쓰지 말라고 하네요!"

레고 경영진이 믿을 수 없다는 듯 시선을 교환했다. 파워포인트를 쓰지 말라고? 그럼 어쩌라는 거야?!

크누스토르프가 나섰다. "여러분, 시간을 2004년으로 되돌려 봅시다. 우리는 끔찍한 위기의 한가운데에 놓여 있었고, 모든 게 암담해 보였죠. 그때 기분이 어떠셨나요?"

이 말을 끝으로 봇물이 터졌다. 새침하고 단정하기 마련인 임원들이 무언가에 씐 듯 갑자기 모든 금기를 집어던지더니 지루한 이사회실이 1970년대의 끈적한 춤판으로 바뀌었다. 어두컴컴한 조명과 빙글빙글 돌아가는 디스코 볼이 보였고, 가슴을 울리는 비트와 함께 글로리아 게이너Gloria Gaynor의 노래가 흘러나왔다.

임원들은 「아이 윌 서바이브I Will Survive」를 따라 부르면서 가사를 개사해, 모두가 매각되리라고 생각했으나 직원들의 '강인함'과 '상상력' 덕분에 살아남은 회사에 관한 이야기로 바꾸어 불렀다.

우리는 더 강해졌어요
공유 비전이 박차를 가해 주었죠
이제 우리는 돌아왔어요
여러분 덕분에 살았어요

흥분의 열기가 파도처럼 빙스테드 센터를 훑고 지나갔다. 임원들이 전 세계 직원 1만여 명 앞에서 마치 열일곱 살처럼 노래하고 춤추는 모습을 보여 준 것이 또 언제였던가? CFO가 디지털 벤처 책임자와 함께 박자를 탔고, 마케팅 책임자는 웸블리Wembley의 주 무대에라도 올라간 것처럼 에너지를 내뿜으며 코러스를 따라 노래를 불렀다. "레고 그룹은 강해요/ 지내기 정말 좋은 곳이죠, 헤이 헤이!" 크누스토르프는 발리 파다에게 다정하게 어깨동무하고 미래를 내다보았다.

우리에게는 사명이 있어요
미래의 놀이를 발명해야 하죠
매일 함께
작은 마법을 나눠요
그러면 우리 모두가
하늘에 닿을 거예요

그리고는 휙 하고 장면이 바뀌었다. 디스코 볼이 사라지고, 임원들은 다시 한번 회의실 책상에 둘러앉아 서로를 쳐다보았다. 임원들이 짓궂은 미소를 주고받는 동안 CFO가 재킷 소매에 묻은 은색 반짝이를 툭툭 털어 내더니 말했다. "이건 안 되겠어요, 여러분. 누구도 다시는 저희를 진지하게 봐 주지 않을 거예요!"

"그래요. 그냥 파워포인트로 갑시다." 마스 니페르가 말했다.

"그게 좋겠어요." 발리 파다가 끄덕였다. "파워포인트가 최고다!"

그렇게 레고 그룹은 모든 인간의 마음속 장난스러움에 찬사를 보내는 방송을 전 세계에 내보내며 2000년대를 마무리했다. 노래하고 춤추는 CEO가 수년 전 남긴 말 그대로였다. "장난감은 아이들에게 어떤 의미일까? 우리에게도 그런 의미가 되면 안 되는 걸까? 이곳은 바로 이 정신을 구현하는 일터가 되어야 한다."

상속자들——2010년대

지속 가능한 미래를 준비하라

때는 1964년, 덴마크에서 여름이 가장 무르익었을 때의 일이다. 열여섯 살이었던 키엘은 승마 애호가들과 함께 승마 학교에 가 있었다. 바일레 출신의 유명한 승마 지도자 구스타우 마르텐스Gustav Martens는 역마차를, 그리고 코끼리라는 이름의 짐수레 말이 끄는 포장마차를 한 대씩 끌고 아이들과 함께 매년 야영을 떠나는 '헤르바이엔 캠프Hærvejslejr'를 운영했다. 아이와 어른들이 줄지어 고삐를 잡고 말에 올라타거나 포장마차 지붕에 누운 채 늘 헤르바이엔을 즐겁게 따라갔다. (문자 그대로 해석하면 '군대의 길'이지만, '황소의 길'이라는 이름으로 잘 알려진) 헤르바이엔은 윌란을 꿰뚫는 고대 도로로, 중세에는 이 길이 덴마크를 독일 및 나머지 유럽과 연결했다. 이 길은 순례자와 방랑자, 군인, 마약 딜러, 우마차 마부, 그리고 동물 떼를 몰고 다니는 마장수까지 온갖 사람이 지나다니기로 유명했다.

1964년 7월 당시에 이 옛 도로의 풍경을 해치는 이들은 마르텐스 일행 말고는 아무도 없었다. 어느 날 오후, 이들은 바일레 오달Ådal 계곡을 지나는 여행길에서 가장 아름다운 지역 중 하나인 란뵐달Randbøldal의 코르소이고르Korshøjgard 부근에 야영지를 차렸다, 이곳은 키엘에게 지울 수 없는 인상을 남겼다.

그해 여름에는 키엘이 그와 마찬가지로 말을 좋아했던 포울 에리크 푸그만Poul Erik Fugmann과 좋은 친구가 되기도 했다. 그러나 포울 에리크에게는 물려받을 장난감 공장이 없었으므로 그는 이미 앞으로도 말과 승마와 함께하는 인생 계획을 그리고 있었다.

그로부터 10년 후인 1970년대 중반, 키엘은 더는 승마에 많은 시간을 들이지 않았다. 그는 펄럭이는 옷깃에 몸에 딱 붙는 셔츠와 흐르는 듯한 개버딘 바지를 입은 젊은 새신랑이 되었으며, 스위스에서 레고 A.G.의 대표이사로 일하고 있었다.

키엘과 카밀라는 알프스 국가에 살았으나, 곧 덴마크로 돌아갈 예정이었다. 고국에 돌아가면 아버지가 아들과 며느리를 위해 마련해 준 거대한 단독주택에서 살 터였다. 단기간씩 고향을 오가는 동안 부부는 어쩌면 빌룬의 중심지가 아닌 다른 곳에 그들만의 보금자리를 마련하는 것이 좋을 것 같다는 이야기를 잠시 나누었다. 이때 란뵐달 근처에서 본 멋진 풍경이 키엘의 머릿속에 갑자기 떠올랐다.

키엘: 저는 우리가 그곳으로 가 여생을 살 수도 있겠다는 생각
이 들어 차를 몰고 그곳에 가 코르소이고르의 주인과 이야기를
나누었습니다. 어쩌면 그는 이곳을 팔 생각도 있었던 것 같았
습니다. 그는 나이 지긋한 말 상인 안톤 모르텐센Anton Mortensen
이었고, 결국 농장을 팔 생각이 아예 없다고 밝혀 왔습니다. 저
희는 계획을 포기하고 스코우파르켄으로 이사했죠.

이후 10년 동안 키엘은 레고에서 성공을 거두었고, 그와 카밀라는

딸 둘과 아들 하나를 얻었다. 1988년의 어느 여름날, 모처럼 출장을 떠나 있지 않았던 키엘은 막 승마를 시작한 딸 소피와 함께 말 전시 행사에 갔다. 아버지와 딸이 그곳의 분위기와 광경, 아름답고 휘황찬란한 동물들의 냄새를 즐기고 있을 때 갑자기 키엘이 승마 학교와 여름 캠프에서 사귀었던 옛 친구와 마주쳤다. 이들은 다시 보게 되어 크게 반가워했다. 포울 에리크는 키엘이 무슨 일을 하는지 안다면서 자신이 바일레에서 승마용품을 판매하는 사업을 한다고 말했다. 또한 그는 승용마 애호가와 사육사들의 단체인 단스크 바름블로드(덴마크 웜블러드)Dansk Varmblod의 이사회에 몸담고 있었다. 키엘은 그를 셸렌보르에 초대했고, 포울 에리크 푸그만은 사유지의 빈 헛간을 보자마자 소리쳤다. "여기에 말을 키우면 되겠네, 키엘!"

말하기 무섭게 공사가 시작되었다. 이들은 마구간을 개조하고 축사 칸막이를 짜 넣었다. 키엘은 포울 에리크의 전문가다운 조언에 따라 말을 사기 시작했으며 경마용 말을 위한 종마 사육장을 설치하고 스투테리 아스크(아스크 종마 사육장)Stutteri Ask로 불렀다. 두 옛 승마인은 함께 사육과 스포츠를 결합한 프로젝트를 벌여 보기로 했다. 이들은 중부 윌란에서 최대 50마리를 수용할 수 있는 종마 목장과 마장마술 센터를 지을 만한 곳을 물색했고, 다시 한번 키엘은 란뷜달에 아름답게 자리한 농장을 떠올렸다.

키엘: 저는 전화기를 집어 들고 코르소이고르의 안톤에게 전화를 걸었어요.

"안녕하세요, 안톤 씨. 빌룬의 키엘입니다. 아직 농장을 가지고 계시죠? 혹시 지금은 파실 생각이 있으실까 해서요."

"그거 아시오?" 안톤이 대답했다. "전화를 주다니 재미있구먼. 나는 막 여든이 되었고 이제는 잘 걷지도 못하오. 우리 딸은 나보고 요양원에 가는 게 좋겠다고 했지. 그러니 농장을 기꺼이 팔겠소!"

안톤은 그가 원하는 농장의 가격을 불렀고, 저는 대답했습니다. "안톤 씨, 정말 괜찮은 가격이네요. 그대로 진행하시죠!" 우리 나이 지긋한 말 상인은 여기에 퍽 실망한 눈치였습니다. 값을 가지고 한바탕 흥정을 벌이길 기대했나 봐요. 윌란에서는 그렇게 하거든요.

마구간과 승마장을 비롯한 여러 시설을 갖춘 코르소이고르의 이 새로운 마장마술 센터에는 '블루 호르스Blue Hors'라는 이름이 붙었고, 포울 에리크가 일상적 운영을 도맡았다.

"그렇다면 키엘 씨는 어떤 일을 하시나요?" 1992년 가을에 승마장을 취재하러 온 승마 잡지 《히포로기스크 티스크리프트Hippologisk Tidsskrift》가 물었다.

키엘은 레고의 대표이사직을 수행하는 데 상당한 시간이 소요된다면서 그렇기에 스투테리 아스크와 블루 호르스에서 다양한 역할을 맡아줄 사람들을 고용해야 한다고 답했다.

잡지는 키엘을 승마에 대한 오래된 사랑을 바탕으로 승마와 마장마술에 저돌적으로 뛰어든 사람으로 묘사했다. 이제 그는 자신의 투자가 합리적 이익을 창출하는 사업으로 거듭나기를 바랐다. 레고와 마찬가지로 스투테리 아스크와 블루 호르스 또한 이 지역에서 가장 큰 곳은 아닐지언정 가장 좋은 곳이어야만 했다. 그러므로 키엘은 집에서도 밤늦게까지 이 새로운 취미와 벤처 사업에 관해 더 많은 것을 알려 줄 스프레드시트를 들여다보았다고 했다. 그는 레고와는 다르게 한눈에 분명하게 파악할 수 있을 정도로 규모가 작은 이 사업에 깊이 관여하는 것이 즐거웠다. 마구간이나 훈련장을 걸으며 살펴볼 때도 그랬고, 종마의 데이터베이스에 혈통, 설명, 새끼, 스포츠 성적, 경마 날짜, 정밀 검사, 출산 예정일 등을 갱신할 때도 마찬가지였다.

> 키엘: 이 사업이 아주 잘된 적은 한 번도 없었습니다. 그것만은 분명하게 말씀드릴 수 있어요. 그렇지만 사업을 하는 동안 정말 재미있었습니다. 셸렌보르에서 그랬던 것처럼 말과 사육을 가까이에 두고 산다는 건 정말 멋진 일이었죠. 저는 이곳에 가 말들을 보는 걸 정말 좋아했습니다. 특히 새끼 망아지를 데리고 목초지에 나갈 때면 망아지들이 저희에게 조심스레 다가와 살짝 깨물곤 했죠. 저는 늘 인간과 동물이 돈독한 관계를 쌓는다는 게 정말 건강하고 마음의 치유가 되는 일이라고 생각했습니다. 말의 심리를 핵심까지 파고드는 방법은 제가 느끼기에 가장 흥미로운 것들 중 하나입니다. 말들에게도 많은 학습이 놀이를 통해 이루어질 수 있어요. 저는 이를 레고가 언제나 고수해 왔던 놀이를 통한 학습을 향한 믿음과 약간은 비교하지 않을 수 없었죠.

키엘과 포울 에리크가 각자의 길을 걷기로 했을 즈음, 키엘은 더는 말을 직접 타지는 않았지만, 그의 아내와 아이들까지도 승마에 대한 열정을 공유하고 있었다. 소피는 그 이후로도 계속 승마를 좋아했으며, 2000년대 초에는 빌룬과 에스비에르그 사이의 사슴 농원인 클레룬 뒤레하베Klelund Dyrehave에서 승마를 즐기는 데 온 에너지를 쏟았다. 토마스도 수년간 승마 선수로 활동했고 한동안 셸렌보르 근처에서 아라비아 종마 사육장을 운영했다. 세 자녀 중에서 가장 어린 아그네테는 덴마크에서 가장 재능 있는 마장마술 선수로 거듭났으며, 2016년 조조 아즈Jojo Az라는 이름의 말과 함께 덴마크 국가대표가 되어 리우 올림픽에 출전했다.

거대하고 현대적인 승마장과 거의 1000명의 관중이 들어갈 수 있는 공간을 포함해 상상할 수 있는 모든 종마 및 승마 관련 시설을 갖춘 푸넨의 스투테리 아스크와 빌룬 근처의 블루 호르스를 중심으로 키엘이 덴마크 승마 스포츠계에 공헌한 영향력은 이후 30년 가까이 지속되었다. 키엘에게 승마는 경쟁 스포츠일 뿐만 아니라 가족과 함께하는 경험을 만들어 주는 일이었고, 여기에서 거의 클래식한 레고랜드 콘셉트를 연상시키는 축제를 열었다.

제국의 하얀 우주선: 레고 하우스

온 가족을 위한 경험을 만들겠다는 기본 아이디어는 2010년대에 들어 빌룬 한가운데에 레고 하우스Lego Brand House를 건설하겠다는 키엘의 원대한 계획에서도 분명히 드러났다. 이 아이디어가 그의 머릿속에 떠오른 것은 기업 자체 박물관을 호베드가덴에 자리한 할아버지의 생가로 옮길 때였다. 박물관 이전이 한창 진행 중이던 당시에는 아이디어 하우스를 대중에게 공개해야 하는지를 두고 여러 논의가 오갔다. 특히 이는 빠른 결정이 필요한 문제였는데, 이제 전 세계의 성인 레고 팬들이 태초의 근원지인 빌룬으로 성지순례를 오고 있었기 때문이었다. 그러나 올레 키르크 생가와 1942년에 지은 기다란 공장 건물은 공공 박물관에 필요한 시설과 공간을 갖추지 못했으므로 전시관으로 사용하기에 적합하지 않았다.

2007년에는 빌룬과 그린스테드가 하나의 지역구로 병합되었다. 두 시장은 이 새로운 지역구의 명칭을 '빌룬'으로 하는 데 합의하는 한편으로 직원과 사무실, 기록 보관소가 가득했던 마을 회관을 그린스테드로 옮기기로 했다. 청사 이전과 함께 빌룬 중앙 광장에는 볼품없는 거대한 건물이 텅 빈 채 남겨졌다. 이 건물은 사자의 집에서 거리가 채 100미터도 되지 않았고, 지방정부는 아직 이곳을 어떻게 할지 결정하지 못한 상태였다.

마을 한가운데에 자리한 부지였고 한때 낙농장이 있었던 곳이면서 빌룬 하천과도 가까웠다. 놓치기에는 너무 아까운 기회였다. 이때쯤 키엘은 새로운 레고 박물관을 전통적 유형의 박물관으로 만들지는 않겠다고 구상하고 있었다. 그 대신 그는 건축을 통해 브랜드를 찬미하는, 거대하고 활기차며 현대적인 '브랜드 하우스'를 만들겠다는 계획을 세웠다. 내부에는 전 세계에서 온 어린이와 부모, 조부모가 브릭을 가지고 놀거나 다양한 조립을 직접 경험해 봄으로써 레고의 가치와 역사에 관한 재미있고 교육적인 통찰을 얻을 수 있게 할 생각이었다.

레고의 비전 있는 오너는 이미 누구에게 박물관의 설계를 맡길지를 두고 몇 가지 아이디어를 고심하고 있었다. 그러고는 레고 브릭과 레고 시스템의 이면에 드리운 아이디어를 반영하는 동시에 사람들이 놀 수 있는 공간을 만들어 줄 건물을 짓겠다는 꿈을 실현해 줄 사람으로 덴마크의 건축가 비아르케 잉엘스Bjarke Ingels를 선택했다.

2010년 4월, 개발도상국 어린이 수백만 명이 교육과 소통을 통해 가난으로 인한 고립에서 벗어날 수 있도록 지원하는 프로젝트 "아이마다 노트북을One Laptop Per Child"의 창시자 니컬러스 네그로폰테Nicholas Negroponte가 레고 상을 받는 자리에서 키엘은 비아르케 잉엘스를 기조 연사로 초청했다. 시상식이 끝난 뒤에는 스타 건축가 잉엘스를 데리고 빌룬 관광을 시켜 주었다.

키엘: 시상식이 끝난 후 저는 비아르케를 데리고 마을을 한 바퀴 돌았습니다. 옛 마을 회관을 지나면서 저는 가볍게 말했죠. "아시겠지만, 저희는 저기에 멋진 레고 건물을 지을 수도 있답니다."

우리는 여러 가지 아이디어를 주고받으며 이야기를 나누

었고, 결국 비아르케는 재미있어 보인다며 확실히 여기에 관심이 간다고 말했습니다

이후 우리는 설계 공모를 열고 비아르케와 그의 설계 스튜디오 BIG를 포함해 건축가 세 명을 초청했습니다. 비아르케는 모든 장비를 동원하고 각고의 노력을 다해 야외 테라스가 딸린 모듈식 건물을 제안했습니다. 그가 이 일을 맡을 적임자라는 데에는 이견이 없었죠.

키엘이 일찍이 비아르케 잉엘스를 눈여겨보았던 데에는 덴마크가 다른 그 어떤 나라보다도 인구 대비 가장 많은 건축가를 양성했다는 사실도 어느 정도 영향을 미쳤다. 덴마크의 건축가들은 이 시기에 세계적 명성을 얻었으며, 그 결과 다수의 프로젝트 또한 널리 알려지게 되었다. 비아르케 잉엘스는 다른 많은 덴마크 건축가들과 마찬가지로 어린 시절에 레고 브릭을 가지고 놀았다. 빌룬의 작업을 BIG가 맡는다는 것이 확정되었을 때 그는 다음과 같이 말했다.

레고 그룹을 위한 건물을 설계할 수 있다는 건 저희 BIG 일동에게 거대한 꿈의 작업입니다. 레고 브릭은 제게 개인적으로 엄청난 의미가 있고, 제 조카를 보고 있노라면 사회의 거의 모든 면에서 창의력과 혁신이 주요 특징으로 자리 잡은 이 세계에서 어린이가 창의적으로 생각하고 제작하도록 도와주는 레고 브릭의 역할이 한층 더 공고해지고 있음을 알 수 있습니다.

건설 과정에서 몇 가지 중대한 장애물을 만나기는 했지만, 프로젝트는 다음 수년 동안 어느 정도 계획대로 진행되었다. 2015년 10월 8일에는 마침내 착공을 기념하는 행사가 열리면서 이미 진행 중인 건설 현

장을 엿볼 수 있었다. 착공식은 축제가 되었다. 아침에서 밤까지 온 마을에 국기들이 나부꼈고, 상점들은 저녁 6시가 지나도록 문을 닫지 않았다. 빌룬 마을 주민들과 레고 직원들은 착공식 입장권 3000장을 빠르게 매진시켰다.

단돈 20크로네만 내면 건설 현장을 직접 둘러볼 수 있을 뿐만 아니라 소시지 두 개와 빵 한 조각, 탄산음료 한 잔까지 받고 비아르케 잉엘스와 예르겐 비 크누스토르프, 키엘 키르크 크리스티안센의 연설도 들을 수 있었다. 얼마 전 세그웨이를 타고 다니다 사고가 나 다리가 부러진 키엘은 자택 온실에서 휠체어에 앉은 채 연설하는 것으로 만족해야 했다. 그는 이제 레고 하우스로 불리게 될 이 건물이 그가 오래전부터 꿈꾸어 왔던 대로 어린이와 어른이 각자 또 따로 레고를 온갖 방식으로, 또 어쩌면 지금까지 다른 그 누구도 생각하지 못한 방식으로 조립해 볼 수 있는 역동적 장소가 될 것이라고 말했다.

저와 우리 가족들은 우리가 어린이의 놀이와 학습이라는 더 큰 목적을 위해 일한다고 여겼고, 놀이가 얼마나 가치 있는 것인지를 학부모님들께 한층 더 자세히 설명해드리는 게 중요하다고 생각했습니다. 레고 하우스는 유일무이하며, 전 세계를 다 뒤져도 이러한 건물은 앞으로도 이곳 하나밖에 없을 겁니다. 저는 그게 중요하다고 생각합니다.

건설은 2017년에 본격적으로 시작되었다. 흰색 외장으로 말미암아 이 건물은 높이 10미터가 넘는 건물이 교회 첨탑을 제외하고는 단 하나도 없는 빌룬의 한가운데에 자리한, 드높고 번쩍이는 빙하처럼 보였다. 스물한 개의 거대한 레고 브릭으로 만든 듯한 이 건물은 9월에 공사가 마무리되었다. 드론으로 보면 그 모습을 가장 명확하게 볼 수 있었다. 어떤 이들은 이를 듀플로 막시무스DUPLO Maximus로 불렀다.

건물에 들어서면 곧장 사방이 막힌 거대한 공간이 건물 한가운데에 자리하고 있다. 기둥이나 다른 하중을 견디는 구조물은 전혀 없다. 거의 2000제곱미터에 달하는 이곳에는 레스토랑과 카페가 하나씩 있고, 입구 통로에 더해 상품을 잔뜩 쌓아 둔 거대한 레고 스토어도 물론 있다. 이 중앙 광장에서 어린이와 어른들은 지하로 내려가 극장에서 레고의 역사를 배워 볼 수도 있고, 성인 가족 구성원은 다양한 기회를 통해 기억을 더듬어 여행을 떠나 어린 시절 가지고 놀았던 레고 세트와 조립 경험을 재발견할 수도 있다.

어린이들은 자연스럽게 위층으로 이끌리는데, 그곳에는 놀이를 통한 학습이라는 교육학적 기반을 바탕으로 고안한 레드, 블루, 그린, 옐로라는 이름의 네 가지 체험 존이 있다. 레드(창의력) 존은 자유로운 놀이를 위한 공간이고, 블루(인지력) 존에서는 문제와 과제를 풀어 볼 수 있다. 그린(사회성) 존은 캐릭터와 스토리텔링에 집중한 세계이고, 옐로(감정) 존에서는 레고 브릭을 이용해 감정을 표현해야 한다. 곳곳에 서 있는 젊은 직원들이 어린이와 어른에게 레고 놀이에 관한 도전 과제와 영감을 던져 준다.

건물의 꼭대기 층에는 '걸작 갤러리'를 만들어 전 세계 각지의 성인 레고 팬들이 만든, 조각 같은 레고 작품들을 엄선해 전시한다. 또한 네 개의 체험 존 한가운데에는 600만 개의 브릭으로 만든 15미터 높이의 '창의력의 나무'가 바닥부터 천장까지 닿을 듯 서 있다. 이 나무는 초기 단계에서 건축가와 고용주 사이에 의견이 부딪혔던 유일한 지점이다. 잉엘스는 레고 부품이 둥둥 떠 있는 거대한 모빌을 제안했으나, 키엘은 조금 더 뿌리 깊은 작품을 원했으며 결국 키엘의 뜻대로 되었다. 이 생명의 나무는 북유럽 신화 속 위그드라실처럼 하늘을 향해 늘 푸른 가지를 뻗어 나가면서도 그 뿌리는 레고의 근원지인 스칸디나비아의 땅과 문화에 단단히 심긴 모습이다.

개장 후에는 전 세계 각지에서 수많은 건축가와 예술 비평가들이 BIG와 LEGO의 새로운 협업을 보기 위해 빌룬으로 성지순례를 왔고, 흠잡을 곳을 찾아낸 사람은 거의 없었다. 사람들은 회사의 상품과 철학을 이처럼 센세이션한 건물로 바꾸어 구현했다는 데 거의 전적으로 열광했다. 평론가 한두 명은 국제적 현대주의를 내뿜는 간결한 신축 건물과 레고 하우스 주변을 둘러싼 목가적인 마을 풍경이 이루는 초현실주의적 대조를 언급하지 않을 수 없었다.

잡지《아르키테크텐Arkitekten》의 평론가는 빌룬에 도착해 레고 제국의 하얀색 우주선에 가까이 다가갈 때가 마치 평행 우주로 걸어 들어가는 기분이었다고 표현했다. "빌룬에는 미안한 말이지만, 이 건물이 마치 신기루처럼 느껴진다면 그건 이 건물이 아무것도 없는 곳에서 솟아났기 때문이다. 레고 하우스를 보고 있으면 넋을 잃을 정도로 아름다운 신부가 허름한 옛 술집이나 독일의 사무용 가구 박람회에 서 있는 모습이 연상된다."

자체 개발 상품의 성공: 레고 닌자고

레고 하우스는 레고 역사에서 1980년대만큼이나 모험심 넘쳤던 시기에 건설되었다. 레고는 2015년 실적에서 90억 크로네 이상의 이익을 기록했는데, 이는 무엇보다도 2011년에 출시된 레고 닌자고LEGO Ninjago와 2012년에 출시된 여아용 시리즈 레고 프렌즈가 성공을 거둔 덕분이었다. 두 상품 모두 '빅뱅'이었다. 둘 모두 레고의 자체 개발 상품이었다는 뜻이다. 레고는 수년간의 개발 끝에 두 상품 라인을 탄생시키고 전 세계에 걸쳐 전폭적인 마케팅 캠페인을 펼쳤다.

이 두 라인은 레고가 위기를 겪었던 21세기 첫 10년 동안 경영진이 장려하기 시작한 성별 구분 전략을 이어 나갔다. 닌자고 전사들과 프렌즈에 더해 2012년에 디즈니 공주들을 표현한 듀플로 프린세스DUPLO Princess 또한 남아용 장난감과 여아용 장난감의 구분을 한층 강조했다. 잠자는 숲속의 공주가 지내는 방, 백설공주의 오두막, 신데렐라의 마차와 성이 듀플로 세트에 담겼다. 듀플로 상품이 남아와 여아 모두에게 똑같아야 한다는 지난 40년간의 기조에서 벗어나는 듯한 행보였다.

듀플로 마케팅 책임자 루이즈 스위프트Louise Swift는 "여자아이들에게 여자아이들이 원하는 걸 주자"라며, 듀플로의 70퍼센트가 남자아이를 대상으로 판매되었다고 설명하고, 전 세계 어머니들이 여자아이를 위한 상품을 찾고 있다고 말했다. 듀플로 프린세스와 레고 프렌즈는 바로 이 수요를 충족하며 여자아이와 많은 어머니 사이에서 뜨거운 반응을 자아냈고, 할아버지가 된 키엘 또한 이를 반가워했다. 키엘은 2012년의 레고 창립 80주년 기념식에서 다음과 같이 말했다.

제게는 여섯 명의 손주가 있고, 모두 손녀입니다. 그러니 레고 프렌즈는 지금 제가 제일 좋아하는 상품이죠. 여섯 살 첫째와 다섯 살 둘째는 레고 프렌즈를 너무나 좋아합니다. 손녀들은 프렌즈 캐릭터들의 이름이 무엇인지 어떤 이야기를 품고 있는지 알고 있으며, 이를 가지고 노는 걸 좋아합니다. 여자아이들이 다른 레고 상품을 가지고 놀기도 하지만, 이제 여자아이들이 정말 좋아하는 무언가를 줄 수 있어 기쁩니다.

2010년대 후반기에 레고의 지칠 줄 모르는 성장을 견인했던 요소 중에서도 특히 두드러졌던 또 하나는 바로 레고 닌자고 상품 라인이었다. 레고 닌자고는 뉴욕시 하수도에 사는 돌연변이 거북이 네 마리가 종종 나타나 범죄와 맞서 싸우는 고전 만화 「닌자 거북이」Teenage Mutant Ninja

Turtles」나 「쿵푸팬더Kung Fu Panda」와 같은 히트 영화의 인기에 편승할 요량으로 다른 몇 가지 디지털 기획과 함께 시작되었다.

레고 상품 제2그룹 마케팅 책임자 미샤엘 스테네루프Michael Stenderup는 2011년 1월의 출시를 준비하는 동안 닌자고에 큰 기대를 품었으며, 이 시리즈가 앞선 대형 기획이었던 레고 파워 마이너LEGO Power Miners 보다 두 배는 팔릴 것으로 확신했다. "남자아이들은 세계 어디를 가든 사실상 똑같습니다. 무언가 멋진 것, 강하고 인상적인 캐릭터가 등장해 대결을 벌이며 임무를 수행하는 이야기를 원하죠. 닌자고에는 그 이야기가 있습니다."

레고는 닌자고 세곈관에서 대결이라는 요소를 강화하기 위해 레고 피겨를 올려놓고 돌릴 수 있는 일종의 팽이인 스피너를 고안했다. 남자아이들이 모여 서로 스피너를 돌려 맞대결을 벌이면서 마지막까지 살아남은 한 사람이 승자가 된다는 것이 아이디어의 골자였다. 스피너와 레고 브릭 외에도 카드 게임을 더해 스피너에 다양한 속성을 더할 수 있게 했다.

"그렇다면 레고가 마치 1990년대 말에 그러했듯이 기업의 DNA와 핵심 비즈니스에서 멀어지고 있는 건 아니었을까?" 사내 잡지가 질문을 던졌다. 마케팅 책임자는 그렇게 생각하지 않았다.

"남자아이들은 대결을 원합니다. 게다가 저희는 클래식한 레고 상품에서 다른 곳으로 초점을 돌리려는 게 절대 아니라, 더 많이 판매하고 싶다면 다른 유형의 놀이에도 더 많이 투자해야 한다는 걸 알 뿐입니다."

달리 말하면 레고는 시대정신의 흐름을 타고 있었다. 2010년대의 서구 세계에서는 남자아이와 여자아이가 근본적으로 다르다는 개념과 함께, 둘을 똑같이 대하거나 생물학적 차이를 바꾸려는 것은 불가능할 뿐더러 완전히 잘못된 일일 수도 있다는 개념이 학부모 사이에 널리 퍼져 있었다.

양육에 관한 이 일반적 견해에 반대하는 연구자들도 더러 있었는데, 그중 하나는 놀이와 장난감이 젠더에 미치는 영향을 연구하는 미국의 사회학자 엘리자베스 스위트Elizabeth Sweet 교수였다. 스위트는 레고와 마찬가지로 놀이가 아이에게 필수적이라고 믿었고, 아이가 놀이를 통해 배우고 성장하고 세상에 적응하며 한 명의 인간으로 발달한다고 믿었다. 그러나 레고와 다르게, 스위트는 현대의 장난감이 젠더 고정관념에 갇혀 있기에 어린이가 자기만의 정체성을 형성하기 어렵다고 보았다.

"어린이가 다양한 종류의 기량을 개발하는 데에는 다양한 종류의 장난감이 도움이 된다는 사실이 연구를 통해 밝혀졌다. (……) 온전하게 기능하는 인간으로 자라나려면 그 모든 기량이 꼭 필요하다.

키엘: 우리는 일찍이 핑크 브릭을 만들기 시작했던 1990년대부터 홍보에 엄청난 공을 들였고, 특히 2012년에 레고 프렌즈를 출시했을 때는 더더욱 크게 홍보했습니다. 왜 그랬을까요? 저는 소비자와 시대에 따라 각기 다른 상품을 출시하는 게 온전히 자연스러운 일이라고 생각합니다. 우리는 어린이가 조립하고 놀 수 있는 훨씬 더 멋진 기회를 선사했습니다. 그리고 다행히도 남자아이들과 여자아이들은 특히 특정 연령대에 도달하면 실제로 서로 차이를 보입니다.

그때가 되면 여자아이들은 역할극을 하고 싶어 하고 그 욕구를 공략하는 장난감을 더 좋아합니다. 자기들이 놀이의 틀을 짜고 싶어 하고, 자기들이 만든 다양한 캐릭터와 설정을 자기 일처럼 받아들이죠. 남자아이들은 그보다는 액션에 훨씬 더 이끌리고, 무언가 커다란 걸 설계하고 조립하고 싶어 합니다. 그렇기에 저는 우리가 자연스럽고 올바른 길을 선택했다고 생각합니다. 이제 우리는 어린이 사용자의 25퍼센트 이상이 여자아이들인 시점에 이르렀고, 그 비율은 지금도 계속 높아지고 있습니다.

할리우드 진출: 레고 무비

2010년대 전반기에는 레고 스타워즈, 레고 크리에이터LEGO Creator, 레고 테크닉, 레고 시티LEGO City, 레고 닌자고, 레고 프렌즈가 가장 많은 인기를 끌었으며 해리 포터, 마인드스톰, 듀플로 또한 그 뒤를 이어 꾸준히 판매고를 올렸다. 그러나 레고가 손댄 모든 것이 황금으로 변하지는 않았다. 예를 들면 대규모 투자를 단행했던 온라인 게임 「레고 유니버스」는 실패작이었다. 이 게임은 시장에 출시된 지 1년 만인 2012년에 서비스가 중단되었다. 그렇지만 2015년 2월 25일에 예르겐 비 크누스토르프가 연간 실적을 발표하기 위해 전 세계 언론들을 빌룬에 불러들일 만한 이유는 여전히 충분했다.

2014년에 레고 그룹이 역사상 최고의 실적인 70억 크로네의 이익을 기록했다는 소식에 더해, 이제 10년차 CEO가 된 크누스토르프가 기자회견에서 매우 유쾌한 퍼포먼스를 선보였다. 칼 주름이 잡힌 회색 양복을 입고 그에 어울리는 넥타이를 맨 크누스토르프는 유창한 미국식 영어로 유럽과 아시아, 미국에서 온 기자들을 환영했다. 그러고는 곧바로 최근 할리우드에서 열린 오스카 시상식 이야기를 꺼냈다. 이 시상식에서는 애니메이션 「레고 무비The LEGO Movie」가 주제가상 부문에 후보로 선정되었고, 주제곡 「에브리떵 이스 어썸Everything is Awesome」의 공연이 할리우드의 돌비 극장Dolby Theatre에서 펼쳐졌다.

레고의 라이선스 파트너 워너 브라더스가 아이디어와 무대 연출을 담당했으며, 비용을 아끼지 않고 공을 들였다. 미니피겨 카우보이들이 갑자기 무대에서 달려 내려오더니 좌석 사이로 들어가 브래들리 쿠퍼Bradley Cooper, 메릴 스트립Meryl Streep, 클린트 이스트우드Clint Eastwood, 오프라 윈프리Oprah Winfrey 등의 배우와 유명인에게 레고 브릭으로 만든 오스카상을 나누어 주었다. 시상식이 끝난 뒤에는 레고 오스카상을 든 연예인들의 모습이 수많은 기사 사진과 현장 사진에 담겼고 배우들이 셀카를 찍기도 하면서 소셜 미디어에 공유되어 좋은 반응을 얻었다. 멋진 일이었다.

수많은 사람이 이를 이날 저녁의 하이라이트로 꼽으면서 애니메이션 영화와 레고 브랜드는 가치를 헤아릴 수 없을 만큼 전 세계 단위의 홍보 효과를 누렸다. 어느 덴마크 신문은 오스카 시상식 중간에 일반적인 30초 광고를 내보내려면 1000만 크로네 이상의 비용이 들었을 것이라고 비교했다.

3일 후, 그보다 조금 작은 빌룬 무대에서 크누스토르프는 레고가 올해 새로운 기록을 바라보고 있다며 말문을 열었다. 레고가 다시 한번 자신과의 대결에서 승리를 거둔 것이었다. 우아한 어조로 오스카 시상식을 이야기하던 크누스토르프는 갑자기 귀를 사로잡는 반주에 맞추어 노래를 부르며 어색하게 춤추기 시작했다. "모든 게 멋져요/ 여러분이 우리 팀이라 모든 게 괜찮아요."

이윽고 크누스토르프는 사람들이 으레 기대했던 체계적인 연간 실적 보고회에서 놀이의 중요성을 설파하는 작은 대중 과학 강연으로 분위기를 바꾸었다. 자리에 모든 기자와 사진기자를 실험 대상으로 삼은 그는 모두에게 각각 레고 브릭 여섯 개가 든 작은 봉지를 나눠 준 뒤 40초 만에 오리를 조립해 옆에 앉은 사람에게 보여 주라고 했다. 전 세계 비즈니스 언론 소속의 가장 노련한 기자들을 데리고 놀이와 학습 활동을 실험하고 행동을 통한 학습을 실험한 셈이었다.

크누스토르프가 꾸민 홍보 행사는 뜨거운 반응을 얻었고, 수완 좋은 CEO는 그 열기가 식기도 전에 레고 사내 잡지를 통해 새로운 목표를 선언했다. 크누스토르프는 회사가 「레고 무비」의 도움으로 전 세계의 새로운 고객에게 도달했으며, 그보다 더 많은 잠재적 소비자가 세상에 있다고 지적했다.

전 세계가 점점 더 부유해지고 있고, 아직 세계의 불확실성이 크다고는 하지만 저는 낮은 인플레이션과 낮은 유가가 우리가 영업하는 여러 시장에서 긍정적 발전을 견인해 줄 것으로 믿습니다. 우리 브랜드는 거대한 잠재력을 품고 있으며 아직 전 세계 많은 곳에 진출하지 못했습니다. 성장 기회가 있는 좋은 지역 중 하나는 바로 말레이시아입니다. 우리는 이곳에 2014년에 사무소를 열었고 그동안 레고의 소비자 판매가 100퍼센트 이상 증가했습니다. 세계에는 아직도 우리가 활발하게 영업하지 않는 나라가 많습니다.

레고는 수년 동안 이 전략을 성공적으로 추구해 나갔다. 2010년대 하반기에는 고트프레드와 그 팀원들이 1960년대의 행복했던 순간에 그렸던 전면적 세계화가 반박할 수 없는 사실로 거듭났다. 레고는 2010년대 내내 몸집을 불리고 부를 축적했는데, 무엇보다도 유럽과 북미, 러시아, 중국, 아시아 여러 지역을 포함해 지난 수십 년간 진출에 어려움을 겪었던 시장에서 성장했기 때문이다.

2015년 이후 레고는 동아시아 시장에서 한층 더 추진력을 얻기 시작했다. 레고는 지난 5년간 본격적으로 첫 단계를 밟기 시작하면서 상하이, 싱가포르, 런던, 코네티컷 엔필드에 빌룬의 본사와 별개로 다수의 부서와 관리 부문을 갖춘 핵심 지사를 설립해 허브로 삼았다.

키엘: 우리 허브에서는 여러 흥미로운 일들이 진행되었습니다. 해당 시장이 판매와 마케팅에 관련된 일만 하는 게 아니었죠. 이들이 상품 개발과 라이선스 계약에 관한 문제를 다루기도 했습니다. 보통은 저희 고위 관리자들이 빌룬의 경영진 소속으로서 각 허브를 이끌었습니다. 어떤 면에서든 세계적으로 생각하기 위한 방침이었죠. 또한 런던 등에서는 이렇게 하는 게 모든 분야에서 전문가를 찾기가 더 쉬웠다는 뜻이기도 합니다. 인재를 빌룬에 끌어들인다는 건 언제나 쉽지만은 않았습니다. 사실 몇 년 전부터는 예를 들자면 뉴욕에서 외국인을 데려와 빌룬에 정착시키는 편이 코펜하겐 사람을 빌룬으로 데려오는 것보다 더 쉬울 때가 종종 있었습니다.

아시아 시장의 급격한 성장을 알리는 또 다른 신호는 중국 성인 레고 팬들의 출현이었다. 상하이 허브 소속의 재러드 찬Jared Chan은 새로운 열성 팬이자 레고 아이디어의 홍보 대사인 이들과 레고 사이의 관계를 진전시키는 임무를 2017년에 맡았다. 그는 중국의 레고 팬들이 다른 나라의 팬들보다 상당히 어렸으나 레고 브랜드를 알리는 데에는 그 누구에게도 뒤지지 않을 만큼 열심이었다고 회고했다. 이들이 만들고 전시한 모든 작품은 중국의 어린이와 부모들에게 레고 브릭을 어디까지 사용할 수 있는지 보여 주었다. 특히 두드러졌던 작품 중 하나는 중국 동부의 주요 도시 난징에 사는 성인 레고 팬 집단이 18세기 소설 『홍루몽紅樓夢』에 등장하는 유명한 정원 대관원大觀園을 본떠 만든 것이었다. 찬은 이 모델이 순식간에 아이콘으로 떠오르면서 중국의 문화 수출에 기여했다고 설명했다. 이 모델이 중국 등지에서만이 아니라 미국 시카고에서 열린 브릭월드Brickworld를 포함한 전 세계 각지의 팬 컨벤션에서도 전시되었기 때문이다. 이는 정치 면에서 종종 의견 차이를 보였던 두 국가 사이를 오간 일종의 문화적 교환이었다. 마치 레고가 두 나라를 하나로 이어 줄 수 있을 것처럼 보였다.

언제까지 성장할 수 있을까?

2016년 3월 1일, 레고 그룹은 2015년의 연간 실적을 발표하는 자리에서 지난 12년 동안 한 해도 쉬지 않고 회사가 성장을 거듭해 왔음을 밝혔다. 이제 레고의 이익은 100억 달러에 다다르고 있었고, 직원 수는 1년 만에 1만 4800명에서 1만 7300명으로 늘어났다. 크누스토르프는 발표를 시작하며 이유 있는 기대에 찬 기자들에게 올해는 노래하거나 춤을 추지 않을 것이라고 말했지만, 계속된 성장을 발표할 때는 잠시 방방 뛰는 모습을 보여 주었다. 실적은 믿기 어려울 만큼 좋았다. 이익 면에서도 그랬지만, 무엇보다도 레고가 이제 전 세계 어린이 1억 명에게 도달한다는 사실이 놀랍기 그지없었다. 그야말로 멋진 일이었다.

그러나 지난 5년간 레고가 규모를 두 배로 불렸다는 사실에 CEO가 행복을 만끽하는 동안, 레고의 오너는 오래전부터 우려를 표하기 시작했다. 그의 말을 빌리자면 성장세가 거의 초자연적일 만큼 매서웠기 때문이다. "이 추세를 이어 나갈 수 있는가? 우리에게 필요한 직원을 채용할 수 있는가? 신입 직원들에게 회사와 회사의 핵심 가치를 제대로 파악할 시간을 줄 수 있는가?"

2016년에는 레고가 매출과 수입의 양면에서 하락세로 접어들면서 키엘의 불안에 불을 지폈다. 우려되기는 하지만 재앙이라고 할 정도는 전혀 아니었던 이 실적이 언론에 공개되었을 때 그 소식을 전한 사람은 예르겐 비 크누스토르프가 아니었다. 이제는 지난 15년 가까이 고위 경영진의 일원이었던 60세의 인도계 영국인 발리 파다가 회사의 키를 잡았다. 레고 역사상 최초로 덴마크인이 아닌 CEO가 된 그는 이제 찬란하지 못한 실적을 발표해야 하는 불명예를 떠안았다. 파다는 이렇게 결론을 내렸다 "지난 수년간 우리는 초자연적 성장을 보아 왔습니다 (……) 지금 우리에게 보이는 것은 더 지속 가능한 성장률로 돌아가는 모습이며, 미래에도 이와 같은 모습을 기대할 것입니다."

크누스토르프가 자리에서 물러난 이유는 갑작스럽게 저조해진 연간 실적과는 아무런 관련이 없었다. 그보다는 이미 2032년의 100주년을 바라보는 가족 소유 기업 레고에서 새로운 핵심 역할을 그에게 준비해 주었기 때문이었다. 이제 그가 맡은 임무 중 하나는 지난 10년 이상 준비해 온 레고의 기업 승계가 원활하게 진행되도록 돕는 것이었다. 사임을 발표하는 자리에서 크누스토르프는 이렇게 말했다. "제가 맡은 새 역할은 토마스 [키르크 크리스티안센]의 파트너로서 소유주와 관련된 모든 일을 처리하는 것이고, 레고 브랜드와 레고의 바탕이 되는 아이디어를 개발하고 보호하는 한편으로 비즈니스적 관점에서 레고 브랜드를 한층 더 개발하는 것입니다."

키르크비의 레고 브랜드 그룹에서 크누스토르프가 새로이 맡은 일은 다양한 수준에서 회사의 앞길을 닦는 것이었으며 몇 가지 문제를 중점적으로 다루었다. 키르크 크리스티안센 일가는 앞으로 수십 년 동안 레고를 통해 어떤 일을 하고 싶어 하는가? 오너 일가의 비전은 무엇인가? 목표는 무엇인가? 크누스토르프는 2016년 12월의 기자회견에서 경영 구조 개편을 선언하면서 자신이 기업 오너 일가와 얼마나 가까운지를 직접 설명했다. "새로운 직책에서 저는 공동 오너가 아니지만 오너 일가를 대리해 오너의 적극적 역할을 수행할 것이며 외적으로 오너의 지배권을 행사하는 데 도움을 줄 것입니다. 그러므로 예를 들면 디즈니와 같은 파트너사에서는 저를 오너 일가의 연장선상으로 보아도 좋습니다."

달리 말하면 크누스토르프는 오너 일가의 오른팔 같은 역할을 맡은 셈이었다.

이 기자회견에서는 키엘에게 이제 키르크 크리스티안센 일가가 크리스마스에 크누스토르프와 함께 시간을 보내느냐고 질문하는 사람도 있었다.

키엘은 너털웃음을 터뜨리며 대답했다. "하하하! 아니요. 아직 거기까지 가지는 않았습니다. 그렇지만 제 아들로 입양하는 건 어떨지 고민되긴 하네요!"

키엘의 진짜 아들인 37세의 토마스는 이 시점에 이르러 거의 10년 가까이 레고 이사회에 몸담아 왔으며, 아버지와 두 누이 모두 그가 4세대에서 가장 활발하게 활동하는 오너임을 인정했다. 토마스는 이 기자회견을 통해 처음으로 공개 석상에 모습을 드러냈으며, 크누스토르프가 기업 승계 과정과 레고 브랜드에 더 깊이 관여하기로 한 결정의 바탕에 어떤 생각이 있었는지 설명했다.

저희가 이렇게 하는 이유는 갑자기 저희가 모든 것을 등지고 놀이 경험의 품질을 희생시키거나 레고의 아이디어와 더는 일치하지 않는 방식으로 그저 성장을 위한 성장에 박차를 가하려 애쓰는 상황으로 치닫고 싶지 않아서입니다. 만약 그렇게 한다면 저희는 실패할 것입니다. 우리에게는 미래를 위해 그 사태를 막아 줄 안전장치가 필요합니다.

4세대 오너의 등장

토마스는 아버지가 레고의 대표이사 자리를 물려받은 바로 그해인 1979년에 태어났다. 어린 시절 토마스는 옛날의 키엘처럼 레고라는 기업을 높이 우러러보았던 적이 한 번도 없었다. 한때는 아버지가 그랬던 것처럼 학교가 끝난 뒤 레고를 조립하며 놀 수 있도록 모델 조립사들의 맞은편에 책상과 의자를 놔 주기도 했으나 토마스는 그 습관을 들이지 못했다.

키엘: 저는 디자이너들과 함께 조립하는 걸 정말 좋아했어요. 그래서 토마스가 열두 살에서 열세 살쯤 되었을 때 저는 상품 개발 부서의 한 구석에 자리를 놔 달라고 부탁할 수 있는데 어떻게 생각하느냐고 아들에게 물어보았습니다. 아들은 좋다고 했지만, 그곳에 그렇게 자주 가지는 않았습니다. 너무 일렀던 것 같아요. 토마스는 여기에 아무런 흥미도 느끼지 못했습니다. 그곳에 가면 레고 미니피겨를 발명한 옌스 뉘고르와 이야기를 나눌 수도 있고 다른 사람들에게서 모델과 디자인에 관한 아이디어를 어떻게 떠올리는지 들어볼 수도 있었을 겁니다. 그렇지만 토마스는 관심이 영 생기지 않았던 모양입니다. 어쩌면 제가 너무 겁을 줬던 걸지도 모르겠어요.

어린 시절 내내 토마스는 아버지가 쉼 없이 일하거나 멀리 출장을 떠나는 모습을 지켜보며 자랐다. 아버지는 집에 돌아와 가족들과 함께 저녁을 먹고도 밤늦게 사무실로 돌아가 일을 계속했다. 그것이 토마스가 기억하는 레고였다.

토마스는 물론 다른 누이들도 어린 시절에 회사와 특별히 좋은 관계에 있지는 않았다. 이들에게 레고란 학교에서 남들과 다른 취급을 받아야 했던 이유이자 가족들이 다 함께 모이는 자리에서 아버지와 할아버지가 말다툼을 벌이는 이유였다. 세 자녀 모두가 공장의 상황이나 공장에서 사람들이 실제로 어떤 일을 하고 어떻게 협력하는지 제대로 알지 못했다는 점도 도움이 되지 않았다. 아이들은 그저 레고 세트를 신고 나가는 모습만 보았고, 원하는 만큼 레고 세트를 조립하고 놀 수야 있었지만, 만약 조립 설명서에 실수가 있다면 잊지 말고 말해 주어야 한다는 부담도 있었다. 아그네테는 이렇게 회고했다. "때로는 어머니와 아버지가 저희에게 상황을 더 솔직하게 알려 주었으면 좋았겠다고 생각해요. 그렇지만 이상하게도 우리에게 주어지는 건 브릭뿐이었습니다. 아버지의 시간을 모조리 훔쳐 가는 브릭은 아버지가 할아버지와 말다툼을 벌이는 이유이기도 했죠. 게다가 저희는 학교에서 놀림을 받았습니다."

세 자녀는 자신들이 레고에 더 적극적으로 관여할 수 없었던 이유가 앞으로 언젠가 기업 승계에 관해 내려야만 할 결정들과 향후 이들이 가족 소유 기업에 관여할 방식에 관한 거대하고 육중한 질문에서 한발 멀리 떨어져 아이들을 보호하고 싶었던 부모의 마음 때문이었다는 것을 어린 시절에는 물론 몰랐고 성인이 된 후에도 어느 정도 지나서야 알 수 있었다. 아그네테는 다음과 같이 말했다.

아버지는 저희 아들딸들에게 레고에 관해서라면 무엇도 기대하지 않으니 부담 가질 필요가 없다며 늘 힘주어 말했습니다. 어쩌면 아버지 자신이 한때 그런 압박감에 시달려 본 기억이 있으니 아이들은 자기와 같은 일을 겪지 않는 게 좋겠다고 생각했을 수도 있습니다. 그렇지만 이는 실제로 정반대 효과를 불렀고, 거의 저희를 차단하는 셈이 되었어요. 부모로서 균형을 지킨다는 건 그때도 어려웠고 지금도 너무나 어려운 일입니다. 이제 어른이 되어 언젠가 레고를 물려받을지도 모르는 아이를 낳아 보니 그때 부모님의 기분이 어땠는지 알 것 같네요.

레고의 상황이 나빠지기 시작하던 1990년대 말, 막 스무 살이 된 토마스는 앞으로 무엇을 하며 살고 싶은지 도무지 알 수 없었다. 아버지는 그와 그의 누이들에게 레고에서 바로 일할 생각은 하지 말고 먼저 나름대로 진로를 찾아보라고 늘 말했다. 그렇지만 토마스는 그럴 수가 없었다. 무엇을 해야 할지 단서조차 찾을 수 없었던 그는 이곳저곳을 동시에 들쑤셔 보기 시작했다. 사업을 할까? 농사를 지을까? 아니면 학교 선생님이 되어야 하나? 결국 토마스는 오르후스의 비즈니스 대학에서 2년제 마케팅 관리자 과정을 밟기 시작했으며, 어느 시점부터는 농업 실습까지 시작했다.

그러다가 결정적 사건이 일어났다. 2003년이 되자 모든 가족은 레고의 처참한 실적이 키엘의 마음을 무겁게 짓누르고 있으며 회사가 앞으로 어떻게 될지 키엘이 확신하지 못한다는 것을 분명하게 알 수 있었다. 역경의 순간에서 토마스는 아버지에게서 그동안 미처 눈치채지 못했던 무언가를 발견했고, 자신도 그것을 이해할 수 있을 것 같다고 느꼈다.

저는 당시 20대 초반이었으니 무엇이 부모님을 바꿔 놓는지가 궁금해질 나이였습니다. 그즈음 아버지를 보면서 가장 놀라웠던 점이 있다면, 꽤 음울해 보이는 상황 속에서 사실상 모두가 "키엘, 이제 그냥 브릭에 관련된 건 다 잊어버리고 바로 레고를 팔아야 해요."라고 말하던 시기에도 아버지의 내면에는 여전히 의욕과 열정이 살아 숨 쉬고 있었다는 점입니다.

제 마음속 깊은 곳에서 누군가 속삭이는 것 같았어요. "말도 안 돼, 진짜 뭔가 있나 봐!"

물론 제가 아버지에게서 느꼈던 의지력은 순전히 아버지 이전의 세대가 쌓아 올린 유산을 계속 이어 나가야 한다는 의무감이었을지도 모릅니다. 그렇지만 그게 전부는 아니었어요. 레고 아이디어 자체였고, 어린이의 발달에 긍정적 영향을 미칠 수 있다는 믿음도 있었습니다. 그게 바로 제가 갑자기 아버지에게서 발견한 열정이었습니다. 그렇기에 저도 순식간에 관심이 생겼죠.

토마스는 레고가 장난감 회사 그 이상의 무언가라는 키엘의 말을 처음으로 이해할 수 있었다. 이게 진짜라면 브릭의 잠재력뿐만 아니라 어린이를 놀이에 참여시키고 아이의 발달을 위한 기틀을 닦을 수 있다는 아이디어에도 여전히 거대한 잠재력이 남아 있겠다고 토마스는 생각했다.

토마스의 마음속 농부보다는 선생님의 기질이 큰 그림을 포착했고, 이제 그는 과거에 그토록 많은 문제를 가져다주었던 이 회사에 자신을 위한 미래가 있을지 고민하기 시작했다. 마음속 농부는 무언가가 자라나고 번성하는 모습을 지켜보는 것만으로 만족했을지도 몰랐으나, 그의 마음속 선생님은 무언가가 발전하는 모습에, 특히 아이들이 발달하는 모습에 이끌렸다.

키엘: 2003년에 가족들과 스키를 타러 갔다가 집으로 돌아오는 길에 토마스가 이렇게 말했던 게 기억납니다. "아버지, 사실은 집에 돌아가는 길에 아버지와 앉아 얘기할 기회가 있으면 좋겠다고 생각하고 있었어요. 지금 일이 어떻게 돌아가는지를 아버지께서 조금 더 말씀해 주시면 저도 조금 더 따라갈 수 있을 것 같거든요. 제가 도울 수 있는 일이 있다면 돕고 싶어요."

제게 이 말은 토마스가 레고에서 어떠한 역할을 맡을 수 있을지 고민하기 시작했다는 아주 긍정적이고 분명한 신호였습니다. 저는 아이들에게 회사에 들어오지 말라고 조언하지도 않았고 들어오라고 부추기지도 않았지만, 우리가 가장 큰 위기를 겪는 동안에도 아이들이 각자 행복한 삶을 사는 게 무엇보다도 중요하다고 생각했습니다. 꼭 레고와 관련된 삶을 살 필요는 없었죠. 사업을 물려받는다는 건 여러 면에서 멋진 일이지만, 한편으로는 많은 문제를 감당하며 살아야 하기도 합니다. 그러므로 저로서는 아이들이 자립할 방법을 찾는 것과 정확히 무엇을 하며 살고 싶은지 찾아내는 것이 언제나 가장 중요했습니다. 그게 바로 제가 아이들에게 해 준 조언이었습니다."

5세대들의 승계 준비: 레고 학교

2004년, 토마스는 온 가족에게 자신이 무엇을 하며 살고 싶은지 알았다고 선언했다. 아직 자신이 레고에서 어떤 식으로 노력을 기울여야 할지 알지는 못했지만, 그는 이것이 자기가 추구하고 싶은 진로임을 확신할 수 있었다.

중대한 위기가 발생할 때면 모든 게 움직이기 시작합니다. 그리고 언제나 그 타이밍을 마음대로 정할 수는 없죠. 지금 되돌아보면 제가 그 자리에 섰던 건 그저 우연이었습니다. 제 누이들도 얼마든지 일찍 일어나 벌레를 잡는 사람이 될 수 있었죠. 그렇지만 아그네테는 당시에 아직 너무 어렸고, 소피는 몇 가지 다른 일을 먼저 시도해 보기로 마음먹은 상태였습니다. 그때는 그야말로 제 인생에서 모든 게 하나로 합쳐져 마음에 불을 지피는 시기였어요.

토마스는 26세의 나이에 레고 주식회사 이사회에 합류했다. 처음에는 참관인 역할이었다. 2년 후에는 영구 참관인으로 올라섰고, 같은 해에 키르크비 주식회사 이사회에도 합류했다. 여기에 더해 아버지와 크누스토르프를 비롯한 이들이 레고의 미래를 정립하고 말로 표현하기 위해 애쓰는 신설 레고 브랜드 및 혁신 이사회에서도 역할을 맡았다.

온갖 절차와 미사여구를 너무나 잘 아는 노련한 사업가들과 한 테이블에 앉는다는 것은 상업 회사나 산업 회사의 일상적 운영에 가담해 본 적이 없거니와 경영에 관련된 경력이 아예 없는 젊은이에게는 정신적으로 버거운 일이었다. 토마스의 말을 빌리면 배움과 개인적 발전으로 가득했던 10년간의 기나긴 여정이 시작되는 순간이었다.

아직 너무나 어리고 아무런 경험도 없는 채로 이사회실에서 진행되는 회의를 듣고 있자니 모든 게 믿기 어려울 만큼 압도적으로 느껴졌습니다. 처음에는 회의에서 나오는 말과 행동을 절반도 채 이해하지 못했습니다. 어떤 상황인지를 머릿속으로 간신히 이해하는 단계에서 수년에 걸쳐 회의에 회의를 거듭한 끝에 다수의 이사회에서 제 몫을 다하는 일원이 된다는 건 큰 도약이 필요한 일이었습니다. 저는 제가 모든 것을 알아야 하며 회의실 안의 다른 모든 사람을 합친 것보다 더 똑똑해야 한다고 생각했습니다. 그러고는 제가 그걸 절대 해낼 수 없다는 사실을 받아들이기가 어려웠죠. 토마스, 그렇게 자책하지 않아도 된단다!

이 시점에 이르러서야 저는 어깨에서 힘을 빼고 자기 자신을 다독여 줄 수 있었습니다. "그래. 분명 가족 소유권이 특별한 이유가 있을 테고, 우리만이 맡을 수 있는 역할과 담당이 있을 거야." 온갖 실력을 갖춘 사람들은 외부에서 데려올 수 있지만, 다른 누구도 아닌 오직 우리만이 가족으로서 할 수 있는 일이 있을 것이다……. 저는 여기에 초점을 맞추기 시작했습니다. 무엇보다도 레고가 전 세계 어린이들에게 변화를 선물할 수 있고 그렇게 할 것임을 직원들이 이해하고 따를 수 있도록, 핵심 가치를 고수하고 문화를 올바른 방향으로 발전시키며 레고의 아이디어를 일관되게 고집하는 것이 중요했습니다. 그게

바로 오늘날 저를 움직이는 동력이고, 다음 세대에 물려주고
싶은 마음가짐입니다.

올레 키르크 크리스티안센을 시작으로 하면 다섯 번째 세대인 다음
세대는 모두 여자아이이며, 연령대는 9세에서 15세까지로 다양하다. 그
중 대다수가 2012년부터 매우 특별한 방식으로 회사에 관여하고 있다.
소피, 아그네테, 토마스는 레고를 더 알고 싶고 통찰을 얻고 싶었던 어린
시절의 기억을 바탕으로 오너 일가 내부에 '레고 학교'라는 특별한 개발
플랫폼을 만들었다. 이들은 심지어 솜씨 있는 선생님을 모셔와 이름하여
'준비 프로그램'의 지도를 맡겼다.

예르겐 비 크누스토르프가 오너 일가의 특별 고문으로 자리를 옮긴
다는 소식을 발표했던 2016년 12월의 기자회견에서 토마스는 신문기자
들에게 가족 소유권의 가치가 오늘날의 레고를 만들었다고, 한두 세대의
오너가 더는 회사에서 적극적 역할을 맡지 않는다면 우리가 아는 레고는
거기서 끝날 것이라고 말했다. "그게 제가 상상할 수 있는 최악의 시나리
오입니다. 그러므로 저희는 다음 세대에게 앞으로 어떤 일들이 펼쳐질
지, 그리고 또 어떻게 해야 적극적인 오너가 될 수 있는지 알려 주기 위해
최선을 다하려고 합니다."

여기서 바로 현재와 미래를 이어 줄 레고 학교가 등장한다. 올레 키
르크의 고손주들에게 그룹 일원으로서 가족의 회사 소유권에 관해 생각
해 보고 최종적으로는 각자의 역할을 생각해 볼 기회를 주기 위해서다.
토마스는 다음과 같이 설명했다. "저는 기본적으로 아이들이 고생 끝에
낙이 있음을 알았으면 좋겠습니다. '그래, 이게 내가 원하는 일이야. 전
세계 어린이에게 변화를 선물해 주는 데 보탬이 될 수 있으니까!'라고 생
각하고 신날 수 있으면 좋겠어요. 저는 앞으로 20년 동안 이 부분을 신경
써서 지켜볼 겁니다."

실제로 레고 학교는 한 달에 한 번씩 종일 진행되었다. 모두 합치면 1년에 8일에서 10일 정도 수업했고, 여기에 더해 여름 캠프를 떠났다. 아이들이 한자리에 모여 주제별로 수업을 들었고, 수업 내용은 언제나 회사에 적극적으로 관여하는 태도를 바탕으로 했다. 그저 자리에 앉아 레고를 가지고 노는 데서 그치지 않고 브릭이 어떻게 주형과 분류, 포장을 거쳐 시장에 출시되는지를 가까이에서 볼 수 있었다. 아이들은 함께 상품 개발 부서를 견학하며 디자인과 혁신을 배울 수도 있었다. 때때로 할아버지 키엘이 찾아와 옛날 옛적에 자기가 아직 어릴 때 빌룬의 공장 바닥을 돌아다녔던 이야기를 들려주었다. 아이들은 레고 하우스로 함께 나들이를 가기도 했으며 이곳을 '할아버지의 놀이방'으로 불렀다. 또한 소규모 인원이 모여 체코 클라드노에 자리한 레고 공장으로 견학을 다녀오거나 남아프리카의 레고 재단을 비롯한 여러 곳을 개별적으로 방문하며 통찰을 얻고 시야를 넓혔다.

　　레고 학교는 후계자들에게 자선 활동과 재단 사업, 지속 가능성 그리고 환경에 대한 책임에 관한 거대하고 어려운 개념들을 소개하는 한편으로 회사가 어떻게 돌아가고 관리되는지에 관해서도 맛보기로 알려주었다. 이 수업들은 모두 재미있는 방식으로 진행되면서도 훗날 아이들이 이사회와 재무, 계정들을 다루어야 할 날을 대비했다. 후계자 중 세 명의 어머니인 아그네테는 이렇게 말했다. "저는 이 일에 정말 관여하고 싶고 한발 더 나아가고 싶어 하는 세대를 길러 내는 게 정말 중요하다고 생각합니다. 그게 기본적으로 이 모든 것의 핵심이죠. 지금 우리는 대출을 바탕으로 너무나 정신없고 거대한 사업을 벌이고 있고 그걸 다음 세대에 물려줘야 합니다."

　　그렇다면 키엘은 자신과 카밀라가 자녀들에게 그랬던 것보다 그 자녀들이 손녀들에게 더 많은 요구를 떠안기는 듯한 이 '가족 학교'를 두고 뭐라고 말했을까? 키엘은 자녀들의 기획을 자랑스럽게 여겼을 뿐만 아니라 이 개념 자체에 큰 열정을 드러냈다. 또한 그는 레고 학교의 다채 루우면서두 창의적으로 장식된 교실이 콘립바이이 키르크비 건물에서 도 자신의 사무실과 같은 층에 있다는 점을 무척이나 기뻐했다. 키엘은 2016년 12월에 《윌란스 포스텐》에 다음과 같이 말했다. "우리 5세대 아이들이 가족의 일원으로 산다는 것을 재미있고 자랑스럽게 여긴다니 정말 멋진 일입니다. 게다가 이는 아이들이 학교나 주변 환경에서 여러 상황에 더 쉽게 대처할 수 있도록 준비하는 방식이기도 합니다."

"원활한 세대교체"는 가능한가?

4세대와 5세대 사이의 승계가 어떤 모습일지, 그리고 5세대의 사촌지간 중 몇 명이 성인이 된 뒤에 기업에 적극적으로 관여하고 싶어 할지는 그누구도 확실히 알 수 없다. 키엘이 소피와 토마스, 아그네테에게 기업을 물려줄 때만큼 부드럽게 진행될 가능성은 크지 않다. 그때가 되면 두 배나 많은 인원의 오너들을 고려해야 하기 때문이다. 키엘이 세 자녀에게 기업을 승계하면서 레고는 한 사람이 소유하는 구조에서 여러 명이 소유하는 구조로 역사적 변화를 겪었다. 한편 이 과정은 5세대에게 혜택과 영감을 안겨 줄 모델을 수립하려는 시도이기도 했다. 이 모델의 핵심이자 키엘이 추구한 "원활한 세대교체"라는 개념의 바탕에는 개인의 자유를 존중하는 마음이 있었고, 후계자들이 레고에서 일해야 한다는 의무감을 느끼지 않고 각자 원하는 삶을 살게 해 주고 싶다는 마음이 있었다. 아그네테는 다음과 같이 말했다.

우리 가족은 어떤 구조를 만들어야 하는지를 두고 많은 대화와 논의를 나누었으며 우리가 어떤 식으로 개입하고 싶은지, 또한 우리에게 어떤 기회가 있는지에 관해 합의를 보았습니다. 저희

세 남매는 한 사람이 나머지 두 사람보다 더 적극적으로 나서는 형태의 모델에 정착했습니다. 오너로서 사는 데 한 가지 방법만 있는 건 아닙니다. 예를 들어 소피처럼 더 소극적인 역할을 선택할 수도 있죠. 우리는 그렇게 해도 괜찮아야 한다고 생각합니다. 우리가 선택해 이 자리를 타고난 게 아니니까요. 수많은 가족이 같은 현실을 마주하고 있고, 저마다 어떻게든 그 일원이 될 방법을 찾아내려고 애써야 하죠. 저는 이 점에서 우리가 조용하고도 침착하게 공동의 훌륭한 이해에 다다랐다고 생각합니다. 이제 우리는 저마다 자리를 찾았고, 이건 우리 가족이 살아가는 이야기입니다.

소피가 소극적인 오너로 남기로 한 배경에는 오래전부터 소중히 여겨 온 자연에 대한 사랑을 본격적으로 펼쳐 보고 싶다는 생각이 있었다. 어느 정도는 소피가 어린 시절 셸렌보르로 자주 여행을 다닌 데에서 비롯된 생각이기도 했다. 소피는 모든 기대를 떨쳐 버리고 숲속에서 동물들과 함께할 때 가장 자기다운 시간을 보낼 수 있었다. 현재 소피는 빌룬 남부에서 사슴 농원 클레룬 뒤레하베를 운영하고 있다. 이곳은 덴마크에서 가장 큰 사슴 농원 중 한 곳이며 말사슴, 유럽노루, 멧돼지를 비롯한 수많은 자생종이 살아가고 있다. 2005년부터 농원의 소유주가 된 소피는 다른 많은 실력 있는 사람들의 도움과 함께 14제곱킬로미터가 넘는 이 지역을 자연의 품으로 돌려보내며 동식물이 살기에 더 좋은 환경을 조성하고 있다.

제게 집처럼 가장 편안한 곳은 동물들과 언제나 함께하는 숲속이었습니다. 숲은 제가 저답게 지낼 수 있는 곳이에요. 그렇기에 클레룬 뒤레하베는 그냥 '자연 프로젝트'나 '일' 혹은 '관심사'가 아닙니다. 제게는 자연에 대한 사랑을 실천으로 옮기는 것이 무엇보다도 중요해요. 저는 언제나 자연에 속한 상태로 사는 게 숨 쉬는 것만큼 중요한 일이라고 생각했던 것 같습니다. 그래서 자유를 향한 제 갈망을 지지해 주고 제가 숲과 동물들에게 100퍼센트 전념하며 살 수 있도록 해 준 우리 가족들이 정말 고맙습니다. 가족들의 따뜻한 지지와 이해는 우리 가족을 더욱 단단하게 묶어 주었고, 제게 정말 큰 의미로 다가왔습니다. 저는 비록 다른 길을 선택했지만, 우리 가족의 역사가 무척 자랑스럽고, 오너로서 비교적 적은 지분을 소극적으로나마 보유한다는 게 좋습니다.

토마스는 지난 수년간 가족들과 세 남매가 수많은 대화를 나누며 상황을 한결 더 분명하게 정리하고 가족 간의 유대 관계를 실제로 더 강화할 수 있었다고 덧붙였다.

물론 가족이 사업을 함께한다면 이렇게 하기가 무척 어렵습니다. 너무나 많은 것이 가족 수준에서 틀어질 수 있어요. 까다로운 사안들에 관해 의견을 모으거나 적어도 공동의 방향을 정해야만 하니까요. 그렇기에 우리는 가족 모두가 잘 지내는지 끊임없이 확인해야 하고, 누구도 답답한 기분을 느끼지 않아야만 그렇게 할 수 있습니다. 사람들은 궁지에 몰렸다고 생각할 때 폭발하는 법이니까요.

오너 가문의 '패밀리 오피스'

10년 넘게 계속된 세대교체 과정은 키엘과 그 자녀들에게 회사가 축적한 재산을 어떻게 사용할지 합의하는 기회가 되기도 했다. 오늘날 회사의 재산은 가족 소유의 비공개 지주회사이자 투자회사인 키르크비 주식회사가 운용하고 있다. 《포브스Forbes》가 선정한 2021년 세계 최고 부자 순위를 보면 키르크라는 가운데 이름을 쓰는 네 명의 덴마크인이 274위를 공동으로 차지했다. 《포브스》에 따르면 키엘과 소피, 토마스, 아그네테는 각각 544억 크로네의 재산을 보유하고 있다. 이들의 개인 자산은 키르크비 주식회사가 관리하는데, 언론들은 이 회사를 두고 종종 "레고의 은행"이나 "키르크 일가의 금고"로 표현한다.

1984년에 고트프레드 키르크 크리스티안센 일가는 키르크비 투자 주식회사를 설립했다. 어느 신문의 노골적 표현을 빌리면 이는 "거의 덕망에 가까운 레고의 이미지와 회사의 무정한 재무 및 투자 사업을 분리하기 위한" 시도였다. '키르크'와 '빌룬'을 합쳐 '키르크비'라는 이름을 가지게 된 이 회사는 시작부터 삐거덕거렸다. 이사회 의장이었던 고트프레드가 코펜하겐 기반의 C&G 반켄C&G Banken 은행에 3000만 크로네를 투자하기로 했으나, 이 은행이 몇 차례 '창의'적인 거래를 벌인 끝에 수많은 불법 행위가 줄줄이 밝혀지면서 1988년에 도산했기 때문이다. 이 사건이 언론에 대서특필되면서 레고의 평판에도 타격을 입혔다.

1980년대 초부터 키르크비는 레고의 자산을 이용해 다른 모든 평범한 은행보다 더 높은 수익을 달성하겠다는 목표를 내걸었다. 이들은 다른 여러 회사와 증권에 투자했고 국내외 부동산을 매입했다. 이들은 보수적인 전략과 매우 장기적인 관점을 취했다. 다르게 말하면 되팔기 위해서가 아니라 소유하기 위해 매입했다.

본래 투자회사 업무만을 담당했던 키르크비는 오늘날 다양한 분야에 걸쳐 세 가지 기본 업무를 담당하는 조직이 되었다. 레고 브랜드에 속하는 모든 단체에 걸쳐 레고 브랜드를 보호하고 개발하며 강화하는 것, 오너 일가의 활동과 전 세계의 지속 가능한 발전에 기여할 튼튼한 재정 기반을 확보하기 위해 전략적으로 투자하는 것, 오너 일가와 이들의 활동, 이들이 운영하는 회사, 이들의 자선사업을 뒷받침하고 미래 세대가 적극적인 오너십을 행사할 수 있도록 준비하는 것이다.

2010년부터 키르크비의 CEO를 맡은 쇠렌 토루프 쇠렌센은 앞서 감사인으로 일하며 다수의 가족 소유 기업과 함께 일한 경력이 있었으며, 자연스럽게 무엇이 이러한 유형의 소유 구조에서 성공을 견인하는지 관심 있게 지켜보게 되었다. 그는 무엇보다도 가족이 한데 뭉치는 것이 핵심 요인이라고 생각했고, 레고의 경우에는 현대의 키르크비가 여기에 큰 도움을 주었다고 설명했다.

2010년에 제가 막 합류했을 때 키엘은 미래의 키르크비가 오너 일가와 그 구성원들이 가장 중요하게 여기는 사안과 조화되어야 한다고 못 박아 말했습니다. 키엘은 언제나 키르크 크리스티안센 일가가 레고를 소유하고 지배해야 한다는, 각 세대에서 적극적인 소유주가 한 명씩 있어야 한다는 야심을 품고 있었습니다. 그렇기에 오늘날 키르크비가 수행하는 업무는 키르크 크리스티안센 일가와 그중에서도 가장 적극적인 오너 토마스가 성공하는 데 도움이 될 인프라를 구축하고 강화한다는 목표를 중심으로 이루어집니다.

2010년 당시에 키엘은 제게 말했습니다. "우리는 키르크비가 보유한 100억 크로네를 지속 가능한 방식으로 투자하고 싶습니다. 또한 우리 가족들이 어딘가를 갈 수 있도록, 또는 여러 가지 일을 해낼 수 있도록 패밀리 오피스를 만들어 주기 바랍니다. 키르크비는 우리 가족들 사이에서 혈연보다도 더 끈끈한 접착제가 될 겁니다. 우리 손주들이 다 커서 무언가 도움이 필요할 때 가장 먼저 키르크비에 가야겠다는 생각이 들어야 한다고 생각하고 임해 줬으면 해요."

키엘이 쇠렌 토루프에게 자신의 비전을 설명할 당시에 키르크비는 직원 서른 명을 데리고 100억 크로네를 운용했다. 오늘날 키르크비는 빌룬의 본사와 코펜하겐 사무소, 스위스 바르 사무소를 통틀어 180명의 직원을 데리고 있다. 이들은 850억 크로네 규모의 투자 펀드를 운용하고 오너 일가의 개인 자산을 관리할 뿐만 아니라, 여전히 '패밀리 오피스'로 기능하며 오너 일가 구성원들이 각자 레고 외의 관심사를 추구할 수 있도록 돕기도 한다. 쇠렌은 다음과 같이 설명했다.

예를 들면 토마스는 케르트미네 부근에 골프장을 건설했습니다. 소피는 클레룬 뒤레하베를 운영하고, 아그네테는 율리아넬뤼스트Julianelyst에 사유지를 가지고 있습니다. 또한 키엘의 관심사인 스투테리 아스크와 블루 호르스도 있죠. 이처럼 폭넓은 사업의 행정 업무를, 이를테면 계좌와 임금 지급, 법무, 출장 등을 키르크비에서 오너 일가를 위해 수행합니다. 이 역할은 키엘이 2010년에 선언한 비전에서 중요한 부분을 차지했습니다. 당시에 키엘은 "우리는 사업가 집안이고 우리가 열정을 가진 일에 될 수 있는 한 많은 시간을 들이며 레고와 키르크비에 대한 우리의 책임을 다해야 한다."라고 설명했습니다. 키르크비는 지난 10년 동안 이 비전을 기틀 삼아 발전했습니다.

키르크비는 레고의 75퍼센트를 소유하며, 나머지 25퍼센트는 레고 재단이 소유한다. 그러므로 모든 것이 오너 일가의 지배하에 있으며, 최종 결정권은 키엘에게 있다. 지금으로서는 그렇다. 키엘은 75세가 되는 2023년 봄에 키르크비 주식회사 이사회 의장직에서 물러나고 모든 책임을 토마스와 다음 세대에 넘겨줄 예정이다.

키엘: 미래에 관해서라면 저는 '키엘 재단'이라는 이름으로 작
은 재단을 꾸리고 공명정대한 세 사람을 이사회에 앉힐 생각을
하고 있습니다. 언젠가 먼 훗날 레고의 적극적인 오너들이 소
유권과 관련된 모종의 근본적 사안에서 서로 뜻을 모으지 못
한다면 그때 키엘 재단이 개입하는 겁니다. 그러면 이들은 레
고 아이디어 페이퍼LEGO Idea Paper에서도 볼 수 있듯이 회사가 언
제나 고수해 온 레고 아이디어 및 그 가치 전반에 바탕을 두고
상황을 파악한 뒤 어느 쪽의 손을 들어줄지 판단할 것입니다.

키엘은 여전히 레고에 영향을 미치고 싶었으나, 미래 세대가 취할
전략적 결정이나 행동을 제한하고 싶지는 않았다. 한편으로 그는 부분
매각, 인수, 혹은 증권거래소 상장 등의 가능성을 아예 배제하지는 않았
으나, 이러한 시나리오를 즐겨 생각하지는 않았다. 그러나 키엘도 잘 알
듯이 앞서 언급한 레고 아이디어 페이퍼에 표현되고 문서로 기록된 레
고 아이디어를 50년 후에도 계속 전개해 나가는 데 어떤 선택지가 가장
도움이 될지 알 수는 없다. 레고 아이디어 페이퍼는 레고 브랜드의 바탕
이 되는 기본 개념을 간략하게 설명하는데, 일종의 '가족 헌법'에 준한
다고 보아도 되지만, 사실은 모든 레고 직원에게 이미 익숙한 내용이다.
대략적으로 말하면 레고 아이디어 페이퍼에는 1980년대와 1990년
대로 거슬러 올라가는 비전과 전략에 관한 키엘의 아이디어가 담겨 있으
며, 예르겐 비 크누스토르프가 토마스의 주도하에 그와 협업해 작성했
다. "우리"라는 대명사를 사용하는 이 문서는 레고 기업의 바탕이자 레
고 브랜드가 대변하는 인간의 가치를 설명한다. 문서의 맨 앞 부분인 "우
리의 근본적 믿음"은 "레고 브랜드와 레고 브랜드 소속 단체의 오너이자

가족으로서 우리는 근본적으로 '어린이가 우리의 역할 모델'이라고 믿는다."라는 표현으로 시작한다.

레고 아이디어 페이퍼와 레고 재단의 정관은 가족 간 불화가 기업 운영에 피해를 끼치거나 회사의 성공을 막아서는 상황을 용납할 수 없다고 강조하며, 언젠가 키엘 재단의 개입이 필요한 상황이 벌어지면 재단은 이 문서들을 바탕으로 판단을 내릴 것이다.

지속 가능한 투자: 자선 사업

어떤 가족 소유 기업에서든 세대 간 기업 승계는 복잡한 문제일 수밖에 없고, 레고처럼 5세대까지 이어지기는커녕 4세대까지 이어지는 경우도 드물다.

레고의 5세대는 이미 학교에서 도움을 받고 있다. 키엘과 그 자녀들은 이러한 가능성에 대비해 레고에서 키르크비로 흘러 들어오는 모든 자금을 어떻게 사용할지에 관한 일종의 가이드라인을 정할 수 있었다. 토마스의 말대로 레고는 설립 이래로 계속해 돈을 벌어 성장하고, 성장해 더 많은 돈을 벌고, 더 많은 돈을 벌어 더욱더 많이 성장하고, 더욱더 많이 성장해 더욱더 많은 돈을 벌어들이는 식으로 사업을 운영해 왔다.

최근까지도 저희는 주로 수익을 개선하기 위해 사업을 최적화하는 것에 치중했고, 저희가 아직 상황을 제어할 수 있으며 사업을 제대로 운영할 수 있음을 보여 주는 것에 치중했습니다……. 물론 저희가 많은 신념을 품은 그 어린이들에게 변화를 선물하자는 게 언제나 저희의 주된 목표였습니다. 오늘날 저희 회사는 순전히 상업적 측면에서 너무나 거대해졌고, 그 덕분에 저희는 오너로서 회사가 창출하는 이익을 다르게 사용할 방법을 꾀할 수 있었습니다.

여기에는 키르크비 주식회사를 통해 지속 가능한 투자를 진행하는 방법은 물론, 전 세계에서 가장 취약한 어린이와 가정을 대상으로 교육 프로그램을 비롯한 다양한 형태의 자선사업을 진행하는 방법 또한 포함되었다. 자선사업은 레고 재단과 올레 키르크 재단에서 담당했다.

레고 재단은 덴마크에서 가장 규모가 큰 산업 재단 중 하나로, 기금 150억 크로네를 보유하고 있으며, 그 기금을 매우 관대하게 사용한다. 레고 재단은 지난 10년간 눈에 띄게 성장했다. 지난 2012년만 하더라도 재단 직원은 열세 명에 지나지 않았고 사용한 기금은 8000만 크로네였다. 반면에 지금은 100명이 일하고 있고, 2020년에만 15억 크로네를 사용했으며 앞으로 수년간 그 금액이 더욱 늘어날 계획이다.

레고 재단의 자선사업을 관통하는 주제는 바로 지구상 어디에 살든 혹은 어떤 상황에 놓였든 상관없이, 모든 어린이에게 놀 권리가 있다는 것과 놀이를 통해 배울 권리가 있다는 것이다. 이사회 의장 토마스는 "어쩌면 내 한평생 이루지 못할지도 모르겠지만, 우리는 전 세계 모든 어린이에게 도달해 놀이와 학습이라는 의미 있는 경험을 선사하겠다는 야심을 품고 있다."라며 오너 일가를 대표해 말했다.

레고 재단은 어린이의 발달과 학습 맥락을 재구성하는 데 놀이가 얼마나 중요한지에 초점을 맞추며, 30개국 이상에서 파트너십을 맺고 특히 남아프리카와 우크라이나, 멕시코, 덴마크에서 집중적으로 활동을 펼치고 있다. 또한 동아프리카의 난민 수용소, 중동 혹은 방글라데시 일대 등 어린이가 다닐 만한 유치원과 학교가 없는 지역에서 인도주의적 원조를 진행하고 있다.

레고 재단은 모든 활동 지역에서 선도적인 전문가와 교육자, 학부모, 그리고 유니세프를 비롯한 영향력 있는 기구, 정부 혹은 정부 부처

등과 협력하며, 그 목표는 놀이를 통한 학습의 옹호자들을 움직이고 고무하며 활성화하는 것이다. 토마스는 이러한 종류의 자선사업과 관련해 다음과 같이 말했다.

저는 자선사업의 공이 레고에 돌아오든 그렇지 않든 별로 신경 쓰지 않습니다. 우리가 하는 일이 세상을 올바른 방향으로 움직이는 데 도움이 된다는 확신만 든다면, 저는 우리가 다른 이들에게도 이 길을 따르도록 고무하고 파트너십을 형성함으로써 될 수 있는 한 많은 어린이에게 도달하고 놀이를 통한 학습을 선사할 수 있다는 게 자랑스러울 따름입니다.

올레 키르크 재단은 조금 더 규모가 작았다. 키엘이 의장이었고, 카밀라가 이사회의 한 자리를 맡았다. 이 재단은 어린이와 그 가족들의 삶의 질을 증진하는 데 도움이 되는 프로젝트를 후원한다. 이와 같은 사회적 참여가 재단의 주된 안건이지만, 이에 더해 문화와 종교, 인도주의적 문제 또한 다룬다.

예를 들어 올레 키르크 재단은 2016년에 코펜하겐의 대학병원 리소스피탈레트Rigshospitalet에 어린이 병동 뵈르네리게트BørneRiget를 건립하는 데 6억 크로네를 후원했다. 뵈르네리게트는 본원과 별개의 어린이 병원으로, 어린이와 청소년, 산모, 그 가족을 치료하는 것에 완전히 새로운 표준을 확립했으며, 2025년에 완공될 예정이다. 놀이는 이곳 어린이 병원의 일상과 다양한 치료 과정에서 빼놓을 수 없는 부분이 될 예정이다. 유사한 종류로는 전 세계에서 처음으로 시도되는 이 프로젝트에 관해 재단이 직접 밝힌 바처럼 "어린이는 놀이를 통해 직관적으로 새로운 지식을 획득하는 한편, 놀이를 통해 세계를 이해하고 경험한다. 이는 아플 때도 마찬가지"이기 때문이다.

자선 활동을 통해 세계에 영향을 직접 미치려는 오너 일가의 노력은 때때로 비난의 대상이 되기도 했는데, 그중 한 예시로 《베를링스케 비즈니스Berlingske Business》 2016년 3월호를 들 수 있다. 빌룬에서 또다시 수십억 대의 흑자를 발표한 데 더해 수십억 크로네가 연이어 키르크비에 유입되자 《베를링스케 비즈니스》는 특히 워런 버핏Warren Buffett과 빌 게이츠 등의 미국인 자선사업가들이 개인 자산의 상당 부분을 다양한 자선 프로젝트에 투입하고 있는 만큼, 이 시대 덴마크에서 가장 부유한 일가 또한 더 크고 관대한 자선사업에 헌신해야 한다고 요구했다.

"예컨대 키엘 키르크 크리스티안센이 적극적으로 자선 프로젝트에 나선다면 앞으로 수 세기 동안 자리를 지킬 깊고 중요한 족적을 남기고 정말 변화를 일굴 수 있을 텐데, 왜 그러한 모습을 보여 주지 않는 걸까?"

여기에는 키르크 크리스티안센 일가가 윌란 출신이라는 점도 작용했을 것이다. 미국인 자선사업가들과는 다르게, 이곳에는 레고가 최근 수년간 점차 규모를 키워 가며 박애주의와 지속 가능한 대의를 추구했던 것만큼 수백만, 수십억 크로네에 달하는 금액을 내놓는 문화적 역사가 없다. 키르크 크리스티안센 일가는 이미 자신들이 레고 재단과 올레 키르크 재단, 키르크비를 통해, 일가의 '열정 투자'를 통해 이를 실천한다고 생각한다.

키엘: 저는 우리가 오랫동안 많은 돈을 벌어들인 만큼 어느 정도 사회에 환원하고 있다고 생각하고 싶습니다. 우리가 키르크비를 통해 사람들에게 도움이 될 수 있다면 나쁠 이유가 없지요. 우리에겐 전문 투자 인력과 전략이 있고, 이에 따라 기본 자본을 될 수 있는 한 잘 운용해야 합니다. 또한 이와는 별개로 우리가 처음에는 '열정 자본'으로 불렀지만, 지금은 '테마 투자'로 부르는 추가 자본이 있습니다. 우리 가족은 바로 이 부분에서

투자 인력의 도움을 받아 마음 가는 곳에 투자하고, 지속 가능성 관련 프로젝트와 나무 심기 운동에 관여하며, 기후변화 완화를 위해 활동하는 흥미롭고 혁신적인 회사에 자본을 투입합니다. 특별히 수익률이 높지 않아도 미래의 환경과 기후를 개선한다는 면에서 어느 정도 발전의 기회를 제공하는 프로젝트가 그 대상이죠. 마지막으로 덧붙이면 저도 좋은 기회를 통해 빌룬의 발전에 기여하고 투자할 수 있었습니다. 지방정부와 손을 잡고 빌룬을 '어린이의 수도'로 만들 생각이에요. 언젠가는 이곳이 어린이의 놀이와 학습에 관한 이해도를 높이고 발전을 주도하는 중심지가 되기를, 또한 어린이의 시선을 통해 세상을 여러 측면에서 바라볼 수 있는 곳으로 자리 잡기를 바랍니다.

최고의 실적: 팬데믹을 돌파하다

2021년 3월, 레고의 CEO 닐스 B. 크리스티안센은 3년 연속으로 또다시 기록을 깨는 연간 실적을 발표했다. 이 실적은 전 세계에서 가장 큰 장난감 제조업체인 레고의 역사에서 중요한 역할을 담당했다. 90년도 더 전에 설립되어 미미한 이익을 거두며 시작한 레고의 이야기는 점진적 개선에 관한 이야기이자 꾸준한 투자와 확장, 변혁의 이야기이고, 때로는 역경을 극복하며 이어 나간 성장 이야기다. 그 여정에서 레고는 몇 차례 심각한 재정적 타격을 입었으나, 그때마다 어떻게든 다시 기어올라 새로운 성공과 발전을 이룩했다.

이처럼 90여 년간 레고가 거두어들인 수익은 빌룬과 주변 지역에도 헤아릴 수 없이 중요한 의미가 있었으며, 이로 인해 레고와 지방정부 사이에는 일종의 충성심과 쌍방의 책임감이 자라났다. 레고의 연간 재무제표가 공개되면 CEO가 가장 먼저 빌룬 시장에게 그 소식을 알린 지도 벌써 50년이 넘었다. 레고의 실적이 언제나 지방 행정부의 금고는 물론이고 어느 정도는 주민세 세율을 비롯한 정치적 판단에도 입김을 미친다는 것을 잘 알기 때문이다.

닐스 B. 크리스티안센은 전 직장이었던 댄포스에서도 이와 비슷한 유형의 상호 간 신뢰를 경험한 적이 있었다. 가족 소유 기업인 댄포스는 레고와 빌룬의 관계처럼 알스Als라는 마을과 공생 관계를 이루고 있다.

대규모 가족 소유 기업인 동시에 작은 지역사회의 일원으로서 그 근본적인 가치와 문화를 누릴 수 있다는 건 엄청난 강점입니다. 약속이 약속다운 곳, 서로가 서로를 믿고 타인이 내게 사기를 치거나 속임수를 쓸까 봐 걱정할 필요가 없는 곳에서 산다는 건 정말 멋진 일이죠. 그저 서로를 올바르게 대하기만 하면 됩니다. 저는 그게 참 고맙습니다.

2021년 3월에는 레고가 코로나바이러스감염증-19 팬데믹 속에서도 장난감 업계의 다른 모든 기업을 제치고 최고의 실적을 자랑했다. 소비자 판매가 21퍼센트 증가했고, 2020년 매출은 437억 크로네에 이르렀다. 1932년에 올레 키르크가 처음으로 목각 장난감의 가격표를 인쇄했을 때의 판매액은 총 3000크로네였다.

2017년부터 레고와 함께해 온 닐스 B. 크리스티안센은 회사가 이처럼 오랜 세월 성공을 거둘 수 있는 데에는 감정적 이유가 크다고 설명했다. 전 세계 각지의 소비자들이 레고의 상품과 레고 브랜드를 대할 때 느끼는 감정들도 있지만, 그뿐만이 아니었다. 오랜 세월에 걸쳐 쌓이고 응축된 감정들이 기업 문화와 특별한 레고 정신으로 거듭나면서 여러 세대를 아울러 전 직원에게 점차 확산하고 있었다. 크리스티안센은 오늘날 레고가 전 세계를 통틀어 2만 명 이상의 직원을 거느리고 있는데도 여전히 그 레고 정신을 똑똑히 느낄 수 있다고 생각했다.

수많은 회사가 자기들이 어떤 좋은 가치를 품고 있는지 이야기할 수 있습니다. 그러나 우리가 매일 느끼는 것만큼 모든 직원이 가치의 소중함을 느끼는 회사는 또 없을 거라 생각합니다. 레고에서 가치란 아무 종이에나 적어 대표이사가 읊는 미사여구 따위가 아닙니다. 이곳에서 가치는 곧 우리가 하는 일이고, 우리가 모든 수준에서 내리는 결정의 일환입니다.

물론 레고 정신은 계속해 새로운 흐름을 받아들이고 시대에 발맞춰 변하지만, 그와 동시에 고유한 빌룬식 키르크 크리스티안센 스타일이 뚜렷하게 남아 있습니다. 회사의 중요 업무 중 상당수가 전 세계 각지에서 이루어질 수 있지만, 그중에서도 회사의 중추를 형성하는 일이 따로 있으며, 그러한 일은 모든 것이 시작된 이곳 빌룬에서 이루어져야만 합니다. 예컨대 레고 상품의 디자인 작업이 그렇습니다. 50개국 이상의 국적을 가진 디자이너 250명에서 300명가량이 이곳 빌룬에서 일하고 있으며, 이 점을 고집하고 있습니다. 그러므로 아무리 재능 있는 디자이너의 도움을 받고 싶다고 하더라도 그 사람이 빌룬에서 일하고 싶지 않다고 하면 성사될 수 없는 겁니다. 저는 또한 레고 그룹의 CEO라면 어느 시점에서든 전 세계 레고의 본사를 빌룬에 두고 이곳에서 회사를 경영해야 한다고 생각합니다. 또한 자칫 논란이 될 수도 있지만, 저는 덴마크인 CEO를 두는 게 꽤 중요하다고 생각합니다. 만약 덴마크인이 아니라면 회사의 역사와 가치, 정신이 얼마나 중요한지 깊이 있게 이해하는 사람이어야만 레고 정신의 핵심을 확실히 유지할 수 있을 겁니다.

닐스 B. 크리스티안센은 2021년 3월 10일의 기자회견에서 직원들 덕분에 훌륭한 연간 실적을 달성할 수 있었다며 공을 돌린 뒤, 미래에는 디지털화가 거대한 도전이 될 것이라며, 레고가 트렌드의 선두 자리를 지키고 어린이의 침실에 도사리는 수많은 디지털 유혹에 발맞추기 위해 이 분야에 막대한 투자를 계속할 것이라고 했다.

레고의 새로운 디지털 벤처 사업으로 손꼽히는 레고 슈퍼 마리오 LEGO Super Mario와 레고 히든 사이드LEGO Hidden Side에서는 사용자가 스마트폰의 앱을 이용해 '증강 현실'의 도움을 받아 유령 사냥꾼이 될 수 있다. 이 기술은 고글, 헤드셋, 스마트폰, 태블릿 등을 통해 볼 수 있는 디지털 객체를 현실에 한 겹 덧씌워 우리의 물리적 세계를 확장한다. CEO는 2020년 3월에 어느 신문을 통해 다음과 같이 말했다. "오늘날의 어린이는 디지털 놀이와 물리적 놀이를 구분하지 않습니다. 아이들은 자각 없이 두 유형을 넘나들고, 물리적 요소와 디지털 요소가 서로를 보강하는 유동적 유형의 놀이를 즐깁니다."

디지털화에 대한 레고의 투자 중에는 2020년에 방문자 수 5억 명을 기록한 회사 웹사이트 LEGO.com의 역량과 시설을 확장하는 방안도 포함되어 있다. 또한 모든 업계 사람이 입을 모아 말하듯이 더 많은 요소가 디지털화될 미래에 레고가 의미를 잃지 않도록 보장할 더 일반적인 방안에도 투자할 계획이다.

여러분이 얼굴 없는 인터넷에서 점점 더 많은 물건을 구매하는 데 질렸거나 레고 스토어에서 레고 브릭을 구매하고 브랜드를 직접 물리적으로 경험해 보고 싶은 사람 중 하나라면 이 점에 관해서도 빌문에서 좋은 소식이 들려오고 있다. 2021년에는 중국 내 스토어 여덟 개를 포함한 120개 스토어가 새로 문을 열면서 현재 800개 이상의 레고 스토어가 전 세계 각지에서 성업하고 있다.

레고에 한계는 있을까?

지난 10년간 레고는 2004년 직후의 수년을 겪어 본 그 누구도 가능하리라고 생각지 못했을 속도보다도 더 빠르게 성장을 거듭해 왔다. 이 급격한 성장은 많은 이가 1960년대에 고트프레드에게 묻고 1980년대에 키엘에게 물었던 질문을 이번에도 수면 위로 떠올렸다. 레고의 규모 확장에는 한계가 있을까? 레고 브랜드는 무엇을 지속할 수 있을까?

키엘: 제가 생각하기에 한계는 없습니다. 우리를 다른 무엇에 비교해야 할까요? 우리는 장난감 브랜드가 아니라 라이프스타일 브랜드에 더 가깝습니다. 아시겠지만 그 모든 기술의 발전과 특히 인터넷의 보급이 성인 레고 팬들이라는 환상적 집단을 만들어 주었고, 그들이 해내는 온갖 멋진 일이 어린이에게 영감을 주는 한편으로 놀이와 학습에 관한 여러 발전을 고무하고 있습니다. 아직 끝날 기미는 보이지 않는 것 같네요.

2021년 봄, 키엘은 지난 15년을 돌아보면서 이 시기가 가족들의 인생은 물론이고 사업 측면에서도 생애 최고의 시기였다며 매우 만족스럽게 말했다. 세대 간 기업 승계와 레고 하우스를 비롯한 많은 것이 제자리를 찾아간 듯했다. 또한 이들은 전 세계 각지의 레고랜드 여덟 곳을 소유한 멀린엔터테인먼트의 지분 47.5퍼센트를 가져오는 등 다양한 인수를 통해 레고랜드에 관한 영향력을 되찾았다. 더 많은 손주를 보기도 한 키엘은 2017년에 일흔 번째 생일을 맞이해 카밀라에게 매우 특별한 선물을 받았다. 지구상 어떤 곳이든 좋으니 모험 가득한 휴가를 떠나 보라는 말이었다.
키엘은 아프리카를 선택했다. 아프리카는 레고가 아직 대체로 진출하지 못한 대륙이고, 키엘은 언제나 이곳이 "믿기 어려울 만큼 흥미롭고 색다르고 까다로운 대륙"이라고 생각했다. 키엘은 덴마크의 엘리트 특수부대인 예거 부대 출신이자 그의 좋은 친구인 비아르네 슬로트 크리스티안센B.S. Christiansen의 안내를 받으며 전용기와 헬리콥터, 열기구를 타고 짐바브웨 국경과 림포포강에 인접한 남아프리카공화국의 폴로콰네로 여행을 떠났다. 탁한 녹회색 빛의 이 강은 러디어드 키플링Rudyard Kipling이 『꼬끼리의 아이The Elephant's Child』에서 "악어가 저녁으로 뭘 먹는지 궁금하다면 열병 나무에 둘러싸인 림포포강에 가 보라."라고 쓴 바로 그곳이었다. 일흔 살 먹은 남자와 전직 군인은 보츠와나를 지나 잠비아의 빅토리아 폭포로 향했고, 동물을 사랑하는 키엘은 그 길 위에서 초원을 자유로이 거닐며 풀을 뜯는 기린과 코끼리, 사자, 얼룩말을 만날 수 있었다. 그는 2000장이 넘는 사진과 동영상을 찍었고, 50미터 거리에서 소총 단 한 발로 수박을 반으로 쪼개기도 했으며, 마치 1950년대 말 빌룬의 황야를 돌아다니던 어린이로 돌아간 듯한 기분을 느꼈다.

이제 그는 은퇴자로서 어떻게 살아가야 할지를 고민해야 한다. 그의 아버지는 이를 늘 힘겨워했지만, 키엘은 오히려 은퇴 생활이 기대된다고 했다. 다시 한번 디자이너들 사이의 한 구석에 책상을 펴놓고 앉아 상상력의 대가들에게서 팁 한두 가지를 얻어가며 레고를 만지작거리고 싶다는 기분까지 들었다.

키엘: 토마스와 이야기를 나누어 보았는데, 몸이 정 근질근질할 때는 회사를 돌아다녀도 된다고 허락해 주더라고요. 아직 실제로 돌아다녀 본 적은 거의 없습니다. 그렇지만 종종 그곳에 찾아가, 멋진 작품을 만들고 탁월한 아이디어를 내놓는 디자이너들의 어깨를 두드려 주고 싶은 충동이 들곤 해요. 또한 저는 제게 큰 의미가 되어 준 말들을 지금도 기르고 있습니다. 닐스와

예르겐과도 계속 만날 생각이고, 전반적으로 회사에서 어떤 일이 일어나는지 놓치지 않을 겁니다. 그렇지만 회사 일에 끼어들거나 개입하고 싶지는 않습니다. 마지막으로 재단에서 할 일도 있고, 키르크비에서도 완전히 새로운 투자 전략을 펼치고 있어요. 저 같은 사람에게는 이쪽에 더 많은 기회가 있겠지요. 빌룬 마을 의회와의 협업 이야기와 제가 가장 좋아하는 프로젝트인 '어린이의 수도' 이야기를 하마터면 잊을 뻔했네요. 무엇보다도 저는 어린이에 관한 많은 생각을 품었던 사람으로, 어린이의 발전, 게임과 학습, 놀이의 중요성을 깊이 고민했던 사람으로 기억되고 싶습니다.

그는 여전히 앞으로, 또 위로 나아간다. 그의 딸 중 하나는 아버지를 두고 이렇게 말했다. "아이디어가 어찌나 많은지요! 아버지의 머릿속에서는 정말 많은 일이 일어나고 있을 겁니다. 게다가 아버지는 지난 10년 동안 더 미친 생각, 더 이상하고 창의적인 생각의 나래를 펼치는 데 온 힘을 쏟아부었어요. 어떤 일이든 일어날 수 있죠!"

우리가 만난 키엘은 그렇게 마지막 인사를 남긴다. 경이에 찬 모습으로 가족의 꿈과 이상, 야심, 전략, 계획과 비전을 생각하는 그의 주변으로는 과거의 연간 실적 보고서와 시장분석, 예산, 수많은 서류철에 담긴 특허출원서, 스크랩한 신문 기사, 가격표가 있고, 4세대에 걸친 아버지와 어머니, 아이들의 모습이 담긴 사진 앨범이 산더미처럼 쌓여 있다. 그리고 그 모든 것을 지휘한 웃는 얼굴의 나이 지긋한 남자가 신발을 벗고 그만의 길을 따라 세상을 활보한다. 그는 덴마크에 자리한 '어린이의 수도'에서 중요한 전언을 보내기 위해 파견한 놀이 특사다. "우리가 맡은 임무는 '놀이'라는 말이 어린 시절에만 국한되지 않도록 만드는 것입니다. 슬프게도 사람들은 아직도 어느 정도 나이가 들면 그만 놀아야 한

다고 생각하죠. 말도 안 되는 이야기입니다. 평생 재미있게 놀면서 살아
봅시다!"

감사의 말

...... 레고 아이디어 하우스, 그레네 교구 지역 역사 기록 보관소, 그린스테드 지역 역사 기록 보관소, 프레데리시아 지역 역사 기록 보관소, 바일레시 기록 보관소의 직원들에게, 그리고 아네르스 아이스트루프Anders Aistrup, 톰 알싱Tom Alsing, 카린 베르Karin Berg, 카밀라 보에센Camilla Boesen, 한스 에리크 크리스텐센, 닝 데 코닌크—스미트Ning de Coninck-Smith, 예테 글라르고르Jette Glargaard, 카트리네 글라르고르 아네르센Kathrine Glargaard Andersen, 마티아스 글라르고르 아네르센Mathias Glargaard Andersen, 닐스 B. 크리스티안센, 옌스 크리스티안 한센Jens Christian Hansen, 헬레 헤게룬드Helle Hegelund, 토마스 헤게룬드Thomas Hegelund, 비르기트 호른스레트Birgit Hornsleth, 킴 훈데바트, 페테르 예센Peter Jessen, 군힐 키르크 크리스티안센, 크리스티안 클라우베르Christian Klauber, 예르겐 비 크누스토르프, 카밀라 키르크 크리스티안센, 키엘 키르크 크리스티안센, 소피 키르크 크리스티안센, 토마스 키르크 크리스티안센, 예스 라르센, 울라 룬드후스, 리스베트 오고르 뤼케Lisbeth Aagaard Lykke, 린다 닐센Linda Nielsen, 예테 오르두나, 레베카 숄레르트 메르빌Rebecca Schollert Mervild, 울라 메르빌, 티네 프로베르 모르텐센, 올레 마그누스 페데르센Ole Magnus Pedersen, 모겐스 루디게르Mogens Rüdiger, 에리크 스코우Erik Skov, 울라 스코우Ulla Skov, 페르닐레 쇼우Pernille Schou, 케네스 슐츠Kenneth Schultz, 페테르 스벤센Peter Svendsen, 아그네테 키르크 크리스티안센, 쇠렌 토루프 쇠렌센, 켄 타르벤센Kenn Tarbensen, 라세 셸에게 감사드립니다.

참고 문헌

Andersen, Jens: *Denne dag, et liv. En Astrid Lindgren-biografi* (2014)

Andersen, Marc Malmdorf: *Leg* (2019)

Baichtal, John og Meno, Joe: *The Cult of LEGO* (2011)

Beck, Vilhelm: *Erindringer fra mit liv* (1916)

Brown, Kenneth D.: *The British Toy Business. A History since 1700* (1996)

Bundgård Christensen, Claus: *Den sorte børs - fra besættelsen til efterkrigstid* (2003)

Byskov, Søren: *Tro, håb og legetøj. Landsbyfolk og industrieventyr i Billund 1920-1980* (1997)

Carroll, Lewis: *Alice i Eventyrland* (1995)

Clausen, Claus (red.): *Barndommens historie* (1981)

Collins, Jim: *How The Mighty Fall - And Why Some Companies Never Give In* (2009)

Coninck-Smith, Rasmusen og Vyff: *Da skolen blev alles. Dansk Skolehistorie bd.5, Tiden efter 1970* (2015)

Cortzen, Jan: *LEGO manden. Historien om Godtfred Kirk Christiansen* (1996)

Coupland, Douglas: *Mikroslaver* (1995)

Dael, Helmer-Petersen og Juncker (red.): *Børnekultur i Danmark 1945-2020* (2021)

Dansk Kulturhistorisk Museumsforening: *Leg og legetj* (1978)

Den jyske Historiker: *Virksomhedshistorie* (2005)

Doyle, Mike: *Beautiful LEGO* (2013)

Engelbrecht, Anders: *Dansk Købestævne i Fredericia* (1986)

Evermann, Carlsen Winther og Jørgensen (red.): *Leg gør os til mennesker. En antologi om legens betydning* (2013)

Fredlund, Jane: *Så lekte vi* (1973)

Gad, Holger: *Bondefrigørelse, Dansk landbrug i fortid, nutid og fremtid* (1989)

Hansen, Ole Steen: *LEGO og Godtfred Kirk Christiansen* (1997)

Hansen, Willy Horn (red.): *50 år i leg* (1982)

Henningsen, Peter: *Hedens hemmeligheder. Livsvilkår i Vestjylland 1750–1900* (1995)

Henningsen, Poul: *Om leg* (2019)

Hildebrandt, Steen og Rrth, Charlotte: *Hildebrandt møder* ... (2003)

Huizinga, Johan: *Homo Ludens. Om kulturens oprindelse i leg* (1963)

Hundevadt, Kim: *Stifinderen* (2001)

Jarl, Anette Bruun (red.): *På sporet af en ny kommune* (2006)

Jensen, Carl Peter: *Modstandskamp i Vestjylland* (1985)

Jensen, John V.: *Tyskere på flugt* (2020)

Jensen, Thea Bank: *Småt legetøj, stort legetøj, godt legetøj* (1967)

Jessen, Peter: *En by og dens brugs. Billund Brugsforening 1894–1994* (1994)

Karoff og Jessen (red.): *Tekster om leg* (2014)

Kirk, Hans: *Fiskerne* (1928)

Knudsen, Holger: *De hellige. Erindringer om de gudelige forsamlinger og Indre Mission socialhistorisk set* (1985)

Kristensen, Evald Tang: *Danske sagn som de har lydt i folkemunde* (1980)

Larsen, Kurt Ettrup: *En bevgelse i bevgelse. Indre Mission i Danmark 1861–2011* (2011)

LEGO House: *Building a Dream* (2017)

Lindholm, Mikael og Stokholm, Frank: *LEGO. Globaliseringen af den gode idé* (2011)

Lipkowitz, Daniel: *LEGO Bogen* (2009)

Lipkowitz, Daniel: *Great LEGO Sets. A Visual History* (2015)

Linn, Sudan: *Forbrugerbrn. Varernes erobring af barndommen* (2006)

Lunde, Niels: *Miraklet i LEGO* (2012)

Madsen, Ernst: *Vor jyske natur* (1997)

Mailer, Norman: *Cannibals and Christians* (1966)

Milne, A.A.: *Peter Plys* (1955)

Mouritzen, Flemming: *Legekultur. Essays om børnekultur, leg og fortælling* (1996)

Muhr, Sara Louise: *Ledelse af køn. Hvordan kønsstereotyper former kvinders og mænds karrierer* (2019)

Mrch, Søren: *Den ny Danmarkshistorie 1880–1960* (1982)

Ogata, Amy F.: *Designing the Creative Child. Playthings and Places in Midcentury America* (2013)

Olsen, Lars Hedebo: *Kay Bojesen. Linjen skal smile* (2014)

Page, Hilary: *Playtime in the First Five Years* (1953)

Papert, Seymour: *Den totale skildpaddetur. Børn, datamaskiner og kreative tanker* (1983)

Pée, Liselotte (red.): *Gutes Spielzeug von A–Z. Kleines Handbuch für die richtige Wahl* (1976)

Pilegaard, Ulrik og Doyle, Mike: *Forbidden LEGO. Build the models your parents warned you against!* (2007)

Rasmussen, Hanne og Rüdiger, Mogens: *Danmarks historie 7. Tiden efter 1945* (1990)

Rasmussen, Lars: *Vandelgrisen. Vejle-Vandel-Grindsted jernbane* (1978)

Resnick, Mitchel: *Lifelong Kindergarten. Cultivating Creativity through Projects, Passion, Peers, and Play* (2017)

Rendboe, John: *Besættelsen 1940–45 i Grindsted* (2005)

Riis, Benedicte: *Danmarks lege og legetøj* (1994)

Robertson, David: *LEGO . Sådan omskrev LEGO reglerne for innovation og erobrede legetøjsindustrien* (2013)

Rostgaard og Wagner: *Lederskab i Dansk Industri og Samfund 1880-1960* (2000)

Sawaya, Nathan: *The Art of the Brick. A Life in LEGO* (2015)

Schmidt, Ingrid og Kaj (red.): *BILLUND. Der var engang* (2003)

Sigsgaard, Jens: *Barnets verden. Træk af barnets sjælelige udvikling* (1946)

Sigsgaard, Jens: *Det legede vi med. Gammelt legetøj i Danmark* (1982)

Sommer, Otto: *Erindringer om Grindsted-Grene Sogne* (1980)

Spies, Margrethe: *Fra hytte og slot. Danske hjem i tyverne og trediverne* (1977)

Sørensen, Niels Arne (red.): *Det amerikanske forbillede? Dansk erhvervsliv og USA ca. 1920-1970* (2010)

Tapscott, Don: *Wikinomics: How Mass Collaboration Changes Everything* (2006)

Trap Danmark: *Billund Kommune* (2021)

Thygesen Poulsen, Per: *LEGO. En virksomhed og dens sjæl* (1993)

Torpe, Helge og Kobayashi, Shiguro: *Den tredje vej. En kreativ ledelsesform* (1977)

www.brickfetish.com

www.brightontoymuseum.co.uk

www.brothers-brick.com

www.hilarypagetoys.com

www.inverso.pt

찾아보기

429

키르크 크리스티안센, 소피 (올레 키르크의 아내) Kirk Christiansen, Sofie 48~51,
    53~54, 66~68, 70, 75, 78, 98, 109, 133~134, 137~138, 143, 150, 263, 288
키르크 크리스티안센, 소피 (키엘의 딸) Kirk Kristiansen, Sofie 225, 237, 316
    365~3668, 375, 377, 398, 400, 402~4403, 405, 407
키르크 크리스티안센, 에디트 Kirk Christiansen, Edith 79~80, 90, 100~101, 104,
    106, 108, 122, 165, 169, 173, 205, 207~208, 213, 223, 225, 227, 266, 268, 287,
    309, 342, 363, 366
키르크 크리스티안센, 카를 게오르그 Kirk Kristiansen, Karl Georg 28, 44, 50,
    66~68, 90, 96, 98~99, 111, 131, 141~143, 145~146, 151~152, 263~264
키르크 크리스티안센, 카밀라 Kirk Kristiansen,Camilla 218~220, 225, 227~228,
    236, 248, 266~268, 316, 365~366, 368, 374, 401, 417
키르크 크리스티안센, 크리스티네 Kirk Christiansen, Kristine 18~19, 21, 28, 33,
    39, 41~42, 45~46, 48, 68, 109
키르크 크리스티안센, 토마스 Kirk Kristiansen, Thomas 316, 365~366, 377, 392~
    400, 402, 404~411, 418
키르크 크리스티안센, 하네 Kirk Kristiansen, Hanne 90, 108, 205, 207~209, 211,
    213, 215
키르크 팅고르, 아그네테 Kirk Thinggaard, Agnete 316, 365~366, 377, 395, 398,
    400~402, 405, 407
키플링, 러디어드 Kipling, Rudyard 418

ㅌ

탭스콧, 돈 Tapscott, Don 354
토루프 쇠렌센, 쇠렌 Thorup Sørensen, Søren 406~407
토르페, 헬게 Torpe, Helge 152, 154
톰센, 그레테 Thomsen, Grethe 122~124
톰센, 악셀 Thomsen, Axel 122~127, 130~131, 155, 175

튀게센 담, 올라프 Thygesen Damm, Olaf 199, 234~235

튀크센, 에리크 Tychsen, Erik 286

레고 이야기
작은 장난감은 어떻게 전 세계를 사로잡았나

1판 1쇄 찍음	2025년 6월 30일	지은이	옌스 아네르센
1판 1쇄 펴냄	2025년 6월 5일	옮긴이	서종민

발행인   박근섭·박상준
펴낸곳   (주)민음사

출판등록   1966. 5. 19. 제16-490호
주소   서울시 강남구 도산대로 1길 62(신사동)
강남출판문화센터 5층 (우편번호 06027)

대표전화   02-515-2000
팩시밀리   02-515-2007
홈페이지   www.minumsa.com

한국어판   ⓒ (주)민음사, 2025. Printed in Seoul, Korea
ISBN   978-89-374-2839-5 03320